Ullrich Berger Band
Band 3
Lebens, Thriller

Inhalt Buch 3

Ullrich Berger, baut Fertighäuser in seiner Fabrik in Wolfenbüttel für Nigeria. Die Banken unterstützen seinen Betrieb und so kann er einen nicht gewollten Großauftrag für Nigeria annehmen. Er muss nach Nigeria weil es im Hafen Probleme gibt. Schiesssereien, Überfälle, Überfälle auf Schiffe im Hafen sind Tageordnung. Die Kräne des Hafens streiken wegen hochgradiger technischer Mängel. Repariert werden können Sie nicht auf dem normalen Weg. Da Bergers Schiff mit mehr als 30 anderen Schiffen vor dem Hafen auf offener See liegt muss er handeln wenn er seine Firma nicht verlieren will. Er organisiert die Reparaturen mit der Hilfe anderer Deutscher Unternehmen im Hafen. Seine Chefingineurin ist eine kleine wunderbare Äthyoperin mit Ihrem schlitzohrigem Bruder. Aber Beide sind nach anfänglichen Problemen das Rückgrat des Hafenmeisters von Berger und der Krane geworden. Berger muss auf eine Hochtief Baustelle nach Togo und Benin. Er landet auf einem Abenteuerlichen Schiff, das nur noch von der Farbe zusammengehalten wird. Das Schiff soll auf hoher See versenkt werden, mit Berger. Berger kann es mit einem späteren Freund vom französischen Geheimdienst verhindern.

Es geht um das Schiff Magnoun, auf arabisch verrücktes Schiff. Viele sehr viele Menschen haben das Leben wegen dieses Schiffes und wegen eines sagenhaften Schatzes verloren. Berger kommt auf die Baustelle, dort agieren die Geheimdienste dieser Welt. Die Geschichte dreht wieder um den Schatz zieht sich über die gesamte Westküste von Algerien bis nach Namibia an die Walfisch bay. Selbst bis nach Deutschland nach Juist in die Nordseeinsel zieht sich das Poblem um die Sefina Magnoun und den damit verbundenen Schatz. Zwischen den Goldsuchern der Baustelle die mit verwickelt wird und der Dorfbewohner kommt es zu schweren Kämpfen. Bergers Freundin die Königin des Dschungels verliert Ihr Leben. Das Promblem wird dann im einvernehmen zwischen allen geheimdiensten gelöst, scheinbar gelöst.

In Nigeria klappt vorerst alles und Berger muss nach Deutschland und zu Reisen in die USA und nach Canada, Russland und China und wieder zurück in die Hölle von Benin und Nigeria.

Vorwort zum gesamt Band

Ulli Berger ist Maschinenbauer, Elektrotechniker, Service Ingenieur und selbständiger Kaufmann. Sehr früh kommt er durch seinen Firma in alle Länder dieser Erde. Sehr jung hat er sich selbständig gemacht aus einem Angestellten Verhältnis heraus. Mit Büros in aller Welt, aber auch Betrieben in Deutschland. Fertighäuser, Container, Raumzellenbau Produktion. Baumaschinen und Industriemaschinen Herstellung und Handel. Gebrauchte Maschinen Anlagen Fertigungen, Industrieanlagen nach Afrika, Arabien, Asien, Amerika.

3

Er startet zu einer Zeit als die Welt unruhiger war als Heute anders unruhiger. Bis zum heutigen Tag mit 70 Jahren ist er Unterwegs in alle Winkel der Erde und Unterstütz die ärmsten dieser Welt. Betreibt Handel, organisiert Schulungen in Afrika und Arabien. Ganz viele Familien in Afrika und Arabien leben noch Heute von und mit seinen Aktivitäten. Die Zeiten damals waren anders unruhig als es diese Heute sind. Aber es dreht sich alles wieder in eine ähnliche Richtung nur die Kommunikationswege sind schneller geworden und verändern alles gegenüber früher. Entführungen, Gefangennahmen durchziehen sein Leben. Ein auf und ab in eigenverantwortlicher Selbständigkeit. Liebe, Kriege, Abenteuer, Arbeitsprobleme. Das viele allein sein in allen Lebenslagen, Das allein lassen seiner Familie. Die Grundlage seines Lebens wird bestimmt durch sehr viel Arbeit, durch viele Alltagsprobleme in aller Welt. Verschiedene Geheimdienstliche Tätigkeiten mit den verschiedensten Geheimdiensten dieser Welt die sich durch seine Arbeit ziehen. In die er oft gegen seinen Willen Eingebunden wurde. Bedingt dadurch das er mit seiner Arbeit an den Brennpunkten dieser Erde tätig war und noch immer ist. Ihn reizen auch solche Aufgaben immer noch, er sucht sich diese auch aus. Aber in den letzten 10 Jahren ist es mit solchen Anfragen ruhiger geworden, vermutlich weil seine Auftraggeber in Rente sind oder leider bereits verstorben sind.

Lange bevor die Metro in Kairo gebaut wurde arbeitet Ulli Berger bereits in Kairo. Nur wenige Wochen nach dem furchtbaren Sinai Krieg hat Berger Ägypten unterstützt als einer der ersten die sich wieder in dieses Land gewagt haben.

Erst im Auftrag einer Firma als Angestellter und nach dem Verkauf dieser Firma in eigener Selbständigkeit. Mit 26 ist Ulli Berger dann selbständig in Wolfenbüttel und Kairo. Dann erweitert seit 1975 in Kairo. Seine Stationen waren in Israel, Ägypten, Irak, Saudi, Kuwait, Oman, Jordanien, Qatar, Südafrika, Kenia, Namibia, Sudan, Angola. Congo. Nigeria, Togo. China, USA, Brasilien, Russland, Deutschland, Polen, USA, Südamerika, Südafrika und vielen andere Staaten dieser Erde. Man kann locker sagen in fast allen Staaten dieser Erde mit wenig Ausnahmen. Wobei die oben genanten herausragend sind. Zur Zeit, Jetzt in 2013 zentralisiert sich alles auf den Sudan, Oman, Kongo, Angola, Südamerika, Tansania, Jordanien und Ägypten soll wieder folgen sobald sich die Lage dort beruhigt hat.

Dieses Leben war und ist kein normales Leben. Liebe, Abenteuer, Kriege haben dieses Leben geformt und Ihn ständig begleitet. Dieses Buch ist ein querschnitt durch eines solches Lebens. Es bewusst etwas Sprunghaft nicht genau in der Reihenfolge aufgeschrieben. Wie es gerade passt in einzelne Abschnitte Eingebunden in die Abenteuer die Ulli Berger abverlangt wurden. Bedingt durch Rückblicke und Einblendungen der Vergangenheit. Heute organisiert er Projekte, große Projekte in Afrika. Die Bezahlung über deren Rohstoffe die er jetzt mit seinen Beziehungen im alter des Rohstoffmangels verkauft. Zum Wohl der armen Bevölkerung in diesen Ländern. Er bringt ganz vielen Familien Arbeit in Afrika und Arabien Lebenssicherheit. Mit Heute vielen Enkeln und Urenkeln hat er die vorbereiteten Geschichten zu einem Lebensbuch Zusammengefasst.

3

Dieses Buch führt in einzelnen Abenteuern durch die ganze Welt, mit erlebten Abenteuern. Nicht aufgeführt der Reihe nach sondern in einzelnen getrennten, verbundenen Geschichten. Die nicht in Zeitmäßiger Aufgliederung verlaufen, sonder sprunghaft gestaltet sind. Mit Ideen für die Zukunft wie Afrika geholfen werden kann und Muss. Ein möglicher Umbau von Afrika. Mit der Hilfe von internationalen Jugendlichen für Afrika. Besiegen der Nazis International. Einbindung der Nazis in die Entwicklung Afrikas. Damit diese Menschen lernen, was Afrika ist. Regulierung der Religionen damit auch Ruhe schaffen in der Welt. Um auch zu zeigen was diese Menschen welcher Hautfarbe auch immer in Ihren Ländern leisten müssen um Leben zu können.

KAPITEL 1

Trouble in Nigeria
Copyrigth by Engelbert Rausch

Ulli Berger kämpft sich wieder einmal durch die Niederungen seiner Firma in Deutschland.
Verdamt, das darf es doch nicht geben, wo ist das Telefax aus Paris. Meine Order ist schon seit Jahren, jedes Fax, jedes Telex sofort kopieren und in den Eingang. eines sofort auf meinen Tisch, bis es abgezeichnet ist, oder mit der entsprechenden Antwort versehen in meinem Ausgangskorb liegt."
Alles zieht in Bergers Büro den Kopf ein. Wenn Unterlagen verschwunden sind wird der Chef böse. Sie wühlen und suchen in allen Ordnern". ,, Ich fahre jetzt in die Fabrik, wenn ihr das Fax gefunden habt, ruft mich bitte dort an . Berger wirft sich wütend in sein Auto, einen neuen 280 SLC.

Es ist das erste Auto, das er sich von der Stange gekauft hat. Jedes andere konnte er nicht bestellen, weil er niemals die Zeit dazu hatte. Seine Autos waren kaputt, da brauchte er am nächsten Tag ein neues. Auf dies Auto mußte er 11 Monate warten. Zumal ihn auch sein Steuerberater drängte, Geld auszugeben. ,, Leg es in einem guten Auto an, ich habe nicht gesagt, wirf es zum Fenster raus``, als er Bergers Gesicht sieht. So kommt Berger zu einem 75Tausend Mark Auto. Wenn Berger in die Fabrik fährt, weis er schon immer, dass es Ärger gibt. ,,Verdammt, ich habe es so gut gemeint, keine Stempeluhr, gleitende Arbeitszeit. Überstunden soviel sie wollen oder auch keine. Nur nicht, daß die Leute das Gefühl haben sollten, in einem Knast wie bei VW zu arbeiten, so eine Art Leibeigene zu sein. VW nur benannt, weil er diese Fabriken kennt, alle anderen sind genauso oder noch schlimmer. Seine Leute kommen mit dieser Freiheit nicht mehr zurecht. die Industrie hat sie bereits mit ihrer Zwangsarbeit verdorben. Alles das, was Berger nicht mochte, haben sie sich selber eingeführt. Stempeluhr, feste Arbeitszeit. Wie sehr hatte Berger diese Dinge gehaßt. Jeden Morgen um Punkt fünf aus dem Bett zu müssen, sich durch den dicken Verkehr zu quälen, manchmal 1.5 Stunden für 25 Kilometer. Hin und zurück waren das 3 Stunden. Normal benötigte er 20 Minuten. Betriebswirtschaftlicher und volkswirtschaftlicher Blödsinn. Dazu kommen die Leute verärgert in die Arbeit, wenn sie sich durch die Staus quälen. Man ist in allen Dingen festgelegt, der Tag ist verplant.

Seit langem hat er seine Truppe stark in Verdacht, dass sie versuchen, ihn mit ihrer Arbeitsleistung zu verarschen. Sie wissen nicht, dass es ihnen nie gelingen würde. Diesbezüglich ist Berger ein alter Fuchs und durch seine vielen Jahre auf dem Bau und seine Heimarbeit kennt er jeden Beruf aus dem FF. Er weis auch von seinem Freund Richard, dass sie heimliche Sauf- und Freßgelage während der Arbeitszeit veranstallten. Aber er hat sie noch nie dabei erwischen können. Heute ist wieder so ein Tag, er fühlt es, Vorgestern gab es Abschlag. Einen Ort vor der Halle hält er an, mit seinem Fernrohr kann er nun die Halle beobachten. Oben auf dem Dach entdeckte er den kleinen Paul, der ab und zu Aushilfe machte. So ist das also, deshalb kann ich sie nicht auf frischer Tat erwischen. Er fährt um die Ortschaft herum, hält im Ort an der Tankstelle an, und geht die letzten 100 Meter zu Fuß zur Fabrik. Der Kleine auf dem Dach konnte ihn so nicht kommen sehen. Er hört schon die Musik und den Gesang aus der Halle. Nebenan hat ein Freund eine Produktion für landwirtschaftliches Gerät. Dort ist auch ein Feuerwehr Kollege beschäftigt. Dort will er nur mal wissen, wie lange das schon so geht. Der lacht auf seine Frage. ,,Die saufen bereits seit 10 Uhr, die haben auch Weiber drinnen. Ich habe sie angerufen, gefragt was los ist, sie hätten eine Betriebsfeier. Das geht aber jede Woche so, ich dachte, was für ein großzügiger Chef. Jede Woche ein bis zwei Betriebsfeiern. Da ich dich kenne und weis da du großzügig bist, habe ich das auch geglaubt. Ich war nur wütend, dass du deinen alten Feuerwehr Hauptmann nicht mal einlädst``.

Ich könnte eine dicke Latte nehmen und sie alle windelweich schlagen, wir haben Termin. Die Arbeit in der Halle stehen und werden nicht fertig. Das dürfte Probleme geben, ich brauche diese riesen Arschlöcher leider, ich muss sie mir langsam hinbiegen``. ,, Oder die haben dich langsam hingerichtet mein Freund Ulli, wer soll das bezahlen?``. ,, Das ist das Problem aller die sich selbständig machen das gute Personal, die meisten gehen auch am Personal wieder kaputt``. .. Komm, wir Beide gehen jetzt in das Gasthaus essen, ich lade dich ein``. ,, Was, du läßt die einfach weiter machen?``. ,, Kannst du jetzt hier weg?``. ,, Kein Problem. Mein lieber im Gegensatz zu deinen Leuten haben wir unsere Arbeit fertig. ,, Wir fahren in die Dorfkneipe und essen erst einmal anständig. ,, Ich verstehe das nicht Ulli, deine Leute richten solch einen Schaden an und du willst in die Kneipe und willst speisen in aller Ruhe?``. ,, Das ist die Ruhe vor dem Sturm mein lieber. Eine Gnadenfrist. Wenn ich zurück bin und die Party läuft noch immer, kannst sehen was ein Ulli Berger mit solchen Mitarbeitern macht. Vor dem leckeren Essen, Bratkartoffeln mit Sauerfleisch sein Leibgericht in diesem Lokalgehen geht er zurück zur Halle, öffnet er nur das Fenster und ruft laut nach Harald, er weis das dieser mit zu den Rädelsführern gehört. Mit einem Schlag ist es totenstill in der Halle. Holt den Kleinen wieder vom Dach, in einer halben Stunde bin ich zurück. Er macht auf dem Absatz kehrt und geht mit Manfred Essen. ,, Das habe ich bei dir nie verstanden, du hast immer eine Ruhe, selbst bei diesem Vorfall.

Da fährst du mit mir zum Essen und futterst in Seelenruhe?``. ,, Was glaubst du , wenn ich in die Halle gegangen wäre, du kennst mich noch nicht richtig, die wenigsten wissen, das ich das selbst erst sehr spät an mir kennen gelernt habe``. Das war doch viel besser hier, oder Richard?". ,, Ich habe davon gehört, das du mit Hans die ganze Kneipe ausgeräumt hast, zwei Fußballmanschaften inclussiv Wirt. ,, Siehst du, das war so eine Situation, wenn ich rot sehe. Dann bin ich nicht mehr zu stoppen, deshalb will ich das nicht mehr. In meiner Firma möchte ich möglichst alles ruhig lösen.

Darum trinken wir Beide noch ein Bier und erst dann gehe ich zurück in meine Halle. Als Berger wieder auf seinen Betriebshof kommt sieht er wie, sich alles dreht und bewegt. ,, Siehst du, jetzt wird gearbeitet und ich werde dafür sorgen, daß es so bleibt. Damit habe ich mehr erreicht, als wenn ich sie durchs Dorf gejagt hätte``. ,, Du läßt das einfach so durchgehen?, ,, Nein, bestimmt nicht, ich werde kein Wort sagen. Dann ihre Arbeit kontrollieren, dann werde ich darüber sehr viel zu reden haben. Auf was ich nicht mehr verzichten kann, das ist mir nun endgültig klar geworden. Einen Sklaventreiber. Ich scheine in einer anderen Welt zu leben als diese Leute. Meine Vorstellung von einem Arbeitsplatz war eine komplett andere. Was ist mit diesen Männern passiert". Ich sehe es bei mir, wenn ich nicht immer hier säße, wäre es genau so. Sie sind wie dressierte Affen geworden. Sie waren alle schon mal in einer der großen Fabriken.

Wenn sie wieder kommen sind sie kaputt. Sie brauchen dort nicht zu denken, sie werden gelenkt; es ist so schön und einfach, der Mensch liebt das bequeme``. ,, So, werde mal rein schauen, wir sehen uns Heute Abend bei der Versammlung ``. ,, Ja, stimmt , ich hatte ja Schunki versprochen, zu kommen. Wo ist die Versammlung?''. "Im Dorf-Krug bei Wilsch. Berger geht durch das nun offene Haupttor in die Halle, alles ist wie wild am arbeiten. Die Holzsägen laufen, Eisensägen laufen, Kabel werden gezogen. Es wird gehämmert und gebohrt. Berger grüßte nur überall kurz und geht weiter in sein Büro. Dann kommen so nach und nach die verschiedenen Vorarbeiter. Sie entschuldigten sich und erklärten, daß zwei Geburtstage zusammengefallen sind. ,, Ihr meint, daß ist Grund genug, dass Ihr alle den ganzen Tag nicht arbeitet?``. Zu jedem Vorarbeiter sagt er noch das er gleich alle Arbeiten mit Ihnen durchgehen wird. Das war alles, was er im Moment zu sagen hat. Er zieht sich dann seinen Kittel über und geht durch die einzelnen Abteilungen. Bei der Schlosserei und den Schweißern fängt er an. Er nimmt seinen Block und schreibt sich alle schlecht ausgeführten Arbeiten auf und machte direkte Zeichen an den Werkstücken. Die Zuschnitte, da wo es Gehrung sein sollten, Stehnähte sind mehr geklebt als geschweißt und Verbindungen nicht sauber zugeschweißt. In der Tischlerei, bei den Holzarbeiten, die Bretter nicht gleichmäßig zugesägt, schief in Nut und Feder gebracht. Die Aussenbretter, Vernagelung wieder nicht in einer Linie genagelt und Fenster nicht winklig eingesetzt.

11

Die Klemptner haben die Installationen nicht sauber genug ausgeführt. Die Elektriker die Kabel ohne Kanäle verlegt und die Dosen nicht gerade gesetzt. Die Fliesenleger haben die Fliesen nicht in der richtigen Schattierung verlegt. Bei den Malern gibt es diesmal nichts zu bemängeln.

Dann machte er sich ein Bild über den Zustand der Maschinen und die Sauberkeit der Halle. Dann ruft er die fünf zuständigen Meister ins Büro und geht mit ihnen zusammen all diese Mängel durch. ,, Meine Herren unsere Zeit des übens ist vorbei, ab Morgen will ich solche Mängel, schlampigen Arbeiten wie ich sie Heute vorgefunden habe nicht mehr sehen. Ich muß die Raumzellen und Container verkaufen, ich will sie nicht wieder zurückbekommen, weil sie nicht gut genug sind. Leider ist es unmöglich, in unserem Betrieb eine leistungsbezogene Bezahlung zu machen, weil zu viele verschiedene Gruppen an einem Bauteil beschäftigt sind. Aber Mängel werde ich in Zukunft vom Lohn abziehen. Ihr als Meister seit dafür verantwortlich. Zur Maschinenpflege habe ich nichts zu sagen, die ist gut. Die Sauberkeit jedes Arbeitsplatzes ist mir ein wichtiges Anliegen. So sauber wie der Arbeitsplatz ist, so sauber ist auch die Arbeit``. Das läuten des Telefon unterbricht kurz das Gespräch. ,, Frau Sommer", sagte Harald, der das Gespräch annahm und reicht Ulli den Hörer. Ja, was gibt's ? ``. ,, Wir haben das Fax gefunden, es ist hinter den Kopierer gerutscht``. ,, Gut", danke Frau Sommer, ich sehe es mir heute Abend an".

Berger atmetet erleichtert auf, na wenigstens eine gute Nachricht. Er wendet sich wieder an seine Meister. ,, Übermorgen komme ich mit Leuten vom Staatshochbauamt, Ingeneuren, die wollen sich unsere Arbeit ansehen. Bis dahin will ich alles sauber haben und fehlerfreie Arbeit. Es geht um einen Millionen Auftrag. Zeigt endlich mal, dass ihr mehr als saufen könnt. Wenn ich es nicht wüßte, währt ihr schon nicht mehr hier. Ab jetzt will ich von euch Leistung sehen, gute und saubere Arbeit. Dies ist eine Fabrikhalle und kein Kabaree, wenn ihr nach Feierabend hier etwas veranstaltet, das ist etwas anderes, aber dann ohne Übertreibung. Er löst die Versammlung auf, einige wollen noch etwas Erklärendes sagen, aber Berger winkte ab, besser nicht. Er hat seinen Freund Alfred mit seiner Frau in die Halle kommen sehen und geht Ihnen entgegen. ,,Ich bin auf dem Weg nach Hause Ulli, wollt ihr mit kommen?, es gibt Wildschwein ruft Ihm Alfred schon entgegen. ,,Kommt rein, ich mache uns einen Kaffee. ,,Ja". sagte sie, ,,einen Kaffee vertrage ich jetzt``. ,, Es geht ja richtig rund bei dir in der Halle!``. Es wäre alles gut Alfred wenn nicht die ewigen Probleme mit dem Personal wären. Rausschmeißen, immer rausschmeißen, das hilft am besten``. ,, Ich mache es nur so, damit halte ich alle in Schach``. ,, Bei dir ist es etwas anders, du hast einen gewachsenen Betrieb, hast deinen Stamm, brauchst keine Facharbeiter. Aber ich schmeiße den einen Knallkopf raus, dafür kommt ein neuer,wenn ich überhaupt einen bekomme. Einen noch viel schlimmeren. Es gibt nichts, keine Facharbeiter obwohl wir nun fast 8,5 % Arbeitslose haben ``.

13

Berger gießt den Kaffee ein und stellt Zucker und Milch dazu. Während er bedächtig seinen Kaffee umrührte redete er weiter. ,, Dieses Geschäft blüht auf, ich verkaufe die Produktion wie warme Semmeln. Ich bin in eine echte Marktlücke gestoßen, aber ich gehe an der Unfähigkeit der Mitarbeiter kaputt. Dabei verlange ich nicht mehr als durchschnittliches handwerkliches Können``. ,, Aber Ulli, das sieht doch gut aus, was du da stehen hast``. ,, Ja, von weitem, schau aber nicht von nahem genau hin. Es ist zu ändern, ich versuche es jetzt``.,, Was du brauchst, ist jemand, der ständig hier ist und kontrolliert``. ,,Darauf wird es hinaus laufen", ich werde Morgen eine Anzeige aufgeben``. ,, Na komm Ulli, ruf deine Frau an und komm mit zu uns, sie soll die Kinder mitbringen dann habt Ihr etwas Ablenkung. Berger wählte zu Hause an, Berger. ,, Hier auch Berger``. Hallo mein Schatz , wir sind zum Wildschwein-Essen eingeladen. Alfred und seine Frau sitzen mir gerade gegenüber``. ,,Wo``?. ,, Bei Ihnen zu Hause , findest du dort hin?``, Komm bitte mit dem Taxi, dann kannst du mit meinem Auto wieder zurück fahren``. ,, Berger !!, willst du saufen ?``. ,, Nein, aber später, wir haben Feuerwehr Versammlung``. ,, Oh mein Gott, sagt sie nur und legt auf. ,, Kommt sie?``. ,,Natürlich so eine Einladung läßt sie sich nicht entgehen. Berger packte seine Sachen zusammen. ,, Dann fahre ich gleich hinter Euch her, sie kommt mit den Kindern mit dem Taxi zu Euch. Alfred hat sich ein schönes Anwesen zwei Dörfer weiter gebaut, leichte Hanglage mit schönem Blick nach Schöppenstedt und in den Elm.

14

Die Diskussion wird dann ernster und kontrovers, es geht um den Asse Schacht, den Atommüllschacht. Berger ist oft dort unten. Er hat Maschinen und Anlagen geliefert um die in die Unterirdich einfach in eine Grube gewordenen Fässer mit spezial Schlemme zu verfüllen. Eine Betonanlage zum Herstellen der Schlemme und eine Pumpe zum weiter leiten in die Grube. Alfred ich kann nicht verstehen was dort unten passiert. Wenn etwas im Berg ist, etwas passiert dann bekommen die diese Fässer niemals mehr heraus und du lebst In deinem schönen Haus hier auf einem Pulverfass``. ,, Ach Berger du siehst wieder Gespenster, was soll passieren. Das schlimmste würde bedeuten wir pumpen den ganzen Berg voll mit Beton. Das aber wäre das beste was uns passieren könnte. Beton,Beton,Beton. Las uns doch auch einmal etwas verkaufen. Du hast doch schon gut an dem Schacht verdient. ?. jetzt noch das neue Büro mit deinen Fertigbauten?``. ,, Wenn du das so siehst Alfred, ich sage dir der ASSE Schacht endet in einer Kathastrophe und alle halten die Augen geschlossen. Ich habe gesehen was da unten los ist, nicht in den Hauptgängen aber in den Nebengängen da plätschert munter das Wasser herum. Das ist ein Salzschacht, der müsste trocken sein. Aber der ist es schon Heute nicht mehr. In spätestens 20 Jahren ist das Ding eine Kathastrophe und dein schönes Haus hier so nahe am Schacht ist keinen Pfifferling mehr wert``. ,, Ulli du spinnst, das Ding ist sicher``. ,, Ja so sicher wie dem Blüm seine Rente!!``.

Es wird trotz des kurzen Streitgespräches noch ein sehr gemütlicher spät Nachmittag. Um 19.00 Uhr dann wird Berger mit reichlichen Ermahnungen versehen bei der Vereinsgaststätte der Feuerwehr abgeladen. Er hat sich eine gute Unterlage verschafft. Bier auf Wildschweinbraten mit Knödel und Sauerkraut, das ist nicht schlecht. Er wollte es nicht so schlimm treiben, am anderen Morgen hatte er einen Termin mit Alfred in dessen Betonwerk. Nach einigen Bieren wird die Feuerwehr dann wie immer um 11 Uhr aus der Gasstätte hinausgeworfen. Der Wirt muß zu Bett, es ist der einzige Gasthof in diesem kleinen Ort. So hat es sich eingebürgert, daß sie danach immer im Wechsel zu einem anderen Kollegen gehen. Da die meisten Feuerwehrmänner Landwirte sind, gibt es platzmäßig wenig Probleme. Heute hatten sie sich einen der größten Bauern ausgesucht, der hat es geschickt verstanden sich über ein Jahr von seiner Verpflichtung zu drücken war längst überfällig für einen Abend. Hat die Abende bei den anderen sehr genossen. Heinz, einer der Kollegen, kannte sogar den Platz des Schlüssels für die Hintertür. Im nu ist die ganze Truppe zum blanken entsetzen des Großbauern im Haus. 25 Feuerwehrleute mit einem Mordshunger und Durst. In einem Bauernhaus, in dem sie kein Brot, keine Eier, keine Wurst, kein Speck, kein Öl und keine Butter finden. Der Geizkragen muss etwas geahnt haben und hat alles weggeschlossen. Zwei Kisten Bier wurden vom kneiper aus Wolfenbüttel auf Rechnung des Hauses geholt. Berger untersuchte die Küche er findet lediglich Pfeffer und Salz.

Heinz ist mit zwei Mann auf der Suche nach den versteckten guten Sachen. Nun erst recht nun sollte er sein Fett abbekommen. Aber Fett war genau das einzige, was sie nicht fanden. Sie finden einen herrlichen durchwachsenen Schinkenspeck und mehr als 20 Paletten mit Eiern. Der arme Kerl hat keine Change, den Mundraub zu verhindern. Der Geizkragen hat alle gegen sich. Bisher haben alle geglaubt dass die Weiber des Hauses so geizig sind, nein , der Jungbauer ist der schlimmste Geizkragen. Der glaubte dann tatsächlich allen Ernstes, wenn Berger nun kein Fett zum braten findet, wären sie aufgeschmissen. Es geht ohne Fett. Mehr als 8 Paletten Eier und der ganze Schinken werden weggefressen. Bier war natürlich zu wenig da. Einer schnitt den Speck, einer schlägt die Eier in die Pfanne. Sie habten immer zwei Riesenpfannen unter Feuer. Berger haut den Speck in die Pfanne und rührte dann die Eier hinein, so als ginge es darum eine Weltmeisterschaft zu gewinnen. Das heftige rühren ist notwendig damit die Eier nicht zu sehr anhängen. Der Speck mit seinem wenigen Fett ist kaum ergibig. Trotzdem oder gerade wegenb der Umstände schmeckte es jedem ausgezeichnet. Sie sagen das sie zu Hause auch nur noch ohne Fett braten wollen. Das Bäuerlein sitzt geknickt von dem Verlust arg gebeutelt still in der Ecke. Nach der Mahlzeit haben sie keine Lust mehr zum verweilen, Bier gibt es auch keines mehr. Berger und Heinz haben auch nicht mehr genügend zu Hause.

17

Berger ruft Richard Ihren Fussballkumpel an, der seine kleine Kneipe am Ortsrand von Wolfenbüttel, die Woltersklause noch offen hat an.,, Hallo, hier ist Ulli ! , hast du deinen Laden noch offen?``. ,, Ich will gerade zumachen , aber wenn du kommen willst bleibe ich noch unten``. ,, Richard, wir sind noch ein paar Mann die großen Durst haben, wir sind in 10 Minuten da``. So sitzen 25 Feuerwehrleute noch morgens um sieben in einer Kneipe und löschen fleißig, treu ihrem Motto das Feuer in Ihren Kehlen. Jeder Feuerwehrmann ist auch gleichzeitig Fussballspieler in dem kleinen Ort. Berger hat sich unauffällig verdrückt, hat aber Richard die Rufnummer von Alfred dagelassen, für alle Fälle. Es scheint hier noch lange weiter zu gehen. Es ist bereits Tag hell als er zu Hause ankommt, ebenfalls nach dem Prinzip der Anständigkeit nicht bei dunkelheit nach Hause zu kommen. Die Kinder schlafen fest und ganz friedlich. Berger duschte sich und zieht sich um. Sein bestes Stück ist durch die Geräusche der Dusche wach geworden. ,, Wann bist du denn nach Hause gekommen, ruft seine Frau, als sie die Dusche hört. Bis um zwei habe ich auf dich gewartet, dann bin ich eingeschlafen. ,, Gerade mein Schatz, ich bin vieleicht zehn Minuten zu Hause``. Das Telefon klingelte. ,, Evchen Schunk, sie sucht ihren Mann. ,, Sag Ihr bitte das die Männer alle bei Richard sind, sie soll so lieb sein und die anderen Frauen anrufen damit diese sich keine Sorgen machen``. ,, Willst du was essen alter Suffkopf?``. ,,Was gibt es denn?``. ,, Ich habe noch kalten Wildschweinbraten von Lüdeke``.

„Ja , das ist genau das richtige um wieder auf die Beine zu kommen den esse ich mit Brot``. ,, Mieke kocht Kaffee und deckte schön den Tisch. Zum kalten Wildschweinbraten gibt es Preiselbeeren und Schwarzbrot. Ein erstklassiges Frühstück. Mieke stellte noch den Korb mit frisch aufgebackenen Brötchen auf den Tisch. Wo willst du den hin?, fragte sie ihn. Ich habe um 8 Uhr ein Meeting mit Alfred". "Wißt ihr nicht, daß heute Feiertag ist?. Feiertag, nein, was für ein Feiertag?. ,, Oh mein Gott Berger, heute ist der 17. Juni, Tag der Deutschen Einheit``. ,, Berger schlägt sich vor die Stirn , deshalb haben die Jungs so ruhig weiter gesoffen, keiner muß zur Arbeit. Er nimmt das Telefon und ruft Alfred an, der ist schon auf den Weg ins Büro. Dann muß ich da wohl auch dort hin, er wirft den Hörer auf die Gabel so als wäre er sauer darüber das er nun wieder weg muß. ,, Ulli Berger brauchst hier deine Schauspielkünste nicht anwenden, denkst du ich weis nicht wie gern du wieder zu deinen Kumpeln entschwinden möchtest. Komm nicht so spät wieder. Alfred sitzt in seinem leeren Büro, ihm ist es wie Berger entgangen, das sie Heute Feiertag haben. ,, Ach, sagt er, es ist auch mal schön, so alleine hier zu sitzen ohne Störung. Sie erledigten erst das Geschäftliche und gehen dann zum gemütlichen Teil des Tages über. Was war mit deiner Versamlung gestern Abend?". ,, Die ist noch nicht zu Ende, die Jungs tagen immer noch. Ich bin auch erst um sieben von dort abgehauen``. „Komm, sagt Alfred ich gebe einen für deine Feuerwehr aus, ich spendiere 5 Flaschen Himbergeist und 20 Mark Korkgeld für den Wirt.

19

Ich rufe erst an , ob sie noch da sind . Sie sind noch alle vorhanden. Wir haben gerade bei einem Freund Frühstück bestellt, er macht uns Platten mit seiner Hausmacher Wurst. ,, Wir kommen, wir bringen noch ein bißchen Himbergeist mit , den guten Schladerer Fliesbeton vom Betonwerk. Die kleine Kneipe schien auseinanderzubrechen, in Doppelreihen stehen sie an der Theke und wechselten von Fußballliedern in Feuerwehrlieder. Fast alle Feuerwehrleute sind auch aktive Fußballspieler im kleinen örtlichen Verein. Der Fussballkollege bringt das herrlich duftende Frühstück, Mettbrötchen, Schinkenbrötchen, Käsebrötchen, Bierschinken, Jagdwurst und einen grossen Topf mit Sauerfleisch. Ulli und Alfred langten Beide kräftig zu. Ulli hätte eigentlich noch satt sein müssen, aber was hier aufgebaut war, war zu lecker. Um 10 Uhr trudelten die ersten Frühschoppen Gäste ein. Sie sind überrascht, die Feuerwehr hier schon zu finden. ,, Es hat hier gebrannt heute Nacht , deshalb sind die noch hier," sagte Richard. Dann kommen welche mit ihren Fußballtaschen in der Hand. ,,Wo wollt ihr den hin``, fragt Richard, der auch bereits wackelig hinter der Theke steht, er hatte bisher jede Runde mitgehalten. ,,Was ist denn mit dir los Richard, spinnst du, wir haben Heute Turnier``. Richard lachte ihn blöd an, ,, Turnier, dahinten ist Turnier Heute du Spinner., geh mal in den Clubraum. Das tat der angesprochene Torwart auch. Was er sieht erschütterte ihn zutiefst, die gesamte Feuerwehr damit auch der gesamte Fußballverein stink besoffen inclusive Vorstand. Was soll er tun.

Er schmeißt wütend seine Tasche in die Ecke und machte sich auch über die leckeren Sachen her. Danach geht es allen scheinbar etwas besser. Berger war noch ist als letzter damit beschäftigt und schiebt sich das letzte Stück Sauerfleisch zwischen die Zähne, als ihm Bernd derb auf die Schulter klopft, ,, Du bist doch noch leidlich nüchtern, konntest du das nicht verhindern?``.,, Warum verhindern, was ist los bin ich der verhinderer. ,, Wir haben in zwei Stunden ein Fussball Turnier auf eigenem Platz. ,, Warum weiß das keiner ?``. ,, Weil ihr alle Penner seit, einschließlich Richard da hängt das Plakat seit zwei Wochen". Berger schaut auf das Plakat, mit ihm alle anderen. Tatsächlich, es ist ein Turnier angesagt. ,, Spielt die zweite und die alten Herren heute". ,, Nein, die haben spielfrei. Aber was nützte das, die sind auch alle hier und besoffen``. ,, Berger steht auf ich ruf alle an, von der ersten an die nicht hier sind damit wir sicher sind das diese wenigstens kommen. Es waren genau drei Mann. Zwei Engländer, die Stammgäste sind bieten sich sofort an zu spielen. Es sind exelente Spieler. ,, Haben wir schon die Spielerpässe von den Beiden? Ich glaube, die sind bei Horry``. Berger ruft Horry an er hat die Spielerpässe, ,,Bring sie bitte mit. Wir haben Schwierigkeiten, die Mannschaft zusammen zu bekommen. Mit dir sind wir erst sieben``. ,, Wieso?, fagt Horry. ,, Besoffen`` sagt Ulli, alle sind besoffen``. ,, Immer die gleiche Scheiße``, sagt Horry nur und knallt den Höhrer auf. ,, Was ist mit deinen Brüdern Richard?". Richard greift umständlich zum Hörer.

Er bekommt kaum die Scheibe des Telefons gedreht, schaffte es aber doch irgend wie Beide Brüder zu erreichen. Sie kommen, sagte er aufatmend. Ich spiele auch``, ,, Inzwischen trudelte auch der Tainer ein, er überblickte sofort die Bescherung. ,, Wieviel sind noch tauglich , Ulli? . Mit Richard, der etwas angeschlagen ist , sind wir 10 Mann``. ,, Gut , mit dir sind wir elf und ich als Ersatz´´. ;;Horst, du machst Witze , ich habe 6 Monate nicht mehr gespielt , ich bin hinterher tot``. ;; Wenn du merkst, du wirst schlapp, tauschen wir Beide. Wir haben keinen Stürmer dabei und du bist ein guter Linksaussen mit Richard in der Mitte muß es klappen. Wir Beide machen einen fliegenden Wechsel. Ulli ruft zu Hause an. ,, Ich habe schon wieder eine Einladung für dich, mein Schatz. ,, Ulli, wir haben gerade erst Gefrühstückt``. ,,Nein, nicht schon wieder zum Essen, zum Fußball. Wir müssen um zwölf Fußballspielen und der gesammte Verein ist besoffen. Ich muß mit einspringen. Bringst du mir meine Fussballtasche zum Platz und du bist herzlich eingeladen, dort mit den Kindern zu bleiben. Es gibt Bratwurst und Bier``. Sie stöhnte nur kurz auf und sagt ,, na gut, ich komme es wird den Kindern sicher Spaß machen``. Er hörte nur noch, wie sich Patrick im Hintergrund freut. ,, Danke mein Schatz``, sagt er und legt auf. Die ganze Horde machte sich nun auf zum Fußballplatz. Als dann die Aufstellungen bekannt gegeben wird ist allen klar, dass ihr Verein unter ferner liefen als Letzter aus dem Turnier heraus kommen wird. Richard und einige andere müssen vor dem Anpfiff nochmals kurz in die Büsche, sich auskotzen.

Am Ende wird dieser besoffene Haufen auch noch Turniersieger, ohne ein einziges Spiel verloren zu haben. Jeder einzelne hat gekämpft bis zum Umfallen, manche mussten zwischendurch in die Büsche zum kotzen. Einfach gerade jetzt wollten Sie es den anderen zeigen. Das bedeutete aber auch, daß die Feier nun weitergeht. Jetzt feiert nicht mehr die Feuerwehr, sondern der Fußballverein einen grandiosen Sieg. Inzwischen sind alle Familienmitglieder der Spieler auf dem Platz erschienen. So das der Tag gemeinsam abgeschlossen werden konnte. Alle bekommen noch einiges zu lachen, als die angetrunkenen Männer versuchen, ihren Kindern zu zeigen, wie man die Drachen steigen lässt. Sie liegen mit Ihren guten Anzügen mehr unter der frisch gepflügten Scholle als das sie aufrecht standen. Berger ist nicht kaputt von diesem Spiel vom Tag oder der Nacht. Nach einem ordentlichem Bad bekommt die Familie auch noch den Jahrmarktbesuch in Braunschweig und noch ein wirklich gemütliches Zusammensein zu Hause. Sie spielen Menschärger dich nicht und siebzehn und vier. Ulli machte die Sache immer spannend, weil er kleine Preise aussetzte. So wird immer bis zur letzten Minute gekämpft. Am anderen Morgen wühlte Berger sich durch seinen Schreibtisch und arbeitete alle Post bis zum Mittag auf. Dann nimmt er sich nochmals das Telefax aus Paris vor. Ihm werden Caterpillar Maschinen angeboten, die er dringenst benötigte. Er faxte zurück und bittet umgehend um ein Angebot. Eine Teillieferung seines Auftrages für Nigeria soll in Hamburg verschifft werden.

Sein Spediteur ruft Ihn verzweifelt an. So auch der Kunde aus Nürnberg. "Die Controllco nimmt nicht die Tieflader ab, weil diese nicht den Lieferbedingungen entsprechen, die Holzbohlen sind nur 2 cm statt 4 Centimeter dick! Tagelang fliegen die Faxe hin und her. Der Hersteller behauptete die Bohlen sind 4 cm dick. Die Controllco behauptet es wären nur 2 Zentimeter. Der Spediteur weint, das Schiff wartet nur noch bis morgen". Was bleibt dem armen Berger übrig, er muss früh am anderen Morgen um 4 Uhr nach Hamburg und hat 7 Uhr im Hafen mit der Controllco einen Ortstermin. Er ist etwas wie immer etwas früher als der Herr von der Controllco da. In wenigen Minuten weis er wo der Hund begraben ist. Die bequemste Stelle zum Messen für die Controlco ist in der Rundung, und genau dort und nur dort mußte das Holz etwas vedünnt werden. Nur an den Stellen an denen es in die Halterung eingepaßt wurde , auf einer Länge von ca. 10 Zentimetern. Das ist dem Controllco-Mann, der siegessicher anmarschiert kommt äusserst peinlich. Wichtig ist aber nur für Ulli, dass die Papiere eine Stunde später fertig sind und der Rest verladen wurde, damit Berger sein Geld kassieren konnte. Ein anderes Nigeria-Geschäft wickelte er mit einer der großen Banken ab der Dresdner Bank. Er wollte diesen Deal überhaupt nicht machen. Es handelte sich um 125 Häuser nach Kano , als Wohnhäuser für ein langfristiges Großprojekt. Er hörte viel über Nigeria, über seine Freunde bei Bauunternehmungen und andere Geschäftsleute.

Aber der Bankdirektor versicherte ihm, dass seine Bank ausgezeichnete Verbindungen nach Nigeria hat und er von dort die Mitteilung habe, das keinerlei Gefahr bestünde,alles wäre nur gerede. Die Bank hat die Zahlungsbedingungen ausgehandelt mit der Bank in Lagos, CIF Lagos. Berger wollte FOB Hamburg liefern, die Bank hat sich durchgesetzt. Nun schippern zwei Schiff vor Lagos und können wie vierzig andere Schiffe nicht in den Hafen, weil dieser restlos überfüllt ist. Somit können diese auch nicht entladen werden und die CIF Lieferung kann nicht erfüllt werden. Er hat keine andere Wahl, als sich selbst auch darum zu kümmern, weil alles sein Geld kostete.

Kapitel 2
Trip nach Nigeria.

Berger entschließt sich, sofort nach Nigeria zu fliegen. Es paßte insoweit, daß er auch nach Togo muss, Ein Unterlieferant hat ein Camp geliefert, an dem alle Wandelemente nun beim Aufbau angeblich zu lang sind und nicht passen sollen. Hochtief macht mächtig Alarm und Dampf. Er macht sich wieder auf Reisen. Diesmal etwas beruhigter, weil er einen einigermaßen ordentlichen Betriebsleiter für seine Fabrik gefunden hat. Zumindest von der technischen Qualifikation her. Alles andere mußte er noch heraus finden. Abends um 19.00 Uhr landete er in Lagos. Der Flughafen ist bereits hoffnungslos überfüllt. Taxis sind keine zu bekommen.

Von einem Privatmann wurde ihm angeboten, ihn in die City zum nächsten Hotel zu fahren. Er hat auch noch kein Hotel. Um nicht später feilschen zu müssen handelte Berger sofort den Fahrpreis aus. 10 Dollar will der Mann. ,, Ok``, Berger nimmt seinen kleinen Koffer und steigt ins Auto. ,, Mein Herr, würden sie mir bitte den Koffer reichen, ich tu diesen in den Kofferraum. Berger findet daran nichts merkwürdiges. Merkwürdig findet Berger dann schon die Straßen, die der Mann entlang fährt. ,, Warum fahren sie diese Nebenstrecken, fragt Berger ihn nun doch argwöhnisch geworden. ,, Hier ist es ruhiger und besser zu fahren``. Bergers innere Alarmanlagen schrillen, bleibt trotzdem ruhig. ,,Ich möchte dass sie sofort umkehren und die ordentliche Strecke fahren, ich habe auf dieser Hauptstrecke noch jemanden mit zunehmen``. ,, Wie sie wünschen, sagt der Fahrer lässig. ,, Ich wende dahinten und dann fahren wir rück``. Berger fühlt da ist etwas nicht in Ordnung, er weis nicht was. Seine Sinne sind gespannt. Da hörte er es, klak und noch einmal machte es klak, klak. Blech schlägt auf die Straße. Ulli schaute nach hinten durch das Rückfenster. Sein Koffer liegen auf der Straße. ,, Anhalten!" schreit er den Fahrer an, sofort anhalten!. Er umklammerte nun gleichzeitig dessen Hals und drückte ihm die Luft zu. Der Wagen stoppt. ,, Was ist los?, schreit der Fahrer angstvoll??. ,, Rückwärtsgang rein und zurück, bis ich stopp sage``. Der driver hat keine andere Wahl. Berger hat ihn im Würgegriff. ,, Stopp , Autoschlüßel hier her``.

Dann klettert Berger mit ihm aus dem Auto, es ist nicht so einfach. Sie gehen gemeinsam zu den Koffern. Berger den Kerl wieder im Würgegriff. Wenn einer deiner Kumpel in unsere Nähe kommt macht es knack!".

Berger zieht seinen Arm zusammen. ,, Nein , nein, es ist schon ok´´. Berger lässt den armen Kerl jetzt los. ,, Pack die Koffer und werfe diese auf den Rücksitz. Danach lässt er den Fahrer einsteigen und setzte sich selbst auf den Beifahrersitz``. .. Hier den Schlüssel und direkt zum nächsten großen Hotel. Keine Mätzchen, ich lege dich im Auto hier um, ich schwöre es dir.   Der lange hagere Schwarze ist stark eingeschüchtert und von der Kraft die in Berger steckt respektvoll erstaunt.   Sie   erreichten   wieder   die Hauptstraße   und   sehen   von   weitem   das Intercontinantal Hotel. ,,Dort lädst du mich aus". Berger holt sich nach dem Stopp die Koffer aus dem Auto. Damit der Möchtegernräuber nicht noch vor dem Hotel damit abhaut. ,, Da ist nichts drin, mein Lieber, als ein Paar Akten und Klammoten für 5 Tage. Aber es gehört mir, das ist der entscheidende Punkt". ,, Die 10 Dollar Mister, Berger schaute ihn nur groß an. Mister das Leben ist hart in Lagos. ,,Eben, sagt Berger und geht ohne den Mann weiter zu beachten ins Hotel. Der Fahrer lammetierte wie wild in seinem Auto, ein uniformierter Polizist kommt hinter Berger her. ,, Sie haben den Mann nicht bezahlt". Mache ich auch nicht, der hat versucht meine Koffer zu klauen". ,, Aber sie haben doch noch Ihre Koffer. Wenn sie keinen Ärger wollen, geben sie ihm die 10 Dollar.

,, Wenn sie meinen, es ist gut, wenn ich einen Räuber noch bezahle, ich gebe ihm die zehn Dollar. Den berger hatte keine Lust auf einen Aufstand. Der Polizist nimmt die 10 Dollar in die Hand, zeigte diese dem Fahrer. ,,Danke ich habe die 10 Dollar, du wolltest die Koffer klauen. Der Polizist winkt mit dem Schein und sagt, die mein lieber sind jetzt in Polizei Gewahrsam in meinem Gewahrsam`` und steckt den Schein ein. Geht zum Fahrer und tut, als ob er ihm die 10 Dollar doch noch geben will. Er holt kurz und kraftvoll aus, und verpaßte dem Fahrer einen Schwinger, der es in sich hat. Der Fahrer steigt aus und schlägt nun auf den Polizisten ein. So entsteht doch noch ein kleiner Auflauf vor dem Hotel. Berger erkundigte sich nach einem freien Zimmer, er hat Glück. Aber es gibt nur ein Zimmer für 2 Nächte. ,, Bitte, Herr Berger, sind sie das erste Mal in Lagos?". ,, Nein, aber sonst immer nur für Stunden, weil ich nach Kano weiter fliegen musste". ,, Dann müssen wir ihnen auch empfehlen, Abends nicht das Hotel zu verlassen". ,, Warum", fragt Berger", gibt es einen Bürgerkrieg?", ,, Sie werden hier ohne mit der Wimper zu zucken für eine billige Armbanduhr umgenietet". Berger hat schon viele solche Dinge von Freunden über Lagos gehört, seinem Freund Wolfgang von der Itag hat man auch erst kürzlich hier böse mitgespielt. Es soll sogar im Hotel übefallen worden sein. Bergers Hotelzimmer ist sehr ordentlich, entspricht den 5 Sternen die vorn angeschlagen sind. Er duschte sich und zieht sich nun seine Jeans an, die eigentlich nur für die Baustelle bestimmt ist und auch sein Arbeitshemd.

28

Er hat sich nach dem duschen Lagos von oben angeschaut, aus dem 17 Stock. Es ist eine imponierende Stadt, und er will diese auch bei Nacht kennen lernen. Wenn die in Lagos jeden umbringen wollen, hätten die sehr viel zu tun Er ist vorgewarnt und würde auf der Hut sein, also auch nichts wertvolles bei sich tragen. Ringe und Schmuck hat er sowieso nicht, die Armbanduhr lässt er im Hotel. Berger geht ins Restaurant und ist erst einmal.

Den gegrillten Fisch mit Reis und grünem Salat. Vom Restaurant kann er auf den Hotelparkplatz schauen. Da steht immer noch der Wagen, der ihn hergebracht hat. Er sieht das der Fahrer Probleme mit der Polizei zu haben scheint. Berger ist klar, nach der prügelei kann er die 15 Dollar Strafe nicht bezahlen nun halten sie das Auto fest bis er zahlen kann. Das wird wohl noch lange nicht sein, weil dieser kein Geld mehr verdienen kann, weil sein Auto an der Kette liegt. Berger sucht 2 x 10 Dollarscheine heraus und steckte diese in seine Tasche und geht nach dem Essen wieder vor das Hotel. Der Fahrer des Autos lehnte an seinem Auto und ist vollkommen fertig. Berger drückte dem Polizisten die 10 Dollar in die Hand. ,, Ich brauche wieder den Fahrer``. Der Polizist faltet den Schein ganz klein zusammen, damit es niemand mit bekommt. Aber hier scheint es sowie so Standard zu sein das man geld annimmt. Das sind nur 10 Dollar Mister, ich brauche jetzt 20,- Dollar , der Kerl hat mich fürchterlich beleidigt``.

.. Nein, sagt Berger und hat plötzlich wieder den 10.- Dollar Schein des Polizisten in seiner Hand. ,, Es gibt nur 10 Dollar, kann er fahren oder soll ich ein anderes Taxi nehmen?. ,, Haut ab, sagte der Polizist grinsend und zieht die 10 Dollar wieder aus bergers Hand, ,, Niemand soll sagen, hier in Nigeria sind keine guten Polizisten``. ,, Nur die besten```, sagt Berger lachend, ,, Ich sehe keine Probleme``. ,, Der Fahrer weis nicht was er davon halten soll, er hat gesehen, dass Berger dem Polizisten Geld gegeben hat und sich mit ihm unterhalten hat und alle zu seinem Wagen schauen. Berger kommt heran, ,, langer versuchen wir es Beide noch einmal zusammen``.Der schlacksige Schwarze schaut ihn mißtrauisch an. ,, Ich habe deinen Wagen ausgelöst und will von dir für die nächsten Tage gefahren werden, wie viel willst du pro Tag. Pro Tag ? 25 Dollar incl. Spesen 2 Dollar. Berger reichte ihm 10 Dollar,   Für Heute Abend und diese 10 Dollar als Anzahlung für Morgen``. Der Lange staunte nicht schlecht``. ,, Und wenn ich Morgen nicht wieder komme``. Du kommst denn dann verlierst du 50 Dollar für die nächsten Tage , oder mehr. Ich heiße Moses, sagt er und reicht Berger seine Hand. ,,Gut , Moses, dann laß uns für heute mal ein bißchen durch Lagos fahren. Ich möchte Lagos bei Nacht kennen lernen. ,, Möchten Sie auch in die schlimmen Ecken ?. ,, Nicht in die schlimmsten, aber so, daß ich mir ein Bild über diese Stadt machen kann, ich hatte noch nie Zeit für Lagos gehabt.   Moses macht mit ihm eine Stadtrundfahrt, die es in sich hat.

Das neue Lagos ist modern und unterscheidet sich kaum von anderen Weltstädten. Scheint eine schöne afrikanische Stadt zu sein. Aber ist so Korupt und kriminalisiert wie keine andere Stadt in Afrika. Selbst Moses wagt sich an den meisten Stellen nicht aus seinem Auto zu steigen. Aber, Mr. Ulli," sagte er entschuldigend für sein Land, es ist nicht überall so wie hier in Lagos. Ich weiß , Moses, ich kenne Kano und andere Städte, es ist nur in Lagos so schlimm."

Nur in Saigon habe ich ähnliches gesehen wie hier in Lagos, nur anders geartet, aber genauso brutal und Menschenverachtend. Berger läst sich wieder zum Hotel fahren. Macht es ihnen etwas aus, wenn ich sie schon hier aussteigen lasse?. Berger sieht in seinen Augen das er Angst hat, Angst davor das er wieder mit dem Polizisten teilen muss. ,,Es ist schon gut, Moses, ich erwarte dich morgen früh um 10 Uhr an dieser Stelle". Berger marschierte über die Straße ins Hotels. Am anderen Morgen fährt Berger mit dem Fahrstuhl erst einmal auf die Dachterasse des Hotels, in die 23 Etage. Von dort hat er einen Blick über Lagos, das Meer und Hafengelände und in das innere des Landes. Nun ist die Stadt mit Leben erfüllt und die bösen Geister der Nacht sind verschwunden. Berger genießt die frische Luft, die von See her kommt und den Ausblick. Draußen vor der Küste sind soviele Schiffe, dass man sie schon nicht mehr zählen kann. Wenn sein Schiff nicht bald in den Hafen können, würde er einige Million DM ärmer sein, pleite sein.

Für einige Menschen wäre das nichts, für ihn und seine Familie aber tragisch , weil er im Aufbau mit allem seinem Privatvermögen haftet. Morgen mußte er es versuchen, sein Schiff in den Hafen zu bekommen. Zumindest die Vorbereitungen dafür treffen, es kommt Ihm überhaupt nicht in den Sinn, dass er es nicht schaffen würde. Moses zeigt sich auch von seiner besten Seite, ist pünktlich erschienen. Sie fahren wie vereinbart in den Hafen. Berger will nur erst einmal den Hafen sehen, um ein Bild davon zu haben was hier los ist. Es ist kein übermäßig großer Hafen, das ist wohl auch das Problem. Im Vorbeifahren list Berger den Namen Hochtief an einem Schiff. ,, Halt an Moses, ich habe an einem Schiff gerade 'Hochtief' gelesen``. Moses fährt etwas zurück. Da ist es, ganz groß steht dort Hochtief' dran. Auf dieses Schiff muß ich Moses, ich glaube daß ich den Kapitän dieses Schiffes kenne, wenn er noch der Kapitän ist. Dort vorn ist die Gangway". Moses fährt direkt vor die Gangway. Der Kapitain steht oben auf seiner Komandobrücke und knurrte vor sich hin. ,, Was kommt den jetzt schon wieder für ein Behördenpinsel angekarrt?. Will schon wieder einer Kohle bunkern?". Er greift zur Flasche und gibt sich ein beruhigungs Wässerchen. Er packte sein Fernrohr und schaut sich die Bescherung an. Ein baumlanger Schwarzer und daneben ein kleiner fetter weiser. ,, Ein Weißer in einem Behördenfahrzeug? Der Weiße steigt aus dreht und reckt sich und betrachtete den Schriftzug 'Hochtief'`.

Was hat das wiedre zu bedeuten?"der Kapitain
überlegt scharf, in welcher Abteilung konnte es einen
Weißen geben?. Er setzte nun nochmals das Fernrohr
an und nimmt es ganz langsam von den Augen und
setzte es wieder an. Dann stürmte er nach draußen. ,,
Ulli Berger``, ,ruft er, so laut er kann, ,, Mensch, Ulli,
komm her du verückter Hund``. Berger schaut nach
oben, es ist wirklich ganz oben. ,, Kurt, ruft er nur und
rennt die Gangway hoch.

Sie Beide sind vor Jahren gute Freunde geworden, sie
haben sich in Singapore und in Frankreich getroffen.
In Frankreich hat er mit Berger die Asphaltanlage auf
Binnenschiff verladen weil sein Dampfer auf Dock in
Rotterdam liegt. Da musste die Ladung von Lill auf
Kanälen nach Rotterdam gebracht werden und auf
Kurts Dampfer geladen werden. Es wurde eine
herzhafte Männerfreundschaft und hier in Lagos einen
Freund zu haben, ist Gold wert. Sie freuen sich Beide
riesig. Als sich der Begrüßungstaumel gelegt hat,
sagte Kurt. ,, Du hast mir ja einen schönen Schrecken
eingejagt, kommst du da einfach mit einem
Regierungsauto angefahren. ,, Mit was?, fragt Berger
lachend . ,, Mit einem Auto der Nigeranischen
Regierung``. Das ist mir neu``, sagt Berger, ich habe
das Auto samt Fahrer gemietet. ,, Hier in Lagos mein
lieber ist alles möglich, warum nicht ein
Regierungsautos mieten``. ,, Ich muß Moses später
fragen, was das zu bedeuten hat. Vielleicht hat er die
Nummernschilder geklaut. Vielleicht fährt der
Präsident jetzt ohne Nummern.

Meinen Koffer wollte er auch klauen, das ist ein ganz raffinierter Dieb, der hat sich gleich einen Fallklappe in den Kofferraum gebaut``. ,, Dann läßt du dich noch von dem Kerl fahren?``. ,,Sind die anderen besser?, fragte Berger, ,, Ich habe ihn für ein paar Tage umerzogen. Ich fahre mit ihm sicherer als mit jedem anderen``. ,, Erzähl Ulli , was treibst du in Lagos?``. ,, Da draußen sind meine Schiffe, meine Ladung und ich brauche diese hier im Hafen``. ,, Na , dann mal viel Spaß , ich bin schon drei Wochen im Hafen und noch nicht entladen``. ,, Warum``, fragt Berger. ,, Wir haben dort so einen schönen Kran zum entladen, nur das biest geht  nicht und keiner kann ihn reparieren``. ,, Was ist mit dem Kran, das ist doch ein ganz normaler hochgebockter Peiner T 160 , an dem kann doch überhaupt nichts   kaputt gehen``. ,, Schau ihn dir Morgen an , vielleicht kannst du tatsächlich helfen``. ,, Den reparier, ich egal was er hat. ,, Das wäre ja Super, dann könnte ich auch endlich weg. Aber da waren schon drei verschiedene Firmen hier, die haben gesagt, es geht nicht mehr``. Kurt schraubte seine frisch aufgeflammten Erwartungen wieder herunter. ,, Wo wohnst du ``, fragt Kurt. ,, Im Intercontie``. ,, Du kannst ab sofort auf dem Schiff wohnen, ich habe mehr als zwanzig Zimmer frei``. Es kann sein, daß ich morgen dein Angebot annehmen muß, ich konnte nur ein Zimmer für zwei Tage im Intercontie bekommen``. ,, Dann such dir nicht erst etwas anderes, komme morgen früh gleich hierher``. ,, Abgemacht, Kurt, dann kann ich auch gleich den Kran in Gang bringen.

Dann mache ich morgen gleich Nägel mit Köpfen, dafür, das ich dem Hafenmeister den Kran repariere, kommen meine Schiffe als nächstes in den Hafen``. ,, Alle Kosten die Anfallen für mögliche Ersatzteile übernimmt Hochtief. ,, Abgemacht, mit dem Hafenmeister sprechen wir sofort. Wir machen das ganz dienstlich, wir haben doch jetzt ein Regierungsfahrzeug.

Kurt setzte seine Kapitänsmütze auf und gibt seine Reservemützen an Berger weiter. So sehen Beide schon mal wie Amtspersonen aus. ,, Wie heißt dein Schiff?``. ,, MS Baltrum".? ,, MS Baltrum, die liegt auch da draußen". fragte Kurt zurück. ,, Ja ,schon 10 Tage``. ,, Mein Kumpel Knut ist auf dem Pott Kapitän, wenn er sich noch nicht tot gesoffen hat. Saufen ist Knut Poulsens Hobby``. Sie fahren zum Hafenmeister und erklärten ihm frei weg, was sie wollen. ,,Jungs, wenn ihr den Kran hinbekommt, habt ihr jeden Wunsch frei. Ich schwöre Euch das bei meiner Seemansehre als Kapitän. Welches Schiff wollt ihr sofort im Hafen haben?´´. ,, Die Baltrum, den verrückten Poulsen``. ,, Was , Poulsen ist doch noch Kapitän auf dem Pott. Ich denke , dem gehört der Pott. ,,Ich weiß es nicht , ich habe ihn schon so viele Jahre nicht mehr gesehen``. Der Hafenmeister schaltete sein Funkgerät ein , "MS Baltrum bitte kommen``. ,, Hier MS Baltrum``. ,,Hier ist der Hafenmeister, ich möchte gern Kapitain Poulsen sprechen. ,, Poulsen am Rohr, gibt es etwas neues Hafenkapitän``.

Ich denke ich bin mit meinem Pott erst irgendwo an 18. Stelle dran um in den Hafen zu kommen". ,, Jetzt nicht mehr Poulsen, jetzt bist du die Nr. 1". ,, Wie das Hafenmeister, hast du gezaubert für deien alten Freund Poulsen?". Nein das habe ich nicht, das kann ich auch nicht. Du hast aber zwei Freunde, hier die nicht erwarten können, dich zu sehen, deshalb habe ich dich auf Nr. 1 gesetzt. Das gibt Tumult im Hafen!``. ,,Nein, nein, keine Sorge, es hat alles seine Richtigkeit, vorausgesetzt, die Beiden halten ihr Wort ?. Nun nimmt Kurt dem Hafenweister das Mikrofon aus der Hand und quackt los. ,, Du altes Wahlroß, Poulsen liegst schon 14 Tage da draußen und gibst keinen Laut von dir, ich liege seit drei Wochen hier``. Es wird einige Sekunden still auf der anderen Seite``. ,, Kennst du mich nicht mehr Poulsen , Kurt ist hier, Hochtief Kurt``. ,, Ah``, ein Aufschrei auf der anderen Seite, der Hafenmeister hat Angst das sein Funkgerät zerspringen wird``. ,, Kurt, du verdammter Knilch``, sag dem Hafenmeister, ich will sofort zu Euch. Er soll mir eine Schaluppe schicken. Wer ist der zweite?``. Der zweite ist der Eigentümer von verschiedenen Waren auf deinem Schiff. Der Container Fritze aus Wolfenbüttel``, ,, Der ist tatsächlich gekommen und kriegt mich in den Hafen?``. ,, Jetzt spricht Poulsen wieder englisch``. ,, Kapitän, schick mir sofort eine Schaluppe, hörst du, ich will an Land, ich will an Land einen saufen, nicht auf einem Schiff, oder erst auf Kurts Kahn und dan an Land``.

Der Kapitän ruft einen der Schaluppenführer an und schickte ihn zur Baltrum. Berger ruft Moses herbei. ,, Wir wollen etwas derbe ausgehen, mit ein paar Weibern dabei, aber nicht da hin wo wir Pistolen brauchen``. ,, Da weis ich was``, sagt Moses, ,, nicht ganz pickfein, aber sauber und ohne Killer. Freunde von mir mit guten Weibern, sauberen Weibern``. ,, Hafenkapitän, du kommst mit uns``. Der ist sofort einverstanden damit. ,, Kommt , für alle Fälle werden wir uns doch bewaffnen, du weist ja, wo Weiber sind, gibt es besonders schnell Ärger.

Wir haben auch noch genügend Zeit für einen Drink in meiner Behausung. Moses kann zu meinem Küchenboy gehen und Kaffee oder Tee trinken." "Auf einen guten Kaffee hätte ich auch Appetit." "Gut, trinken wir auch einen Kaffee, Schnaps gibt es noch genug heute Abend. Wie sieht es mit Essen aus, Ulli?"- ,, Ich denke, es wäre gut, wenn wir noch hier essen. Ich lasse für uns drei Steaks machen, was meinst du?``. ,,Das ist immer gut, da kann man nicht viel falsch machen". Berger, Moses und Kurt haben noch ausreichend Zeit, ihre Steaks zu essen. Kurt steckt einen Ballermann ein und reicht auch Berger einen. ,, Hab' keine Angst das Ding zu benutzen, lieber zehnmal zu früh als einmal zu spät geschossen``. ,.Moses führte sie dann alle in eine Keller-Discothek in der Nähe vom Continentel Hotel. Berger kann so notfalls zu Fuß nach Hause gehen. Moses rät ihm dringenst von dieser absurden Idee ab. Moses organisierte hier den besten Tisch, er schien hier tatsächlich alle zu kennen.

Sie sitzen in einer ruhigen Ecke, von der aus sie aber alles beobachten können was im ganzen Lokal passiert. Poulsen geht gleich richtig zur Sache. Er packte zwei Buddel Rum auf den Tisch. Moses organisierte die Sache mit dem Korkgeld. Berger sitzt prima in einer Ecke, eingekeilt zwischen Plastik Blumen, daß er seine Schnäpse unauffälig verschwinden lassen kann. Er weis was nun für ein Wettkampf beginnen wird. Berger hat es oft erlebt, wenn Seeleute von zwei drei verschiedenen Schiffen zusammen kommen. Da ist ein Mann wie Berger, der so wenig Alkohol trinkt, schon tot bevor die anderenb einen Schwips haben. ,, Wo sind denn die versprochenen Weiber Moses". keift Poulsen, der schon weit über sechzig ist. ,, Die mein lieber kommen erst gegen 1 Uhr in der Nacht, vielleicht etwas früher, dann, wenn die Hotel Bars zumachen müssen". ,, Na gut, in zwei Stunden, lasst uns bis dahin tanken, dann wird die Zeit auch knapp. Ich brauche Fleisch, braunes Fleisch mit einer Seidenhaut so zart wie ein Kinder Po. Poulsen läuft schon das Wasser im Mund zusammen. Ulli beobachtete ihn und lächelte vor sich hin. In 20 Jahren sitzt er vieleicht genauso irgendwo in der Welt und suchte nach frischem Fleisch. Nach knapp 1 Stunde sind die zwei Flaschen Rum niedergemacht. ,, So Männer jetzt müssen wir den Fusel hier weiter saufen, jetzt fängt es richtig an zu brennen??. ,, Wenn ihr nichts dagegen habt, verlege ich mich nun auf Bier und überlasse euch das Rattengift, das hier ausgeschenkt wird. Für meinen Kindermagen ist das nichts``.

38

,, Angenommen Landratte, du bist in Ordnung, du bist der erste Kaufmann der sich darum kümmert, daß seine Schiffe in den Hafen kommen. Trink du dein Bier, du mußt für uns denken in den nächsten Tagen``. So nach und nach rollen die Damen an, alles gut gemischt, für jeden etwas, denkt Berger. Sogar für ihn gibt es diesmal etwas im Land der schwarzen schönheiten. Eine süße rabenschwarze Äthyoperin, klein, zierlich, mit enormen schönen strammen Titten und einem hübschen Gesicht mit einem kecken Stubsnäschen. Er nimmt zumindest an, daß diese riesigen Ohren echt sind die da eingeschürt aus der Bluse schauen.

Augen kontakt ist schnell hergestellt. Wenig später tanzen sie bereits nach wilder Disko Musik und einheimischer Musik. Der Preis für die Nacht von 50 Dollar ist gut und akzeptiert. Die großen Ohren sind echt und allein den Preis wert. Wenn sie sich beim Tanzen bückte, hat Berger immer Angst das sie nicht wieder hochkommen würde oder sich ganz nach vorne überschlagen würde. Aber sie hatte ihre Portionen im Griff, sie wusste wie sie diese richtig zu verlagern hat. Gegen zwei Uhr, als Hochstimmung im Lokal herrschte ohne den kleinsten Streit im Lokal, Kommt dieser urplötzlich von auen herrein. 5 wilde Typen kommen ins Lokal. .. Kassieren !, schreit der Größte und bleibt mit einer Keule an der Tür stehen. Die Musik hörte auf zu spielen, es wird totenstill. Hier her hat sich noch keine Truppe verirt . Keiner mochte sich den fünf wilden Typen wiedersetzen. Poulsen zieht seine Knarre aus dem Hemd.

,, Hast du auch eine Kurt?``. ,, Ja, Berger hat auch eine``. ,, Ich habe auch eine``, sagt der Hafenmeister. Sie ziehen bis auf Berger alle ihre Knarren. Steve, so heist die Kleine neue von Berger  zuckt zusammen. ,, Wollt ihr die umlegen?``. ,, Nein, nur einen Denkzettel verpassen , sagte Kurt . Ich nehme den Fettsack vor der Tür. Berger du den, an der anderen Tür. Aber nur in den Fuß ballern``, sagte Kurt ermahnend ". Wenn die anderen vier bei uns am Tisch stehen, schießt du dem Fettsack in den Fuß, es muss sein Berger. Berger steht wiederwillig auf packt Steve ganz in die Ecke hinter den Tisch, dann geht er langsam durchs Lokal, so als wäre es jetzt die richtige Zeit, die Bilder an den Wänden anzuschauen. Es sind schöne Bilder. Berger bemerkte diese erst jetzt,   Afrikanische Jagdmotive. In der rechten Hosentasche umspannte seine Hand die entsicherte Pistole, den Finger am Abzugsbügel er fühlte sich nicht wohl. Waffen sind Gegenstände die er nicht liebt. Er beobachtete die vier Mann, er wollte nicht früher an der Tür sein als diese an ihrem Tisch sind. Zwei Tische sind noch dazwischen. An jedem Tisch kassieren die Männer das Geld und den Schmuck der Gäste. Berger schaut zu Steve, sie drückte sich angstvoll in die Ecke. Der Fettsack an der Tür beobachtete Ulli und glaubt, der will sich davon schleichen. Aber er steht ja an der Tür, hier kommt der nicht vorbei, sol der nur kommen. Ulli geht nun auf die Tür zu, weil auch die 4 Räuber seinen Tisch erreichen. ,, Na wohin, Kleiner, willst du dich leise weinend verpissen. Mach mal deine Taschen leer und gib mal Pappi, was du da hast.

,, Einen Moment du Fettsack du bekommst alles was ich habe. Berger sieht aus den ugenwinkell das es auch am Tisch los geht. Er zieht die Pistole aus der Tasche und ballert dem Fettsack blitzschnell in Beide Füße. Es waren die ersten Schüße aus einer so kleinen Pistole, er war überrascht wie gut er zielen damit zielen konnte. Schon sehr lange her als er mit Luftpistolen geübt hat, die aber waren noch größer als diese kleine Pistole. Die Wirkung hat aber alles übertroffen was er erwartet hat, Die Keule und der Fettsack rollen vor seinen Füssen. Die Pistole ist längst wieder in Bergers Tasche verschwunden. Da knallt es fast gleichzeitig am Tisch vier mal. Auch dort rollen alle vier Ganoven auf der Erde herum, mit ebenfalls einigen Löchern in den Füßen. Poulsen ist aufgestanden und brüllte sie alle vier wieder auf die Beine. Ihren Kumpel von der Tür müssen sie auf die Beine helfen, der hatte an jedem Fuß ein Problem. ,, Taschen leer machen!`` . ,, Alles, was sie in den Taschen haben, rollt auf den Boden. Das ist für den Wirt für den Schaden, brüllt Poulsen der über eine enorme Stimme verfügt. Die Gläser in den Regalen scheinen zu zerspringen und ab jetzt laßt euch nie wieder hier blicken. Hier, 20 Dollar fürs Taxi, dies gibt Poulsen ihnen wieder. ,, Ihr seit ja nun schlecht zu Fuß". ,, Holt euch euer Geld wieder, sagt Poulsen zu den anderen Gästen. Jungs und Musik, weiter im Text". Und es geht so weiter als wäre nichts gewesen. Gegen vier Uhr verabschiedet sich Berger mit Steve von den anderen. Moses bringt sie zum Hotel. ,,Holst du s uns Morgen um 12 Uhr ab?", Um 12 Uhr schon?" fragt Moses``.

„Wer weis, wann die aufhören zu saufen". „ Gut, sagen wir 14.00 Uhr Uhr, ich weiß auch noch nicht, wann ich zum Einschlafen komme". Er nimmt Steve in den Arm und marschierte mit ihr ins Hotel. Kein Mensch nimmt Notiz von Ihnen. Berger ist selbst erstaunt, noch nie hat er ein schwarzes Mädchen mitgenommen. Aber noch nie war ein schwarzes Mädchen so schön wie dies Mädchen. Es gibt mit großer Sicherheit sehr viele solcher schönen Mädchen in Afrika. Sie kommen im Zimmer an und geniessen Beide erst einmal die schöne Aussicht. Berger ist still geworden, er hat auf einmal Bedenken, das er dies Mädchen mitgenommen hat. Obwohl Ihm dieser Körper diese Ohren, dieses Gesicht schon reizen es zu liebkosen und mehr. Steve scheint seine Gedanken zu erahnen. „ Berger, ich gehöre nicht zu diesen Mädchen, sie sind meine Freundinnen. Sie müssen sich Ihr Geld so verdienen, sie brauchen es zum überleben für Ihre Familien. Ich mache das nicht für Geld eigentlich überhaupt nicht. Aber mein Bruder hat mich gebeten mitzukommen, für Dich``. „ Wie dein Bruder``. „ Moses ist mein Bruder``. Berger mag nicht mehr darüber nachdenken, wir gehen jetzt schlafen. Beide duschen und rollen sich dann ins Bett. Kuscheln sich an ohne das etwas passiert. Am anderen Morgen um 10 Uhr werden sie vom Telefon geweckt. „Ein Anruf, Herr Berger". Es ist Kurt, er ist mit dem Hafenmeister und Poulsen unten beim Frühstück im Hotel. „ Komm Ulli, komm runter zum Frühstücken. „ Die kleine kannst du nach her noch einmal vernaschen, nach dem Frühstück``. sagt Kurt lachend ins Telefon.

Berger duscht sich und ist in Windeseile angezogen. Er schaut zu Steve, sie liegt dort wie ein Engel. ,, Sie ist auch einer", denkt Berger. ,, So zart und lieblich, aber leider schon so verdorben"?. Er glaubt nicht was sie Ihm da erzählt hat. Die drei im Frühstücksraum sind in prächtiger Stimmung und schön besoffen.

Aber Berger hat nicht das Gefühl, daß sie schon wieder oder noch immer besoffen sind. ,, Wir fahren nach her zusammen mit dem Taxi zu mir. Wir machen da weiter und du kannst mit der Kleinen oder dem Kran weiter machen. Du nimmst die Kleine nämlich mit. Sie kann so lange bei mir wohnen wie du dort wohnst. Wenn du willst, kann ich dich auch gleich verheiraten``, sagt Kurt lachend. Berger lässt sich nicht stören, er genießt seine Rühreier mit gebratenem Speck. Mit dem Wohnen ist das Angebot angenommen Herr Kapitain. Ich wohne auf ihrem Schiff ab Heute in Vollpansion, mit meinem braunen Käfer. Ich repariere den Kran. Der Hafenmeister oder einer von euch besorgt mir die Werkzeuge und ihr bezahlt die Materialkosten, die eventuell draußen anfallen. Spule wickeln oder Motor oder ähnliches. Ihr kommt auch für meinen Assistenten Moses auf. Moses haben wir schon adoptiert der ist gleich wieder hier. Wir sind mit allem einverstanden, bring nur diesen Kran zum Laufen. Wie lange wirst du benötigen?". ,, Ich sehe ihn mir nach her an Heute Nachmittag bekommt Ihr Bescheid". ,, OK, pack deinen Käfer und deine Sachen ein und komm runter, wenn Moses auftaucht wollen wir gleich los.

43

Einen Wegstecken kannst du dann in deiner Koje."
"Ihr versauten Seebären, ihr habt doch nur Bumsen
und Saufen im Kopf". ,, Die Reihenfolge ist verkehrt,"
sagt dröhnend lachend Poulson. Berger weckt Steve,
,, He, aufstehen wir müssen umziehen". ,, Wieso
umziehen". fragt sie noch ganz schläfrig. ,, Wir
wohnen ab jetzt auf dem Schiff, weil dieses Zimmer
nur zwei Tage frei war". ,, Wieso wir?", ,, Weil du mit
mir gehst". ,, Woher willst du das wissen?". Weil du
mich unsterblich liebst und ohne mich nicht mehr
leben kannst". Berger lacht, sie fällt in das Lachen mit
ihrer glockenhellen Stimme ein. Sie ist so schwarz wie
Ebenholz, steht da wie ein kleines vierzehnjähriges
Mädchen mit übergroßen Brüßten. Hat Gesichtszüge
wie eine Europäerin, fein und zart. Ihr ganzes Wesen
ist so, wie sie auch aussieht, einfach, leicht und fein
und lieb. Pflegeleicht. Ihre Haut so makellos, ihre
Zähne wie weiße Perlen, ihre Haare schwarzblau wie
das der Araberinnen. Sie schmiegte sich an Ulli und
drückte Ihre Brüste auffordernd gegen seinen Bauch.
,, Steve, mach mich nicht verrückt, die warten unten
auf uns ab; in die Dusche. Nachher haben wir viel
Zeit. Ich sehe mir nur noch den Kran an". ,, Was für
einen Kran?" fragte sie. "Den Hafenkran, den muß ich
reparieren, damit sie meine Waren ausladen können
und ich zu Hause nicht Pleite gehe". ,, Warum musst
du den Kran reparieren?" ,, Weil es sonst angeblich
niemand kann, es waren schon mehrere Firmen da,
vergeblich." "Bist du sicher, das du es kannst?" "Aber
ja, ganz sicher. Solange nicht schwerwiegende Teile
der Mechanik kaputt sind und zuviel Zeit benötigen.

Es soll aber nur elektrisch sein". ,, Elektrisch?" fragte sie, ,, kann ich dir helfen?". ,, Was willst du mir helfen?" ,,Ich bin Elektro-Ingenieurin, studiert in Holland". ,, Ich werde verückt", sagte Berger, ,, klar, wir sind ein Team". Nun war es die Kleine, die auf Eile drängt".

,,Du hast noch nichts gegessen, Steve". ,, Ich hole mir ein paar Kekse für die Fahrt". Unten stehen schon die Seebären aufgereiht. Moses ist noch nicht angekommen. ,, Ich gehe schnell bezahlen". sagte Ulli, ,, Bleib hier, ist schon geschehen, wir verrechnen später, wenn du den Kran hinkriegst, ist auch das Hotel frei für dich". Alle necken schon mit der kleinen Steve. ,,Die Kleine brauche ich jetzt," sagte Berger, ich brauche für meinen Monteur Arbeitskleidung. Sie hat mir heute Morgen mitgeteilt, daß sie Elektro-Ingenieurin ist und in Holland studiert hat. Solche Talente wollen wir doch nicht brach liegen lassen, die werden wir doch fördern``. Kurt kleidete Steve ein. eine Jeanshose ,Turnschuhe, ein kariertes Hemd und eine Mütze, um ihr Haar zu bändigen. Als sie zu den anderen zurückkommen ist auch Moses gerade eingetroffen". ,, Ihr fangt erst wieder das Saufen an". sagt Berger zum Hafenmeister und Puolson, ,, wenn ich den Schlüssel und alle Unterlagen über den Kran habe". Das ist doch klar Berger, das ist auch das wichtigste für uns". Auf dem Schiff bezieht Berger mit Steve eine hübsche recht große Kabine mit Bad und Dusche. Sie ziehen sich Beide ihre Arbeitskleidung an und gehen los.

Steve sieht aus wie ein Lehrjunge im ersten Lehrjahr. Das weite Hemd kaschierte etwas ihren großen Busen. Der Hafenmeister geht mit ihnen zum Kran. Berger öffnete die nur leicht vorgehängten Schutzklappen der Schaltschränke. ,, Ach du meine Güte", sagt er nur, ,, wie lange steht der den schon still". ,, Na ja, richtig gelaufen ist der seit zwei Jahren schon nicht mehr. Wir konnten bis vor drei Wochen aber noch immer schwenken und auf und ablassen. Das geht nun auch nicht mehr". ,, Kein Wunder, alles angegammelt und festgerostet. Normal müsste tatsächlich alles neu werden, das könnt ihr aber später stückweise machen". ,, Willst du das alles wieder hinkriegen?" fargt Steve. ,, Ich habe schon größeren Schrott wieder in Gang bekommen. Für Heute benötige ich Rostlöser, einen guten und kräftigen, den sollte es auf jedem Schiff geben". .Ich besorge dir den sofort. Wieviel Flaschen?" "Soviel du bekommen kannst, ich muß die ganze Kiste einweichen". Berger und Steve bauen nun alle Schaltteile auseinander, überall das gleiche Bild: Rost, Rost, Rost. ,, Wir brauchen morgen und übermorgen mindestens 5 gute Elektriker, die uns die Schaltschütze saubermachen, Spulen und Kontakte schmirgeln. Ich denke, daß wir die Schütze morgen auseinanderbekommen, wenn wir sie heute bereits einsprühen. Steve inspizierte bereits die Hauptschalter und die Elemente im Steuerpultdeckel. ,, Hier ist es nicht so schlimm, da kommen wir vieleicht mit normalem Einsprühen weiter. Moses jagen wir morgen los, alle Geschäfte abzuklappern.

Wo es möglicherweise Ersatzteile für diese Relais und Schütze gibt. Kurt kann seine Baustellen und Bilfinger anrufen. Die haben bestimmt Ersatzteile". Berger schreibt die Nummern und Bezeichnungen der einzelnen Relais und Schaltschütze auf. Dann machte er einen Zettel mit den Werkzeugen,die sie benötigten.

So auch einige Meter Kabel für Improvisationen, wenn sie einige Elemente nicht mehr in Betrieb nehmen können. Der Hafenmeister hat jemanden geschickt der mit einem Armvoll Rostlöser zurück kommt. Berger sieht sofort, das es der Marktbeste ist. Er sprühte nun mit Steve jedes Bauteil sorgfältig ein, es stinkt im Maschinenraum bestialisch. ,, Laß uns nun verschwinden, vor Morgen können wir nichts mehr tun. Kurt muss dies alles hier auf der Liste für uns besorgen. Ich bin sicher, daß wir die Ersatzteile bei Bilfinger bekommen werden. Es sind alles Klöckner&Möller-Teile und einige Wisi- und Siemens-Teile. Die haben sie auch alle in ihren Kranen und Maschinen". Berger hat es schwer, Steve von der Arbeit weg zu bekommen, sie hat eine Riesenfreude und er sieht, das sie sehr praktisch veranlagt ist. Sie ist keine reine Theoretikerin, die sich einen Teufel darum scheerte, ob sie dreckig wird. Sie war ein feiner Typ und auch Kumpel. Berger hatte das Gefühl, daß sie schon viele Jahre zusammen sind. Steve und Berger gehen wieder aufs Schiff zurück, ,,Schade," sagte sie, ,,ich hätte zu gern weiter gemacht". ,, Morgen", sagt Berger", sonst fallen wir in den Dämpfen vom Rostlöser tot um. Morgen kannst du damit anfangen, die Schaltschütze zu zerlegen.

Dann kann die Reinigungskolonne, die Kurt oder Moses noch organisieren muss, mit dem Polieren der Kontakte und Spulenenden beginnen. Moses schafte es tatsächlich, die Reinigungskolonne für den anderen Tag auf die Beine zu stellen. Er und Steve entwickelten sich zu einem Team. Für Heute will Berger aber tatsächlich Schluß machen. Die drei Seebären sind mit dem erzählen ihres Seemanns Garns beschäftigt und mit den Buddels. Berger und Steve geniessen ganz oben auf der Reeling den frischen Wind und das weite Meer. Dicht angekuschelt sitzt die Kleine bei Ulli, um dem frischen kühlen Wind zu entgehen. Ulli hat sich Steves neue Mütze ausgeborgt und damit seine bereits leuchtende Platte bedeckt. Er weis, dass diese Seeluft und die Sonne diese im nu verbrennen werden. ,,Ich habe dich einfach mit auf dieses Schiff geschleppt, was sagt deine Familie dazu, wo wohnst du". ,, Sie lacht schallend, ach ja, das muß ich dir noch beibringen". Sie steht auf und prustete los. und erzählt. Du glaubst noch immer nicht das ich Moses Schwester bin. Es ist schade das wir uns so kennen gelernt haben. Du glaubst immer noch ich bin eine Nutte?``. ,, Ich glaube, wenn ich mit irgend jemand Fremden ins Hotel gegangen wäre, meine Familie hät mich schon längst umgebracht. Du glaubst, ich wäre eine von den Mädchen aus dem Lokal, die für Geld alles hinhalten." Berger,schaute sie nun sehr komisch an. ,, Natürlich glaube ich das, rede mir nun nur nicht ein, was für ein Engel du bist. Bleibe nun ehrlich, lieber eine ehrliche Nutte als eine unehrliche Geliebte im Bett".

Sie wurde jetzt ernst. "Ulli, du kannst es glauben oder nicht, ich hatte lange Debatten mit meinem Bruder, ob ich mit dir gehen soll oder nicht. Mein Bruder sagte", dass ist der beste Kerl, den ich bisher kennen gelernt habe. Ich habe dich mitgebracht, weil ich spürte, das er so etwas wie dich mag und das du ihn mögen wirst.

Sei glücklich mit ihm und wenn es nur für wenige Tage ist, vielleicht kommt er auch wieder hierher. Wer weiß es, mein Mädchen, die Wege des Lebens und der Liebe sind unergründlich. Ich bin immer in deiner Nähe, was soll passieren? Entscheide selbst". Du hast gesehen, ich habe mich für dich entschieden". ,, Oh Mädchen, was für eine Story las das bitte, verderb mir nicht alles. Es gab im ganzen Lokal niemand, der dein Bruder war. Vielleicht waren das alles deine Brüder". ,, Nicht gehässig werden, auch wenn du dich ärgerst", ermahnte sie ihn. ,, Entschuldige, ich ärgere mich wirklich." "Mein Bruder saß den ganzen Abend an unserem Tisch und hat uns dann auch noch zum Hotel gefahren und uns Heute Morgen hierher gebracht." Nun ist es an Berger vorsichtig zu sortieren, sich abzuregen und das Gehirn in Funktion zu setzen. Es dauerte einige Zeit, weil er es nicht glauben wollte und konnte. ,, Moses, das Schlitzohr ist dein Bruder?" ,,Ja, genau der`"".,, Ich hatte schon gedacht, was kann sich die Kleine herrlich naiv stellen." ,,Ja Ulli, denkst du, du warst mein Erster". ,,Nein, das habe ich schon bemerkt, aber du bist völlig ohne Erfahrung. Ich dachte, wie fantastisch sie dies spielen kann". ,, Bist du böse mit mir und Moses?".

„Nein, das war team work, wie man so sagt und ich fühle wir bauen dieses Team hier aus". Er zieht Steve eng an sich heran. „ Wie kommt es, daß ihr so grundverschieden ausseht ?". „ Ich bin ganz die Mama, wenn du sie siehst wirst du Mühe haben, uns nicht zu verwechseln. Moses ist ganz der Vater, er ist aus Kenia und hier bei der Embassy in Nigeria beschäftigt. Meine Mutter ist aus Äthiopien``. „ Dann nagt ihr ja nicht am Hungertuch". „ Nein, das tun wir nicht, aber wir haben unsere Mühe, uns durchzuschlagen. Wir sind sieben Kinder und alle haben wir eine gute Ausbildung bekommen aber alle keine Jobs.Ich habe in Holland studiert, weil damals mein Vater dort in der Botschaft war. Ich würde wieder alleine nach Holland zurück gehen, nur um Arbeit zu finden. Aber schau mich an, wer nimmt einen solchen Ingenieur. Die wollen weiße Männer." „ Mädchen, ich habe das Gefühl, daß du bald hier einen Job hast und dein Bruder auch. Arbeite dich in den Kran ein, ich habe den Hafenmeister beobachtet, der hat schon einige Gedanken in seinem Kopf". Die Brise frischte mehr und mehr auf und es wurde oben unangenehm. „Komm, Ulli, es wird ungemütlich, zeig mir ein paar von deinen Erfahrungen". Berger zieht sie mit sich nach unten. Die drei Seebären sitzen noch immer zusammen. Sie lallen aber doch schon ganz schön. Berger verschwindet wieder wortlos aus der Kabine. „ Wenn sich dort einer die Zigarette ansteckt, fliegt die Kiste in die Luft". „ In der Küche treffen sie auf den Smutje und Moses, die beiden sind gute Freunde geworden. Moses zwinkerte Steve zu und sagt,

„Ich schlafe heute Nacht auch hier". „ Deine Schwester weiß das schon, mein Lieber, es ist nichts Neues". „ Tee für die Herrschaften". ruft er im Hinausgehen.

Er hinterlässt einen staunenden Moses. „ Diese Deutschen sind mir langsam ungeheuerlich, die wissen alles im Voraus. Das fängt beim Kofferklauen an und hört mit den Weibern auf. Niemals nervös, Nerven wie Drahtseile". „ Berger verschwindet mit seiner kleinen Ebenholzfigur in seinen neuen Gemächern. Sie duschen gemeinsam, Berger scheckt, ob der schwarze Samtbezug abwaschbar ist. „Alles Echt," sagte sie, fest eingebrannt, gehärtet, dann imprägniert". Es scheint tatsächlich imprägniert zu sein. Während an Bergers Körper das Wasser in Bächen herunter fließt, perlt das Wasser bei ihr einfach so, wie der Lotos Efekt. Berger beschäftigte sich mit ihrer Perlenhaut und sie sich mit seinen vielen Haaren am Körper micht. Erst als das Wasser kühler wird, verschwinden sie aus der Dusche. Sie kuscheln sich ins Bett. „Weißt du eigentlich, daß du das erste farbige Mädchen bist, das ich liebe?" "Nein, das glaube ich dir nicht." "Doch, das kannst du mir glauben." "Warum, hast du etwas gegen Farbige?". "Nein, in keiner Weise, ich habe keine Probleme mit ihnen, mit keinem Farbigen. Aber,wenn ich mit einer Frau ins Bett gehe, ist das etwas anderes, sie muß ansprechend sein und einen gewissen Liebreiz haben. Ich mag nicht dies Grobe an den Frauen". Aber ich sehe hier ganz andere Sachen, die weißen Männer gehen hier mit den häßlichsten Weibern mit".

,, Die Gefühle und Geschmäcker sind eben unterschiedlich, ich will nicht, was diese Männer wollen. Ich will Liebe mit Gefühl, sauber, ehrlich schön. Wenn ich das nicht haben kann, brauche ich es nicht". Bei diesen Worten streichelte er Steve's Körper zärtlich. ,,Glaubst du, wenn einer von den besoffenen Männern mit einer der noch besoffeneren Frauen mitgeht, passiert mehr als eine tierische Nummer?". ,, Ich brauche das Gefühl, du magst mich und magst, was ich mit dir tue". ,,Erzähl weiter". sagte sie, ,,gibt es in Deutschland viele solcher Männer wie du?". ,,Die meisten". ,,Die meisten weißen Männer, die du hier siehst, sind nur kurz hier und wollen auf biegen und brechen eine Farbige bumsen, um zu Hause dann Wunderstorys zu erzählen. Dazu müssen sie sich besaufen, weil sie ansonsten keinen Mut dazu haben". ,,Glaubst du, daß es wirklich so ist?". ,, In den meisten Fällen ja". ,, Es gibt aber auch Männer, die sind vernarrt in farbige Frauen, sie mögen die Art und die Natürlichkeit, die man in Deutschland nicht mehr findet. Diese Naturgewalt der Frau, die der weißen Frau vollkommen verloren gegangen ist". ,, Ich könnte dir den ganzen Tag zuhören, sagte sie. Berger schaute sie an, wie lieblich sie dort liegt. Ein Gesicht und eine Figur wie eine Europäerin aus dem Bilderbuch. Nur alles in der Negativausgabe in dunkel, so als wäre sie eingefärbt worden. Berger betrachtete sie eingehend. ,,Du bist wunderschön, deine Haare sind leicht und doch stabil und fest". Er lässt sie durch die Finger gleiten.

,, Dein Gesicht wunderschön geformt, darin eine Perlenkette von Zähnen. Einen schönen schlanken Hals und kleine Schultern. Zwei etwas grosse sehr stramme Brüste. Hüften wie ein Kind".

Berger kann diese fast mit zwei Händen umspannen. ,,Dazu einen wunderschönen runden festen Po und herrlich lange Beine und dazwischen eine wunderschöne scharze lockige weiche Krone aus dem schönsten seidigem Haar". Berger teilte vorsichtig die Schaamhaare auseinander, darunter zwei schöne rosige Lippen, die zum Küssen einladen. Er beugte sich über sie und küsste sie und verwöhnte sie mit seinem Mund. Wenn er den kleinen Kitzler nur leicht berührt scheint sie zu explodieren. Er legte sich nun zwischen ihre Beine, zieht ihre Arme herunter, nimmt ihre Hände fest in seine Hände und beginnt sie nun nach allen Regeln der Kunst mit der Zunge zu verwöhnen. Erst nach dem dritten Orgasmus. lässt er vorsichtig nach. Sie kann nicht aus seiner Klammer entkommen. Nur ganz vorsichtig sich nach oben arbeitend entlässt er sie daraus. ,,Du verrückter Kerl". Willst du mich umbringen, aber es wäre ein herrlicher Tod". Berger legte sich neben sie und hält sie im Arm fest. Sie greift nach seinem Glied und spielte damit. Sie beugt sich nun über Berger und saugte ihn vollkommen aus, gemeinsam schlafen sie ganz tief ein. Am anderen Morgen, bereits um 6 Uhr, bringt der Smutje wie gewünscht das Frühstück an die Kabinentür. Sie verspeisten es mit Genuß.

,, Weist du, Ulli, ich war noch nie so glücklich wie in den letzten Tagen. Ich hatte ganz vergessen, wie schön das Leben auch sein kann. Ohne Arbeit, ohne Freunde versauert man in diesem Land. Es ist kein Wunder, daß es hier soviele Huren gibt, es ist manchmal besser als nichts tun. Dazu muss mann aber als Frau geboren sein". ,,Da hast du etwas sehr Weises ausgesprochen, von dessen Wahrheit ich überzeugt bin". Sie räumen gemeinsam auf und machen sich an die Arbeit. Der Rostlöser hat tatsächlich seine Wirkung getan die Schaltschütze lassen sich nun öffnen und die Kerne lassen nach etwas in und her wackeln leicht herausnehmen. Fast Sechzig Prozent bekomen sie mit einer Rostlöser, Nachbehandlung wieder hin. ,,Das klappt ja besser als ich dachte, da reichen drei Mann zum Reinigen. Steve, sortiere alles schön und laß dann die Jungs ran, wenn sie kommen. Ich denke, daß der Starkstromteil morgen funktionsfähig sein kann, spätestens übermorgen. Ich mache mich über die Electronic her und du dich über die Hauptschalter oder umgekehrt, wie du es möchtest"- ,,Laß mich die Electronic machen". sagt sie. ,,Ok, gehe ich an die Schalter". ,, Was machen wir mit dem Schalter in der Auslegerspitze?", fragt Berger``. ,, Den heben wir uns auf, bis wir den Ausleger senken können, dann brauchen wir nicht zu klettern". ,,Sehr gut, mein Kind, schnell gelernt vom lieben Onkel". ,,Sagt man nicht, man lernt am schnellsten im Bett?"- Während sie beide zusammen dahinarbeiteten, erklärte ihr Berger die Funktion der Teile und die elektrische Schaltung.

Bis sie von einem dezentem Husten unterbrochen werden. Kurt und der Hafenmeister stehen hinter ihnen, als hätten sie Gestern nichts getrunken. ,,Ihr seit ja ein tolles Team". sagt der Hafenmeister.

,, Wenn der Kran hier fertig ist, gibt es nie wieder Probleme, weil sie ihn dann aus dem FF kennt." ,,Deswegen bin ich ja hier, ich konnte nicht glauben, was ihr an diesem halben Tag zuwege bekommen habt. Die vier da vorne putzen auch wie die Teufel. Wir waren aber auch nicht faul, Moses ist bereits auf dem Weg zu Bilfinger um von jedem Teil,das du aufgeschrieben hast, 5 Stück zu holen. So viel können sie uns jetzt abgeben. In Zukunft bestellen sie für uns mit. Der Elektro Ingenieur hatte gefragt, welcher Monteur von Peine hier wäre, ich sagte, ,,Keiner von Peine. Ulli Berger ist hier". Da ist er fast ausgeflippt, er kommt nachher vorbei oder aber spätestens morgen früh". ,, Dieses Mädchen," sagte Kurt und auch der Hafenmeister, ,, Berger, da hast du dir eine Perle ausgewählt". ",,das ist keine von den Nutten hier, das ist eine super Person. Die haben mich gelinkt, Moses und sie, dies kleine süße Miststück". ,, Wie gelinkt", fragte der Hafenmeister. ,,Wißt ihr, wer das ist? Das ist die Schwester von Moses". Sie machen nun lange Gesichter, ,,wann hast du das heraus bekommen". ,, Sie hat es mir gestern Nachmittag erzählt". ,, Das macht mir die Beiden noch symphatischer. Das paßt zu Moses, gestern habe ich seine Kofferfalle angeschaut, gut ausgedacht, er hätte sie aber seine Schwester bauen lassen sollen. Jetzt fällt mir einiges viel leicher zu tun.

Ich will versuchen die Beiden hier im Hafen zu behalten, sie sollen hier einen sicheren guten Job bekommen mit angemessen guter Bezahlung. Ich habe noch nie soviel Freizeit gehabt seitdem Moses hier ist, der sieht jede Arbeit von selbst, dreht und wendet sich und bevor du dich versiehst, ist die Arbeit erledigt". ,,Für sie haben wir noch 12 gleiche Krane hier, die auch bald in diesem Zustand sind. Sie kann einen nach dem anderen machen und wieder von vorn anfangen". ,, Für das Geld, das wir in den 5 Wochen Standzeit verloren haben, hätten wir sie für 20 Jahre bezahlen können. Berger, wenn der Kran läuft, bekomme ich bei der Verwaltung alles durch. Sie ist dein Ingenieuer und bei dir angestellt, wir leihen ihn aus, sagen wir für fünf Jahre, danach sehen wir weiter. Es darf niemand wissen, daß sie auf sich selbst angewiesen ist. Macht weiter so, ich gehe mit Kurt schnell zu Poulsen rüber". "Das wird wohl nicht so leicht sein mit gehen. Auch wenn wir Moses hier haben, aber dieses Meer ist größer als das rote Meer". ,, Es geht ohne Moses, mein Lieber, weil Poulsen schon seine Rostlaube an Kurts Dampfer angedockt hat, damit diese nicht sinkt, bevor sie entladen ist". Ulli hörte Kurt tief Luft holen, aber der hielt sich im Zaum. ,, Ulli," ruft Steve, "schau mal rüber". ,,Bin schon unterwegs, was gibt es denn?". ,, Schau, die Kiste ist soweit in Ordnung, wie kriegen wir alles schnell trocken in dieser muffigen Bude?". Der Morgentliche Nebel wird alles wieder anfeuchten. Berger läuft hinter dem Hafenmeister her. ,,Kaptain, wir brauchen dringend drei Heizlüfter zum Trocknen der Elektronik". ,,Schicke ich dir gleich vorbei".

1 Stunde später tanzte Moses mit drei neuen Lüftern an. Es klappt alles wie am Schnürchen. Die Lüfter vertreiben den Mief und trockneten gleichzeitig die Schaltelemente.

,,Kommt, wir gehen jetzt auch einen Kaffee trinken, ich habe euch auch was wichtiges zu erzählen". Berger genießt die frische Luft, den Kaffee und die Wurstbrote, die der Smutje gemacht hat, sie essen draußen an deck. ,, Was wolltest du uns erzählen``, quälte Steve neugierig. ,, Wenn ich fertig bin mit dem essen, kleine, jetzt ißt Papa gerade, sei ein artiges Kind". Da Berger merkt wie ungeduldig die Beiden sind, macht er eine Pause und erlöst die Beiden. ,, Der Hafenmeister hat gerade mit mir gesprochen. Ihr bekommt Beide einen Job hier. Moses als sein Assistent und Steve als technische Leiterin, Abteilung Schiffskrane". Sie schauen Berger nachdenklich und ungläubig an. "Bitte verarsch uns nicht, was ist los". ,,Es ist die Wahrheit, ich soll dies mit ihm und der Hafenverwaltung regeln, nachdem ich den Kran übergeben habe. Ihr seit officiell meine Leute und werdet ausgeliehen an den Hafen. Officiell habt ihr den Kran alleine repariert. Ich kriege den Generalauftrag und ihr seit meine Leute, Mitarbeiter hier im Hafen". ,, Jetzt kapierten sie die Sache und jubeln laut. Der Smutje kommt angelaufen. ,, Was ist passiert?" Moses erzählte ihm alles. Sie waren gerade auf dem Weg zum Kran, als ein VW-Bus stoppte - Bilfinger stehrt an dem VW Bus. Ulli wartete, wer da wohl aussteigen wird. Langsam geht die Bustür auf, jemand schaute durch das Busfenster und grinste ihn ganz breit an.

Ulli marschierte auf ihn zu, kann ihn aber nicht erkennen. Erst als dieser mit seiner senoren Stimme spricht, ,,Ulli Berger, was tust du Lump hier?". Fällt der Groschen. ,,Horst, fragte Ulli, Horst von Beton und Monier?"."Jawohl, das bin ich``. er kommt auf Ulli zu gelaufen. ,, Ich bin der Horst". Ulli schaut ihn an, ,,dir fehlt etwas im Gesicht". ,,Mein Bart, mein Lieber, bis vor 2 Jahren hatte ich noch einen Vollbart". ,, Klar, du hattest so ein fürchterliches Kraut im Gesicht". ,, Ich bin nun das dritte Jahr hier in Nigeria, als ich deinen Namen hörte, dachte ich, ich spinne. Du kriegst doch den Schrotthaufen von Kran nicht mehr in Gang". ,, Ich muss ihn in Gang kriegen mein lieber sonst habe ich einige Million in den Sand gesetzt. Auf dem Schiff dort sind meine Raumzellen, ich kriege erst meine Kohle, wenn diese dort im Hafen stehen und das geht nur mit dem Kran. Du warst doch Kranmonteur Horst, schau dir an, was wir gemacht haben". Berger geht mit Horst in den Komandoraum des Krans. Steve ist bereits wieder am Zusammensetzen der gereinigten Schaltschütze. Sie scheckt jedes zugemachte Schütz vor dem Einbau nochmals mit dem Meßgerät, ob alle Kontakte auch gut arbeiteten. Horst staunte nicht schlecht. ,, Wie habt ihr das hingekriegt?". ,, Morgen ist der Hauptschrank fertig". Horst sieht sich alles an". ,, Kein Zweifel, ihr schafft es". ,, In drei bis 5 tagen lieber Horst dreht sich der Kran". ,, Was hast du dort für einen tüchtigen kleinen Burschen?". ,, Das ist mein Elektro Ingenieur. Steve, komm doch bitte mal". Steve kommt heran``. ,,Berger stellte Horst und Steve einander vor. ,, Nimm mal die Mütze ab Steve``. Horst fallen bald die Augen aus dem Kopf.

58

„Ein Mädchn und was für eins. Ich habe gedacht, das wäre einer von den Body-Buildern, mir ist die Brust schon aufgefallen. Aber nun sieht es doch schon ganz anders aus. Schade, daß ich keine Zeit mehr habe, ich muß noch auf die Baustelle. Übermorgen bin ich wieder zurück. Ich habe dir noch Material mitgebracht. Unterschreibe und ich haue gleich wieder ab". Ulli geht mit zum Auto. Dort zerrt Horst noch Kabel heraus, Endschalter, Relais, Schaltschütze, Taster und eine komplete Elektronik. „Wir haben keine Nadelausleger mehr, ich habe das Fach leer gemacht. Das gibt es nur umsonst, wenn unser Dampfer als nächstes hier anmachen kann". „ Dann seit Ihr an Nr. 3 oder 4 hier, das kriege ich mit dem Hafenmeister hin". Sie bringen alle Teile in den Maschinenraum. Steve ist begeistert. „ Das läuft ja wie geschmiert sagte sie". „ Jetzt haben wir alles, was wir uns gewünscht haben". „ Wenn du nun bei einem Schütz oder Relais nur leichte Bedenken hast, schmeiße es raus, Steve". „Berger lässt nun bewußt Steve arbeiten, sie soll sich in die Steurung reinwühlen, sie muss diese in Zukunft beherschen. Er verfolgt mit viel Freude, wie gewissenhaft sie prüfte und zusammenfügte. Am Abend lässt Berger Steve mit ihrem Bruder und dem Smutje allein. Er will das Steve auch Zeit für sich und ihren Bruder hat. Er hat so ein freies und lockeres Verhältnis mit ihr, ohne jede seelische Auflagen und Zwänge. Solche Frauen sollte man heiraten, nicht Frauen, die man mit ganzem Herzen liebt. Liebe bringt Probleme in die Ehe und in die Verbindung.

Berger geht rüber auf die Baltrum. Dort sitzen die Männer schon wieder seit dem frühen Morgen zusammen. Die Baltrum ist ein richtiger Seelenverkäufer. Ein großes und stabiles Schiff, aber ungepflegt, es fehlte offensichtlich am erforderlichem Kapital. Oder Poulsen ist zu lange in südlichen Gewässern und merkte nichts mehr. Es dauerte lange, bis Berger die Männer findet. Diese haben sich nun aufs Pokern verlegt. ,, Was wollten die Bilfinger Leute hier". fragt der Hafenmeister", ,, Es war ein Freund von mir und Horst hat noch einmal eine Ladung Ersatzteile gebracht. Bedingung war, das er als dritter oder vierter hier Anlegen darf". ,, Schon genehmigt Berger, alles was uns weiter bringt ist OK``. ,, Wir haben auch schon mit dem Einbau der Teile begonnen, konnten diese sehr gut gebrauchen". ,, Wie geht es voran?", fragte Poulson, ,, Wir werden übermorgen den Probelauf machen können". ,, Nicht zu fassen, macht der mit seinem Mädchen in drei Tagen diesen Schrotthaufen fit". ,, Weißt du, wieviel Firmen hier waren und die Reparatur abgelehnt haben? Mehr als 15, die haben gesagt, kauft euch einen neuen Kran. Weißt du, was der aufgebaut kostet?". ,, Ich weiß," sagte Berger. 2.8 Millionen US$``. . ,, Wie sieht es mit Seilen aus, wenn diese nicht mehr gut sein sollten?". ,, Kein Problem, haben die Seile haben wir in drei Stunden neu". ,, Dann haben wir wirklich kein Problem mehr. Das Telefon schlägt schon wieder an. Der Hafenmeister wird verlangt, dieser macht eine saure Mine, spricht kein Wort und knallt den Hörer auf.

60

,, Wir kriegen Heute Nacht wieder Besuch, sie haben sich gerade angemeldet. Hoffentlich suchen sie sich Heute den Russen aus, dann werden sie wenigstens alle umgelegt, diese Banditen". ,,Was ist los". fragt Ulli. ,, Wir werden hier regelmäßig bei telefonischer Avision vorgewarnt, daß ein Schiff überfallen wird, und sie kommen jedesmal und keiner schießt zurück. Wenn ich Kapitain auf meinem Schiff wäre, ich würde zurück schießen. Ich bin leider Kapitain auf meinem Schiff, aber unter dem Komando eines Schiffes eines großen Konzerns und von diesem habe ich den Auftrag, mich wohlwollend zu verhalten, den schließlich ist die Ladung versichert, auch gegen Diebstahl". ,, Auf meinen Pott kommt keiner, weil ich keine Ladung habe, die man klauen kann, sagt Poulsen". Das wäre ja auch noch schöner, meine Häuser klauen, sagt Ulli``. ,, Ja natürlich nicht, ganze Hgäuser können die nicht mitnehmen". ,, Bewaffne dich und gehe um 12 Uhr mit Allen in die Komandozentrale auf den Hochtief Dampfer. Funk mich hier an, wenn sie auf unser schönes Schiff kommen sollten. Schieß um Himmels Willen nicht, lass sie mitnehmen, was sie wollen. Schieße nur, wenn sie in die Komandozentrale wollen". Ulli klettert wieder zurück auf das andere Schiff, sie warteten schon auf ihn mit dem Essen. ,, Heute Nacht müssen wir uns für ca . 3 Stunden oben in der Komandozentrale aufhalten". ,, Warum?", fragt Steve. Weil wir ungebetenen Besuch im Hafen bekommen. Diebe, die sich per Telefon anmelden um nicht erschossen zu werden. Nicht mal mehr die Banditen wollen mit Risiko arbeiten".

61

,, Werden sie auf unser Schiff kommen?", fragt Steve ängstlich. ,, Nein, bestimmt nicht", sagt der Smutje, bis jetzt haben sie uns jedesmal verschont, die hätten uns längst ausräumen nnen". Es ist erst 19.00 Uhr und sie haben noch viel Zeit. Der Smutje fängt aber bereits nach dem Essen damit an, die Komandozentrale zum Schlafen herzurichten sowie genügend Lebensmittel und Getränke dort oben zu Lagern. Berger steckte sich in der Kabine die Pistole in die Hose, suchte sich zwei Ferngläser zusammen und baute diese oben auf. Steve rennt ganz nervös umher``. ,, Du, Steve, fährst mit Moses nun nach Hause, deine Eltern sind froh, wenn sie euch mal wieder sehen". ,, Nein Ulli, nur wenn du mitkommst, wir lassen dich hier nicht allein". ,, Mädchen, ich bin nicht allein und wenn auch, ich bin oben und die unten im Schiff. Die wollen nicht mich, die wollen was da unten im Schiff ist". ,, Nein, Ulli," sagte nun auch Moses,

,,Wir lassen uns nicht wegschicken, wir Beide bleiben hier". Damit ist das Thema beendet. Berger und Steve sind rechtschaffen Müde sie haben hart und lange gearbeitet. Der Smutje sollte sie wecken wenn es los geht. Legt euch doch gleich oben hin dort stehen zwei Klappbetten, dann braucht ihr nicht mehr wandern. Berger nimmtz das Angebot an und geht mit Steve sofort auf die Komando Brücke und teilte sich mit ihr ein Klappbett. Sie schlafen sich gegenseitig haltend ein. Wange an Wange. Black and withe.Sie schliefen sehr fest, um 1 Uhr weckt der Smutje die Beiden.

Erst als er sagt daß die Banditen dabei sind Ihr Schiff zu entern, sind sie wieder hell wach. Sie schütteln sich und reiben sich die Augen. Der erste Blick geht zur Pistole, alles ist noch OK. ,, Wo ist Moses``?. ,, Der ist drüben bei Poulsen , kann aber nun nicht mehr zurück". ,, Kannst du die Baltrum anfunken?". ,,Gute Idee". sagt der Smutje. Er ruft die Baltrum, die sich sofort meldet. Berger hat sich das Glas an die Augen gesetzt und eingestellt. Die Banditen haben mit einigen kleinen Booten angelegt. Zwei Mann stehen bereits auf dem Deck, mit Maschinen Pistolen bewaffnet. Die anderen kommen nun über Strickleitern aufs Deck geklettert. Automatisch schauen sie nach oben zur Komandozentrale. Berger konnte sogar das weis in ihren Augen sehen, sieht ihr Grinsen. Es ist schon eine Frechheit. Berger ist sich sicher, er hätte sie mit der Pistole verjagen können. Sie geben wunderschöne Zielscheiben ab. Kurts Stimme kommt aus dem Lautsprecher". ,, Brauchst du mich, Berger?". Der Smutje reichte Berger das Mikrofon". ,, Nein Kurt, die scheinen sich nur auf das Klauen zu konzentrieren. Die grinsen so frech herauf, daß ich ihnen schon eine verpassen möchte". ,, Untersteh dich, nicht Schießen, das ist ein Befehl, der nur bei Notwehr aufgehoben ist". ,, Schon in Ordnung, Kurt, ich bin nicht wild darauf zu schießen, ich bin froh, wenn ich meine Ruhe habe". ,, Ist die Kleine bei Dir?". ,,Ja, die ist neben mir". ",, Gut, wenn was ist, der Smutje soll mich rufen". ,, Der soll aufpassen, daß sich niemand auf die Baltrum verläuft". ..

So sieht Berger mit Steve an seiner Seite zu wie für ihn unbegreifliche Dinge gescheen,Diebstahl auf Anruf unter Duldung der Bestohlenen und unter den Augen der Polizei. Es ist die Polizei und die Armee von Lagos``,sagt Steve, ,, das ist unsere Armee mit der Polizei, die kriegen keine Gehälter oder nicht genug und bedienen sich auf diese weise. Was glaubst du, warum du die Order hast, nicht zu schießen?". ,, Was meinst du, wenn du einen der Männer da unten tötest, denkst du, kannst jemals wieder Nigeria verlassen?". So wie es im kleinen der Polizist vor dem Hotel macht, tut es die Gemeinschaft im großen Stil. Berger weis das alles in Lagos möglich ist. Es gibt Banken, die wirklich nur aus Parkbänken bestanden, aber LC,s oder LG,s ausstellten. Offizielle Minister machen solche Spielchen mit und verwirrten die ganze Welt.Geschäftsleute werden in eilig umfunktionierte Behördenbüros gebracht, die später wieder umgestellt werden.

Hier ohne einen ganz starken Partner zu sein, heißt tot zu sein. Über eine Stunde schleppten sie nun Waren aus dem Schiff, bis das mitgebrachte Boot voll sind. ,,Ehrlich, hätte ich meine Taucherausrüstung hier, hätte ich das Boot angebohrt". ,, Lass sie machen". sagt Steve, desdo früher sind sie weg und ich kann in mein Bett". Berger brüllte los, ,,macht schneller, meine Steve ist müde". Die Männer zucken unten nur die Schultern. Eine viertel Stunde später verlassen sie so leise wie sie gekommen sind das Schiff. ,, Siehst du, Steve, die haben doch auf dich Rücksicht genommen".

Der Smutje gibt Entwarnung zur Baltrum und Berger und Steve verschwinden in ihr Bett. Sie haben nur noch 3 Stunden Zeit zum Schlafen, schlafen dann aber doch bis um 7,30 weil sie der Smutje erst jetzt weckt. Sie sind deswegen nicht böse sie haben den Schlaf auch gebraucht. Die Reinigungskollone ist schon wieder prächtig am polieren, als Herr und Frau Ingenieur auftauchen. Auch diese Jungs, die Moses besorgt hat sind gut und zuverlässig. ,, Lasse sie doch mal einige Schütze zusammen bauen und kontrolliere nur ob sie es hin bekommen, Die scheinen nicht schlecht zu sein. Wir gewinnen viel Zeit, wenn du nicht alles alleine machen musst Steve``," Es läuft tatsächlich wie geschmiert. Berger wechselt neue komplette elektronische Steuerung aus. Danach gwht er schon daran, die Seile zu prüfen. Auch diese scheinen ziemlich neu zu sein, zumindest sind sie sehr wenig benutzt worden. Mit dem Fernrohr geht er jeden Meter Seil draußen ab. Sucht die Endschalter und geht davon aus das diese keine Fehler haben. Er lässt den Drehkranz abschmieren und alle Seilrollen, soweit diese im Moment erreichbar sind, prüfte die Bremsen und reinigte die Federn. Um 15.00 Uhr heist es, dass letzte Relais ist geschlossen, Sicherungen rein, Leute power an. Berger prüfte jeden Motor ganz kurz im Einzelllauf und stoppt diese sofort wenn er mit Ihrem Lauf zufrieden ist. ,,Probieren wir's Kleine". ,,Laß es jucken Ulli, ich denke es geht". ,, Stell dich an den Hauptschalter, sollte etwas passieren, hau ihn blitz schnell raus". Berger schaltete die Steuerspannung ein und entriegelte.

Vorsichtig betätigt er den Hub auf, Hub ab, langsam, schnell. Ausleger auf, ab. Schwenken links, rechts. Danach lässt Ulli den Kran laufen. Die Dampfer, die dies mitbekommen, geben alle in ihr Horn und der Hafen beginnt zu leben. Noch am gleichen Tag beginnt für die Hafenarbeiter das löschen der Schiffe. Die Diebe müssen das gewußt haben, sie waren in letzter Sekunde gekommen. Berger, Moses und Steve bekommen für ihre Leistung zwei Tage Urlaub auf Hafenskosten am Tschad-See. Steve fliegt mit ihrer Mutter und ihrem Bruder dort hin. Beide bekommen die versprochene Anstellung und sind die glücklichsten Menschen von Nigeria. Ulli ist in den nächsten Tagen mit Horst von Bilfinger unterwegs.

Kurt ist voll damit beschäftigt, seinen Kahn leer zu machen und Poulson bereitete sich mit seiner Manschaft darauf vor Ullis fertighäuser zu entladen. Die drei Elektriker, die zum Reinigen und Helfen da waren haben auch einen Job bekommen. Alle drei lösen die alten Kranfahrer ab und bedienen nun den reparierten Kran rund um die Uhr. Nun hat der Kran und die anderen Krane die Doktoren im Haus. Der Hafenmeister ist rundum zufrieden. Er maulte nur, weil Moses nicht da ist, der fehlt ihm überall. Er geht ihm schon in diesen zwei Tagen ab. Dieses kleine Kranwunder überträgt sich auf die Arbeitsmoral des ganzen Hafens. Es wird ein paar Zacken besser, wenn auch noch nicht gut gearbeitet. Das zu ändern bedarf größerer Wunder. Für die Zementfrachter draußen auf dem Meer kommt auch dieses Wunder zu spät.

Ihre Ladung ist nicht mehr zu retten, der Zement ist so hart wie Beton. Bergers Ladung wird in den nächsten Tagen gelöscht und die Papiere werden angeliefert. CIF, der Hafenmeister bringt diese mit dem direkt zur Bank. Bergers Bänker daheim sagt später, als er nach Wochen wieder zu Hause ist. ,,Sehen sie Berger was unsere Bank für Verbindungen hat, ihre Sorge war umsonst. Berger lächelte nur zurück, ,, Auch so ein verdamter Sesselfurzer". denkt er nur, Hat keine Ahnung was in der Welt passiert. Aber es ist auch gut so. Es muß auch Leute geben, die unbefangen an solche Dinge heran gehen. Nach der Übergabe der Papiere muss Berger weiter nach Togo. Er verabschiedete sich von allen mit einer kleinen Feier auf Poulsons Schiff. Kurt war gerade einen Tag zuvor leer abgerückt. Poulsen hat Glück gehabt, er hat Rückfracht nach Deutschland bekommen. Ulli verabschiedete sich von allen sehr früh und von seiner kleinen Ebenholzfigur erst am anderen Morgen. Sie sollten sich bereits nach einigen Monaten wieder treffen. Bevor Ulli mit einem alten Seelenverkäufer Richtung TOGO ausläuft, will er nur seine Ebenholzfigur zum Abschied sehen. Sie steht schon früh an der verrotteten Promenade, Berger sieht wie Moses kommt und sie abholte. Sie winken ihm Beide kräftig hinterher, während sich der alte Kahn ins Meer hinaus entferrnt.

Kapitel 3
Von Nigeria nach Togo
tötliche Bedrohung auf dem Schiff.

Das Schiff, auf dem Berger steht, ist ebenso verrottet wie die Hafen Promenade von Lagos. Der Hafenmeister hat ihm vor diesem Schrotkasten gewarnt. Er wollte längst erwirken, daß dieses Schiff nicht mehr in Lagos anlegen darf. Berger ist nun mit ihm unterwegs, weil er damit nur 38 Stunden auf See sein würde und dann in Lome anlegen soll. Berger denkt an die Beiden ungleichen Geschwister, Moses doppelt so groß wie Steve. Berger ist vorsichtig mit Frauenbekanntschaften in aller Welt. Er hat Familie und Verantwortung, er geht nicht mit jeder ins Bett, er wählte sorgfältig aus. Ist dies sich selbst und seiner Familie schuldig. Es sind nicht mehr als dreißig Passagiere an Bord weis Berger. Dies ist ein Küstenschiff, das Fracht und Passagiere aufnehmen kann. Aber Frachtgut vertraut diesem Schiff keiner mehr an. Es hat nur noch Passagiere und einen stolzen Namen: "Quinn of TOGO". Auf jedem Meter, den er nun geht fühlte er und sieht er das er auf einem total verrosteten Pott fährt. Einem Schiff das seit seinem Stapellauf 1894 noch keine Farbe gesehen hat. Er sucht seine Kabine. Er hatte so lange auf Deck gestanden, bis alle Passagiere, das heist, es waren nur fünf an Deck beim Auslaufen, längst in den Kabinen verschwunden sind. Berger irrte durch die Gänge. Die Nunner die er auf dem Zettel hatte welcher der Fahrschein sein soll findet er nicht, weil keine Nummer an irgendeiner Tür mehr lesbar ist. Er landete in der Kombüse des Smutje. "Hallo Mister, sie sind aber verkehrt hier". ,,Ich suche die Kabine 18". Der Smutje lacht, ,,da haben sie aber Glück gehabt, das ist tatsächlich unsere beste Kabine,

68

Sir. Kommen Sie, ich zeige ihnen den Weg". ,, Der Junge Mann, Berger schätzt ihn auf 17 bis 20 Jahre, nimmt Bergers Koffer und geht voran. ,, Warum repariert keiner mehr diesen Kahn?". Der Smutje lacht wieder, ,, Die quin reparieren, das geht nicht mehr, dazu ist es dreißig Jahre zu spät. Wenn wir damit in einen kleinen Sturm kommen, fällt sie von selbst total auseinander. Nur der Rost hält sie noch zusammen``. ,,Er lacht dabei so unbefangen. ,,Sie haben Glück. Berger war doch ihr Name Ihre Kabine ist nicht so tief unten. wenn es Nachts passiert, können sie schnell ins Wasser. Der Hafenmeister In Lagos hat auf diese Kabine bestanden glaube ich, hat dieses Zimmer für sie ausgehandelt, sehen sie, sie haben sogar eine der wenigen Schwimwesten, die wir haben. Aber auch diese scheint ganz neu zu sein. Die kommt sicherlich vom Hafenmeister.

Der scheint um Ihr Leben besorgt zu sein". Der Junge verschwindet lachend, Der ist schneller weg wie Berger sein Trinkgeld aus der Tasche bekommen hat. Neben ihm waren keine Kabinen mehr. Aber gegenüber waren noch drei. Wenn das die beste Kabine ist, oh Gott, wie mögen dann die anderen aussehen denkt Berger. Er packt seinen Koffer erst garnicht aus und lässt diese verschlossen. Was er zum Waschen benötigte, ist vorhanden. Die eine Nacht will er in seinen Kleidern verbringen. Vielleicht sogar in der Schwimmweste. Es klopfte, "herein!" Ïch bin's," sagte der Smutje, ,, können sie bitte die Tür öffnen?" Berger öffnete und sieht auf einen Berg von Fleisch und Kartoffeln.

Der Smutje stellte alles auf Bergers Tisch. ,, Alles für sie, Sir, auch Anweisung vom Hafenmeister". ,,Diesen Berg schaffe ich nie, komm setz dich zu mir und ess mit mir". ,,Ok, warum nicht, es scheint mir auch ein bißchen viel zu sein für einen``. Auf diese Weise sitzen die Beiden auf der Überfahrt oft zusammen. ,, Im Zimmer gegenüber ist ein Franzose einquartiert, der will auch nach LOME. Der ist schon einen Tag vor ihnen aufs Schiff gekommen. Der hat lauter so komische Geräte an Bord gebracht. Kleine Kisten und lange Stangen". "Das scheint ein Vermessungsingenieur zu sein". ,, Was ist das?" fragte der Junge. ,, Das sind Leute, die vermessen neue Straßen, Plätze oder Wege, oder ganze neue Städte. Der will sicher auch auf eine Baustelle in Togo". Das Schiff ist bereits vierundzwanzig Stunden auf See. Es stampft ruhig dahin. Die See ist flach wie ein Teppich geblieben, nur das keuchen der alten Dieselmaschine ist zu hören. Diese Maschine ist sicherlich die einzige Neuerung seit dem Stapellauf. Berger hat verschiedene Nieten am Schiff kontrolliert. Da wo unter den Rostblumen die Nietköpfe sein sollten ist nicht mehr viel Material. Nur der Rost hält tatsächlich noch dieses Schiff zusammen. Von den anderen Passagieren oder der Besatzung bis auf den Smutje sieht er nichts. Er weis vom Smutje, dass noch drei Dreibesatzungsmitglieder an Bord sind. Der Steuermann, der Maschinist und der 1. Offizier. Den einzigen, den er ab und zu zu sehen bekommt ist der Kapitain.

Ein alter verknöteter Mann, der zwischen 60 und 100 Jahre alt sein kann. Berger hat immer noch das Gefühl nach 24 Stunden Fahrt, dass sie sich immer noch von der Küste entfernen, anstatt sich ihr wieder zu zuwenden, um nach Togo zu kommen. Da er nichts von Seefahrt und den Sternen und dem Sonnenstand versteht kann er es nicht prüfen. Der Smutje steht hinter ihm. Er sieht das Berger die Richtung prüfte. ,, Wir drehen bald ab in Richtung Lome, ich denke das wir in 6-8 Stunden dort sind. Haben sie es sehr eilig?". ,, Nein, eilig habe ich es nicht, die wissen dort, daß ich mit diesem Schiff komme und werden warten. Jetzt ist es 10 Uhr morgens, dann müßten wir, wenn du recht hast, um ca. 18.00 Uhr in Lome sein". ,, Bei Sonnenuntergang müssen wir dort sein, wenn kein Sturm aufkommt".

,, Was treibt eigentlich der Franzose den ganzen Tag?", fragte Berger neugierig, er hatte ihn noch nicht gesehen. ,, Der lebt zwischen vielen roten Flaschen der scheint in Rotwein zu baden". ,,Ah, einer der 6 Monate im Busch am Verdursten war und nun nach holt". Berger hat mit der Annahme vollkommen recht. Es war genau so, Gillbert Petit, sein Nachbar war 9 Monate im Busch gewesen und sollte nun nochmals für 4 Monate nach Togo. Er besäuft sich weil er Heimweh hat und eigentlich zu seiner Kleinen wollte. Zweitens hatte er seit Monaten keinen edlen Tropfen mehr getrunken. Er war schon zwei mal drauf und dran gewesen, bei seinem Nachbarn, dem Deutschen anzuklopfen, um ihn einzuladen zu einem Drink.

71

Aber immer wenn er dann seine Flaschen durchzählte und er daran dachte, daß der Deutsche seinen wenigen Wein wie Bier saufen würde, zog er seine Klopfkralle wieder ein. Berger genoß unterdessen noch die Sonne und die Ruhe auf Deck. Daß sich außer ihm niemand an Deck befindet, war schön, so hatte er seine absolute Ruhe. Der Smutje hatte ihm eine Decke gebracht. Er streckte sich aus und beobachtete die dahinjagenden Wolken. Es viel ihm auf, daß nicht ein einziger Vogel am Himmel zu sehen ist. Wie weit mußten sie hinausgefahren sein, um wieder in den Hafen von Lome zurückzukehren. Vielleicht lassen die Fahrrinnen nichts anderes zu. Möglicherweise ist die Küstennähe hier nicht befahrbar. Um 2 Uhr ruft ihn der Smutje zum Essen. Nach dem Essen haut Berger sich hin. ,, Weckst du mich, Smutje, wenn Land in Sicht ist?". ,,Ich werde sie wecken, Sir". Es ist bereits 17Uhr, als Berger wach wird. Er schaut durchs Fenster, sie scheinen noch auf offener zu sein. Er geht nach oben aufs Deck Sie sind noch auf offener See und schippern nach Bergers Gefühl immer noch in Richtung West. Er flucht darüber das er keinen Kompass bei sich hat. Er geht zur Kajütte in der, der Steuermann sitzt. Der hat das Steuerrad festgezurrt und schläft. Berger schaute auf den Kompass. Die leicht vibrierende Kompassnadel zeigte in Richtung Nord. Sie schienen noch nicht die Höhe von Lome ereicht zu haben, waren sie doch langsamer als erwartet. Berger geht wieder auf Deck. Oder sollte der Kerl die Einfahrt verpennt haben?``.

,,Er geht nochmal zurück und weckt den Steuermann, der knurrte ihn gleich an wie eine Bulldogge. ,, Was ist Mister, was machen sie hier auf der Brücke?", Der Ausdruck Brücke ist schwer übertrieben. ,, Ich will wissen, wann wir in Lome ankommen, man hat mir gesagt in einer halben Stunde. Ich sehe aber nur Wasser. Der Steuermann blinzelt nur aus dem Halbschlaf heraus. ,, Sehen sie nicht, das wir noch auf hoher See sind. Wie können wir da in einer halben Stunde anlegen?", Der kerl schläft bereits weiter. Berger wird unruhig, hier auf diesem Dampfer stimmte was nicht. Alles scheintn zu schlafen, bis auf ihn und den Franzosen, den er in der Kabine besoffen rumoren hört und den Smutje, schien alles zu schlafen.

Das Schiff fährt Bergers Meinung nach Richtung Westen Kurs Amerika und nicht nach Westen Richtung Afrika/Lome. Es läuft genau in den Sonnenuntergang hinein. Er ist ernsthaft beunruhigt, obwohl durch langsame Fahrt oder andere Dinge eine Verzögerung von einigen Stunden oder einem Tag schon möglich sind. Vielleicht bildete er sich auch alles nur ein. Er spielte es herunter und legte sich nach dem Abendessen wieder schlafen. In der Nacht steht er auf und kontrollierte die Richtung über den Nordstern. Da sein französischer Rotwein-Nachbar sich inzwischen die gleichen Sorgen macht, konnte er nicht ahnen. Aber außer ihnen Beiden schien sich auf diesem Geisterschiff niemand Sorgen zu machen. Auch der Smutje nicht.

73

,, Manchmal haben wir uns schon um einige Tage verspätet, wer weiß das immer so genau, wir sind kein Flugzeug. Haben sie Probleme deswegen?".
"Nein, deswegen nicht, aber wenn wir in diese Richtung weiter fahren bekommen wir Probleme. Wie erklärst du dir das, daß überhaupt kein Passagier auf Deck erscheint". ,, Das ist nichts besonderes auf diesem Schiff, hier fährt viel Lichtscheues Gesindel mit, das lieber unter Deck bleibt. Manche bringen auch ihr eigenes Essen mit. Ich koche im Moment nur für uns drei. Alle anderen kochen für sich selbst. Oder essen nur Trockenfutter. Ich bringe denen nur regelmäßig Getränke". ,, Auf was für einem Dampfer bin ich nur gelandet". fragte Berger. ,,Ich sage immer - Safina Magnoun - .Safina Magnoun, das ist arabisch, das heißt verrücktes Schiff".,,Genau, woher weißt du das?" "Ich spreche ein wenig arabisch". ,,Du sprichst arabisch?". ,, Ich bin viel in Saudi, den Emiraten, dem Irak und Ägypten". ,, Ich bin aus Marokko," sagte der Junge, ,, ich habe aber auch Familie in Cairo. ,,So sind sie die nächsten Stunden damit beschäftigt, sich über Cairo zu unterhalten. Hassan, so heist der kleine Marokkaner, kannte Cairo recht gut. In der Kabine gegenüber sortierte Gillbert seine Karten. Er hat ein Seekarte ausgebreitet auf der Erde liegen und Striche mit dem Bleistifft gemacht. Er schätzte, daß dieses Schiff nun seit seiner Abfahrt ca. 10 Knoten im Durchschnitt läuft. Sicher mal weniger und mal mehr. Er macht ein Kreuz auf der Karte. Wenn der Steuermann diese Richtung so fortsetzt, sind sie auf direktem Kurs nach New York.

Er will es Morgen früh bei Sonnenaufgang nochmals prüfen. Er öffnete die letzte Flasche Rotwein. Auch Berger nimmt sich vor, gleich bei Sonnenaufgang auf Deck zu sein. Auch seiner Meinung nach hätten sie schon in Lome sein müßen. Hassan, der einen Wecker besitzt verspricht ihn pünktlich zu wecken. Am Morgen, als Hassan kommt, steht Berger schon an Deck. Es war wie er vermutet hat Sie fahren immer noch nach Westen. Das Gefährliche daran ist, dass sie in spätestens drei oder vier Tagen in die Schlechtwetterbereiche kommen und unweigerlich auseinanderbrechen werden. Mitten im Atlantik, keine schöne Vorstellung, trotz der neuen Schwimmweste.

Der Franzose tauchte auf und sieht, das Berger das Richtungs Problem ebenfalls erkannt hat wie er. ,, Was ist mit diesem Schiff?". ,,Wir sind auf dem verrückten Schiff", antwortete Berger. ,, Wir müssen sofort zum Kapitän". ,, Der ist seit Gestern nicht mehr zu sprechen, unpäßlich". ,, Kommen sie mit," sagte der Franzose, ich muß ihnen etwas zeigen". Er führte Ulli und Hassan in seine Kabine. ,, Nach meinen Berrechnungen müssen wir uns hier befinden, dort wo sich das Kreuz befindet, zumindest in dieser Umgebung, wo spielt keine Rolle, aber viel zu weit in offener See. Wir können darauf warten, wann die Kiste auseinanderfällt". ,, Wir müssen handeln, meinen sie". ,, Ja, das müssen wir, wir müssen das Schiff auf einen anderen Kurs bringen und dann heraus bekommen, was los ist auf diesem Dampfer". ,,

Das heist, wir müssen offen gegen die Besatzung, den Kapitän, der gleichzeitig Eigner, ist rebelieren". ,, Wir sind dann Piraten nach dem Gesetz der Meere," sagte Hassan. ,,Nein". sagt Gillbert, "das ist Notwehr". Berger geht in seine Kabine und packte seinen Koffer aus. Er suchte den Revolver, den Kurt ihm geschenkt hat und die Schachtel Patronen dazu. Er wollte diesen nicht haben aber Steve hat ihn eingepackt. ,,Wer weis``,sagte sie nach Lagos wirfst du ihn weg. Er überprüft ihn und steckte ihn ein. Diese Reise hat es wieder einmal in sich, zum zweiten mal muß er so einen scheiß Revolöver in die Hand nehmen. ,, Wir ändern erst einmal die Richtung des Schiffes". ,, Gillbert, weist du, welches die richtige Richtung nach Lome ist?". ,, Ich denke, wenn wir erst einmal Richtung Ost gehen, liegen wir gut. Bis wir Land sehen, brauchen wir 2 Tage". ,,Bis dahin haben wir uns orientiert, hoffe ich". ,, Sie stürmen als Erstes die Brücke, das heist das Dreckloch des Steuermanns. Der Steuermann schläft noch genauso, wie Gestern, als Berger bei ihm war. ,, Der muß die Schlafkrankheit haben". Gillbert sieht auf den Kompaß. ,,Sagenhaft, der zeigt Nord, Nord-Ost". "So stand er schon Gestern". sagt Berger, ,, deshalb war ich Gestern noch nicht so nervös. Hole ein paar Stricke, Hassan, wenn der Bulle wach wird, möchte ich ihn nicht erschießen müssen wenn er zu toben anfängt". Der Schlafende wird erst gefesselt und dann vom Stuhl auf die Pritsche gekippt. Er schläft weiter, ohne zu mucken. Berger löste die Verzurrung am Steuerrad. Gillbert sucht den Steuerstand ab,

,, Verdammt, hier muß ein Magnet sein, der den Kompaß bescheißt". ,, Hassan findet den Magneten, er ist unter einer Plastikhaube montiert. Was hat das alles zu bedeuten, das ist von langer Hand vorbereitet, was sollte das. Berger wendete ganz vorsichtig das Schiff in einem weiten Bogen. ,, Ich muß so vorsichtig wenden in einem großen Kreis, uns hält nur noch der Rost zusammen". ,, Ich weiß, lacht Gillbert, "ich wäre schon fast über Bord gegangen, als ich mich an die Reeling anlehnte".

Als Hassan den Magnet entfernt springt der Kompaß direkt in die entgegengesetzte Richtung. Gillbert sucht weiter in der Kabine, er findet alles, was er brauchte, um den genauen Standort auszurechnen". ,, Kannst du damit umgehen?" fragte Berger. ,, Nein, aber ich werde herausfinden, wo wir sind, Denke ein Landvermesser kann auch Wasser vermessen``. Es dauerte fast eine Stunde bis Berger mit Gillbert das Schiff in Richtung Ost getrimmt hat. ,,Solange bleibe ich mit hier oben, dann gehe ich den Kapitän suchen und nachsehen, was mit den anderen Passagieren und mit dem Rest der Besatzung los ist". ,, Hassan, gibt es kein Funkgerät hier?". ,, In der Kapitainskabine gibt es eins. So ein modernes kleines". ,, Das holen wir uns als nächstes". ,, Ulli, ich habe Angst, was wir hier tun ist nicht in Ordnung". ,,Hassan, hier auf dem Schiff stimmt nichts, du siehst doch was los ist, wir waren auf dem Weg in den sicheren Tod. Ein Steuermann, der nur schläft eine Besatzung, die nur schläft.

Nur wir drei scheinen munter zu sein, man scheint uns vergessen zu haben. Wir müssen heraus finden, wobei sie uns vergessen haben". ,, Wir drei", sagte Hassan nun mit leuchtendem Gesicht, "essen und trinken was ich vom Hafenmeister habe, nicht von der Schiffsversorgung. Das weiß niemand außer mir, ich habe alles in meiner Kombüse aufgehoben". ,, Dann sind alle vermutlich über die Getränke und das Essen schlafen gelegt worden. Sogar den alten Kapitain hat es erwischt". ,,Haben wir den eine Besonders wertvolle Fracht an Bord?". ,, Ein paar Kisten nur," sagte Hassan, wir haben diese in der Walfischbay aufgenommen. Die Südafrikaner haben den ganzen Hafen abgesperrt für die Verladung". ,, Gold", sagen Berger und Gilbert gleichzeitig, "wir sitzen auf einem goldenen Schrotthaufen. In diesem Schrothaufen vermutet niemand Gold". ,, Aber wer vertraut solch einem Schrothaufen Gold an, auch niemand, da ist kein Gold in den Kisten, da ist Sand drinnen und wir alle sind Frachtgut für die Hölle. Das ist ein Fall für die Versicherungen. Wir müssen auf den da erst einmal doppelt aufpassen. Wie lange ist der schon bei der Mannschaft," fragte Berger Hassan." ,, Mourad, der ist schon so lange wie ich dabei, vielleicht schon länger. Ich glaube, daß der in Ordnung ist". ,, Wir müssen es heraus finden". Gilbert schaut durch den sextanten und fummelte mit allen Geräten rum. Macht sich wieder am Kartentisch zu schaffen. ,, Kommt her, ,, Wir sind genau hier. Weit weg von jeder Schiffahrtsstraße, die wollten uns hier irgendwo versenken.

78

,, Dann gibt es eine Bombe an Bord". sagte Hassan.
Das Wort Bombe reißt den Riesen aus dem Tiefschlaf.
Gegen Bomben schien er allergisch zu sein. Er brüllte
laut, als er bemerkte, daß er gefesselt ist. ,, Ich habe
dir Idioten doch gesagt, daß wir in vier Stunden in
Lome sind, was soll der Blödsinn". ,, Das war vor zwei
Tagen. mein Lieber, und wir sind noch immer nicht in
Lome. Wir sind mitten im Atlantik, zumindest waren
wir auf diesem Weg. Mit diesem Schiff, das fällt doch
auseinander. Ich habe schon Angst, laut auf diesem
Dampfer zu furzen. Du hast fünf Tage geschlafen,
mein Lieber".

,, Macht mir die Bindfäden ab, Kinder". ,,Schneid ihn
los", sagt Gilbert zu Hassan. ,, Wir wissen noch nicht
genau, was auf diesem Pott gespielt wird, deshalb
mußten wir dich vorsichtshalber anbinden". Gillbert
erklärte dem Bud Spenzer Verschnitt wo sie wirklich
sind, wo er der Steuermann uns hingebracht hat.
Mourad schaut sich die Karte an. ,,Die wollen oder
wollten uns zur Hölle schicken. Mit zwei Kisten Sand
im Bauch. Ich habe die Kisten schon kontrolliert, von
wegen Gold, wie es auf den Fracht Papieren steht".,,
Sand, in Kistenb in denen einmal Gold gelegen hat". ,,
Was ist mit der Bombe," fragte Mourad``. ,, Wir
können nur vermuten, daß es soetwas hier gibt. Ich
denke, daß wir noch drei Tage Zeit haben diese zu
finden." ,, Steuermann wir befördern dich zum
Kapitän, halte das Schiff auf Kurs, wir suchen das
Wrack ab. ,, Bald ist es ihnen klar, daß es zwecklos ist
zu suchen.

Sie beschließen, nun erst einmal den Eigner zu besuchen. Der Kapitän des Schiffes ist, für sie natürlich Beides nicht mehr. Sie brauchen das Funkgerät, um Hilfe herbei zu holen. Hassan klopft laut an die Tür des Alten, es wird nicht geöffnet. Sie müssen annehmen, das Ihm etwas passiert ist, und brechen die Tür auf. Der Alte liegt tatsächlich tot in seinem Bett. Aber seltsamerweise hatte er einen Einstich, einen ganz feinen Einstich in Herzhöhe. ,, Es sieht nach Mord aus", ,, Wie findest du so etwas". ,, Berger, ich wäre niemals auf die Idee gekommen, solche Einstiche zu suchen". ,,Ich muß es euch sagen, ich war Polizist in Marsaille. Interpol Marsaille. Ich bin diesen Hunden schon so lange auf der Spur, ich kann sie nicht erwischen. Ich jage sie als Privatmann, ich bin echter Bauingenieur und bin auch unterwegs zu einem anderen Job in Togo. Nun hätten sie mich bald mit ihrem Scheißsand zusammen versenkt. Hier ist noch jemand an Bord, der auch den Schlüssel in die Kabinen hat. Der Kapitän ist nicht länger als 12 Stunden tot. Ungefähr solange, wie das Schiff nun in eine andere Richtung läuft. Schnell nach oben, zu Mourad". Sie kommen zu spät, Mourad hängt tot, erstochen über dem Steuerrad. Hassan bekommt einen Schreikrampf. Sie legen Mourad auf Deck und deckten ihn ab. Sie zurrten nun das Steuerrad fest, so wie es Mourad zuvor getan hat. Sie kontrollierten die Richtung. Sie stimmte noch. ,, Als nächstes werden die Maschinen stehen bleiben". ,,Unten im Maschinenraum ist der Bruder vom Kaptain, mit dem können wir von hier oben sprechen".

80

,, Sie rufen ihn von oben, er kann nicht mehr kommen, weil er auch nicht mehr lebt. ,,Jetzt kann uns nur noch dieses kleine Funkgerät weiter helfen". ,, Wir müssen trotzdem erst einmal unten nachschauen, was los ist, ich gehe mit Hassan, bleibe du hier oben, aber entsichere die Waffe. Sei auf der Hut!". Berger sitzt nun da oben mit seiner Knarre in der Hand. Auf einem Schiff, das Magnoun heist und auf dem es so zugeht. Er wollte längst auf der Baustelle sein. Man hat mit großer Sicherheit das Schiff schon als vermisst gemeldet. Er hat sich so gesetzt das er nicht überrascht werden kann. Von hier kann er alles übersehen. Kaum war er in Lagos davon gekommen, ist er hier auf diesem Scheiß Rostliner in eine Kriminalstory verwickelt. Das Schiff an sich ist schon ein Abenteuer, wenn hier tatsächlich geschossen wird, ist nicht sicher, dass das Schiff nicht von alleine auseinander fallen wird. Das Gute ist nur das sie mit jeder Stunde die Sie gewinnen wieder 10 Meilen näher an die Küste kommen. Sie sind aber noch mindestens 70 davon entfernt, zum schwimmen noch zu weit. ,, Berger, wir kommen, schieß uns nicht ab``,hört er die Stimme Gillbert's. ,,Der Maschinist hat seinen Mörder nicht in den Maschinenraum gelassen, wurde dafür durch das Guckloch erschossen". ,, Das heißt, die Maschinen laufen solange, bis die Schmierung abreißt oder der Sprit alle ist". ,, Das bedeutet, einer von uns muß ständig hier oben sein. Dies muss unsere Bastion werden", ,, Was wird mit den Paßagieren?``. ,, Ihr stellt jedem soviel an Getränken rein, wie sie brauchen.

Die zwei, drei Tage müssen sie noch weiter so durchhalten". ,, Der Mörder ist einer der Passagiere, wie sollen wir heraus finden wer?". ,, Das ist unmöglich, es sei denn, ich erwische ihn, wie er dich gerade umbringt, Berger". ,, Das ist nicht gerade mein Wunschdenken". ,, Ich gehe mit Hassan jede Kabine ab, vielleicht fällt uns etwas auf". Hassan packt sich einen Korb voll mit Getränken und sie gehen von Kabine zu Kabine und stellen wie immer die Flaschen in den Kabinen ab. Ulli kontrollierte jede Kabine und findet die Passagiere alle friedlich schlafend vor. Schon sieben Tage schlafen sie nun so prima und er mußte sich wieder den Arschablaufen. An der nächsten Kabine stutzt Berger,er geht nicht hinein er lässt nur Hassan seinen Spruch aufsagen und die Flasche vor der Tür abstellen. Ulli legt nur den Finger an den Mund und stupste Hassan an. Er zeigte auf eine ganz frische Fußspur, nur ein Abdruck, aber eben ganz frisch, die sich nur durch den öligen Rand verrät. Sie gehen weiter, bis sie alle Kabinen durch sind. Hassan haut nun alles frische Fleisch noch in den Backofen, nimmt alle sauberen Lebensmittel mit nach oben und verschließt die Kombüße ordentlich. Sie machen es sich nun oben auf dem deck gemütlich. ,, Es gibt nur noch einen Eingang und Ausgang hier hoch, alles andere habe ich zugemacht. Den Eingang haben wir prima im Blickfeld und wenn wir alle oben sind, verriegeln wir auch den, dann haben wir eine kleine Festung hier". ,, Die so lange hält, bis die ganze Festung in die Luft fliegt". ,,Das war schon immer so, mein Lieber, keine Festung hält ewig, deshalb wollen wir hier auch nicht die Zeit verschlafen.

Ich habe zum Beispiel dieses kleine Wunderwerk der Technik in Gang gebracht". Er schaltet das Funkgerät ein, sie können nun quer über den Ähter mithören. ,, Da brauchen wir nur noch um Hilfe rufen und sind in einer Stunde aus der Scheiße raus". „Oder in einer Stunde per Flieger in die Luft gesprengt". ,, Oder aber auch in wenigen Sekunden ohne Flieger.

Es wird erst gefährlich, wenn der Mörder das Schiff verläßt, der wird sich nicht mit in die Luft jagen". Jetzt fällt es Ulli wieder ein. ,, Wir haben frische Fußpuren, das heißt, einen frischen Abruck gesehen mit Ölrändern, vielleicht zwei-drei Stunden alt, man kannn es schwer schätzen". "Wie heist der Passagier?" Hassan holt einen Karton her, in dem ist die provisorische Buchführung. Er sucht alles durch, dann findet er die Karte. diese Kabine ist zumindest reserviert für Hassan Ibrahim``. ,, Was ist gegenüber dieser Kabine",, fragt er Hassan". ,, Eine Abstellkammer, sonst nichts". ,, Kannst du kontrollieren, ob der Mann in seiner Kabine ist?" ,, Natürlich, ich klopfe und wenn er nicht antwortet, schaue ich vorsichtig rein". ,, Ich muß sehen, wie der Kerl aussieht". ,, Ulli, halte du die Stellung hier, ich gehe mit Hassan hinunter". ,, Ok, nimm blos die Pistole in die Hand, laß sie keine Sekunde aus deiner Hand solange ich mit Hassan unterwegs bin". Die beiden entriegelten die Lucke und verschwinden. Berger nimmt die Pistole in die Hand, entsicherte und machte einen Rundgang an Deck.

Er ist sehr aufmerksam, deshalb entgeht ihm auch nicht das leise Geräusch, als vorsichtig die Klappe geöffnet wird. Berger ist gut bewaffnet mit einer Latte und der Pistole. Berger steht so hinter der Öffnung, dass ihn der jenige der Deck will Ihn erst sehen kann wenn es für diesen zu spät ist. Ein ihm unbekannter Kopf tauchte auf und streckte sich ganz vorsichtig nach oben, so daß Berger auf Anhieb klar war, der will nichts Gutes, der schleicht sich durch eine offene Tür. Berger hebt die Latte und schlägt kräftig auf den Hinterkopf. Der Unbekannte fällt wie ein Mehlsack nach vorn. Berger bindet ihm die Hände auf den Rücken und drehte ihn erst jetzt um. ,, Es ist ein Franzose oder Marokaner". Berger zieht den Bewußtlosen in den Schatten und bindet ihn zusätzlich an einem Rohr fest. Soll sich der Expolizist oder noch Polizist mit dem Kerl beschäftigten. Berger hat ihn erst einmal eingeparkt. Oben am Himmel tauchte nun ein Flugzeug auf. Berger zieht sein Hemd aus und signalisierte SOS lang-kurz-lang-kurz, Er war sich nicht sicher, ob es richtig war. Aber er wollte es wenigstens versuchen. Die Maschine wackelt erkennend mit den Tragflächen und fliegt nun das Schiff direkt an. Hassan kommt herauf gestürzt und sieht das Flugzeug kommen. ,,Mein Gott," sagte er nur und wirft sich in Deckung. Der Pilot grinste hämisch, hier hast du SOS, er hält seine Maschinenpistole aufs Deck und ballerte damit im Überfliegen. Berger will seine Pistole ziehen, aber er stoppte in der Bewegung, Hier hätte ihm nur die gute alte Kalaschnikow geholfen. Aber wo war eine?,

Berger hat eine andere Idee, er springt in die Steuerkabine. Er sieht das Flugzeug kommen und haute den Rückwärtsgang hinein. Das Schiff schüttelte sich und kurvte zurück. Zwar sehr langsam, aber das gewaltsame Abbremsen allein reichte aus, daß die kleine Bombe, die nun der Pilot wirft, das Schiff verfehlt. Der platzt in seiner kleinen Kiste fast vor Wut. Mit total verzehrtem Gesicht fliegt er erneut an. Das Schiff torkelte durch die im Wasser umgesetzte Sprengkraft der Bombe immer noch hin und her. Berger hat die Verzurrung entknotet und Vollgas gegeben. Er sieht das Flugzeug auf ihn zukommen. Er dreht das Steuerrad in einem Wahnsinnstempo und das Schiff reagierte in der richtigen Sekunde, es wird herum gezogen, die zweite Bombe verfehlt wieder.

Berger richtete das Schiff wieder gerade aus. Nun fliegt der Pilot ganz tief. Die Kugeln aus seiner Maschinenpistole sprühen über das Deck, richteten aber keinen Schaden an. Das Flugzeug drehte dann ab. Gilbert und Hassan kommen aus der Deckung gekrochen. Mein Lieber, dem hast du es gezeigt. Der wäre bald in seiner Maschine geplatzt vor Wut. Wie hast du das geschafft?". ,, Ich kann diese Kiste auch fliegen, ich wußte, was ich zu tun hatte. Die Jungs da oben haben keine Bremse, das habe ich ausgenutzt. Der Junge da oben hatte keine Geduld, deshalb hat er versagt. Da um die Ecke liegt noch jemand," sagte Berger, das ist etwas für den Herrn Polizisten. ,, Berger bringt das Schiff wieder auf Kurs Nord-Ost.

Dann auf Ost, Gillbert hat sich dem Mann angenommen der von Berger die Brettbehandelung bekommen hat. Dieser ruhte noch friedlich. Berger und Gilbert den Bewustlosen in die Kabine und hieven ihn auf die Pritsche. Hassan kam hereingelaufen. Links und rechts tauchen Schiffe auf, schnelle Patroullien Boote. Sie haben Hoheitsgewässer von Togo oder Nigeria erreicht, Wußten aber noch nicht welche. Wie sich herausstellte, waren sie in Togo. Berger hat gut gezielt mit der Rostlaube. Polizei und ein großer Sanitätshubschrauber werden gerufen. Alle Passagiere werden ins Hospital geflogen. Gillbert klärte die ganze Aktion mit der Polizei. Interpol und das FBI waren darin verwickelt, auch das Britische MI five. Hier lernte Berger Ron kennen. Zwei Tage später machte er sich mit Gillbert dann auf zur Baustelle, sie haben festgestellt sie haben die Gleiche Baustelle von Hochtief im Visier. Beide werden sie nicht abgeholt weil es zur Zeit nicht möglich ist. Es geht nicht per Luft wegen des Scheißwetters und es geht nicht per Achse, weil es zur Zeit keine Straßen mehr gibt. Togo, zumindest die Teile, wo sie hin wollen, sind im Schlamm unter gegangen. Irgendwann mußte ihm Gillbert aufklären, in was sie da geraten sind. Zeit würden sie zur Genüge dafür haben. Die Schlammschlacht am dritten Morgen dann machen sie sich mit einem hochgebautem Mercedes Unimog mit Winde auf auf den Weg. Die Firma von Gillbert stellt dieses Fahrzeug, ,,wenn ihr damit nicht durchkommt, kommt keiner mehr durch".

Man gibt ihnen einen landeserfahrenen Fahrer mit. Schaufeln, Sägen, Kettenzüge, alles mögliche Werkzeug packt man ihnen auf den Unimog. Ein Drittel des Platzes ist für die Leute, ein Drittel für das Werkzeug und ein Drittel mit wichtigen Dingen für die Baustelle belegt. Sie bekommen leichtes Ölzeug gegen die Näße und den ewigen Regen, der nun Togo beherschte. In Lome ist es noch angenehm. Aber als sie raus kommmen, bekommen sie die Freuden der Regenzeit zu spüren. Ulli kannte es schon aus dem Kongo und Zaire; auch in Gabun war es nicht viel besser. Aber er kommt immer in die beginnende Zeit. Hier kam er mal an das Ende der Regenzeit erleben. Nun gab es keinen Untergrund mehr. Nun schwimmen große Teile von Togo im Schlamm, er mitten drinnen. Das einzige Angenehme ist, dass es nicht kalt ist, es ist ein warmer Regen und warmer Schlamm. In Europa muss man für solche Bäder viel Geld bezahlen, hier ist es gratis. Die Turnschuhe hat er schon lange mit langen Gummistiefeln getauscht, auch in Lome ist dies inzwischen eine brauchbare Beinkleidung geworden.

Kapitel 4
Von Lome Richtung Obervolta
Die Schlammschlacht

Am Morgen des 19 September, an Bergers 35 Geburtstag, geht es los. Es war ein toller Tag. Der Regen fällt so dicht, das sie bereits klitschenaß sind, als sie am Auto ankommen.

Darauf warten wie zu Hause, dass der Schauer vorbei ist, das geht hier nicht. Das kann viele Tage dauern, mit unter dauerte solch ein Schauer Monate. ,, Auf nach Obervolta". ruft Gilbert unternehmungslustig. Er öffnete eine Flasche Rotwein und reicht sie Ulli. ,, Alles gute zum Geburtstag wünscht dir mein gesamtes Revier von Interpol , FBI und MI five. Sie haben alle zusammen geworfen, um dir einen Karton Rotwein zu spendieren. Mit der Auflage diesen Heute und sofort zu vernichten, bevor du mich fragst. Morgen erzähle ich dir die Story, heute wird gefeiert". ,, Wenn ich saufe muß ich Essen" ...Denkst du, wir Franzosen sind Banausen? Mach einmal das Paket dort auf". Fünf riesige Weißbrote kommen zum Vorschein und eine Käseplatte, so gut wie sie Berger das letzte Mal in Paris gegessen hat. ,, Mach den Mund zu, Kleiner, da staunt dein deutsches Auge, was?". ,, Ich habe euch Franzosen schon immer bewundert, ihr versteht zu leben". ,, Von dir habe ich aber auch gehört, daß du viel von gutem Essen hältst, fass ruhig zu, ich sehe doch wie du schon zitterst". Berger baut nun alles so auf, daß es genau zwischen ihm und Gilbert steht. Es wurde eine prächtige Geburtstagfeier. Während der Regen auf die Plane trommelte feierten sie lustig dahin. ,, Heute haben wir noch einigermaßen feste Straße ab morgen ist nichts mehr da. Dann dürfen wir wohl des öfteren aussteigen und die Straße suchen``. Der Unimog schwimmt jetzt schon mehr als er fährt. Die Beiden hinten im Unimog stört zur Zeit kein schlingern, das waren sie auch gewohnt von Ihrem Dampfer,

Als die Käseplatte geschafft ist, hat jeder auch zwei Flaschen Rotwein, einen Liter, verkonsumiert. Sie singen munter drauf los, sie sind echte Freunde geworden. Das Fluchen und Schimpfen des Fahrer störte sie Heute überhaupt nicht, sie haben sich von allem Urlaub genommen. Nur pinkeln mußten sie leider selber, das taten sie hinten vom offenen LKW. Nach der dritten Flasche Rotwein ist Ruhe auf dem Unimog eingekehrt, sie schliefen aneinandergelehnt ein. Am anderen Tag geht es dann etwas herber zu. Sie verlassen die ausgebaute Straße und kommen in die berüchtigte Buschstraße. Sie war wohl einmal befestigt, aber tief unter ihnen. Sie ist mit Schlamm überflutet. Sie müssen Flüße überqueren, die reißend geworden sind und sie müssen durch ein Sumpfgebiet, wo die netten kleinen Moskitos auf sie warten. Schöne Zeiten stehen ihnen bevor und all dies wollen sie in fünf Tagen bewältigen. Der erste Tag zeigte ihnen gleich, was zu erwarten haben. Sie werden nicht geschont. Überall steckten herrenlose Fahrzeuge, zum Teil bis unter's Dach mit Schlamm gefüllt``. ,,Die haben in Afrika eine Art, ihre Autos zu parken", sagte Gilbert ernst und vorwurfsvoll. ,, Wie schmutzig die ihre Autos abstellen," fügte Berger hinzu. Wenig später sind sie genauso schmutzig, sie mußten raus, das Auto saß fest. Bis unter die Achsen sitzt es in einem Schlammloch. ,,Bleib drinnen," sagte Berger, "es reicht, wenn einer dreckig wird". ,, Ihr Deutschen seit immer so ungeschickt ,da muß immer ein Franzose mit dabei sein". ,, Wenn du glaubst es geht nicht anders, dann binde dir aber erst einmal deine Gummistiefel zu".

Es ist zu spät, es war passiert. Es ist viel tiefer als Gilbert glaubte. Die warme Schlammbrühe läuft in seine Stiefel und hält ihm am Boden fest. Alleine kommt er nicht mehr weg, er sitzt fest oder muss aus den Stiefeln raus. Die durfte er aber nicht leicht verlieren, denn sonst hatte er keine mehr". ,, Stehst du gut?" fragte Berger lachend". ,, Ausgezeichnet, mein Freund, prima warm. Ich wollte schon immer mal so stehen ohne umfallen zu können". ,, Laß dir die letzte Flasche Rotwein geben". ,, Gute Idee". Berger hat die Winde gelöst und das Seil um einen Baum gespannt. Er gab dem Fahrer ein Zeichen, slowly, slowly Ibrahim. Vorsichtig zieht dieser den Unimog mit der Winde wieder auf die Straße. Gillbert war clever und lässt sich so mit herausziehen. Er muss aber seine Stiefel verlassen und diese von Berger mit der Hand heraus ziehen lassen. Aber ohne die Hilfe der Winde geht es auch nicht. Berger löste das Seil der Winde und spulte es wieder auf. Er versuchte den genauen Verlauf der Straße heraus zu finden, es ist nicht möglich. Ibrahim muß nach Gefühl fahren. Berger stell sich nur auf die Stufe an der Tür, um zu beobachten. ,, Es reicht doch, wenn immer einer im Matsch steht, nicht wahr?" sagte er zu Gilbert. ,,Ja, du hast recht, bleib mal draußen". ,, Heute ich, Morgen du". ,, So, meinst du das, das ist nicht so gut, aber wir werden sehen". So quälen sie sich bis zum nächsten Mittag hin. Sie erreichten einen kleinen Ort, in dem sie hoffen, ein Hotelzimmer für eine Nacht zu finden. Sie fanden keins, aber sie fanden einige tolle Mädchen und gegrilltes Fleisch mit Reis und Dosenbier aus Deutschland.

Auf den nächsten 50 Kilometern soll die Strecke besser werden, verspricht man ihnen. Es hat auch aufgehört zu regnen und die Sonne kommt noch durch die aufgerissene Wolkendecke. Sie trinken reichlich Bier und essen auf Vorrat. Um sieben Uhr werden sie durch das Rütteln des LKW's wach. Ibrahim ist gestartet. Er hat ihnen für das Frühstück nochmals eine große Portion Fleisch machen lassen und eine Riesenkanne mit heißem Kaffee. In den Beiden erweckte dieser Duft wieder alle Lebensgeister. Sie verputzten das ganze Fleisch und auch den Kaffee. Die Sonne scheint so stark das der Dampf rings umher alles in eine Waschküche verwandelte. Es ist als würden sie durch eine Geisterwelt fahren. Auf der Straße fahren sie die bereits angetrokneten Schlammfladen los. Jetzt kommen ihnen auch wieder Fahrzeuge entgegen. Sie stoppten das erste Ihnen entgegen kommende Fahrzeug stellen Fragen nach dem Zustand der Strecke. Die Antwort ist nicht ermutigend, die Männer waren umgekehrt wegen der Unbefahrbarkeit der Strecke. Haben natürlich keinen Unimog. Es es gibt keine Change, durch die Flüße zu kommen meinen die Männer. Es sind eigentlich keine Flüße aber in der Regenzeit laufen dort die Unmengen von Wasser ab. Es sind mit den Jahren tiefe flußähnliche Rinnen geworden. Sie beraten, ob sie weiter wollen. Sie wollten wissen, ob der Schlamm von Togo besser war als ein Deutscher und ein Franzose und natürlich das deutsche Auto. Die Baustelle wartet auch auf das Material und Berger wollte sein Camp sehen und Gillbert seine Straße vermessen.

,, Und wenn ich die unter Wasser vermessen muß, ich will nicht mehr zurück". ,, Was machst du danach?". fragt Ulli. ,, Ich weis es noch nicht, vielleicht gehe ich zur Polizei zurück. Ich muß einmal sehen. Zumindest habe ich mir meinen Traum erfüllt und eine Straße in Afrika gebaut. Welcher Bulle hat das schon". Sie ereichten nun den ersten reißenden künstlichen Fluß. ,,Da müssen wir rüber. Wie tief ist es hier?" fragte Berger Ibrahim. ,, Hier ist es nicht tiefer als 30 bis 40 Zentimeter, an manchen Stellen mehr. ,,Berger entdeckte einen Baum auf der anderen Seite. "Ich werde die Winde dort befestigen und dann geht es los. Mit Winde und Motor eine Kleinigkeit". ,, Erst mußt du mal drüben sein und die Winde befestigen". ,, Der erste ist meiner, der zweite Fluß ist deiner", sagt Berger nur. Er löste die Winde und nimmt den Hacken auf. Dann suchte er sich einen Stock und fühlt immer die Tiefen vor sich ab. Er fühlte so weit, daß er gleich den Weg des Fahrzeuges mit erfaßt. Ihbrahim beobachte genau, wie tief der Stock wo verschwindet. Die Strömung ist teilweise so stark, daß sie drohte Berger mit sich zu reißen. Da dient der Stock ihm als Stütze. Es dauerte fast 1 Stunde, bis er diese zwanzig Meter überwunden hat. Gillbert führt nun die Winde nach. Ulli erreichte den Baum und schlägt das Seil zweimal um den Baum bevor er es einhängt. ,, Kommt rüber, Jungs." Es klappte wie am Schnürchen. Ibrahim hantierte so geschickt mit Winde und Allrad, daß man nicht spürte, wann er was einsetzt. Wenig später sind sie drüben. 15 andere Fahrzeuge, die im Wasser umgekippt liegen, haben es nicht geschafft, es war Ihnen auch nur durch die Winde möglich. Bis zum späten Abend konnte sie frei durchs Gelände hoppeln.

Mehr als ein Hoppeln ist nicht möglich. ,, Wollen wir noch bis zur nächsten Ortschaft?". ,, Halt," sagt Berger, ,,sieh dir diesen Bock an. Kannst du gut mit der Pistole schießen, Bulle?". ,, Für meine ist es zu weit, gib mir deine." Berger reichte ihm seine Waffe,die er wiederwillig immer noch trägt. Gillbert legt an, zielt und schießt. Wie vom Blitz getroffen fällt der Bock um. Ibrahim rennte los und bringt ihn zum Unimog. ,, Gillbert hat dem Bock durchs Auge geschoßen". ,, Du bist ein guter Schütze, mein Lieber, hoffentlich verfolgst du nicht mal mich". Berger hilft Ibrahim den Bock auf den Wagen zu heben.

,, Etwas weiter ist eine Farm, da könen wir übernachten und uns den Bock herrichten lassen". ,, Jela, meine Freunde". sagte Gillbert nur. ,, auf geht es``. Es ist eine schöne große Farm, die von einem deutsch-französischem Ehepaar bewirtschaftet wird. Der Mann ist Franzose und die Frau Deutsche. So ergab es sich manchal, daß Berger sich mit der Frau in Deutsch unterhält und Gillbert sich mit seinem Franzosen.In dem riesigem Backofen wird inzwischen der Bock gebacken. Gillbert opferte für diesen Abend mit Tränen in den Augen seinen letzten Karton mit Rotwein. Ibrahim sitzt in der Küche mit dem Personal. Heute ist für alle ein besonderer Abend. Besuch gibt es hier selten und in der Regenzeit schon gar nicht. So wurde bis zum frühen Morgen geschwatzt, gegessen und getrunken. Berger und Gillbert gehen erst gar nicht zu Bett. Man hatte ihnen gesagt, daß die nächste Etappe ruhiger wäre, mit wenig Wasser.

Übermorgen hätten sie dann nochmal ein hartes Stück vor sich, sie müßten sich durch den Urwald kämpfen. Dort würde es auch insofern gefährlicher, weil es dort Wasserschlangen und Krokodile gibt. ,, Manchmal auch Krokodile, die vom Niger her angeschwemmt werden. ,,Igit," sagte Gilbert lachend, ,, das mit unseren Gummistiefeln". ,, Die werden doch nicht einfaches Gummi fressen?" fragte er besorgt. ,, Ob Gummi oder Kroko-Leder-Schuh, das ist denen egal. Die wollen was drin steckt in der Verpackung, Ihre Zähne reichen aus um es zu holen". ,, Wollen wir in ein so ungastliches Land?". ,, Diese Franzosen," sagt Berger, ,,die Lacoste-Fabrik im Land, aber Angst vor Krokodilen". ,, Gerade deswegen, ich befürchte, die haben nicht die Steuern nach hier abgeführt und die Krokodile sind nun böse auf alle Franzosen". Trotz Lacoste geht es dann aber um Punkt 7 Uhr am Morgen weiter. Sie werden wieder mit frischem Brot, Fleisch und Reis versorgt. Es war ein herzlicher Abschied und beide müssen versprechen, auf dem Rückweg wieder herein zu schauen. Gillbert wollte sich schon wieder im Fahrzeug lang machen, um den fehlenden Schlaf nachzuholen. ,,Halt, mein Lieber, nun holst du erst einmal nach, mir die Story wegen der Magnoun zu erzählen". ,, Welcher Magnoun, ich kenne keine Dame, die so heißt". ,, Das ist unser Geisterschiff oder auch Queen of Togo, wenn du das lieber hörst". ,, Halt, halt, was war das mit Magnoun?" "Hassan sagte mir, daß dieses Schiff an der Arabischen Küste nur Sefina Maghnoun genannt wird und dieses schon seit vielen Jahren.

Dieses Schiff wurde mal speziell für den Sklavenhandel gebaut und Lagos war der südlichste Hafen. Es fuhr alle Häfen an im Bereich Lagos bis Casablanca. Im zweiten Weltkrieg hat sie lange in Casablanca gelegen und war dort für die Deutschen im Einsatz. Es soll damals daran beteiligt gewesen sein, einen Riesengoldschatz zu bergen". „ Hast du das alles von Hasan?". „ Ja, er hat mir das erzählt." " Damals Gold und heute wieder Gold. Weißt du, um wieviel Gold es geht, Ulli?" "Nein, keine Ahnung." "Es soll sich um einen Goldschatz in Höhe von 50 Milliarden Dollar handeln.

In Rhodesien fing der ganze Zauber an, eine Kette von Morden zieht sich von Rhodesien bis in die Walfischbay und weiter. Warum spielt dieser Schrotthaufen eine so große Rolle in diesem Spiel? Wir haben das Schiff in Togo mehr als fünfmal gründlich untersucht und nichts gefunden". Gillbert zieht sein Notizbuch heraus und notierte sich einiges. „Die ganze Welt und fast alle Geheimdienste sind hinter diesem Gold her. Dieses Gold, wenn es diese Menge gibt, würde mit einem Schlag den Goldmarkt kaputt machen". „ Ich hatte mich vor ca. 8 Monaten für 1-2 Jahre vom Polizeidienst beurlauben lassen. Ich wußte nicht, ob ich jemals wieder zurück wollte. Es waren ausschließlich private Gründe, die mich diesen Entschluß fassen ließen. Da ich vom Beruf auch Bauingenieur bin, habe ich mich beworben und habe den Job in Rhodesien bekommen.

Mit meinen alten Chefs und Kollegen habe ich gelegentlich telefoniert. Als dann diese seltsammen Morde geschahen, speziell an deutschen ehemaligen Soldaten und auch Franzosen. Da hat man mich gebeten ein wenig zu schnüffeln, weil ich unauffällig vor Ort bin. Ich fand heraus, das alle Getöteten einer Einheit angehörten die in Casablanca stationiert war. Die getöteten Franzosen waren Fahrer in dieser Einheit. Es gibt kein Bild und keinen Zusamenhang. Aber diese Geschichte mit der Maghnoun paßt da ausgezeichnet hinein. Wir müßen in Casablanca Nachforschungen über dieses Schiff anstellen". ,, Kannst du etwas mit dem Namen Safina Maghnoun anfangen?". ,Safina Maghnoun ist arabisch und bedeutet "verrücktes Schiff. Er notierte auch dies. Bei dem Franzosen, bei dem wir waren, er ist auch einer der Leute aus Casablanca und die Frau ist die Tochter eines deutschen Offiziers, Oberst von Eichstädt war sein Name." "Dann sind wir nicht ganz so zufällig dort hin gekommen". ,,Nein, unsere Ibrahim hatte die Instruktionen schon lange zuvor, er ist Geheimpolizist in Togo, wir befürchten die gleiche Mordwelle hier wie in Rhodesien und Namibia". ,,Hatet ihr Erfolg mit den Passagieren?" "Die waren alle unverdächtig und im übrigen recht gesund. Sie haben zwar nicht viel zu essen bekommen, aber in dem Getränk waren neben dem Schlafmittel auch Vitamine, damit man eventuell nicht einen Hungertod feststellen konnte". "Was war mit dem Brettermann?". ,, Was für einen Brettermann?". "Dem ich das Brett über den Kopf gehauen habe.

„Gillbert lacht schallend, dafür muß ich mich extra bedanken im Namen aller meiner französischen und englischen Kollegen". ,, Du hast den Topagenten des CIA niedergeschlagen und gefangen genommen. Den Namen darf ich dir leider nicht veraten. Der Lacher ist nach Amerika und zurück gerollt". ,, Wer war dann der Mörder, der die beiden Brüder umgelegt hat?". ,, Eben dieser Agent". Ein schöner Scheiß, da will ich mich mal für drei Tage auf einem Schiff von der Bumserei erholen, da gerate ich in die Fänge von Polizei und Geheimdienste", "Du warst schon vorher drin, mein Lieber, du bist kein unbeschriebenes Blatt mehr``.

Ron hat mir die Story, die er mit dir vor einem Jahr in Kano und Lagos erlebt hat, erzählt. So fällt man von einem Gelegenheitsjob in den anderen. Der MI five will dich übernehmen, was zierst du dich noch, das ist einer der besten Läden, eine erste Adresse". Bebau ist viel besser mein lieber , eine Weltfirma mit Herz, und du siehst ja, Aufregung habe ich genug". .. Ulli, ich sage dir, und du wirst noch daran denken. Leute wie wir werden immer unsere Aufregung haben. Wir könnten uns verkriechen, die Aufregung verfolgt uns. Weil wir mit offenen Augen durch die Welt laufen und Dinge sehen, die andere überhaupt nicht bemerken. Dinge tun, bei denen sich andere umdrehen und warten, daß solche Männer kommen wie wir". ,, Haut euch hin," sagte Ibrahim, "es wird noch dick kommen, der Dschungel liegt vor uns". An der letzten Station vor dem Urwald machten sie Halt.

Ulli und Gillbert sind wieder munter. Ulli versucht, trockene Äste zu finden um ein Feuer zu machen, es ist nicht möglich. Sie essen eben kaltes Fleisch und trinken kalten Kaffee dazu. ,, Die Zeit des Alkohols ist vorbei". ,, Nun müssen wir wachsam bleiben. Wenn sich herum gesprochen hat, daß wir bei Terence waren, können uns einige Überraschungen bevor stehen. Ab jetzt wechseln wir uns alle zwei Stunden mit der Wache ab. Nach dem du mir das mit dem Schiff erzählt hast, bin ich unruhig". ,, Ich bin zivilist sagt Berger, ,, Ich habe mit eurem Scheiß nichts zu tun". ,, Deswegen schlafe ich mit Ibrahim zuerst, dann löst dich Ibrahim ab, dann komme ich dran". dann wieder ich", ,, vervollständigte Ulli, "und morgen sind wir alle Müde. Ich wache die ersten vier Stunden, danach wechselt du dich mit Ibrahim alle drei Stunden ab". ,, Gute Idee, Berger, dann haben wir alle ein bißchen mehr Schlaf in einem Stück". Die anderen beiden machen sich lang, der nächste Tag, wußten sie, wird hart. Berger baute sich unter dem Unimog einen schönen Unterstand. Er deckt sich ringsum mit Büschen ein, so daß er icht gesehen werden kann, aber selbst alles sehen kann. Die Pistole hat er gesichert im Gürtel stecken. Der Mond kommt durch und scheint zwischen den wenigen Wolken hindurch. In der Ferne ist das Trompheten der Elefanten zu hören. In der Umgebung knacken überall die Zweige, die Tiere schleichen um sie herum und beobachteten sie. Aber auch ein Zweibeiner ist bereits da, um sie zu beobachten. Dieser wunderte sich über die Sorglosigkeit, die der Franzose und der deutsche Polizist an den Tag legen.

Er ahnte nicht, daß er von dem deutschen Polizisten schon anvisiert wird und schon hätte tot sein können. Er ahnte auch nicht, daß dieser Mann gar kein Polizist ist. Berger nimmt das Fernrohr von den Augen und steckt die Pistole weg. Es war klar, daß sie nur beobachtet werden sollen. Der Mann, der sie beobachtete, ist entweder Franzose oder Deutscher. Er will es den anderen mitteilen. Die nächsten fünf Stunden tut sich nichts, danach weckt Ulli Ibrahim und haut sich hin. Er machte ihn auf seine Beobachtung aufmerksam und empfahl ihm gleichfalls seinen schönen trockenen und geschützten Unterstand.

Am anderen Morgen wird Berger wach durch den Duft von gebratenem Speck mit Spiegeleiern und dem Duft von heißem Kaffee. Berger schaute sich zuerst den Platz an, an dem er gestern den Weißen entdeckt hatte. Ulli konnte deutlich die Spuren von Stiefeln sehen. „Brauchst nicht weiter nach zu sehen, ich habe die Spuren verfolgt. Er war mit dem Auto in der Nähe. Ich habe mir die Profile aufgemalt". Die Fahrt durch den Urwald wurde nicht so schlimm, wie sie sich das vorgestellt hatten, aber es reichte. Zum Glück ist das Wasser sehr stark zurückgegangen. So daß sie es nur mit knöcheltiefem Matsch zu tun haben. Trotzdem mußten sie auf der kaputt gefahrenen Urwaldstrecke mehr als 30 mal die Winde ansetzen. Sie wurden hin und hergeschüttelt. Die Sachen auf dem Unimog fielen alle durcheinander. So ging es nun fast 10 Stunden. Dann sehen sie die ersten Hütten des Camps durch den Wald leuchten. Sie stoppen und springen aus dem Auto.

,, Sogia" lesen sie auf einem der Schilder. ,,Ich bin da". ruft Gillbert. ,,Das ist ja verlassen und verloren hier, wenn es ein Ende der Welt gibt, ist es hier``. ,,Ab hier Ulli, sei wieder Aufmerksam, wir sind wieder unter Menschen, hier ist es gefährlicher als draußen im Urwald. ,, Leider halten die dich für genau so einen verkappten Bullen wie mich". Sie marschieren auf die erste Baracke zu, hier hängt ein windschiefes Schild "Office". Ohne zu klopfen treten sie ein. Ein Teeboy kommt angelaufen. Er spricht fließend französisch mit Gillbert, zumindest hörte sich das so an. ,,Die Jungs hier sind alle auf deiner Baustelle, dort ist heute ein Fest. Die Baustelle ist in der Nähe von einem 500-Seelen Dorf, dort wird das Ende der Regenzeit gefeiert. Es ist nochmals eine Stunde mit dem Auto. Sie brauchten sich nur an die Straße halten, dann kommen sie automatisch dort hin. Sie kommen an drei Abzweigungen vorbei, sie entschieden sich aber für die Straße, die am meissten beschädigt ist. Hier mussten die Baufahrzeuge gefahren sein. Ibrahim lies sich von Gillbert ablösen. Ibrahim taten die Arme und Beine weh von der Strecke. Aber ihnen allen ging es eigentlich nicht besser. Sie befanden sich wie auf einer Achterbahn. Sie wunderten sich nun auch nicht mehr, daß sie keinem Fahrzeug begegnet waren. Außer den vielen, die einfach in die Büsche geschoben standen. Bis zu den Achsen und tiefer im Schlamm. Ihr Spezialfahrzeug hatte Mühe, sich durchzukämpfen. "Wir hätten an den Baracken nach tanken sollen, ich habe Angst, hier irgendwo stehen zu bleiben." ,, Halte nicht an, bevor wir was Festes haben, wir kommen nicht mehr weg.

Der Sumpf hält uns fest". Hier ist der Schlamm schon dick und fest wie eine Paste, fertig zum Töpfern". Wir werden gleich anhalten". ,, Zieht eure Waffen und entsichert". Er muss den Unimog vor einem umgefallenen Baum stoppen. Sie sitzen eine Weile im Auto und besehen sich die Umgebung. Es war nichts verdächtiges zu bemerken, aber wie sollte man in diesem dichten Busch, in den man keinen Meter einsehen konnte, etwas bemerken. ,, Hier kann sich ein Elefant in zwei Metern Entfernung vor einem verstecken. ,, Ibrahim, sichere uns von hier!", ,,Ich steige mit Ulli aus". Ulli tut es mit einem Satz und geht in die Hocke. Er kann es sich erlauben, den auf seiner Seite ist nur 10 Zentimeter tiefer Matsch. Die Pistole hat er im Anschlag. Es passierte nichts. Kein knacken, nichts. Nur das regelmäßige Tropfen von dicken Wasserkugeln, die auf die Blätter platschten. Ulli macht sich aufmerksam umsehend auf dem Weg zum Baum. Es ist kein kleiner Baum, dieser hat einen Durchmesser von fast einem Meter. Sie haben erst einmal Pause, der Baum muss weg. Mit der Winde ist er nicht zu schaffen, sie müssen ihn zerlegen. ,, Ulli, mach die Motorsäge, Motorsäge fertig". Drei Stunden kämpfen sie sich mit der Motorsäge durch das harte Holz, danach haben sie erst einen Schnitt. ,,Wenn wir noch einmal schneiden wollen, brauchen wir nochmals fünf bis sechs Stunden. Die Kette ist nun nicht mehr so scharf. Wir werden versuchen, den oberen Teil mit der Winde, halb-hoch und dann links rüber zu ziehen. Wenn wir Glück haben, schaffen wir es, das eine Stück zwischen die beiden Bäume zu klemmen. Ibrahim", rangiere das Auto in diese Richtung.

Dann nimmt Berger das Seilende und marschierte los. Es war ein hartes Stück Arbeit, bis er das Winden Ende um den Stamm schlagen konnte. Er turnte nun zurück zum Wagen und lässt die Winde anziehen. Der Stamm hebt sich wie gewünscht und lässt sich ganz langsam herum ziehen. Der Stamm ist gespannt wie ein Flitzebogen, nun müssen sie diesen zwischen den Stämmen verkeilen. Als Ibrahim mit dem Auto etwas nachrangierte, schafften sie es, den Stamm ca. 15 Zentimeter, mehr waren es nicht, hinter den anderen Stamm zu klemen. Ulli löste ganz vorsichtig die Winde, Der Stamm blieb ruhig , zumindest im Moment hielt es, sie konnten weiter fahren .. Gillbert klinkte vorsichtig das Windenseil auf, er wollte nicht von dem Stamm erschlagen werden. Ulli spulte das Seil wieder auf die Winde auf . Sie sehen schon wieder aus wie die Schweine. Von oben bis unten mit Schlamm beschmiert. Ibrahim hat zwischenzeitlich nach getankt. Aber Ulli hat bemerkt, daß Gilbert und Ibrashim ihre Arbeit iommer so aufteilten, dass einer schußbereit ist. Vorsichtig fährt Ibrahim das Auto an und sie schleichen sich richtig durch die Öffnung. Sollte der Stamm zurück schnellen, würde er sie mit dem schönen Unimog zerschlagen. In wenigen Sekunden sind sie aus der Gefahrenzone. Sie wollten dafür sorgen, daß am nächsten Tag ein Bautrupp die Falle beseitigt. Um es vorweg zu nehmen, diese Falle wurde nie beseitigt. So wie es in diesen Ländern überall üblich ist. Was 1 Tag helt muss auch für die Ewigkeit halten, warum sich die Arbeit machen. Als Berger nach einem Jahr die Baustelle wieder besucht, ist sein Riesen Pfeil noch immer gespannt.

Sie kämpften sich nun die letzten Kilometer durch den Schlamm. Es ist dunkel geworden und sie sehen bereits die Lichter des Dorfes. Der Schlamm, der getrocknet ist, lässt sich nun in Stücken vom ganzen Körper nehmen. Sie klapperen nun beim laufen. Berger kommt sich vor wie eine Töpferscheibe. Das Camp ist in unmittelbarer Nähe des Dorfes, sie halten vor der Büro-Baracke. Sie werden bereits erwartet. „Wir haben schon vor Stunden mit euch gerechnet". Sie erklärten, warum sie so spät sind. Sie bekommen Ihre Quartiere zugewiesen und konnten duschen und sich umziehen``. „Beeilt euch, es geht gleich los". Berger beeilte sich wirklich, diese Buschmusik und diese Buschtänze mag er sehr gern. Dieser Abend wurde zu einem unvergeßlichem Erlebnis, Ulli war fasziniert von den Tänzen, am liebsten hätte er sich unter die Tanzenden gemischt. Zum Schluß des Tanzes werden die Weißen aufgefordert, mitzumachen. Ulli und Gillbert sind die einzigen, die mitmachen, sie geniessen es Beide. Die schwarzen Krieger sind ebenfalls begeistert von Ihren beiden weisen Brüdern. Sie tanzten sich in die Herzen der Afrikaner. Sie sitzen danach lange an dem Feuer des schwarzen Häuptlings. Viele dieser schwarzen Krieger oder fast alle haben ihren Pfeil und Bogen schon mit Schaufel oder Hammer im Camp vertauscht. Auf die Jagd gehen sie mit modernen Gewehren. Diese führen sie Gilbert und Ibrahim in der Nacht noch vor. Sie verabredeten sich für den übernächsten Tag zu einem Jagdausflug. Während sie so palaverten hatte sich Berger mit einer der Töchter bereits etwas abgesondert.

Dort lässt sich Berger wie ein Pascha mit Speisen und Getränken verwöhnen, nachher auch mit anderen Dingen. So konnte der ihn suchende Bauleiter ihn auch nicht entdecken. Er hatte nach diesen Tagen der Strapazen keine Lust auf geistreiche Gespräche. Die Kleine hatte haarscharf erkannt, was ihm fehlte und wie eine Viper blitzschnell zugebißen, ihre Beute gepackt und bei Seite geschafft, um sie, nach dem die Beute selbst gespeist hatte, diese zu verspeisen.Berger gefiel sich in der Rolle als Opferlamm. Gillbert und Ibrahim retteten Ihn bevor er ganz verschlungen wurde. Am anderen Morgen meldete Berger sich bei der Bauleitung und geht alle wesentlichen Punkte durch. Die Fehler, die angeblich am Camp waren, wurden alle zügig aufgenommen. Berger konnte nicht mehr mehr tun, als diese aufzuschreiben und dem Hersteller vorzutragen. Er besah sich die Änderungen und machte seine Kommentare dazu. Es waren auch zum großen Teil gar keine Produktionsfehler, wie er erkannte, sondern er stellte fest, daß die Zellen nicht richtig montiert wurden von der Baustelle. Für diese Fehler war wieder die Baustelle zuständig. Diese Punkte konnte er sofort bereinigen, so daß sich seine Fahrt schon gelohnt hatte. Die Bauleitung ging mit ihm durch, was sie in kürze noch an Maschinen benötigen würde. Er versprach, diese über Nigeria zu bringen, dort würden in Kürze drei große Baustellen aufgelöst. Gillbert und sein Bauleiter kommen hinzu. Die Bauleitung und die Franzosen hatten sich hier bei den Deutschen untergemietet, damit sie für ihre paar Leute nicht ein eigenes Camp errichten müssen.

Nach dem Gilbert die Bauleiter ausgehorcht hat, hält er es für richtig, sie darüber zu informieren, daß er und Ibrahim Polizisten sind und Berger ein etwas unfreiwilliger Hilfssheriff ist. Ich muss sie in das Geschehen einweihen, weil wir davon ausgehen müssen, dass es auch in Togo zu verschiedenen Morden kommen wird. Ich muß auch in die Liste aller ihrer Mitarbeiter Einsicht haben. Ich vertrete das Interpol und CIA, Mr. Ibrahim die örtliche Polizeibehörde". Beide weisen sich nun aus. Draußen vor der Barake hupt ein Auto. Der Teeboy klopfte, für Mr. Ulli, Madam Renata Sanata". „ Sag ihr, sie soll in zwei Stunden wieder kommen, ich habe keine Zeit". „ Ok, ich richte es ihr aus". Mit durch drehenden Rädern fährt das hupende Auto davon. Der Bauleiter schaute Berger an, das ist die Tochter des Häuptlings, was will die von Ihnen, sie sind doch gestern erst angekommen". „ Sie hat sich heute Nacht ein bißchen um mich gekünmmert". „ Deshalb waren sie nirgends zu finden". „ Herr Hartmann,"so heist der Bauleiter, „wir haben auf der Straße eine gefährliche Falle hinterlassen müssen, dort liegt ein umgefallener Baum. Wir konnten ihn nur durchsägen und zur Seite ziehen. Würden sie sich darum kümmern, daß er weggeräumt wird?". Hartmann macht sich eine Notiz und verspricht notwendige Schritte für die Beseitigung des Baumstammes in die Wege zu leiten.

Kapitel 5
Die Königin
Jagd auf Menschen und Wilde Tiere

Diesen Tag beschliessen die fünf mit Büroarbeit. Renata war beleidigt und kam nicht wieder. Sie wartete maulend mit ihren Schwestern auf Berger. Sie hat dem Teeboy Instruktionen gegeben. Für diesen armen Kerl war es immer eine Gewissensfrage. Es war nicht mehr auseinander zu halten, wer war nun sein Boß. Der Häuptling oder der Bauleiter? So ging es aber vielen schwarzen Mitarbeitern. Oft fragen sie erst Ihren Häuptling, ob sie die aufgetragene Arbeit tun sollen. ,, Was ist mit dem Fernschreiber, kann der angezapft sein, Ibrahim``. "Der Fernschreiber wohl kaum, das Telefon ganz sicher. Benutzen sie für wichtige Informationen den Fernschreiber, senden sie es erst in mein Büro und wir lassen es von dort weiter senden". ,, Geht der Fernschreiber überhaupt?". ,, Der geht, ist verläßlicher als das Telefon," "Ulli setz dich bitte an die alte Kiste und schreibe". ,, Was mit dem Museumsstück". Berger schaute sich den Fernschreiber an. Gilbert diktierte Ulli ein Telex nach Marsaille und nach Casablanka, um die alten Zeiten und alle Geschichten über die Maghnoun auszuwerten. ,, Das Schiff heißt nun Queen of Togo und ist unter Polizeigewahrsam in Lome. Berger hat im nu die Telexe, die kurz und präzise waren zu Lochstreifen verarbeitet und abgesandt. Gillbert zerreißt sofort die Lochstreifen, das Original in feine kleine Teilchen. ,, Ist dieses Schiff auch wirklich geschützt?", fragt Gillbert. ,, Könnte es nicht immer noch von Tauchern und Flugzeugen versenkt werden?".

Ibrahim telefonierte mit seinem Büro und sendet ebenfalls ein Telex, das Berger schrieb, hinterher. ,, Haben sie keine Hilfe im Büro?" fragte Berger den Bauleiter.

,,Heute ist Feiertag und Morgen ist Sonntag, die Mädchen kommen erst Übermorgen". ,, Es sind die Töchter des Häuptlings, eine sieht aus wie die andere, ich weiß nie welche überhaupt da ist. Ich habe zwei eingestellt, aber glaube, daß alle vier hier abwechselnd arbeiten".
,, Vier so nette verbrannte Kinder? Ulli heute abend nimmst du mich mit". ,, Abgemacht". ,, dann bin ich nicht so alleine. Die Mädchen werden sich auch freuen". ,, Seit ihr hierher gekommen, um die Weiber verrückt zu machen oder Verbrecher zu jagen oder zu arbeiten?", fragt der Bauleiter. Die neue Straße müssen sie uns auch noch einmessen". ,, Sie haben Recht es ist ein bißchen viel auf einmal, aber sie sollen mal dieses Team bei der Arbeit sehen. Das beste Deutsch-Französische Team, das jemals beisammen war. Hier mein Partner Ulli hat sogar den Chef unserer Konkurzenz-Abteilung des CIA auf die Bretter gelegt". Er und Ibrahim können sich vor Lachen nicht mehr halten. ,, Was glauben sie, was die Jungs vom CIA in Lome geschaut haben, als sie Ihren großen Chef auswickeln mussten, angebunden wie ein Hund an der Wasserleitung des vergammeltsten Schiffes, das jemals die Weltmeere befahren hat. Was solls, wenn wir nichts mehr zu lachen haben, ist es schlimm um uns bestellt, wir können jeden Tag irgendwo gefunden werden mit dem Gesicht nach unten.

,, Was würdet ihr sagen,die Blödmänner haben selbst Schuld, was müssen sie die Nase überall mit hineinstecken. Das wäre alles und weil wir das wissen haben wir einfach mehr Power, brauchen wir mehr Power. Brauchen mehr Frauen, brauchen mehr Arbeit, um nur nicht immer daran zu denken. Wir sind erst gut, wenn wir drei verschiedene Dinge gleichzeitig tun. Ansonsten werden wir schläfrig und schläfrig sein ist tödlich. Das wissen die in den Kinofilmen und im Fernsehen auch schon, deshalb gibt es keinen Krimi ohne Liebe, ohne Bumsen, ohne Leichen". ,,Gut gebrüllt, Löwe." Mischt sich nun auch Forrest, Gillberts Bauleiter ein, ,,Deshalb gehe ich heute abend mit Hartmut auch mit. Vergeßt nicht, es sind vier Mädchen". Ulli ruft den Teeboy und gibt ihm den Auftrag zu Renata zu gehen und ihr zu sagen, daß gleich vier hübsche junge Männer kommen werden, um sie und ihre Schwestern zu besuchen. ob dies so angenehm ist. Wir warten hier auf Antwort". Der Boy schießt ab wie eine Rakete, er ist immer froh wenn er ins Dorf kann. ,, Was ist mit dir," fragte Ulli, "Ibrahim, du sagst nichts". ,, Ich bin heute Abend verabredet mit einem Buschläufer, ich werde arbeiten". ,, Komm auch rüber, wenn du fertig bist". ,,Komm, wir gehen in die Kantine, die ist nun leer. Ich hatte uns für 2 Uhr was zum Essen bestellt"., Draußen ist eine angenehme Luft. Gott muss das Gebet der Einheimischen erhört haben, der Regen wurde gestoppt, mindestens für Heute. ,, Nun kommt die Zeit der Fliegen und Stechmücken, in spätestens einer Woche haben wir eine neue Plage.

Nicht Stechmücken wie zu Hause, Stechmücken so groß und größer wie meine Fingerkuppe und nicht zehn oder zwanzig, ganze Schwärme". In der Kantine gibt es Fleisch mit Sauerkraut und eine prima Nachspeise, Schokoladenpudding mit Vanille-Soße. Auch die Franzosen kämpften artig Ihr Sauerkraut hinunter. ,, Es ist um sonst". ist der einzige Komentar von Gillbert dazu. Von der Nachspeise orderte er aber gleich mehrere Portionen. Hier geizt er nicht mit Lob. Forrest geht in seinen Container und kommt mit drei Flaschen Champangner zurück. ,, Zur Feier des Tages spendiere ich drei meiner letzten sechs Flaschen". ,, Langt zu``, sagt der Bauleiter, lass die zu für heute Abend``, ,, ich habe zum Nachspülen noch zwei schöne Flaschen Bordaux, roten Bordaux". ,,Her damit". Gillbert ist entzückt, ,, ich sehe schon, wir verstehen uns alle auf Anhieb. Nur der Berger trinkt mir zu wenig". ,, Hör auf deine Polizei, trinkt vorsichtig". ,, Der Berger weis es ganz genau". sagte Gillbert, ,,trink vorsichtig, damit du ja keinen Tropfen verschüttest". Der Teeboy stürmte herein, sie werden alle um 8 Uhr erwartet. Man würde ihnen zu Ehren einen Hammel schlachten. ,, Der Alte läßt es sich was kosten, seine Weiber an den Mann zu bringen". ,, Nach dem Berger die halbe Mannschaft schon angebohrt hat, kein Wunder, daß er sich so anstrengt, jetzt muß er den Ausschuß an den Mann bringen". ,,Sie lachen, der schwere Bordaux löste ihre Zungen. Es wurde noch ein lustiger Nachmittag und die drei Flaschen Champangner hielten auch nicht bis zum Abend.

Für Heute Abend waren ja noch drei andere Flaschen da. Ibrahim verabschiedte sich, er will sich noch mit den Buschläufern treffen und danach rüber kommen. Keiner denkt im entferntesten daran, daß der nette Ibrahim als erster Probleme bekommen sollte. Sie wußten auch nicht, daß der Franzose, den sie besucht hatten, seit zwei Stunden mit dem Gesicht im Gras liegt und seine Augen nie wieder aufmachen wird. Daß seine deutsche Frau die Koffer gepackt hat und auf dem Weg zum Flugplatz ist und sich wenig später bereits in Sicherheitshaft der Togischen Polizei befindet. Sie hätte ihr Flugzeug nicht lebend erreicht. Die Leitungen für Telefon und Fernschreibverkehr sind wieder einmal   unterbrochen. Ein Hubschrauber ist aus diesem Grund bereits unterwegs zum Camp. Man befürchtete auch dort bereits das schlimmste. Selbst die Telefonlinien ins Ausland sind gestört. Zum Glück arbeitete Ibrahims Abteilung gut und schnell. Interpol und CIA werden über die Zuspitzung der Situation informiert. In Casablanca und Marsaille läuft alles auf vollen Touren, um das mörderische Geheimnis der Maghnoun und ihrer Umgebung zu lüften. Gillbert,ihr Meisterdetektiv, feierte unterdessen mit seinem Hilfsheriff im Busch Partys. Aber sie konnten auch nicht mehr tun, als die Dinge auf sich zukommen zu lassen. Sie fahren nun in bester Stimmung hinaus zu den Mädchen. Der Häuptling empfängt sie. Sie sitzen die meiste Zeit bei ihm, die Mädchen wartend abseits bis der Alte die Männer entlässt. Nachdem der Hammel verzehrt ist lockerte sich alles und die Mädchen mischten sich unter die Männer.

Es ergibt sich nun so, daß die lange Renata direkt neben Gillbert sitzt. Berger hatte dies so gedreht, weil er am Abend zuvor bereits bemerkte, wie dieser immer zu der Langen schielte. Er schien große Frauen zu mögen.

Berger war von jeher mehr auf kleinere geeicht. Die kleinste und jüngste Schwester schien auch die listigste zu sein. Sie hat dies auch im eigenen Interesse mit Berger nur durch Augenkontakt so abgesprochen. Gillbert grinst Berger nichts ahnend wie ein Sieger an. Er glaubte, die Lange wäre freiwillig zu ihm gekommen. Vollkommen unbemerkt vom großen Geschehen sitzt die Kleine nun wie zufällig bei Ulli. Da sie sich an der großen Runde kaum beteiligten, die unterhält sich Ulli fast alleine, sind sie am Rande der Runde fast für sich allein. Berger hat schnell heraus, daß diese Kleine bei weitem die Cleverste und Inteligenteste im Verein ist. Sie war nicht die Schönste, aber sieht doch gut aus. Mit ihrer Jugend und frischen Art machte sie mehr als Alles wett. Berger schätzte sie auf 18 oder 19 Jahre. Sie wusste auch sexuell sofort, wo es lang geht. Sie hat Berger nicht viel Zeit zum nachdenken über sie gegeben. Sie hat schon ein Loch in seiner linken Hosentasche als er noch glaubt sie suche Kleingeld. Sie suchte und fand etwas anderes, auf kurzem und geradem Weg und total unauffällig für andere. Sie spielte bereits mit seinem Glied als die anderen noch mit dem Essen beschäftigt sind.

Berger sitzt auf Zweigen und hat sich an einen Baumstamm gelehnt, er hat eine dicke Hammelkeule in der Hand. Die würde ihm reichen. Die Kleine, die Marie-Louise heist füttert ihn zwischendurch mit kleinen jungen Zwiebeln samt Lauch. Der Vater schaute manchmal wohlwollend herüber. Er scheint es rührend zu finden, wie sich die Kleine um Berger kümmert. Noch nie war Berger so verwöhnt worden wie von dieser Kleinen. Sie reicht ihm die Getränke, sie ist liebevoll und zärtlich im Umgang mit den anderen Bereichen. Über Bergers Schoß hat sie eines ihrer weiten Tücher gelegt, um ihr emsiges Treiben zu verbergen. Sie zuckte nur kurz zusammen, als sie bei dem Ausflug ihrer Hand den kühlen Lauf der Pistole berührt. Er hat diese gesichert wie immer, in seinem Hemd stecken. Es sind aber nur wenige Sekunden, die sie erschrocken ist. Berger fühlt, wie sie die Pistole langsam abtastete, bis sie wieder andere Wege mit ihrer Hand bevorzugte. Diese Hände haben etwas einmalieges an sich, sie scheinen jeden Millimeter entdecken zu wollen und nehmen gleichfalls alles in Beschlag ohne es besitzen zu wollen. Nach dem Essen lockerte sich die Sitzordnung generell und sie geraten nochmehr ins Abseits. Sie setzte oder legte sich nun ständig so, daß er alle ihre Körperteile ereichen kann ohne das er seine Position verändern muss. Er geht mit seiner Hand genauso zart auf Forschungsreise wie sie es getan hat. Sie werden rauh unterbrochen als ein junger Bursche sie anstößt und sie bittet mit ihm zu kommen. Sie hat Mühe, die Hand aus Bergers Hosen zu bekommen. 10 Minuten später ist sie wieder da, sie forderte Berger auf mitzukommen.

Ihr Gesicht ist ernst und hart. Es hat nicht mehr die mädchenhaften lustigen Lachfalten wie zuvor in Mengen vorhanden waren. Es muss etwas passiert sein. ,, Wir brauchen das Auto, flüsterte sie.

Berger hat inzwischen einen Reserveschlüssel vom Auto. Sie packte noch einige Decken aufs Auto und jagt mit Berger los. Sie sagt kein Wort, zeigte Berger nur den Weg. Er mußte sich auch voll aufs Fahren konzentrieren. ,, Halte hier an". ,, wir müssen ihn zu Fuß holen". ,, Wen zu Fuß holen, was ist passiert?". ",, Da," sagte sie, ,,dort liegen sie". Da liegen Ibrahim und ein Dunkelhäutiger. ,,Das ist einer unserer Buschläufer, er war mausetot, aber Ibrahim lebt noch. Berger untersuchte ihn flüchtig im fahlen Mondlicht. Ibrahim hat einen Steckschuß in der Brust und einen Schuß im Bein. Im Bein ein glatter Durchschuß. Geschickt haben die schwarzen schnell eine Trage aus Stöcken gebaut und sie legen Ibrahim damit vorsichtig auf den Unimog. Marie Louise kniete die ganze Fahrt neben dem Verletzten. Berger steuert ganz vorsichtig das Camp an. Im Camp legen sie Ibrahim sofort in den Sanitäts-Container. Es dauerte nicht lange bis Sie einen Hubschrauber kommen hören, dieser kommt wie auf Komando. Berger schaltete die Beleuchtung für den Landeplatz ein. Der Brettermann vom CIA springt als erster heraus, dann noch ein Weißer und zwei schwarze Beamte. Berger läuft zu ihnen hin, ,, Schnell, kommen sie her, sie können Ibrahim gleich wieder nach Lome schicken, er ist schwer verletzt". Brettermann gibt dem Piloten sofort Anweisungen.

„Bereiten sie alles vor für Verletztentransport vor!"
und rannte mit Berger in den Sanicontainer. Er
schaute sich Ibrahim an ‚ab mit ihm!". Die Männer
packen den Verletzten samt Liege und bringen ihn in
den Hubschrauber. Wenige Minuten später ist er
schon wieder auf dem Rückflug, es sollte Ibrahims
Rettung sein. Berger setzte sich mit den Männern an
den Tisch und erzählte ihnen, was vorgefallen ist.
Marie Louise fügt dann ergänzend hinzu, wie die
jungen Leute die Beiden gefunden haben. Der
Brettermann greift zum Telefon, „ das geht noch
immer nicht," stellte er nur fest. „ Ich habe am
Nachmittag noch Telexe abgesandt. Aber seit 4 Uhr
waren wir nicht mehr im Büro, von der Kantine sind wir
dann direkt zur Party, wenn man das so sagen darf". „
Ich hole nun Mr.Gillbert her, ich denke, daß sie einiges
zu besprechen haben". „Das wäre nett, Herr Berger".
Der Koch war inzwischen angetrabt, weil er richtig
vermutete, das hungrige und durstige Gäste
gekommen sind. Berger hackte die Kleine ein, geht
zum Unimog und macht sich mit ihr auf den Weg zum
Dorf. Sie lässt kurz nach dem Camp Berger stoppen
und fällt ihn einfach an. Sie ist es wieder, die Liebe
haben will und geben will. Da sie sich ja ausreichend
kennen geht alles andere sehr schnell. Berger wußte
sich gut beschützt, er sah schon die kleinen Gestalten,
die die Tochter ihres Häuptlings beschützen. So wie
sie den Startschuß gibt, gibt sie auch das Signal für
das Ende der Vorstellung. Es ist ihre Show und konnte
es ruhig bleiben. Berger war an einer Hauptrolle nicht
interessiert.

Diese Nebenrolle sagt ihm diesmal sehr zu. Er würde auch nur noch höchstens drei Tage hier sein. Aus dieser Geschichte Magnoun, die nicht seine war, wollte er schnell heraus.

Er hätte gleich mit Ibrahim mit fliegen sollen. Aber die anderen würden ja auch wieder zurück wollen Plätze sollten noch zwei frei werden. Marie, Louise, dieses kleine Geschicklichkeitswunder, hat Berger wieder gut verschnürt, nichts deutete mehr darauf hin, was sie kurz zuvor noch getan haben, als sie vor dem Haus ihres Vaters anhalten. Trotzdem wurde Berger nicht mehr das Gefühl los, daß es alle schon wussten. Berger ruft Gillbert heran und erzählte ihm die ganze Story. Ich habe euch aufbrechen sehen und wegfahren hören. Ich hatte es schwer, hier zu bleiben, ich ahnte, daß was mit Ibrahim war. Aber du allein mit der Kleinen und ihren Helfern würde ausreichen. Ich mußte hier bleiben, auch hier hätte etwas oder kann noch etwas geschehen. ,,Der Brettermann mit seiner Truppe und Ibrahims Leute sind in der Kantine. Der Koch versorgt sie". ,, Ich fahre jetzt rüber und hole euch später ab, bleibe hier bis ich komme. Übrigens, deine Kleine dort ist einsame Klasse".,, Du scheinst dich ja auf die Lange verlegt zu haben". ,, Du weist doch, wir Franzosen lieben die langen Beine und die hat traumhafte längen," Er kommt ins trudeln. ,, Was sage ich ihr nur?". ,, Nimm sie mit, sag ihr und ihrem Alten, du brauchst sie zum Schreiben, du mußt noch Berichte machen".

So geschieht es auch und Berger ist sicher, dass er sie abholen kommen würde. Denn die Lange musste ja wieder zurück. Ansonsten wäre das bei Gillbert nicht so sicher gewesen. Eine zweite Flasche Wein oder drei und dann verblaßt die Erinnerung. Die vorgesehene Jagd wurde auf Grund der Ereignisse um einige Tage verschoben. Berger und Marie-Louise nehmen wieder ihre Stellung am Baum ein. Sie versorgte ihn wieder mit Speisen und Getränken und mit den anderen Annehmlichkeiten, die einen Mann zum Verweilen bewegen. Um zwei Uhr befreite Gillbert ihn aus seiner untergeordneten Position. Ulli hält Marie Louise für eine Raubkatze mit Raubkatzeninstinkten. Sie ist ein echtes Kind des Dschungels. Sie hat sich ihre eigene Schutztruppe aufgebaut, sie hat ihren eigenen Befehlsbereich, sie bewegte sich wie eine kleine Königin in irem Dorf. Ganz im Gegensatz zu ihren Schwestern, die mehr zur neuen Welt ausgerichtet waren, liebte sie das Alte, Mystische. Berger fühlte dies immer mehr. Sie würde trotz ihrer überdurchschnittlichen Intelligenz niemals eine Tipse im Büro. Sie würde ihrem Urwald treu bleiben und ihn nicht verkommen lassen. Vielleicht wollte sie sich mit ihm irgendwo eine Baumhütte bauen und wie Tarzan und Liane leben. Eine Herde von Schimpansen fegt gerade über Ulli hinweg, fast dreißig Tiere. Berger wird erst jetzt bewußt, das er noch keine Gelegenheit hatte, den Dschungel mit seiner Tierwelt zu beobachten. Das würde er morgen ausgiebig machen. Alles andere sollten gefälligst die Herren von der Polizei erledigen.

Er will ganz früh die Baustelle besichtigen und dann gleich alleine in den Dschungel. Berger geht an diesem Abend nicht mehr in die Kantine. Gillbert ist ein bißchen sauer. ,,Sei nicht böse, aber ich lasse mich immer mehr in etwas hineinziehen, das mich nichts angeht.

Ich mache schon eure Polizeisitzungen mit. Nein ich tue jetzt und morgen, was ich will und tuen möchte". ,, Du hast recht Ulli, es tut mir leid, daß ich dich da immer so mit reinschubse. Aber du bist für mich ein Kollege und ein Freund, wir sitzen im gleichen Boot, aber du gehörst nicht zur Manschaft". ,,Vielleicht bin ich viel wertvoller, wenn ich mich nicht mit Gewalt einmische, wenn ich es von außen betrachten kann, nicht immer so im Brennpunkt stehe". ,, Du hast sicher recht mein Freund". Gillbert legte die Hand auf Ullis Schulter. ,, Ich wäre auch sicherlich weiter gekommen, wenn ich ohne das ganze Getöse aufgetaucht wäre. Nun ist es passiert und ich muß mitziehen. Du nicht, da hast du recht. Schlaf gut, mein Lieber``. ,, Du auch, Gillbert". Berger ist froh das er dies endlich klar gestellt hat. Er wurde schon verplant und eingesetzt als wäre er ein Teil der Polizeieinheit. Gillbert ist Polizist. Aber was würde sich ändern, nicht viel, er war schon im Spiel, ob als Einzelperson oder als Polizist. Aber er wollte lieber Einzelperson bleiben. Am anderen Tag fährt er ganz früh mit dem Bauführer auf die Baustelle. ,, Siehst du, wenn wir dieses Feld dort drüben in Angriff nehmen, benötige ich neue Maschinen.

Diese können ruhig alt sein müssen, aber sie müssen diese Arbeit dort schaffen``. Berger sieht noch kurz die vorhandenen Maschinen durch und machte sich Notizen über Zustand und Pflege. Es war gut für die Zentrale zu wissen, wie ihre Maschinen aussehen, die draußen im Einsatz waren und Berger hat sofort Informationen, wenn diese zum Verkauf stehen. Abends spricht er dann mit dem Maschinenmeister die erforderlichen Reparaturen durch, die seiner Meinung nach anstehen würden. Er tat dies immer sehr geschickt, um keinen Meister zu verprellen. Im Gegenteil, oft warteten sie schon auf ihn. Denn es ist ein Unterschied, eine Maschine, die man täglich sieht, sieht man nicht so gründlich an wie jemand, der sie das erste Mal betrachtet. Es ist wie mit den Frauen; eine Frau die man täglich um sich hat, ist nicht so interessant wie eine, die man das erstemal sieht. Man schaut ,anders hin. ,, Wie weit ist es zum Camp zurück``. ,, Ca fünf Kilometer, warum?" "Weil ich zurück durch den Urwald laufen werde. Ich will die Tage, wo ich hier bin, etwas sehen". ,, Natur und Tierfreunde". ,,Ja, ich liebe die Tiere und die Natur und ich habe selbst am Kongo nicht einen so dichten Dschungel gesehen wie hier. Ich will einfach darin eintauchen und verschwinden. ,, Hast du einen Kompaß mit". ,, Ja, im Knauf meines Messers ist einer". ,, Ein gutes Messer". ,, Ja, ein original Bowy-Knife". ,, Das ist gut, wenn es wirklich original ist und nicht Aus China". ,, Aber meine Magnum 7.65 ist bestimmt original". ,, Die hilft dir weiter, damit kannst du Bäume fällen".

Wir sehen uns dann in der Kantine, heute abend".
Berger verschwindet hinter den ersten Zweigen und
war ab sofort unsichtbar. Er war in eine andere Welt
eingetaucht. Er war im Nu in mitten von fremdartigen
Geräuschen, die er dort draußen noch nicht
vernommen hatte, die es nur unter dieser Glocke des
mächtigen Urwaldes gibt.

Nachdem er die Umgebung kontrolliert hat, auch oben
über sich, geht er in die Hocke, um sich mit den
Geräuschen vertraut zu machen. Er ärgerte sich nun,
daß er die kleine nicht mitgenommen hat. Er ahnt das
kein anderer so gut wie sie hätte ihn in die
Geheimnisse des Dschungels einweihen können. Er
versucht die verschiedenen Schreie der Vögel
auseinander zuhalten, es ist in dem dichten grün nicht
möglich sie zu sehen , sie waren nur zu hören. Es
gelang ihm schnell die verschiedenen Vogelrufe
auseinanderhalten, aber er konnte diese keinem
Vogel zu ordnen, weil er sie nicht sah. Schräg vor ihm
beobachtete ihn ein kleiner Kapuzineraffe,
zumindestens das, was er dafür hält. Er sieht nur
einen, aber es ist sicher, daß es hunderte sind. Wenn
er sich jetzt in diese Richtung bewegt, würden sie
davon eilen und mit ihren Geräuschen den ganzen
Urwald rebellisch machen. Gleichfalls wie die Vögel,
die aufsteigen würden, um seine Anwesenheit zu
verraten. Hier ist ein Fremder, schaut, ein Verrückter,
der alleine durch den Urwald will. Diese Botschaft
würde auch bald bei seiner Dschungel-Königin
ankommen wenn sie im Dschungel ist.

Kommt die Botschaft nicht an, ist sie keine Dschungekönigin. Berger kontrollierte die Richtung zum Camp und orientierte sich am Kompaß, jetzt konnte er diese noch. In weniger als fünf Minuten war es unmöglich, zu bestinmmen, von wo er in den Dschungel eingedrungen ist. Er kontrollierte seine Pistole, sie ist geladen und gesichert. Er nimmt das Bowiemeser in die rechte Hand und marschierte Richtung Südwest zum Camp. Es ist ihm klar wenn er es nur um hundert Meter verfehlte würde er vorbei rennen, dann aber aufs Dorf stoßen, aber nur, wenn er sich immer links hält. Es dauerte lange, bis er sich die richtige Gangart angewöhnt hat, durch dieses Dickicht zu krauchen und trotzdem alles zu sehen ist nixcht einfach. Er würde eine Löwen erst sehen, wenn er fast auf ihm steht. Er schaute unten nach Schlangen und oben nach Schlangen. Die Affen, die ihn beobachteten, stoben nicht davon, wie er dachte. Sie scheinen sich über ihn köstlich zu amüsieren. Ein Schimpanse sitzt keine drei Meter von ihm entfernt und lacht ihm ins Gesicht. Berger bleibt stehen und spricht mit ihm. ,, Herr Kollege, lachen sie nicht, können sie einem armen Maschinen Ingeneur nicht durch den Urwald helfen anstatt zu lachen? Nein, nicht? Warten sie, wenn ich sie in Hamburg treffen sollte, helfe ich ihnen auch nicht über die Straße". Es nützt nichts, der Affe grinste ihn weiter an, er reicht Berger tatsächlich eine seiner Bananen. Aber als Berger sie nehmen will, haut er mit ihr ab. Er ruft etwas in die Büsche, nun tauchen ringsgerum mehr Affen auf.

Der muß denen wohl mitgeteilt haben das hier ein Verrückter rum labert der nach Hamburg will und meine Bananen essen will". Eine alte Affendame ganz in seiner Nähe hält ihm nochmals Bananen hin, aber auch sie zieht schnell zurück. Dabei hätte Berger ganz gern eine gegessen.

Langsam geht er an den Affen vorbei die ganze Herde zockelte mit ihm mit. Jetzt wollte er schon einmal ganz allein durch den Urwald, da hat er noch mehr Affen um sich als sonst. Ob er schnell oder langsam geht sie passen sich seinem Tempo an. Bleibt er stehen, stehen sie auch. Er kann mit ihnen direkt auf Tuchfühlung gehen sie sind vollkommen unerschrocken. ,, He ihr, ich bin ein wilder Weißer, ich freße kleine Affen". Er schlägt mit seinem Messer auf einen Zweig, sie tun nichts anderes, als es ihm nach zumachen. Er entdeckte nun eine kleine Lichtung und einen Pfad. Die Affen bleiben sofort zurück und keifen ihn, an als er weitergeht. Hier ist etwas gefährliches für Affen, er fühlte es an ihrem verhalten. Sie werden immer aufgeregter. Berger spürt, das sie vor etwas, das aus dem Pfad kommen würde Angst haben. Er geht selbst auch in Deckung und wartete ab. Er hört zwei Männer Stimmen, sie sprechen französisch mit einander. Da er um die Gefahren wusste und an den verletzten Ibrahim denken muss, bleibt er in Deckung. Die Affen verschwinden mit Geschrei oben in die Bäume, er sucht unten Deckung. Keine Sekunde zu früh, aus dem Pfad treten zwei Männer.

Berger konnte es nicht glauben, der Franzose vom Bauernhof, der laut Brettermann tot sein solle und das andere ist mit Sicherheit ein Deutscher. Berger ist sich nicht sicher, aber er glaubte, diesen Mann aus Windhuk und Swakopomund zu kennen. Ein seltsames Duo mitten im Urwald. Sie verschwinden in der Öffnung eines anderen Pfades, den Berger noch nicht gesehen hat. Das ergab für Berger immer weniger Sinn. Er wartete noch einige Minuten und geht dann den Pfad entlang aus dem die Männer gekommen sind. Seine Freunde, die Affen folgen ihm nicht. Sie scheinen den Pfad nicht zu mögen. Berger schaute auf seinen Kompaß: Es war die Richtung zum Camp und zum Dorf. Er hat den Spaß an seinem Dschungelausflug verloren. Auf dem schnellsten Wege, aber trotzdem vorsichtig und umsichtig, schreitet er den Pfad entlang. Er muß auf den Weg ins Dorf sein. Ab und zu sieht er kleine Gestalten nur andeutungsweise huschen, hörte das knacken von Zweigen. Er beobachtete auch die Baumkronen über sich. Er will sich nicht überraschen lassen, schon gar nicht von der Dschungelkönigin, er spürte sie ist hier. Sie ist die Königin, der Alarm hat sie erreicht. Sie weis bereits das Ulli hier ist. Er fühlte aber auch, daß sie ihn überlisten wollen die Häscher der Königin. Was konnte sie vor haben?, Sie würde ihn in eine Fallgrube oder ein Netz locken. Er tippte mehr auf ein Netz, so etwas finden Frauen immer gut, wenn Männer, die sie mochten, in Ihrem Netz zappeln. Wie sollte er es aber entdecken, die Jungs sind Weltmeister im Tarnen. Da ist es! Er verlangsamte unmerklich seinen Schritt, er sieht die Wipfel von zwei Bäumen nach unten geneigt.

Genau dazwischen auf dem Weg muß das Netz liegen und sie lachend in der Nähe. Aber wo?, Er sieht einen Felsen zur Rechten und vermutete, daß sie dort erhöht dem Schauspiel beiwohnen will. Berger kroch aus dem Pfad heraus, ganz vorsichtig in die Richtung des Felsen.

Er spürte, dass grosse Aufregung herrschte. Man hatte ihn plötzlich nicht mehr im Blick. Er mußte nun schnell sein. Da sieht er sie knien, wie sie die Baumwipfel beobachtet. Wenn diese hochschnellen, haben sie ihn. Sie schnellen hoch. Berger hörte es nur am Geräusch und am Aufschrei. Berger springt nun von hinten an sie heran und packte sie. Sie stößt erschrocken einen spitzen Schrei aus. ,,Ich bin es Königin". ruft Berger lachend``, ,,ich bin nicht in deinem Einkaufsnetz". Zornig stampfte sie wegen ihrer mißlungenen Aktion mit dem Fuß auf, aber sie lacht auch gleich wieder. ,, Was haben wir denn gefangen in der Einkaufstasche?". ,, Ich denke, einen deiner Leute, die mich gesucht haben." ,,Wie bist du darauf gekommen?". ,,Ich habe gespürt, daß du die Königin des Dschungels bist, du bist ein Teil dieser Welt. Und ich habe mir gedacht, wenn du es bist, wirst du bald wissen, daß ich hier bin und das du Lust haben könntest, mich einzufangen, das konnte ich mir vorstellen. Als ich dann die Baumwipfel sah, wußte ich Bescheid und als ich den Felsen sah, konnte ich vermuten, wo du bist". ,, Aus dir könnte ein guter König des Dschungels werden, deine Anlagen sind gut". ,, Hast du die beiden Männer gesehen?".

,, Ja, ich habe sie gesehen, aber sie mich nicht". ,, das ist gut". ,,Weist du, wo sie waren?". ,, Ja, bei OKO Tongo in unserm Dorf, der ist auch ein böser Mann, er war lange bei einem Deutschen Offizier Fahrer, er soll diesen umgebracht haben". ,, Weißt du wie der Offizier hieß?". ,, Ja, Eichberg, sie sagen immer Herr General Eichberg oder so ähnlich". ,, Kommst du mit mir zu Gillbert?". ,, Ja, aber nur zu ihm, den Amerikaner mag ich nicht". Berger erzählte ihr wie er den Amerikaner Mit einem Brett Ko geschlagen hat. Sie lacht glockenhell und lange darüber. Gilbert will dann aber doch, dass die Königin allen berichtete was sie weis und gesehen hat. Berger gibt seinen Teil der Erzählung dazu. So langsam scheint sich das Bild für die Experten oder die, die sich dafür halten,abzurunden. Als dann die Geschichtensammlung aus Casablanca kommt scheint den Experten alles klar zu sein. Ulli befragte die Königin noch darüber was sie über das Schiff Magnoun weis. ,, Dieses Schiff, mein König", sie sagte nun immer nur noch mein König zu Ulli, Mein König dieses Schiff ist das verückteste Schiff der Welt". ,,Meine UR Großmutter hat schon davon erzählt, Sie wusste das ihre Schwester und ihr Bruder mit diesem Schiff nach Amerika gebracht wurden. Das Schiff soll in Amerika große Schätze transportiert haben, weil es damals das stabilste Schiff war. Es soll das Gold von Alaska geholt haben, es soll den Goldschatz der Deutschen geholt haben im zweiten Weltkrieg, es soll Gold aus Frankreich und Japan geholt haben. All dieses Gold hat das Schiff behalten. Dieses Schiff soll mehr Menschen getötet haben als manch ein Kriegsschiff.

124

Nur alleine in den letzten Wochen mussten 18 Menschen für dieses Schiff sterben, keiner weiß, was ist Warheit, was ist Märchen bei den Erzählungen um dieses Schiff. Ich war auf diesem Schiff und wäre bald darauf umgekommen.

Dieses Schiff ist ein Alptraum". ,, Frage deine Götter, die Götter der Vorfahren, was mit diesem Schiff geschehen ist und soll". Berger wird Zeuge einer Begebenheit, die lange von ihm Besitz ergreifen sollt. Die kleine Königin veranstaltete eine spirituelle Sitzung in seiner Gegenwart und sofort, die Ihn so beeindruckte, das er das Erlebte hier nicht niederschreiben möchte. Die Antwort kommt ganz klar, "Sprengt die Magnoun in Millionen kleine Teilchen". Am nächsten Tag find die große oft verschobene Jagd statt. Die Kleine versuchte sie zu verhindern, aber der Häuptling ist noch mächtiger als die Königin. Die Jagd findet statt, es wurde aber beschloßen, nur eßbares Wild zu schießen, keine Raubkatzen oder anderes. Somit war die Königin auch zufrieden gestellt und alle glücklich. Die Herrn vom CIA und Mi five und Interpol glauben nun, in Kürze auch den Fall Magnoun abschließen zu können. Sie glauben, alles in der Tasche zu haben. In fünf verschiedenen Gruppen gehen sie in den Busch, jeweils mit exelenten einheimischen Führern. Die Königin geht mit Berger. Sie lässt ihn keinen Schritt mehr alleine gehen. Ulli soll so langsam in ihren Besitz übergehen. Ihm macht diese Anhänglichkeit Spaß, er empfindet sie nicht als lästig.

Es ist auch in keiner Weise lästig. ,, Ich werde mich auch so benehmen als wäre ich in freier Wildbahn. Ich gehe und komme wann ich will". Der Urwald Schallte plötzlich eine fürchterlicher Ballerei. So hat sich keiner eine Jagd gedacht und vorgestellt. Die anderen Gruppen müssen verrückt geworden sein. Sie glauben lange, auf Wilderer gestoßen zu sein, erst als die Toten nach dem Gefecht gesichtet werden, wissen sie das sie überfallen worden sind. Es nur dem umsichtigem Führer zu verdanken ist das nicht alle in die Falle gelaufen sind. Der Führer dieser Gruppe ist tot und der Häuptling ebenfalls. Brettermann und einer der einheimischen Polizisten angeschoßen. In der anderen Gruppe hat es auch den Führer erwischt und der Bauführer der Französischen Firma ist ebenfalls angeschoßen. Auf der Gegenseite gab es sechs Tote, wieviel Verletzte sind unbekannt. Unter den Toten ist auch der tot gesagte Franzose von der Farm. Nun ist er tatsächlich tot, und auch der ehemalige Fahrer von Eichberg ist tot. Alle anderen sind unbekannt, die für Geld angeheuert worden sind. Die Story um das Schiff Magnoun und die Milliarden Dollar von Gold hat damit erst einmal sein Ende gefunden. Keiner wußte weiterhin Bescheid und alle hatten Recht. Die Geheimdienste würden weiter darin bohren, aber Berger bestimmt nach Hause fliegen und alles vergessen, bis auf seine Königin. Aber keiner der Beteiligten sollte diesen verdammten Kasten vergessen. Immer wieder tauchte er in kurzen Phasen auf.

Kapitel 2
Wieder zu Hause in Germany

Berger fliegt zwei Tage später mit der gesamten Polizeitruppe mit einem Sonderflugzeug nach Paris. Dort soll die Maghnoun endgültig zu den Akten gelegt werden. Sie wurde nicht zu den Akten gelegt.Berger war das alles wurscht, er wollte endlich nach Hause zu seiner richtigen Königin, zu Mieke und seinen Kindern. Dieses verdammte Schiff schien Tausende von Männern zu beschäftigen. Jeder, der einmal auf irgendeine Weise damit Kontakt bekommen hat ist davon gefangen. Nach der Statistik von Interpol und CIA klebte an diesem Schiff bereits das Blut von über 300 Menschen. 300 Morde nur in den letzten 10 Jahren. Alle die Geschichten, die um dieses Schiff rankten, haben alle einen realen Hintergrund. Das Schiff ist nachweislich überall gewesen. Ob Alaska, Casablanca, Japan, Frankreich, es hatte auch mit den Personen zu tun, mit den es in Verbindung gebracht wurde. Auch der Hafenmeister von Nigeria hatte eine eigene Story zu diesem Schiff, und bei jeder Geschichte geht es um Gold, um sehr viel Gold. Um soviel Gold, daß die Geheimdienste der ganzen Welt mitmischten. Ulli hat Gillbert versprochen, daß er alles nach Marsaille schicken wolle, was er über die Besatzungszeit der Deutschen Wehrmacht in Casablanca finden wird. Es war ein dickes Paket, voll mit Zeitungsartikeln aus allen Illustrierten. Berger wendet sich wieder seinen örtlichen Problemen zu. Seine Zahlung für die erste Lieferung "Nigeria" sind gefloßen.

Sein Banker oben auf, "siehst du, und du hast soviel Angst gehabt". ,, Mein Lieber, wäre ich nicht nach Lagos geflogen und hätte dort nicht alles selbst in die Hand genommen, wäre ich jetzt pleite". ,, Die Kohle ist aber da und uns geht es gut". ,, Mir geht es erst gut, wenn das Geld fürs zweite Paket auch hier ist``. Nigeria mußt du dir ansehen, dann kannst du mich verstehen. Solch ein Land gibt es auf der Welt nicht wieder. Dort ist alles möglich, einfach alles". ,, Der Banker konnte natürlich nicht verstehen, was Berger meint``, ,,Nur wer Lagos kennt, kann es verstehen". Das hat seine Elfenbeinfigur immer gesagt. Wie mochte es der Frau Ingenieur gehen? Sicherlich ausgezeichnet, beim Hafenmeister ist sie in allerbesten Händen. Die Königin würde sich sicherlich gerade von Ast zu Ast hangeln. Das Gespräch, das Berger mit ihrer Mutter führte, bevor er abreiste, hat ihn total geschockt. Die Königin war weder 20, noch 19, noch 18, sondern erst 17 Jahre alt. Mr. Ulli, das ist bei uns alt. Die Mädchen heiraten normal zwischen 10 und 13 Jahren, sie ist bereits über das heiratsfähige Alter hinaus, oder hatten sie das Gefühl, mit einem Kind geschlafen zu haben?. ,, Wie locker die Familie damit umging, das er mit der Kleinen geschlafen hat das berührt ihn doch. Aber es ist eine andere Welt. ,, Sie wird auf sie warten, ob sie sie heiraten oder nicht, es ist nun ihr Mädchen. ",, OH mein Gott, sagt Berger in deutsch, das nächste Mal nehme ich Unterricht über Sitten und Gebräuche, wenn ich in ein anderes Land komme". Bei Gillbert ist alles klar, er würde die mit dem langen Schritt heiraten, das hat er Berger im Flugzeug noch anvertraut.

Auf diese Beine konnte er nicht mehr verzichten. Ganz Marsaille würde ihn um diese Beine beneiden. ,, Nimm doch nur die Beine mit". sagt Berger. ,, Da mein lieber ist auch noch ein bißchen anderes brauchbares dran an dem Prachtkerl. Du weist es doch, oder nicht?". ,, Nein, mein Lieber, ich weis das leider nichts, ich bin bei ihr leider nicht gelandet, ich war nicht ihr Typ". log Berger. ,, Ich weis, unser Ulli liebt das kleine zarte. Aber da bist du beim Liebesspiel so schnell am Ende. Ich bin noch nicht einmal mit dem linken Bein fertig, da bist du schon über den ganzen Körper hinweg". ,, Ich mach mir nichts aus Beinen, was soll ich mit einem Weib, das beim spazieren gehen aus der Dachrinne saufen kann. Die hat doch nie Durst und will in keine Kneipe. Wenn ich soviel Bein sehen will, dann gehe ich in den Zoo, die haben da Giraffen, sogar mit vier langen Beinen. Wenn die im Bett liegt, denkst du doch immer, das ist eine Offshore Plattform". Gillbert lacht, ,, bald übertriffst du mich noch, ich gebe es jetzt auf. Ich will sie, und damit basta". Berger verbringt nun 14 Tage zu Hause, dann steht ein Auftrag in Dänemark oben im Norden in Feuerland an. Es sollen nur vier bis fünf Tage werden, da würde er gern seine Mieke mit hinnehmen. Sie ist einverstanden und auch die Oma; sie versorgte dann in dieser Zeit die Kinder. Es war außerdem mal gut, wenn Ulli mit seiner Frau alleine auf Reisen gehen kann. Er wollte nur morgens arbeiten und am frühen Nachmittag bei Mieke sein. Es klappte auch prima. Ulli hatte dort oben eine vollautomatische Anlage zu übergeben.

Ein Fernschreiben vom Hafenmeister aus Nigeria lag auf Bergers Schreibtisch; er liest es immer wieder. ,, Bitte kommen, habe Problem mit der Magnoun, gleichfalls Ebenholz, bitte komm sofort". ,,Melde dich bei Ebenholz nicht im Hafen". Das war geheimnisvoll!. Berger schickt diese Fernschreiben direkt weiter an Gillbert. ,, Wir müssen dort hin, die Maghnoun ist aus Togo aus dem verschlossenem Dock verschwunden". ,, Brettermann ist schon in Togo, deshalb bin ich noch zu Hause". Berger fällt auf das nun auch Gillbert nur noch "Brettermann" sagt. ,, Ich muß sowieso nach Nigeria, mir Maschinen anschauen, ich kann übermorgen abfliegen. Ich buche, dann schicke ich dir die Daten. ,, Berger schickte das nächste Fernschreiben vom Fernschreiber seiner Bank. Wenn man ihn zu diesem Schiff ruft ist er vorsichtig, er gehörte nicht zu denen, die das Geheimnis des Schiffes ergründen wollten, sondern zu denen, die einfach daran kleben geblieben waren; ohne spezielles Interesse, mehr Jagd- als Sportsgeist, nicht um des Goldes willen, oder doch, wer wußte es genau. Aber diesmal flog er nur, weil das Fernschreiben angekommen war. Es interessierte ihn auch, wie ein so ein so streng bewachtes Schiff gestohlen werden konnte. Was macht es nun in Lagos und was wußte der Hafenmeister und was hatte nun Ebenholz damit zu tun. Es waren soviele Fragen offen. Berger schickte nun ein Fernschreiben an Bilfinger zu seinem Freund Horst. ,, Lieber Horst, ich will mir die Maschinen anschauen, die jetzt zum Verkauf frei werden. Bin übermorgen abend in Lagos, bitte, mache Quartier für mich. Ich rufe dich von Lagos aus an.

130

Ich benötige alle deine Maschinen für TOGO``. ,,
Gillbert sendet ein Fernschreiben an die Bank zu
Bergers Händen, "Treffe dich im Interconti. ,, Bergers
Familie ist sehr sauer, dass er noch 5 Wochen vor
Weihnachten nach Nigeria will. Er mußte fliegen,
bevor die Bilfinger Leute in den Weihnachtsurlaub
fliegen. Dies überzeugte dann auch seine Familie.
Beim Landeanflug in Lagos sieht er wieder die vielen
Schiffe, die draußen auf dem Meer warteten, um
entladen zu werden. Ein Glück, daß er nun diese
Beziehungen zur Hafenbehörde hat. Seine nächste
Ladung Fertighäuser würde ca. im Februar
ankommen. Er wollte auch sehen, daß er diese wieder
auf die Baltrum bekommt. Berger ist überascht als er
sieht das er von Horst abgeholt wirde, es ist ihm sehr
angenehm. Dieser hatte ihn auch im Interconti
einquartiert. ,, Bald bist du nur noch in Nigeria". ,, Wie
die Geschäfte mich treiben". ,, Die Geschäfte oder die
kleinen Mädchen?``. Die Maschinenbesichtigung
hätten doch noch Zeit gehabt!". ,, Eben nicht, mein
Lieber, du hast sie im März transportbereit, ich will sie
bis dahin verkauft haben. Das ist auch noch einige
Arbeit. Einige Flüge rund um den Globus. Ich will die
Maschinen doch von hier direkt an die Kunden
versenden. Einige sollen direkt nach Togo, aber da
muß ich auch mit der Baustelle, mit der Zentrale und
der Transportfirma alles auf Reihe haben, wenn du
sagst, hol sie ab, will ich sie hier weg haben". ,,
Morgen früh können wir gleich mit der Besichtigung
starten, einige der Maschinen sind schon in der
Werkstatt.

Am Freitag fahren wir dann auf die Baustelle". Berger geht zum Telefon. ,,Du brauchst sie nicht anrufen, sie ist in einer halben Stunde hier. Ich war so frei und habe ihr Bescheid gesagt. Ich war gestern zufällig im Hafen. Die Peiner Krane laufen nun alle wie geschmiert. Der Hafenmeister ist rundum zufrieden mit seiner neuen Crew. Der wusste nicht, daß du kommst, ich habe es ihm auch nicht gesagt". Nun war es Berger, der staunte, aber er lies sich nichts anmerken. Vielleicht wollte er nicht, daß Horst dies wusste. Es war eigentlich logisch, daß er sich unwissend stellte.Berger war gerade fertig, als es klopfte und Ebenholzfigur vor der Tür stand. Sie fällt ihm um den Hals, So lange weg zu bleiben! Wir haben dich alle vermißt." Ebenholzfigur hatte wie selbstverständlich ihren kleinen Koffer mitgebracht und zog bei Berger ein. "Der Hafenmeister hat mir eine Woche Urlaub gegeben. Ich muß nur ständig erreichbar sein, falls die Jungs Probleme mit einem der Krane haben." "Los, kommt meine Freunde, laßt uns was Essen gehen und ein Bier trinken." Sie saßen bis um zwölf Uhr lustig beisammen und erzählten sich die letzten Storys. Berger erzählte von seiner letzten Schiffsreise und daß sie bald in New York und nicht in Lome gelandet wären. Den Background um diese Story ließ er weg und änderte einiges ab.Horst verabschiedete sich kurz vor zwölf, "ich erwarte dich um 8 Uhr in unserem Workshop, machts gut ihr beiden". Berger und Steve gehem auch zu Bett. Steve plauderte lange und ganz begeistert von ihrem neuen Job. Berger mochte ihren Redeschwall nicht unterbrechen.

Diese kleine Person redete mit Händen und Füßen auf Berger ein. Berger aber ist mit seinen Gedanken ganz woanders, er ist auch schon einer der Maghnoun Besessenen, er vergisst sogar die Schönheit neben sich im Bett. Als Steve nun erschöpft geendet hat, fragt er sie vorsichtig über das Schiff aus. Sie wußte aber nur, daß der Hafenmeister dieses Schiff gesehen hat und ganz verstört zu ihr gekommen ist. Sie dachte er wäre betrunken. "Er sagte nur: "Die Maghnoun ist wieder da, sie ist ganz neu". Ich dachte, er hätte mit irgendeinem Kapitän zu tief ins Glas geschaut. Der Schrotthaufen, mit dem du weggeschippert bist, den konnte keiner mehr neu machen". "Vielleicht meinte er nur "neu gestrichen". ,, Möglich," sagte sie und springt aus dem Bett, um Berger und sich einen Drink zu mixen. Sie brachte es dann doch noch fertig, Ulli von der Maghnuon abzulenken. Ulli machte sich schon ganz früh auf den Weg zur Werkstatt von Bilfinger. Die Leute am Tor erwarten ihn schon. Gründlich sieht er sich die Maschinen an. Die Laufwerke der Raupen, die Motore, die Zylinder und die Elektrik. Horst machte seine Wartung und seine Instandhaltung sehr gut. Die Radlader und Bagger sind in einem ähnlich gutem Zustand. Die LKW's hatten noch etwas Blecharbeit notwendig. Horst ist inzwischen auch eingetroffen. ,, Ich habe mir schon gedacht, daß du früh hier bist, ich kenne dich doch. Alles, was hier steht und noch auf den Baustellen ist, schaut hinterher so aus wie die zwei Dozer D8K dort, nicht besser und auch nicht schlechter". ,, Siehst du, jetzt sieht es für mich bei den Preisverhandlungen schon anders aus. Jetzt sind die Differenzen nur noch gering, die wir hatten.

Wenn ich die Maschinen nicht gesehen habe, hier mit diesen Augen, kann ich nur von meinen Erfahrungswerten ausgehen. Wobei Bilfinger und Berger wie auch Holzmann in meiner Liste ganz oben stehen. Diese beiden Firmen verfügen über das absolut beste technische Personal.in der Ausführung und in der Leitung. Aber was ihr hier macht, ist schon wieder etwas Besonderes, dies sind keine Reparaturen im üblichem Rahmen mehr. Auch meine Kunden werden gern den Aufpreis für solch eine gute Maschine bezahlen". ,, Wo hast du denn deine Kleine gelassen?". ,, Die schläft noch!" ,, Bring sie doch das nächste Mal mit". Horst führte Ulli noch durch die gesamte Werkstatt und das Ersatzteillager. Ulli staunt nicht schlecht. ,, Wir sind voll hier mit Ersatzteilen und können, wenn es darauf ankommt, keines mehr ausführen. Dann baue ich die Ersatzteile doch lieber in die Maschinen ein und verkaufe diese teurer. Mit jeder Maschine, die kommt, kommen neue Ersatzteile mit. Wir wollen in Zukunft unseren ganzen Bestand abstoßen und uns rundum neue Maschinen zulegen. In spätestens zwei Jahren verkaufen wir einen großen Hieb. Behalte das mal in deinem Kopf. Alles was älter als 7 Jahre ist, soll mit einem Schlag weg. Ich fange jetzt schon an, die alten Schätzchen um 10 Jahre hier zu behalten. Wenn ich mit diesen Maschinen fertig bin, hole ich mir das nächste Paket herein. In den nächsten Tagen gehen wir in den anderen Store, er ist eine Tagesreise von hier, in der Nähe der Baustelle. Vielleicht fahren wir schon Donnerstag und kommen Freitag abend wieder.

Jeden Donnerstag morgen geht ein Flieger". ,, Bring
die Kleine mit", sagt Horst wieder, "die interessiert sich
bestimmt für diesen Ausflug". ..Ich glaube, du
interessierst dich für die Kleine". ,,Ja, Ulli, ich beneide
dich um dieses Püppchen, sie ist meine Traumfrau". ,,
Ich werde heute Abend mit ihr sprechen," sagte
Berger, ,, würdest du sie heiraten wollen?". ,, Ulli, jetzt
auf der Stelle". ,, Berger wird nachdenklich. Horst
bemerkte dies. "Ich will sie dir nicht wegnehmen, keine
Angst, Ulli". ,, Sie ließe sich auch nicht weg nehmen".
,, Aber vielleicht hat sie eine Schwester". ,, Nein, mein
lieber Horst, darum mache ich mir keine Gedanken,
ich bin verheiratet, für mich ist sie nur ein liebes, ganz
liebes Mädchern. Sie weis dies von Anfang an ich
habe sie sehr gern aber als ewige zweite ist sie zu
schade. Sie braucht einen Mann und eine Familie.
Nicht einen Freund, der sie alle drei Monate besuchen
kommt``. Die Beziehung zwischen Berger und
Ebenholz ist einfach eine Beziehung, auf Sympathie
aufgebaut, ohne irgendeinen Makel. Horst biegt nun in
die Kranwerkstatt ab. Das Thema der Männer sind
wieder die Maschinen. Steve wurde wieder zu den
Akten gelegt. Das war Bergers Problem, er musste
immer wieder alles zu den Akten legen, aber niemals
hat er ein Mädchen darüber im un klaren gelassen.,,
Hier draußen habe ich noch eine Elba Betonanlage. ,,
Mensch, Horst, solch eine suche ich im Moment
dringendst für einen Kunden in Thailand". ,, Wir haben
schon den Transport nach Deutschland organisiert, für
mich ist es zu spät. Du kannst das aber bestimmt in
Wiesbaden regeln. Berger schreibt sich alle Nummern
auf und schaute die Anlage durch.

,, Die kaufe ich, Horst, das werde ich sofort nach Weihnachten mit Wiesbaden regeln". ,, Am Sonntag geht die Anlage aufs Schiff. Sie wird kurz vor Weihnachten in Rotterdam sein und dann Anfang bis Mitte Januar in Wiesbaden". ,,Komm, laß uns noch hinsetzen und meine Angebotspreise mit euren Vorstellungen abgleichen."Sie stellten schnell fest, daß sie hier auf einer Linie fuhren". ,, Dein Angebot ist gut, Ulli, daß du einen Abschlag von 10% auf das Paket haben willst, ist auch akzeptabel. Ich denke, daß du mit unseren Kaufleuten damit zurecht kommst. Wiesbaden wird auch ja dazu sagen, da bin ich sicher. Dein Angebot ist fair".,,Ich habe in der City noch eine Arbau-Anlage "80 CBM", die hat einige Probleme in der Automatik, könntest du da nochmal nachschauen?".,,Nimm leichtes Werkzeug mit und ein Meßgerät, laß es uns sofort erledigen". " Du hast recht, was man gleich erledigt, vergißt man nicht``. ,,Der Elektriker ist draußen, es ist alles da.Sie verlassen das Betriebsgelände und fahren in die City. ,,Ihr seit stark hier in Nigeria". ,, Ich glaube, daß wir das stärkste Bauunternehmen in Westafrika sind.

Man hält uns hier schon für einen Staatsbetrieb, manchmal glaube ich wirklich, wir sind nicht weit davon entfernt. Der Partner hier ist direkt der Präsident. Wenn der auch wechselt, es bleibt alles in der Familie, weil der nächste Präsident aus dem gleichen Stamm kommt". ,, Wie kommst du hier in Lagos zurecht?",

,, Wenn du schon so lange hier bist wie ich, dann merkst du nichts mehr. Nachts gehe ich kaum raus, mal ins Hotel. mal in die Disko. Wir wissen, wo wir hingehen können. Mir geht es hier in Lagos rundum gut. Die Storys, die über Lagos am grassieren, sind die der Nachtmenschen, die was erleben wollen. Die sich in die Sümpfe begeben und oft darin umkommen. Ich halte mich fern von bestimmten Gegenden. Für alle Fälle habe ich meinen brüllenden Bruder bei mir" . Er holte aus dem Handschuhfach eine 9 mm Schmith& Wesson. ..Außer daß ich in der Wüste auf Flaschen schieße habe ich sie noch nicht benötigt. Aber verzichten wollte ich auch nicht darauf". Von der Baustelle aus ruft Berger sein Hotelzimmer an, Steve meldete sich ganz verschlafen. ,, Guten Morgen Steve, ich werde zum Mittag mit Horst im Hotel sein, zwischen 12.00 und 13.00 Uhr, seh zu, daß du aus den Federn kommst bis dahin". ,,Da hat jemand angerufen und wollte dich sprechen, ein Amerikaner. Er ruft wieder an. Er wollte seinen Namen nicht sagen". ,, Berger machte sich mit dem Elektriker, daran die Anlage zu überprüfen. ,,Was ist der Fehler?". ,,Ich weis nicht genau, aber des öfteren haben wir kein Zement in der Mischung, dann gibt es ein Mordskrach, weil die Pumpe verreckt. In 10 Minuten fahren wir wieder an, dann kannst du es sehen``. ,, Passiert es oft?" fragte Berger. "Nein, vielleicht ein, zweimal am Tag, aber es ist zu oft. Wir müssen die Leitung abschlagen und saubermachen".

Es gibt zuviele Gründe für eine Fehlerursache, es ist immer unschön, wenn Fehler so selten auftreten, wie sollte man sie orten. Berger glaubt, es schneller herauszufinden, wenn er die Anlage in Arbeit sieht. Berger fährt die Anlage selbst. Er fährt die Pumpe an mit Schlemme und geht dann in die vollautomatische Dosierung. Nach weniger als zwanzig Mischungen stoppte er die Maschine. Er hatte den Fehler entdeckt. ,, Was ist". warum stoppen wir?" ,, Nur 10 Minuten, dann geht es weiter". ,, Was ist los," fragte Horst, der mit auf die Anlage gekommen ist. ,, Die Öldämpfung der Zementwaage", ,, Was hat die Öldämpfung damit zu tun, wenn wir keinen Zement in der Mischung haben?". , Ganz einfach, sieh hier". Berger zieht an der Waage. ,, Sie macht automatisch auf und schließt über die Nullanzeige wieder. Wenn die Schnecke anläuft, treten leichte Erschütterungen auf, die die Öldämpfung abfängt. Wenn sie dies nicht tut, kann es passieren, daß der Zeiger über Null schlägt also nach hinten und die Schnecke abschaltet obwohl die Waage noch keine Vollmeldung erhalten hat. Dann hast du die Vollmeldung wegen der Abschaltung hast aber nichts in der Waage``.

Der Elektriker hat den Topf mit dem Dämpferöl bereits abmontiert. Dieser ist voll mit Wasser, nicht mit Öl. ,, Siehst du, so kann er nicht mehr dämpfen, mach den Topf sauber und fülle ihn mit Hydrauliköl, danach ist wieder alles in Ordnung". Berger wartete noch die nächsten 20 Mischungen ab, es ist wieder alles in Ordnung. Oft sind es nur Kleinigkeiten, die die größten Probleme machen. Punkt 12.30 sind sie im Hotel.

Ebenholz wartete bereits auf sie. Aber noch ein Herr steht dort und wartet auf Berger. Er kommt von Gillbert und übereichte Berger einen Umschlag``. ,,Ich hole die Antwort morgen früh hier ab, Gillbert möchte sich noch nicht mit ihnen treffen". Es ist Berger auch lieber so. Er hatte sich entschlossen, sich von dem Schiff Maghnoun fern zu halten. Nun ist Berger wieder in seinem Element und die Maschinen stehen für ihn im Vordergrund. Er überlegte sogar noch, ob er nicht noch ins Nachbarland nach Zaire fliegen soll, dort gibt es noch einige Maschinen von der Strabag die er auch kaufen möchte``. ,,Kannst du mir noch Fotos von deinen Maschinen machen", Horst``. ,, Mache ich dir Ulli. Heute lade ich euch Beide zum Essen ein". ,, Nicht im Hotel, kommt mit". Er läd die Beiden ein und fährt aus Lagos heraus. Vor einem uralten Restaurant. "Fish and Ships" steht aber kaum noch zu lesbar über der Tür. Mit der Rückseite steht es direkt zum Meer. Sehr schön gelegen, aber total verottet``. ,, Ihr werdet es nicht glauben, aber hier gibt es den besten gegrillten Fisch und Salat von Nigeria. Der Besitzer ist ein Freund von mir, ich surfe hier jedes Wochenende. Hier läßt sich Nigeria super ertragen". Berger spürte, daß auch Steve diesen Platz mochte. Hier herrscht eine gewisse Zufriedenheit; alles strahlt im Gegensatz zu Lagos eine solche Ruhe aus. Dann erscheint der Wirt, ein Deutscher wie er hätte nicht deutscher sein können. Ein Norddeutscher. Ein Bremer, denkt sich Berger. Es war nicht sehr weit davon. Knut, so heist der vollgefressene vollbärtige gemütliche Kerl. ,,Ich bin der Knut aus Wilhelmshaven``. Sie erzählen und klönten lange.

,, Eigentlich wollten wir auch was essen, ich habe einen Riesenkohldampf." ,,Meine Elvira, sie heißt eigentlich Monie, ich sage immer Elvira, kann uns Fisch grillen und einen Salat machen``. Er ruft nach seiner Elvira und stellt sie vor. Es ist eine grobe Nigerianerin, aber sehr nett. ,, Die ist in Ordnung," sagte er, macht überhaupt keine Probleme. Nur wenn andere Weiber sich an mich heranmachen wollen, wird sie zur Hyäne". Steve geht zu Elvira und freundete sich mit ihr an. So sinde die Männer bis zum Essen unter sich, trinken Bier und können in deutsch miteinander reden. Knut erzählte seine Lebensstory, er ist über Casablanca, Cornacry, Togo hierhergekommen. Er war Soldat in Casablanca gewesern. Nach der Kaputulation hat er sich davongemacht und die Westküste entlang gekämpft. ,,Casablanca," sagte Ulli, ,,dann kennst du auch Oberst Bergmann". Knuts Gesicht verfärbte sich, ,, wo her kennst du den den Verbrecher?". ,, Ich kenne nur seine Frau, ich habe ich in Togo auf ihrer Farm kennen gelernt.

Sie ist mit einem Franzosen verheiratet, der auch bei der Deutschen Wehrmacht in Casablanca war". ,, Ah," sagte er nur, "das war ein richtiges arisches Arschloch". Damit war das Thema Casablanca beendet. Berger sprach es auch nicht mehr an. Nach einer Stunde wurde ein ausgezeichneter Fisch mit noch schmackhafterem Salat serviert, dazu gab es selbstgebackenens deutsches Brot.

Knut war auch gleich sein eigener Bäcker. Es war ein wunderbarer Tag für alle Beteiligten. Erst spät am Abend fahren sie zurück. Horst setzte sie am Hotel ab. Ulli und Ebenholz gehen nach oben, sie sind müde. Sie wollen eine Stunde schlafen und sich dann mit Moses trefen. Sie legen sich eng angekuschelt ins Bett. Berger machte den Umschlag auf, den der Bote ihm gebracht hat. Es sind einig Fotos da drinnen, zu seiner Überraschung auch das Foto von Knut. Knut war einer der Leute, die mit dem Oberst auf der Maghnoun Casablanca verlassen haben sollten, dann ist das Bild des Mannes dabei, den er im Dschungel gesehen hat, von dem er glaubte, dass er ihn aus Namibia kannte. Dann die Bilder von zwei Franzosen, die er nicht kennt. Ein kleiner Brief ist dabei. „Bitte, schreibe mir auf was du über diese Leute möglicherweise weist wir glauben, daß diese in höchster Lebensgefahr schweben. Dem Schema nach werden dies die nächsten Opfer sein". Berger machte sich daran, die Antwort für Gillbert zu schreiben. Das Horst ihn Gestern zu Knut gebracht hat, war mehr als Zufall, es sollte lebensrettend für Knut sein. Berger beschreibt das Restaurant und empfahl das Essen sehr, es wäre sicher etwas für seinen französischen Magen. Er zermarterte sich den Kopf, wo er den anderen gesehen hatte. Erst als er schon wieder bei Steve unter der Decke liegt viel es ihm ein, wie Schuppen fällt es von den Augen. Er hat diesen Mann bei dem deutschen Bauunternehmer in dem Ort vor Swakopomund gesehen, in Karina oder so ähnlich heist der Ort.

Gillbert soll auf der Karte nachschauen, es war der letzte Ort vor Swakopomund. Zu den anderen konnte Berger nichts sagen. Inzwischen ist auch Ebenholz aus dem Bett gekrochen, sie war böse, daß Berger sie nicht gewärmt hat. Berger macht seinen Brief fertig, steckt den alten brief mit hinein, damit er ihn wieder los wird und klebt den Umschlag zu. Der lange Moses hätte Berger bald zerdrückt, als sie sich in der Hotelhalle treffen. Er hatte artig unten gewartet. Der Bote von Gillbert lungerte auch wieder herum, der schien immer hier zu sein. Moses übergibt ihm den Brief von Berger und weg ist die Post. Es war für jemanden gut, daß Berger damit nicht bis zum nächsten Tag gewartet hat, eigentlich für einige gut. Die drei fahren nach ganz oben in die Bar, von dort haben sie einen Traumblick über ganz Lagos. Bei leiser Musik geniessen sie den Abend. Moses hat noch eine böse überraschung für Berger. ,, Ich weiß nicht, seit Gestern suche ich den Hafenmeister. Bis ich weg gefahren bin habe ich nichts von ihm gesehen. So lange ist er noch nie weggeblieben, ich weiß nicht, was mit ihm los ist". ,, Hast du die Schiffe alle angefunkt, ob er irgendwo am saufen ist?". ,, Habe ich gemacht, keiner der Kapitäne hatte ihn in den letzten Stunden gesehen``. ,,Moses erzählte, daß er nun fast alleine den Job des Hafenmeisters machen würde, Der Kapitän würde sich mehr und mehr daraus zurückziehen. Er würde es jetzt schon alleine schaffen. ,, Vielleicht will der Kapitain nur prüfen, wie ich alleine zurechtkomme". ,, Hat der Kapitain zu dir etwas gesagt wegen des Schiffes, mit dem ich abgefahren bin".

,, Ja, das stimmt, das Schiff soll ganz neu gestrichen sein und einen anderen Namen haben, es war plötzlich wieder weg. Es stimmt, er wollte das Schiff suchen gehen. Er sagte, ein Schiff kann doch nicht so einfach verschwinden. Es sollte die Ladung Holz aufnehmen, die im Hafen liegt, und ist nicht mehr da".
,, Bestimmt ist er unterwegs und sucht das Schiff." Berger machte sich Notizen. Da hatte der Hafenmeister in seinem Telex nicht auf seine Ebenholzfigur angespielt sondern auf die Ladung Ebenholz. Das gab der Geschichte wieder ein anderes Gesicht. Das mußte Gillbert dringenst erfahren. Berger fasste nochmals alles zusammen und übergab diesen Bericht wieder dem Briefträger, der nun oben an der Bar saß. Das sollte wohl sein Bodyguard sein oder so etwas ähnliches. Berger nahm sich für Morgen vor, sich auch wieder einen Ballermann zu zulegen. Die Sache mit der Magnoun schien in die Endrunde zu gehen. Der Bodygard schien auch jemanden anderen als Briefträger zu benutzen. Er ist nach wenigen Minuten wieder zurück. Oder Gillbert ist auch hier im Hotel, was sehr gut möglich ist. Gegen Elf Uhr machte sich Moses wieder auf den Weg. ,,Ich will nochmal im Hafen nachsehen". "Rufe mich bitte an, Moses, ob der Kapitain wieder aufgetaucht ist``. Gillbert ist tasächlich mit seiner Truppe im Hotel und hat seine Interpol-Zentrale installiert. Brettermann der noch in Togo herumhantiert hat er geschickt heraus halten können. Die Daten, die ihm Berger geliefert hat, lassen seine Maschine routieren. Er versteht seinen Job.

Er telexte mit Windhuk, telefonierte und organisierte.
Die Überwachung von Knut hatte er schon lückenlos
organisiert. Nach seinen Kombinationen stehen Knut
und der Mann aus Windhuk auf der Abschußliste.
Wenn sie Beide überwachen, kommen sie vielleicht
über die Täter an die Hintermänner. Es ist gut, dass
Berger und er nun getrennt marschieren. Man soll sie
nicht mehr zusammen sehen. Bergers
Zufallsinformationen waren sehr gut. Was ist nur
wieder mit der Magnoun passiert, warum hat man sie
umlackiert, warum ist sie verschwunden und hat ihre
Ladung nicht aufgenommen?. Alles nur Rätsel, es
machte keinen Sinn die Maghnoun nur zu lackieren,
sie musste total überholt werden wenn man sie noch
einmal auf die See schicken wollte. , Was ist mit dem
Holz?, von wo ist es gekommen und wo solle es
hingehen? Wo ist der Hafenmeister geblieben, ist er
bereits ein Opfer der Magnoun geworden?. Viele
offene Fragen für Gillbert. Aber er will und muss das
Rätsel lösen.

Ulli hat die Maghnoun bereits wieder aus seinem
Gedächtnis gestrichen. Er konzentrierte sich auf seine
Maschinen. Während seine Steve nach einem etwas
gescheiten unter den drei Fernsehprogrammen suchte
fertigte Berger seine Maschinenliste an. Er überträgt
die Daten aus seinem Notizbuch nun in einen großen
Block und fertigte das Angebot an die Kaufleute in
Lagos vor. Er sieht immer wieder zu seiner kleinen
Puppe, es ist wirklich eine kleine Puppe. Sie ist so
lieb, dass man es schon nicht mehr beschreiben kann.

Sie liest Berger jeden Wunsch von den Augen ab. Berger überlegte, wie er mit ihr umgehen soll, er konnte sie nicht nach Hause schicken, sie wäre eingegangen. Aber so ist das schwierig. Berger versucht Ihr in den nächsten tagen sie mit Horst mehr in Kontakt zu bringen.Berger nimmt sich vor, Heute mit ihr über sich und über Horst zu sprechen. Horst ist der richtige Mann für sie. Horst wird noch lange in Nigeria sein und ist noch Junggeselle. Er konnte sie heiraten und mitnehmen und kann Ihr das beste Lebenbieten. Horst würde sie sofort heiraten, auf der Stelle. Berger schiebt seinen Schreibkram bei Seite und geht zu ihr, nimmt sie in den Arm und liebte sie. ,, Hör zu ,wir müssen über uns reden, auch wenn wir das Beide nicht gern tun. Ich mag dich sehr und will das es dir immer gut geht". Sie rückte ganz eng an ihn heran und schaute ihn mit ihren großen Augen an. ,, Du weist, daß ich verheiratet bin und du mich nur immer für ein paar Wochen sehen kannst. Es mag dir nun genug erscheinen. Aber du willst Kinder, du willst eine Familie um dich haben, du willst den Vater deiner Kinder ständig bei dir haben. All dies kann ich dir nicht geben". ,, Warum erzählst du mir, was ich alles schon weiß, ich habe mich damit abgefunden, ich kann damit leben". ,, Du kannst damit leben, aber sollst nicht damit leben, weil es kein Leben ist auf dauer". ,, Was hast du vor?, fragte sie ihn ängstlich". "Ich weiß jemanden, einen guten Freund, der möchte dir dies alles geben, was ich dir nicht geben kann". ,, Horst?" fragt sie rund heraus. ,, Ja, Horst, ich bin sicher das er dich sehr liebt".

,, Er kommt immer, wenn du weg bist und versucht mir zu helfen. Ulli, ich mag ihn, aber ich liebe dich, ich habe ihm das schon gesagt". Ulli nimmt sie in seinen Arme und zog sie eng zu sich heran, ,, komm, meine Kleine, wir schlafen nun. Übermorgen fliegen wir nach Kano, ich habe dort Maschinen mit Horst zu besichtigen, er hat dich eingeladen, mitzukommen. Möchtest du mit?". ,, Dein Freund ist mein Freund, wenn du möchtest, das ich mit ihm zusammen sein soll, soll es so sein, ich fliege mit". Damit ist das Thema abgeschloßen, Ulli will nur noch mit Moses darüber sprechen. Berger will wissen wie Moses darüber denkt und soll sagen, ob seine Entscheidung richtig ist. Es fällt Berger auch nicht leicht, so eine kleine Elfe einfach weiterzureichen, aber es ist mehr als ein Weiterreichen. Er bringt seiner Elfe, das soll sie auch bleiben, ein besseres Leben als sie es mit ihm jemals haben kann.

Am anderen Morgen holt Horst sie wieder ab, er steht einfach in der Halle und wartete auf sie. ,,Ich will nur wissen, ob wir übermorgen zusammen fliegen". Er freute sich wahnsinnig als er hört das Steve mitfliegt. Auch Steve bemerkte seine Freude und schaute ihn lange an, Berger bemerkte dies ebenfalls mit Erleichterung. Sie ist nicht zornig auf Berger sie scheint sich an ihren neuen Partner gewöhnen zu wollen. ,,Kannst du uns zum Hafen bringen?". Fragt Ulli. ,,Wohin ihr wollt". ,, Du, ich brauche eine Knarre". fragt ihn Berger unvermittelt. ,,Nimm meine, wenn du wieder abfliegst gibst du sie mir wieder zurück". Berger nimmt sie aus dem Handschuhfach und steckte sie mit den zwei Kartons Munition in seinen Handkoffer.

,, Danke, du bekommst sie dann wieder, wenn du mich zum Flughafen bringst". Horst stellt deswegen keine weiteren Fragen. Hier in Lagos ist das auch nichts ungewöhnliches, ohne Gun ist man nackt. ,,Wann fliegen wir morgen früh? Ich rufe dich noch Heute Abend an, aber normal um fliegen wir um 5 Uhr. ,, Horst biegt nun in das Hafengelände ein, er hatte eine Dauerkarte und bei Steve es kein Problem, damit auch nicht für Berger. Vor dem Büro des Hafenmeisters steht Moses und lamentierte laut mit einigen Leuten herum. Da der Kapitän noch nicht aufgetaucht ist, liegft alle Last auf seinen Schultern. Er machte seine Sache auch sehr gut, dieser Job war maßgeschneidert für ihn. Horst setzte sie nur ab und verschwand. Ebenholz schaute dem Auto tiefsinnig nach. "Was ist?" fragte Moses, als er seine Schwester so sah. "Frag deinen Freund Berger, der will mich an diesen Mann verschachern." Es traf Ulli wie ein Hammer. "Mädchen, was sagst du da?" "Kommt rein," sagte Moses, "erzählt mir, was los ist." Berger erzählte Moses, daß er nachgedacht hatte und die kleine Steve zu schade dazu wäre, mit ihm hier in Nigeria zu versauern. "Sie wird keine Familie mit ihm haben können. Sie ist noch jung und will sicherlich Kinder haben von einem richtigen Vater, nicht von einem, der nur mal kucken kommt". ,,Soll ich euch mal etwas sagen? Ihr beide seit beide zu gut für diese Welt, wo lebt ihr. Ulli Berger, was glaubst du, wie viele Kinder hier gemacht werden, ohne das die Mütter eigentlich wissen, wer der Vater ist oder es nicht sagen dürfen und ihr wälzt solche Probleme.

Das sind keine Problem für dieses Land, schau dich um, wieviele Kinder haben keine Eltern". „Sollen wir auch unseren Beitrag dazu leisten, nein ich denke es sind genug davon da. Unsere Steve," sagte Berger, "bekommt einen richtigen Mann, der sie heiratet und für sie und ihre Kinder sorgt. Ich denke, daß sie eines Tages mit ihm und ihren Kindern nach Deutschland gehen wird und wir beide werden immer ihre Freunde sein,das heißt, du ihr Bruder." "Siehst du," sagte sie, "er will mich einfach abschieben." Berger ging zu ihr und nahm sie in den Arm. "Steve, ich möchte dich behalten, aber ich will, daß du lebst, daß du glücklich wirst. Ich verspreche dir, daß ich bei dir bleibe, ich schiebe dich nicht ab. Du bleibst meine Ebenholzfigur, meine kleine Steve für immer". Moses sagte nur ‚Ich haue ab ich kann den Krampf nicht mehr hören, macht das unter euch aus".

„ Wenn du aufstehst, komme ich mit, ich habe noch nie in meinem Leben Ebenholzstämme gesehen, kannst du mir die zeigen die die Maghnoun laden sollte?". „ Kommt mit, ihr beiden Verückten, die Luft wird euch gut tun. Ich zeige euch die Stämme". Er kutschte sie mit seinem Auto zum Lagerplatz der Holzstämme. Es sind schon einige Leute dort, die sie vermessen. „ Fahre dran vorbei". „ Nein, ich bin der stellvertretende Hafenmeister, ich muß wissen, was sie dort tun". Moses ist schnell wieder zurück. „ Haben sie dir erklärt, was sie wollen?". „ Nicht direkt, die haben mich in die Löcher von zwei Revolverläufen schauen lassen und meinten, das wäre Erklärung genug.

148

Sie haben mich erst einmal überzeugt". ,, Fahr weiter, als wenn nichts wäre halte nach der nächsten Biegung an. Berger nimmt seinen Feldstecher aus der Handtasche und sieht sich die Typen aus der Ferne an. Er glaubte, das einer der Franzosen dabei war, dessen Bild er von Gillbert erhalten hat. er ist sich nicht sicher. ,,Stopp an der nächsten öffentlichen Telefonzelle". ,, Gleich um die Ecke ist eine". Moses hält davor an. Hoffentlich hat Gillbert sich unter seinem richtigen Namen eingetragen im Hotel. Auf Anhieb wird er verbunden. Gillbert ist direkt in der Leitung. Da Berger nicht weis, in wieweit mitgehört wirde spricht er in Rätseln. ,,Hallo, hier ist der Germane, bin bei Mo, hier ist einer der Männer vom Foto, sie wollen Holz kaufen". ,, Ulli legt wieder auf, Gillbert weis sofort, daß Ulli mit einer wichtigen Nachricht dran war, sonst hätte er nicht angerufen. Er hat im Kopf mit stenografiert". Bin bei Mo" konnte nur bedeuten, daß er bei Moses ist im Hafen. Er muss zwei auf dem Foto gesehen haben, die er bisher nicht identifizieren konnte. Mit dem Holz konnte er nur die Ladung Ebenholz meinen. Gillbert fliegt regelrecht in den Hafen. Vor dem Hafen postierte er mehrere getarnte Einsatzwagen mit Interpol-Männern.

Kapitel 2

Mit einem kleinen Autokran den Berger gekappt hat fährt er bei Moses vor. Berger hat inzwischen die Schmidt & Weston geladen und durchgesehen. Eine Handvoll Patronen steckt er sich in die Tasche.

Als Gillbert auftaucht springt er gleich zu ihm auf, „schnell, das ist ja eine tolle Tarnung". „ Wir tun so, als wollten wir das Holz verladen". Gillbert setzte den Kran in Bewegung und sie tuckern los. Die vier Mann sind noch kräftig dabei, das Holz zu vermessen. Zumindest sieht es für neutrale Zuschauer so aus. Wer genauer hinsieht, kann sehen, daß sie Stamm für Stamm untersuchten. Gilbert stoppt den Kran. Er rief zuvor seine Autos herbei, "laßt euch von Moses herführen, aber laßt euch nicht sehen, bevor ich Signal gebe."Ulli fuhr die Stützfüße aus und baute den Kran auf. Er beobachtete dabei aus seiner Kabine, wie Gillbert auf die anderen Männer zugeht. Er stellt den Motor ab um zu hören, was gesprochen wird. Ihr woll die Ladung vermessen?". fragt er unbefangen. „ Verladung, hier wird nichts verladen, nicht ohne unsere Zustimmung". sagt der Sprecher der Truppe und stellte sich in Positur. Sowohl Berger als auch die anderen sehen die Ausbeulung in seiner Jackentasche. Berger ist sich sicher, daß auch Gillbert seinen Finger am Abzug hat. Die Atmosphäre ist gespannt. Berger zieht seinen Elefantentöter und zielte ebenfalls auf den Rädelsführer der anderen Gruppe". „ Wenn ihr die Eigentümer dieses Holzes seit, bitte laßt uns die Papiere sehen und wir ziehen wieder ab, um den Auftrag zu ändern.Vermeßt ruhig fertig, wir können sowieso nicht verladen, bevor die LKW's da sind". Berger ist sich sicher, daß diese Leute genauso wie Interpol hinter den Hintermännern her sind oder hinterm Gold, das dazu gehörte. Vielleicht sind das Leute vom FBI oder CIA oder MI five, wer kann es wissen.

So wie es hätte jetzt passieren können hat es sicherlich schon viele Todesopfer gegeben. Wenn sich die Mitglieder verschiedener Gruppen, die alle dasselbe wollen aber nicht fanden weil es das vielleicht überhaupt nicht gibt was sie alle suchen. Wenn sie sich gegenseitig nach und nach umlegen. Kann es vielleicht auf diese Weise zu den vielen Toten geekommen sein. Mit jedem Toten wächst die Story weiter und nichts konnte sie mehr stoppen. Gillbert setzte sich nun zu Berger auf den Beifahrersitz. ,, Was denkst du, wieviele verschiedene Gruppen hinter diesem Schatz her sind?". ,, Mit allen Geheimdiensten der Polizei und den Truppen der Konzerne schätze ich ca. 30 - 40 verschiedene Gruppen"."Wieso Konzerne?" "Die multinationalen Gruppen haben alle Ihre eigene Polizei, genauso wie der Werkschutz für eine Fabrik unterhalten diese ihre private Schutztruppe. Oft geht dies über Personenschutz und Werkschutz weit hinaus bis zur Werkspionage und Sabotage. Alle diese Leute rühren in diesem Pott. Vergeß nicht, es geht um Milliarden, um viele Milliarden". ,, Wenn das ganze ein Riesenbluff ist?``. ,, Das Gold ist da, oder war da, das einzige wirkliche Problem ist, dass die, die wussten, wo es ist, nicht mehr leben. Ich glaube, daß dieses Gold nur noch durch Zufall gefunden werden kann.

Ich bin nur noch an dieser Sache interessiert, um sie zu beenden". ,, Aber wie, nun ist der Hafenmeister verschwunden und die Maghnoun auch schon wieder".

,, Es sind eine Menge Rätsel die diese Sache so schwierig machen, die viele Fragen immer wieder offen lassen. Vielleicht bringen uns diese Männer einen Schritt weiter, so hoffe ich jedesmal. Oder die anderen beiden, die ich nun rund um die Uhr überwachen lasse, ich habe nun rund vierzig Männer im Einsatz rund um die Uhr. Die da draußen machen das gleiche, was wir nachher machen werden, die Stämme überprüfen. Nur daß wir dies mit mehr Technik machen, wir fahren jeden Stamm mit Sensoren ab, sollte sich in irgend einem Stamm Metall befinden, erfahren wir es sofort". Gillbert gibt seinen Leuten die Anweisung, die anderen zu verfolgen und ihn umgehend über die Zielorte zu informieren. "Komm, wir gehen zu Moses Kaffee trinken, wir hauen dann ab. Meine Jungs wissen, was sie zu tun haben. Ich habe auch das ungute Gefühl das in dem Holz nichts zu finden ist. Die Sache mit dem Holz hat irgend etwas anderes auf sich, ich weiß noch nicht was. Denk nach, Berger. Was tut man mit soviel Ebenholz?" "Verkaufen, wer das hier her gebracht hat, will es verkaufen, weil es genau so viel Geld bringt wie Gold." "Siehst du, da haben wir wieder so einen Punkt, der uns weitermachen läßt. Bezahlt da jemand seinen Anteil mit Holz, mit wertvollem Holz?""Kein Mensch weiß, wo das Holz herkommt und wo es hingeht. Bis auf den Hafenmeister und die Maghnoun, und beide sind verschwunden." "Ein Schiff, das ein zweites Mal spurlos verschwindet, da scheint noch ein Dritter im Bunde zu sein.

Der Teufel!"Berger erinnerte sich wieder an die spiritive Sitzung, die er mit der Königin erlebt hatte, und erinnerte sich klar, die hatte mit Leuten gesprochen, er hat es gehört. Diese Leute haben ganz klar und deutlich gesagt, sprengt die Maghnoun in tausende kleine Stückchen, dann kehrt Ruhe ein nicht einen Tag früher. Sprengt sie bitte in tausende von Teilchen. So klar wie ich es dir sage, habe ich es gehört. In einem Raum, in dem nur ich und sie waren". "Glaubst du, Ulli, das ich dies tun werde, sobald ich dieses verfluchte Schiff gefunden habe? Ich sprenge es mit Mann und Maus in die Luft", ,,Vielleicht", sagt Berger, ,, wollte dies schon mal jemand tun, als wir an Bord waren. Wir haben es nur verhindert". ,, Ich werde für zwei Tage nach Kano gehen, ich hoffe, daß du, bis ich wieder komme Licht in die Sache gebracht hast". Als sie bei Moses angekommen sind gibt es schon wieder neue Aufregung: "Knut ist angeschossen worden, aber nicht lebensgefährlich verletzt. Sie haben den Schützen erwischt". Gillbert machte sich sofort auf in sein Büro. Ulli will sich erst wieder melden, wenn er aus Kano zurück ist. Diese Nacht soll seine Abschiedsnacht von Ebenholzfigur sein. Am nächsten Tag in Kano zieht Steve in ihr eigenes Zimmer und nach dem Besuch in Kano komplett zu Horst. In Kano und Umgebung hat sich Berger den Rest der Maschinen und Geräte angeschaut und überprüft. Steve kletterte mit ihm und Horst auf jeder Maschine herum, sie war wahnsinnig wissbegierig. ,,Wenn die so weitermacht, dann wird die noch dein bester Maschinenmeister Horst". ,, Sie muss nicht die ganzen Maschinen beherschen, sie muss nur mit einem Zylinder umgehen können.

Behandle mir die Kleine gut, mein Freund Horst, wie du bemerkt hast, haben sich meine und Steves Wege bereits getrennt". ,, Du weist Ulli, dass ich sie über alles liebe und in dem Moment, wenn sie bei mir einzieht, werde ich sie heiraten. Ich habe bereits alles vorbereitet, sogar das Visa nach Deutschland für sie und Moses". ,, Dann rufe mich an, ich komme zur Hochzeit, das ist Ehrenwort``. Ulli ist froh, daß es Horst wirklich so ernst damit ist. Berger lässt die Beiden am zweiten Tag alleine, er geht zu zwei verschiedenen Baustellen. Er spürte den inneren Schmerz in Steve, er half ihr so gut wie möglich und sorgte ständig für eine gute Stimmung. Berger weis um den schwierigen Moment, wenn sie zurück kommen. Sie kann nicht mehr in sein Hotelzimmer. Es würde allen den Weg den normalen nun beschrittenen Weg unmöglich machen. Berger bespricht sich deshalb mit Horst und dieser machte den guten Vorschlag, daß sie sowieso einen trinken müssen und Berger soll mit Steve bei ihm schlafen und Steve dann ganz bei ihm bleiben. So würde es für Steve leichter sein, sie würde ein besseres Gefühl dabei haben. Berger telefonierte von Horst aus mit Gillbert. Dieser war über den Attentäter gegen Knut ein ganz schönes Stück weiter gekommen. Aber auch die vier Mann vom Hafen haben sich als ergiebig herausgestellt. Das einzige, was Gilbert noch echte Sorgen macht, ist das Verschwinden vom Kapitän und der Maghnou. Von Beiden gibt es nicht die geringste Spur. ,, Morgen will ich mit dir nach Togo, ich habe schon für uns Beide gebucht und auch den Flug am 18.12. nach Paris, von dort kommst du immer weiter. Notfalls mit dem Zug".

Berger ist froh über diese Planung. Auf diese Weise ist er mit Sicherheit rechtzeitig vor Weihnachten wieder zu Hause``. ,, Wie geht es unserem Freund Knut", fragt Berger. Er schaltete nun das Zimmermikrofon ein, damit die anderen mithören können. ,,Dem Kerl geht es zu gut. Wir können nicht herausfinden wo er immer das Zeug zum Saufen im Krankenhaus her bekommt, der könnte längst zu Hause zu sein". Sie sind alle froh, dass es dem Kerl so gut geht. ,, Wenn ihr nun alle abhaut, dann lade ich euch morgen abend zu meiner Verlobungsfeier ein". Horst schaute zu Steve und sie nickte dazu. Steve scheint nun gleichfalls Nägel mit Köpfen zu machen. Sie läd Ihre ganze Familie ein, es wurde ein richtiges Fest und das Verlobungspaar ist ein glänzender Mittelpunkt. Die Eltern glauben, es handelte sich um den gleichen jungen Mann, mit dem sie bereits zusammen gelebt hat. Ebenholzfigur ist nun eine glückliche Braut. Aber auch der Bräutigam strahlte über alles.

Gillbert schüttelte immer nur den Kopf, "das macht den Unterschied aus zwischen uns Franzosen und den Deutschen, kein Franzose hätte dieses Mädchen jemals wieder freiwillig hergegeben". ,, Wenn dieser Franzose so eine Frau und Kinder zu Hause hat wie ich, hätte das auch jeder Franzose getan. Es war ja auch nicht ganz umsonst, ich habe die Kleine gegen eine 9 mm Smith & Weston eingetauscht, die reißt noch größere Löcher". Gillbert lacht, ,,ein guter Tausch, mein Lieber". ,, Was machst du nun mit deiner Königin, wenn du niemanden für die findest?",

Sie bleibt meine Königin, die wird von ganz alleine den passenden König finden. Die ist wie eine Raubkatze, bin ich nicht da, geht sie zum nächsten Kater". ,, Wir werden es sehen, immerhin bist du so etwas wie mein Schwager". ,, Beinahe hätte Berger gesagt "Lochschwager", da sind die Franzosen aber empfindlich, er schluckte es in letzter Sekunde hinrunter. ,, Ich bin dein Schwager, denn ihre Schwester ist nun mal meine Königin". ,,Wie willst du die aber transportieren, die paßt doch auf keinen Sitz. Löcher in den Fußboden sägen geht bei den modernen Flugzeugen nicht". ,, Ich habe vorgesorgt, ich habe den Jumbo gebucht. Wir sitzen oben sie kann die Beine so nach unten durchhängen lassen". ,, Das kann gut gehen, da Weihnachten ist, glauben alle, du hättest Stelzen für deine Kinder gekauft". Sie biegen sich vor Lachen, so geht es den ganzen Abend mit den Blödeleien weiter. Berger will nun noch wissen, was der Herr Polizist so alles herausgefunden hat in der Zeit, wo er nicht mehr da war. Aber der Herr Polizist wollte Heute keine Auskünfte mehr geben. ,, Morgen im Flieger haben wir Zeit, heute wird gefeiert". Zu sagen ist noch, daß sie von der Feier direkt zum Flieger sind und mit dem Hubschrauber direkt zum Dorf geflogen wurden. In Lagos wollte man sie nicht haben. So daß sie am Abend um 8 Uhr betrunken und unrasiert vor ihrem Schwiegervater standen, der nicht erbaut vom Zustand der Beiden war. Es änderte sich aber schlagartig, als Gillbert zur Hochzeitsfeier blies. Es gab aber erst noch ein Mißverständnis, es sollte nur eine Hochzeit sein.

Der Alte verstand das nicht, es wäre doch ein Abwaschen und er wäre mit einem Schlag zwei Töchter los geworden. Eine, die zulang geraten war, die größer war als die Giraffen in der Nähe, und eine, wie er meinte, die etwas spinnt. Die sich für die Königin des Urwalds hält. Berger überzeugt ihn, das es viel besser wäre, für jedes Mädchen eine Feier zu machen. Er glaubte ihm am Ende und gibt die Nörgelei auf und konzentrierte sich auf die Vorbereitungen der Feier für den nächsten Tag. Gemäß seiner Würde als Häuptling konnte er die Trauung vornehmen. Ullis Konigin war noch nicht da, sie hangelt sich noch durch den Urwald. Berger lästs sich das Buschtelefon geben und trommelte das verabredete Zeichen. Dem Alten fällt die Kinnlade herunter. Noch mehr staunte er, als die Königin des Urwaldes durch die Blätter gerauscht kommt und zu ihrem König raste.

Er konnte immer stundenlang rufen sie kommt nie. Der Kerl trommelt zweimal kurz und sie kommt angesaust. Gillbert und der Alte sehen ihn an. Berger steht auf, trommelte sich auf die Brust und sagte nur "ich Tarzan". Der Alte scheint zu sterben, nun hat er nicht nur eine verrückte Tochter, sondern auch noch einen verrückten Schwiegersohn. Die Königin und der Dschungelkönig legen auch noch einen Kriegstanz hin, der alles bisher da gewesene in Afrika in den Schatten stellt, die Trommeln tun Kunde davon in ganz Afrika. ,,Ein neues Königspaar will den Urwald wieder befreien, raus mit den Affen, rein mit den Menschen".

Gillbert verknipste an diesem Abend seinen ganzen Film ohne Rücksicht auf die bevorstehende Hochzeit. Am heutigen Abend stand das Königspaar im Mittelpunkt. Von dem Lärm geweckt kam auch noch die halbe Belegschaft aus dem Baucamp. Berger schlief dann mit seiner Königin irgendwo unstandesgemäß ein. Erst als ihm ein Elefant fast auf die Hand getreten war, verzogen sie sich in ihre Gemächer.Der nächste Abend war würdevoller. Berger konnte nicht glauben, was er alles getrieben hatte. Tagsüber war Berger die Liste der Maschinen, die in Nigeria waren, mit dem Bauleiter durchgegangen. Dieser sagte ihm an Hand der Liste, welche er ungefähr wann benötigen würde. ,, Ulli," sagte er, ,, ich habe dich das erstemal angetrunken gesehen, du bist ja nicht mehr zu bremsen, wenn du was getrunken hast. Ich habe mich schon lange nicht mehr so amüsiert wie Gestern Abend". ,, Ich weis wie ich dann bin, deshalb trinke ich ja so wenig. Ich bringe alles durcheinander und nehme nichts mehr ernst". ,, Was hältst du von der Hochzeit von Gillbert?". ,, Kein Problem, die Ehe wird ewig dauern, der heiratet nur die langen Beine, alles andere an dem Mädchen interessiert ihn nicht so sehr. So lange, wie sich die Dinger nicht abnützen und kürzer werden, wird das eine glückliche Ehe sein". ,, Hast du die Beiden schon einmal nebeneinander stehen sehen?". ,, Nein," sagte Berger, ,,keine Ahnung, wie das aussieht. Aber da er fast meine Größe hat weis ich, wie angenehm es ist, auf ihr zu liegen". ,, Ich weis, dass du das weist, weil ich euch gesehen habe. Du, die hat wirklich Stelzen, die sind ein wahres Wunder". ,, Ich weis nicht ich habe nie darauf geachtet.

Die Stelzen liegen doch sowieso immer daneben und soweit schaue ich nicht zurück". So machen sie wieder ihre Witze auf Kosten anderer, aber so ist es ja bei Witzen immer. Maschinenmäßig einigen sie sich darauf, daß Berger ein komplettes Angebot zur Baustelle und eines zur Auslandsabteilung nach paris senden soll. ,,Lass uns noch etwas vorschlafen für Heute Abend." ,, Morgen sehen wir uns nicht mehr, um 6 Uhr nimmt uns der Hubschrauber gleich wieder mit und am Abend geht es dann nach Hause. Ich habe meiner Familie fest versprochen, daß ich rechtzeitig vor Weihnachten zurück bin. Ich bin soviel unterwegs, daß ich solche Sachen einhalten muß". ,, Ich würde mit Euch fliegen, aber es ist kein Platz mehr frei". ,, Sprech mit Gillbert, vielleicht hat der noch eine Change.

Vielleicht kann Interpol etwas für dich tun". Interpol konnte, der Bauleiter konnte mit ihnen fliegen. Was sollte er über Weihnachten auf der Baustelle, es war nichts mehr los. Alle Leute sind bereits verschwunden. Es wurde eine tolle Hochzeitsfeier und es war ein tolles Brautpaar, das mußte man den beiden lassen. Sie sorgten ausgelassen für Stimmung. Ulli beschäftigte sich Heute mehr mit seiner Dschungelkönigin, wer weis es ist immer möglich das man sich nicht mehr wiedersieht. Um sechs Uhr morgens ist dann die große Abschiedszene am Hubschrauber, Berger muss richtig böse mit dem Piloten werden. Bis er startete, In Lome gibt es dann noch einen kleinen Zwischenfall zwischen Brettermann und Gillbert.

Danach war Gillbert nun doch gezwungen, Berger mehr zu erzählen, als er eigentlich wollte und als Berger eigentlich wissen wollte. Berger hat eigentlich die Schnauze voll von dem Affentheater Magnoun. Er fühlte sich eigentlich nur unwohl, weil sie ihren Freund, den Hafenkapitän, nicht gefunden haben. ,, Ulli, der ist absichtlich selbst untergetaucht, er will nicht, daß wir ihn suchen; er will auch nicht, daß wir wissen, wo er ist und was er tut. Lassen wir ihn, bis er uns die nächste Nachricht sendet, in Ruhe. Mach dir keine Gedanken über ihn, ich denke, daß er ganz genau weiß, was er tut. ,, Berger hat plötzlich ein Wetterleuchten in seinem Gesicht. ,, Ich habe eine grandiose Idee, mir fällt ein, daß dieses Schiff, das meine Container transportierte, das Schiff von Poulson, und die Maghmoun eine frappierende Ähnlichkeit haben. Nur die Aufbauten sind anders, aber die können geändert worden sein. So das wir vielleicht zwei Maghnoun haben, und den Hafenmeister können wir nicht finden, weil er bei Poulsen ist. Haben wir über Poulson und sein Schiff etwas?" "Absolut nichts, mein Lieber, aber dein Gedankengang ist sehr gut."
Berger hat noch die Kopien der Ladepapiere von Poulsons Schiff in seiner Tasche. Er gibt sie Gillbert, um Nachforschungen anzustellen. Berger ist sich sicher, dass der Hafenmeister aus irgend einem wichtigen Grund bei Poulson ist. So ist es immer kit der Mghnoun da ist man überzeugt, das alles Mummpitz ist, da passierten wieder Sachen, die alles umdrehen und man ist wieder voll im Maghnoun-Geschäft.

„Du kannst Heute noch nicht weiter fliegen, ich habe alles so organisiert, daß du morgen um Elf nach Hannover fliegen kannst, du bist um 1.40 dort. Für Rainer haben wir bis Bremen durchgescheckt, er hat Anschluß um 16.30. So seit ihr alle Beide morgen abend zu Hause". „ Ich brauche dich noch Heute Abend zu einem geschäftlichem Meeting. Ich habe mir erlaubt, dich zweien der leitenden Direktoren von Sogea zu avisieren. Sie haben das große U Bahn Project in Cairo bekommen. Ich denke, dass da etwas drinnen sein könnte für dich. Das wäre das Dankeschön von mir, von Interpo,l für deine Hilfe. Danach gehen wir alle in mein Stamm-Restaurant in Mont Martre". „ Wo hast du uns einqartiert?" fragte Berger. „ Das weiß ich noch nicht, aber ich vermute, irgendwo um den Monte Martre".

Auch Rainer, der Bauleiter, ist angetan davon, daß sie noch eine Nacht in Paris bleiben und trotzdem pünktlich zu Hause sind. Renata die Giraffe schläft noch von der Minute, als sie eingestiegen ist. Sie waren alle noch nicht im Bett gewesen und sind hundemüde. Nur die Maghnoun hat es wieder geschafft die Männer am Schlafen zu hindern. „ Ach, übrigens, Ron hat angerufen, er will dich nach Weihnachten in Deutschland besuchen kommen, ich habe es ganz vergessen, es dir zu sagen. Aber an den MI five werden keine Einzelheiten weiter gegeben! Vielleicht sind die schon weiter als wir, horch den Jungen aus. Mich ereichst du zu jeder Zeit in meiner Pariser Wohnung. Ich werde nicht vor dem 15 Januar nach Marseille gehen."

,,Das ist das Schlimme, wenn man mit euch zu tun hatte, wird man euch nicht mehr los." "Das ist genau so wie mit deinen Informanten und Zuträgern, sie lassen dich auch nicht mehr aus den Klauen, weil sie mit dir Geld verdienen können, und du brauchst sie, um deine Informationen zu bekommen. Weil du nicht überall in der Welt sein kannst." Wir versuchen deine und ihre Ohren mitzubenutzen." Er schaute rüber zu seiner Renata, sie saß in der vierten Reihe ganz außen, damit sie ihre langen Stelzen unterbringen konnte."Schau sie dir an, ist sie nicht ein Prachtstück?" Er sprach über sie so, als hätte er sich einen Affen im Urwald gekauft. "Was wird nun mit deiner Dschungelkönigin?" fragte er. ,, Die bleibt meine Dschungelkönigin bis ans Ende ihrer Tage, auch wenn sie nächsten Monat einen anderen heiratet." "Was," sagte er lachend, "sie heiratet?" "Ja, sie heiratet und bleibt meine Königin, so wollen es die Gesetze des Dschungels. Wenn ich komme, wenn der König kommt, hat der Ehemann in der heimischen Hütte zu bleiben." "Du hast einen sagenhaften Umgang mit Frauen, wie kommt das?" "Es liegt daran, daß ich ein ganz einfacher, unkomplizierter Mensch bin.""Meine Herrschaften," klang es durch den Bordlautsprecher, "bitte richten Sie Ihre Rückenlehne auf und schnallen sie sich an, wir landen in wenigen Minuten. Wir haben in Paris ein schönes, angenehmes Wetter. Schnee- und regenfrei, 5 Grad Minus." Oh, es wurde allen sofort kalt. Keiner hatte eine Jacke bei sich. Die Giraffe würde das erste Mal in ihrem Leben frieren müßen.

Aber auch hier hatte der umsichtige Gillbert vor gesorgt: Sie wurden von zwei Männern abgeholt, die vier warme Parkas in ihren Armen hatten. "Auch auf Kosten des Hauses," sagte er. ,, Nun hast du einen Original Interpol-Parka. Wir holen euch um 8 Uhr im Hotel ab, es ist nicht weit von meiner Wohnung und dem Restaurant entfernt. Ihr seit im Hotel Guare de North untergebracht." "Das ist gut, in der Gegend kenne ich mich aus, ich war schon zweimal in dem Hotel." Gillbert verschwand mit der Giraffe in einem Auto und Ulli und Rainer wurden zum Gare de North gefahren. Es war genau 14 Uhr und sie waren wieder in Europa. Berger rief sofort vom Hotel seine Familie an. Sie sind froh, daß er schon wieder in Paris ist und freuen sich auf den nächsten Abend. Nach dem Gespräch fällt er in einen Tiefschlaf, zum Duschen fand er keine Gelegenheit mehr, Das holt er nach, als er um 5 Uhr wach wird. Er ist jetzt total ausgeschlafen. Er ist so fit wie lange nicht mehr.
Die Magnoun ist beiseite gerückt, nun ist er fast schon wieder zu Hause. Eigentlich schon wieder zu Hause, er fühlte sich in Paris schon wie zu Hause, er liebte Paris. Sie hatten in Deutschland keine Stadt, die annähernd dieses Flair aufbrachte wie Paris es hat. Berger legt sich in die kochende Badewanne und brüht sich ab. Man kann vor Dampf nichts mehr im Badezimmer sehen. Danach geht er zum Hotelfriseur. Er kleidete sich komplett neu ein. Einen schicken, ganz modernen Anzug mit passendem Hemd, Socken und Schuhen. Dazu einen Popelinemantel und einen eleganten Hut.

Er zieht gleich alles im Laden an und steckt seine alten Klamotten in die Plastiktüte. Die anderen erkennen Berger am Abend nicht wieder, diesen eleganten Burschen kennen Sie nicht. Das Lokal, in das Gillbert sie führt, entsprach zwar nicht ganz der Kleidung von Berger, aber die Speisen, die sie aufahren sind noch einmaliger. Das Menü dauerte bis spät nach Mitternacht, das war auch eines der Dinge, die Berger an den Franzosen so liebte. Sie brachten mit dieser Art zu Essen und zu Trinken die Hektik des Tages vollkommen weg. Berger hat ausreichend Zeit, sich mit den Direktoren von Sogea zu unterhalten. Berger notierte sich die Namen und Telefonnummern der Bauleiter und Maschineningenieure in Cairo. Sie überreichten ihm eine Liste der Maschinen, die sie in Cairo benötigen würden. In dieser Woche wollen sie mit den tatsächlichen Erdarbeiten beginnen. Berger bemerkt, wie sehr alle Männer die wirklich schönen Beine der Afrikanerin betrachteten. Es war so, dass Renate auch sonst ganz anziehend aussieht, aber diese Beine sind eben das Besondere an ihr. Gillbert sonnt sich in Ihrer und mit Ihrer Schönheit. Besitzer dieses langbeinigen Geschöpfes zu sein. Sie scheinen auch Beide miteinander sehr gut auszukommen. Um zwei Uhr morgens brechen sie nach einem langen Abschied auf. Renata lüftete Ullis Hut und gibt ihm einen Kuß auf seine verlängerte Stirn. So haben wir uns kennengelernt, so verabschieden wir uns auch". Berger und Rainer beschliessen zu Fuß nach Hause bzw-Hotel zu gehen. Sie wollen noch etwas über den Monte Matre schlendern. „Fallt mir in keines der Mädchen fa draußen, die sind ziemlich frech in dieser Gegend".

Sie stehen überall mit dicken warmen Pelzmänteln und darunter so gut wie nichts, nur heiße Desous. Für die Beiden die mitten aus dem Urwald kommen, ist das so gut wie nichts sie sind anderes gewohnt. Es war eine angenehme, klare kalte Nacht. Fast zwei Stunden schlendern sie kreuz und quer, bis sie das Hotel erreichten. Es schlägt Punkt 4 Uhr. Sie verabredeten sich um 9 Uhr zum Frühstück, um zehn Uhr sollen sie abgeholt werden. Pünktlich um 14.30 setzten sie in Hannover auf.

Seine ganze Rasselbande steht im Flughafen und holt ihn ab. Sie machen noch gemeinsam einen Spaziergang durch die Innenstadt von Hannover, so haben sie noch die Gelegenheit, einige Weihnachtseinkäufe zu erledigen. Er fasste die Gelegenheit am Schopfe, seine Familie gleichfalls komplett einzukleiden. Sie treffen noch auf seinen alten Freund Reinhard und seine Frau Elke, sie machen gleichfalls mit ihren Mädchen einen Weihnachtsbummel. Sie kehren noch gemeinsam ein und beschliessen den Nachmittag in einer gemütlichen Runde. So bekommt Berger gleich die richtige Weihnachtsstimmung mit.

Wieder zu Hause
Die Weihnachts- und Silvestertage verbringt Berger ruhig im Schoße seiner Familie. Am 1 Januar startete für alle in Deutschland das hektische Treiben aufs Neue. Der Weihnachsspeck wird wieder abgelaufen. Die Geschäfte sind wieder gerammelt voll, um den Umtausch oder die Reklamationen der Weihnachtsgeschenke entgegen zunehmen.

Berger muss nach Göttingen fahren, um die Auslieferung von 8 Fahrzeugen nach Kamerun zu kontrollieren. Er hatte zwar die Fahrzeuge vor Weihnachten noch gesehen, aber er will sie vor dem Abtransport nochmals kontrollieren. Der Ruf des Händlers ist auf dem Markt nicht der beste, er galt als das größte Schlitzohr.In Saudi hat Berger Fahrzeuge von ihm gesehen, die gerade erst angekommen sind aber nur Schrott sind. So fährt er mit seiner ganzen Familie einen Abend zuvor nach Lindau im Harz, um dann am anderen Morgen alleine die 15 Kilometer nach Göttingen zu fahren. Die Oma freut sich immer, wenn sie mal wieder ihre Großkinder sieht. Es war gut so, seine Innere Eingebung war wieder einmal richtig. Die Fahrzeuge stehen aufgereiht da um sie Morgen alle nach Hamburg zu überführen. Sie haben nur noch wenig gemein mit den Fahrzeugen die er zuvor mit dem Maschineningenieur der Firma Heilit und Wörner angesehen hat und gekauft hat. Wenn diese Fahrzeuge so nach Kamerun gegangen wären, sie hätten den größten Ärger bekommen. Die Reifen waren wieder umgewechselt worden, es waren ganz alte Gurken drauf. Die Sitze innen sind wieder ausgebaut worden, es sind ebenfalls alte kaputte Sitze drinnen. Kein Werkzeug mehr, kein Ersatzreifen, nichts mehr. Der Besitzer des Autohauses streitet sich lange mit Berger. ,, Wir brauchen uns überhaupt nicht zu streiten", sagt Berger, ,, der Auftrag ist stoniert, ich werde sie auf Schadensersatz verklagen". ,, Aber Herr Berger, die Fahrzeuge sind so wie von Ihnen vor 4 Wochen abgenommen und unterschrieben". Berger geht ans Telefon und ruft den Maschineningenieur von heilit und Wörner in München an.

Er schilderte ihm die Sachlage. ,, Ulli, ich komme sofort hoch". ,, Bringe die Bilder mit, die ich dir von der Abnahme gegeben habe". ,, Ich bin um 17 Uhr in Göttingen, hole mich vom Bahnhof ab".

Mit den Bildern kommt dann endlich Klarheit in die Sache. Alles wurde wieder zurück getauscht. Selbst die Batterien sind andere geworden. Sie sind um 10 Uhr Abends erst fertig mit dem Umbau. ,, Ich nehme die Fahrzeuge nochmals in Hamburg ab". ,,Die Strolche bauen die Fahrzeuge unterwegs nochmals um. ,, Ein Telefonanruf aus Aurich versetzte Berger wieder in Aufregung. Die Nichte von Poulson ist dran. ,, Herr Berger, ich soll sie anrufen, hat Opa gesagt. Er ist mit jemanden unterwegs, er hat gesagt. wenn ich bis Dienstag, das ist Heute, nicht zurück bin, dann rufe meinen Freund Ulli an". ,, Sie sind doch Ulli?". ,, Ja, ich bin Ulli" Ulli Berger. Den Nachnahmen hat er nicht genannt``. "Geben sie mir bitte Ihre Telefonnummer, ich melde mich wieder". ,, Ulli ruft sofort bei Gillbert an. Der ist noch in Paris, er hat ihn sofort an der Strippe. ,, Ich rufe in einer halben Stunde zurück. .. Da wurde Berger von der Maghnoun schon wieder eingeholt, nun verfolgte sie ihn schon bis nach Deutschland. ,, Was ist" fragt Mieke, als sie das nachdenkliche Gesicht von Berger sieht". ,, Dieses Scheiß Schiff, nun verfolgt es mich schon bis hierher". Berger erzählte ihr von dem Schiff, aber nur soviel, wie sie wissen darf, ohne in Angst zu sein. Er machte es für sie mehr von der lustigen Seite und spielte alles herunter, verschweigt auch die vielen Toten, die es um dieses Schiff bereits gegeben hat..

167

,,Verückte Sache," sagte sie nur, "aber was tut Interpol in der Sache, du hast doch mit Gillbert telefoniert?". ,, Wir sind zusammen da reingerutscht durch unsere Schiffsreise nach Lome auf dem Rosteimer". Das Telefon klingelte. Gillbert ist dran. ,, Morgen früh um 8 Uhr kannst du mich in Hannover am Flughafen abholen, laß uns gleich weiter nach Aurich fahren". ,,Gut ich organisiere alles". Berger ruft sofort die von Poulsen an, Heike. ,,Wir sind morgen gegen Mittag bei euch, mein Freund Gillbert und ich. Opa kennt Gillbert auch sehr gut, er ist Franzose.""Kann ich nicht mitkommen nach Aurich," fragte Mieke. "Ich kann Oma wieder herholen für ein Paar Tage." So wurde die Oma noch am gleichen Abend mobilisiert und am anderen Morgen ging es ab nach Hannover und dann nach Aurich. Gillbert war erstaunt, als er von Berger und seiner Frau abgeholt wurde. "Jetzt verstehe ich das mit dem Ebenholz und der Königin," sagte er nur. Mieke konnte sich keinen Reim darauf machen und Berger antwortete nicht. ,,Was denkst, du was passiert ist?" "Ich glaube immer noch, daß der Hafenmeister zu Poulson gefahren ist, die sind zusammen irgendwo hin und nicht wieder zurückgekommen. Die sitzen vielleicht irgendwo fest und können zu Hause nicht anrufen."Um 13 Uhr waren sie in Aurich, Berger hatte kräftig Gas gegeben. Heike erwartete sie bereits; sie hütete immer Opas Haus, wenn er nicht da war. Sie erzählt den beiden, daß Opa Besuch aus Afrika hatte, ,,sie sind zusammen mit dem Schiff raus, wollten was testen und spätestens in drei Tagen zurück sein. Sie sind bis jetzt nicht wieder da und haben auch nicht angerufen". ,,Wo können sie hin sein"?, fragt Gilbert.

,,Ich weiß nicht, sie haben mir nichts gesagt". ,, Wo liegt normal das Schiff". ,, Normal immer hier unten im kleinen Hafen. Aber wenn er mal wieder an dem Schrothaufen repariert, dann fährt er nach Juist rüber, dort hat er einen Freund mit einer kleinen Werft. Soll ich einen Grogg machen?". ,, Ja, ein Grogg tut gut, der taut die Knochen wieder auf". Um das Haus pfeift ein starker Wind, das Wetter hier an der See ist enorm härter als im Binnenland. Gillbert hat sich direkt hinter den Ofen gehockt. Obwohl geheizt wird sind die Scheiben zu mit Eisblumen. Mieke hatte erst garnicht ihren Pelzmantel ausgezogen. ,, Wie kommen wir nach Juist? Ich habe so das Gefühl wir finden sie dort". Sie gehen ans Telefon. ,,Ich rufe Hendrick an, ob er euch rüber bringen kann. Er nimmt für eine Überfahrt 50 DM, ist das Ok.?". Sie wartete keine Antwort ab, sondern arrangierte bereits die Fahrt für morgen früh um 10 Uhr. Dann wählte sie wieder und fragte nach, ob das Quartier in der Pension fertig ist. Sie servierte den Gästen noch den Grogg, der so stark ist das sie schon am frühen Nachmittag einen leichten Schwips haben. Aber er heizt auch beser als der Ofen. Mieke muss ihren Pelz ablegen und Gillbert hat seine Hockstellung hinterm Ofen aufgegeben. Der Wind treibt jetzt Schnee mit sich. "Da hat sich Opa ein Scheißwetter ausgesucht, um uns einzuladen". ,,Ich weiß nicht, was ich davon halten sollte; die beiden waren immer so geheimnißvoll und tuschelten nur herum. Ich hatte den Eindruck, sie sind hinter einem alten Piratenschatz her". ,,Ich habe so das dumme Gefühl, daß wir zwei Schiffe in Juist finden werden".

,, Du glaubst die haben die alte Maghnuon hierher geholt?". ,, War Opa, Herr Poulson," fragte Gillbert, ,,in letzter Zeit ohne sein Schiff weg?". Er war fast drei Wochen weg, er sagte, er brauche mal Urlaub in der Südsee, er hätte die Schnauze voll von der Schipperei". Die beiden verrückten Alten haben die Maghnoun hierhergeholt, Poulson kannte das Schiff aus dem FF. Das paßte alles mit der Zeit zusammen, seitdem der Kapitän verschwunden ist. Heike servierte nun einen echten Ostfriesentee mit Kandieszucker. Er mundete Gillbert ausgezeichnet". ,, Dann wollen wir mal zur Pension rüber, Tante Gertrud wartet schon". Tante Gertrud ist ein netter, rundlicher Typ, die sich sofort auf Missieu Gillbert stürzt. Sie versucht all ihr verworrenes Französisch an den Mann zu bringen. Hendrick kommt noch herüber, um sich seine Fracht anzuschauen. Gillbert gibt ihm 200 DM und mietete ihn und sein Schiff für den ganzen Tag. Sie sitzen lange am prasselnden, warmen Kamin zusammen. Mieke will in der Pension bleiben und mit Gertrud einen Bummel durch Aurich machen. Sie rechneten damit, daß sie abends wieder zurück sind. Es wurde ein stürmische Überfahrt, die es in sich hatte, der Interpol Parka bewährte sich und auch die neuen Stiffeletten, die sich Berger in Paris gekauft hatte. Unter der Kapuze hat er noch eine Pudelmütze. Er ist eingemummt, als wenn er auf den Südpol wollte. Es ist aber auch notwendig, auf dem Deck des Schiffes ist es überhaupt nicht auszuhalten. Der Wind ist eiskalt und so heftig das er einen von Beinen holt. Wenn man sich nicht ordentlich festhält.

Sie haben dazu einen gehörigen Wellengang und die Gicht fegt über das kleine Schiff dahin. Die Überfahrt dauert ungefähr eine Stunde. Hendrick will beim Schiff auf sie warten. „Wenn ihr mich nicht auf dem Schiff findet, ich bin in der Kate dort drüben, mein Onkel wohnt dort." Laß uns erst zu deinem Onkel gehen, vielleicht weiß der was von den Beiden." "Ist gut, gehen wir". Denkt dran wenn Ihr bis 20.00 Uhr nicht zurück seit kommen wir erst Morgen Mittah wieder zurück. Ab 20.00 liegt mein Kahn auf dem trockenen, ist hier Ebbe. Sie kämpfen sich durch den Wind bis zum Haus. Der Onkel ist da und weis einiges zu sagen. Daß der Opa mit Besuch aus Afrika hier war und daß sie zwei Schiffe in der Werft hatten. Dann kamen nochmals 8 Mann aus Afrika, Freunde von Poulson und dem Kapitän, wie sie sagten. Sie wollten beide Schiffe kaufen. Das war vor drei Tagen. Seit dem sind beide Schiffe weg und Poulson und der Kapitän sowie Hendrick Sniders, der Besitzer der kleinen Werft. Gillbert lässt sich den Weg zur Werft erklären und hat es plötzlich ganz eilig, dort hin zu kommen. In zehn Minuten sind sie nur über die Dünen, dann sehen sie schon das Haus". Die beiden haben ein sehr schlechtes Gefühl im Magen, hoffentlich sind sie nicht zu spät dran. Sie rannten so schnell, als es ihnen bei dem Wind möglich war, zur Werft. Es war eigentlich keine Werft, aber man konnte dort kleinere Reparaturen ausführen. Die Schiffe sind weg, nur ein kleiner Kahn liegt noch im Wasser. Sie suchen fieberhaft alles ab, sie suchen drei Männer tot oder lebendig. Sie fanden sie lebend, aber halb erfroren.

Sie sind im Abstellraum dermaßen zusammengeknotet, daß Beine und Arme fast abgestorben sind. Berger wirft den großen Kamin an, stellt Wasser für einen Grogg auf. Sie holen die Männer in den warmen Raum und massierten ihnen die Glieder, bis wieder Leben in sie einkehrt. bKeinen Tag länger hätten sie es so ausgehalten. Berger flößte ihnen nach und nach den heißen Grogg ein. Drei Stunden verhört Gillbert nun die drei, aber ganz vorsichtig. Im Gespräch tastete er sich geschickt an alles heran was er wissen mußte. Ulli hat eßbares gefunden und bereitet daraus ein schmackhafte, kräftige Suppe. Sie müssen noch die Überfahrt überstehen. Nach dem Essen renne Berger los, um Hendrick und einige andere Bürger zu holen um die drei aufs Schiff zu bringen. In Norddeich Mole werden die drei gleich in Krankenwagen verladen, da begründeter Verdacht auf Unterkühlung besteht. Gillbert leitet bei Interpol die Fahndung nach den zwei Schiffen ein. Am nächsten Tag besuchten sie die beiden im Krankenhaus und verabschieden sich. ,,He Poulson, sieh zu, daß du dein Schiff wieder kriegst. Am 18. Februar will ich die anderen Häuser nach Lagos bringen". ,, Sag das dem da, der ist von der Polizei". ,, Wiedermal hatten ihnen die Schiffe ein Schnippchen geschlagen. Eines der Schiffe, es war das von Poulson, wurde später kurz vor der spanischen Küste gesichtet.Nach einem langen Feuergefecht mit der Polizei und den spanischen Zollkuttern, die das Schiff enterten, konnte Gillbert an Bord des Schiffes. Sie fanden nicht einen Überlebenden; alle hatten sich selbst mit Blausäurekapseln getötet.

Die Geschichte wurde immer verworrener statt klarer. Je mehr man darin rührte, um so unklarer wurde die Suppe. Keiner der toten Männer konnte identifiziert werden.Gillbert war am Verzweifeln. Seine ganze Hoffnung blieb nun noch das zweite Schiff, es blieb aber verschwunden. Die Nachforschungen über Poulsons Schiff ergaben, daß dies das Schwesterschiff der Maghnoun ist. Es gab damals zwei, genau die gleichen Schiffe. Erst 1957 wurde Poulsens Schiff umgebaut. Es bekam einen modernen Aufbau. Poulsen und der Hafenkapitän wollten auf der Werft beide Schiffe gründlich untersuchen, weil sie fest der Meinung waren, das Gold wäre noch in den Schiffen versteckt. Es hätte beinahe ihr Leben gekostet.Für Berger geriet die Maghnoun nun über viele Monate in totale Vergessenheit. Seine Arbeit forderte ihn ganz, es war auch gut so.

Sie hatten in Kaltenkirchen oberhalb von Hamburg drei Betonanlagen zu demontieren und versandbereit zu machen. Diese waren nach Island verkauft. Dies waren immer Arbeiten, die ihm Spaß machten. Er arbeitete gerne körperlich. Diese drei Wochen, so lange würde es dauern, wollte er voll mit dabei sein. Seine Leute hatten ihn auch gern um sich. Auch einige seiner Spezies hat er dabei. Sie sind mit ihm 9 Mann auf der Baustelle und beziehen Quartier in einer prima Pension. Der erste Tag zum Frühstück ist auch schon die erste Blamage. Die junge Frau deckt das Buffee mit Wurst und Käse und Rühreiern. Nach weniger als 15 Minuten hat Bergers Truppe das ganze Buffee leer gefressen. Muss man schon sagen. Sie haben mit 9 Mann gegessen, was für 30 personen vorgesehen war.

Da steht sie nun vor ihrem leeren Buffee und konnte es nicht fassen. Berger, der selbst aus einer Gastwirtsfamilie kommt, wusste, was geschehen muss". Das es aufgegessen ist, ist ja nicht schlimm. Schlimm ist nur, daß nichts mehr da ist, ich habe geglaubt, das reicht für Heute``. Berger brachte seine Leute auf die Baustelle und kaufte Aufschnitt und Schinken und bringt dies in die Pension. Den Preis für die Vollpension, die sie vereinbart hatten, hebt Berger an, so daß er sich in Zukunft nicht schämen muss wenn alles weggefreßen wird. Er hat dafür bezahlt das seine Leute satt werden. ,, Ich habe wieder dazugelernt," sagte die Wirtin. "Es ist doch ein Unterschied, ob ich die Vertreter zum Frühstück habe oder Männer, die draußen an der Luft arbeiten". ,, Wir essen immer morgens gut und erst wieder abends". ,, Dann seit ihr abends auch ausgehungert". Berger setzte sich mit ihr zusammen und arbeitete einen Plan für die Woche aus, was sie kochen soll. Sie ist überascht von den Kenntnissen, die Berger mitbringt an wissen über die Küche. Sie startete für Heute mit Frikadellen, Kartoffeln und Gemüse.

Morgen Kohlroladen. Kottletts, Schweinebraten, Eintopf. So legen sie jetzt für jede Woche im voraus den Speiseplan fest. Fast alle Gäste, die früher auswärts gegeßen haben, essen nun auch in der Pension. Ulli half auch beim Kochen aus, wenn es notwendig war. Leider leitete die Wirtin daraus noch andere Dinge ab und glaubte, er Berger täte alles nur wegen ihr.

Sie war zwar recht atraktiv, aber er tat dies für seine
Leute, denn nur gut verpflegte Leute sind bereit viel
und gut zu arbeiten und sie müssen viel arbeiten, und
hart. Ulli muss in drei Wochen fertig sein mit der
Demontage. Die Anlagen sollen dann verladen sein
und auf dem Schiff sein. Es ist eigentlich unmöglich,
aber das Essen wirkt bei seinen Leuten Wunder. An
einem Abend, als sie am Tage besonders viel
geleistet hatten, fährt er mit der ganzen Truppe nach
Hamburg auf die Reeperbahn. Dort führte er sie erst
einmal in das "Wolters Rondell". Es ist ein feines,
ordentliches Bierlokal. Sie sitzen rund um die Theke
und sind lustig. Sie haben gerade den zweiten
Halbelieter angesetzt, als eine barsche Frauenstimme
durch das Lokal schalte. ,, He, da bist du ja endlich,
du Schuft". Berger sieht auf, um zu sehen, was nun
los ist wartet darauf was kommen wird. Eine Dame,
gut aussehend, von kräftiger Statur, schaute direkt zu
Ulli und alle richteten nun Ihre Blicke auf ihn. Er wußte
überhaupt nicht, was los ist, da fetzte sie schon wieder
los. ,, Mich und die Kinder einfach allein zu lassen, du
Saukerl, du elender. Zwei Jahre einfach
verschwinden, dann wagst du es, wieder hier
aufzutauchen!". Berger lässt sich Zeit zum Sortieren.
Entweder ist die verrückt oder sie will einen derben
Spaß. Er sieht die Blicke aller Gäste auf sich gerichtet.
,, Was denkst du wohl, warum ich abgehauen bin,
schau dich doch an, du alte Schlampe, kein Mensch
kann es bei dir aushalten. Wenn du denkst, daß ich
wieder gekommen bin, hast du dich geschnitten. Ich
will ein Wolters Bier, nicht dich!". ,, Äh, äh," heulte sie
los.

,, Sieh, was du aus mir gemacht hast, eine alte billige Nutte, äh,äh. Was soll ich machen, ich muß los ziehen Tag für Tag, um das Essen für deine Kinder zu bekommen". ,, Die zwei Kinder bekommst du doch nach einer Nummer satt". ,, Äh, äh," brüllt sie wieder los, ,, zwei Kinder, der weiß nicht einmal wieviel Kinder er mir gemacht hat, fünf, mit fünf Kindern hast du mich sitzen lassen". ,,Im zählen war ich schon immer schlecht, sag, waren es tatsächlich fünf?". ,, Aber ja, dann weißt du auch nicht mehr wie deine Kinder heißen?". ,, Bei sovielen, das kann ich nicht behalten". ,, Du Strolch", ruft nun einer der Gäste von der anderen Seite, ,, mach, daß du zu deinen Kindern kommst. Hier Bier saufen und die Kinder verhungern zu Hause". ,, Ja," sagt die Frau, ,, gib es ihm, diesen Strolch". ,, Opa," sagte nun Ulli zu dem Mann, halte du deinen da raus, es reicht wenn ich ihr fünf gemacht habe. Sie hat es doch gut überstanden".

,, Was hast du denn mit den 200.000 DM gemacht, die ich dir überschrieben habe? Und dem Haus?". ,, Das Haus, das Haus," äffte sie ihn nach. "Du Strolch, du hast gesagt. es ist eine Millionen Wert, ich habe aber nur 600.000 gekriegt". Jetzt schlägt die Meinung wieder zugunsten Bergers um, was wollte diese Frau von dem Mann, wenn sie so viel bekommen hatte? Der Alte murmelte "Entschuldigung, Sie das wußte ich nicht". Er schaute die andere Gäste nun entschuldigend an. Berger und die Lady konnten sich beide kaum das Lachen verkneifen. Aber alle stehen da wie vom Donner gerührt, die Tragödie war so echt, das Bier schmeckte ihnen nicht mehr``. ",, Komm rüber mein Schatz, laß uns für Heute vertragen, mal sehen, was der Tag Morgen bringt". Sie kommt herum und setzte sich neben Berger.

Manfred räumte den Hocker für sie, noch ganz gefangen von der Szene. Er kommt auf die andere Seite herum zu Ulli, ,, Stimmt das, hast du sie sitzenlassen?". ,, Manfred, wie lange kennst du mich?". Er überlegt kurz, ,, 23 Jahre". ,, na siehst du, erklärt das nicht alles. Er schlägt Ulli auf die Schulter und lacht. ,,Ich bin so durcheinander, ihr wart so gut, ich habe es glatt geglaubt". ,, Wollt ihr alleine oder getrennt ein bißchen über die Reeperbahn ziehen?. Ich denke schon, daß jeder für sich gehen will oder zu zweit". Berger gibt für jeden 50,- DM. ,,In drei Stunden treffen wir uns wieder hier". So verstreut sich die Truppe in alle Richtungen. ,,Mann, bist du geizig, für fünfzig Mark können die ja noch nicht mal bumsen". ,, Wenn die bumsen wollen, dafür bin ich nicht zuständig. Nur für Essen und Trinken fühle ich mich verantwortlich. Ich gebe auch kein Geld fürs Bumsen aus. Noch finde ich mein Futter auf freier Wildbahn. Wie bist du darauf gekommen, hier so eine Show abzuziehen, machst du das immer so?". ,, Ich bin Heute das erste Mal hier, ich hatte einfach mal Lust dummes Zeug zu machen". ,, Du warst gut". ,, Wir waren gut, war das nicht schön, wie sie Anteil an meinen Problemen genommen haben?. Ich komme aus Kopenhagen und will dort bis morgen abend auch wieder sein. Ich bin für einige Tage vor meiner Familie geflüchtet, ich habe eine Schwester in Hamburg besucht. Aber bei der war es noch schlimmer als bei mir zu Hause, da habe ich erst gar nicht ausgepackt". ,, Komm, ,,sagt Berger, ,, wir deponieren deine Tasche hier beim Wirt und machen eine kleine Runde".

,, Ich denke, wir gehen mal ins Cafe Keese, da kannst du mich ungeniert zum Tanzen auffordern. Vielleicht wird es ja mal wieder was mit uns". Sie lacht, wenn sie lacht klingt das wie heller Glockenschlag. Der Wirt übernimmt die Tasche. ,,Sagt mal ihr Beiden, war das nun echt oder Show". ,,Totale Show", sagte Rosie, so heist die Dame". Wir haben uns vorher noch nie gesehen.".”Dann ward ihr Klasse." "Wir sind in zwei Stunden wieder da, meine Leute auch. Wenn jemand früher kommt, wir sind im Cafe Keese.”Sie machten es sich gemütlich im Cafe Keese und tanzten jeden zweiten Tanz. Sie erzählte Berger von ihrem Trouble zu Hause.

,,Wehm erzählst du das, wenn ich manchmal nur vier Wochen zu Hause bin, werde ich verückt. Ich habe eine super Frau und prima Kinder, trotzdem, ich habe so einen Geist in mir, der mich rausjagt in die Welt. Ich kann nichts dagegen machen. Jetzt bin ich mal in Deutschland, was tue ich, anstatt zu Hause zu bleiben? Ich fahre mit meinen Leuten mit". "Ich habe tatsächlich fünf Kinder zu Hause, die machen mich manchmal wahnsinnig". ,,Ich kann es dir nachfühlen". ,, Ich brauche noch ein Hotelzimmer für Heute Nacht". ,, Die Nacht ist bald vorbei. Ich will morgen erst nach Hause fahren. Ich will die Nacht noch genießen, diesen ein,einhalb Tage". ,,Dann bleiben wir Heute Nacht hier, gehen noch auf den Fischmarkt und dann fährst du mit uns nach Kaltenkirchen und morgen abend fährst du von dort mit dem Zug nach Kopenhagen". ,, Ok, einverstanden". Sie tanzen bis um vier Uhr morgens, bis sich

Bergers Leute sammeln. Sie woll zurück, sie sind müde. Berger machte noch den Vorschlag bis um sechs zu bleiben und auf den Fischmarkt zu gehen. Sie wollen nicht mehr. ,, Was ist los mit euch, morgen ist Sonntag, wir wollen nur drei Stunden Arbeiten?". Berger gibt ihnen den Busschlüssel. "Ok, fahrt, ich komme mit dem Taxi nach". Sie sitzen noch bis 6.00 Uhr bei Fred, im Wolters Rondell, und genehmigten sich noch einige kleine Pils. Kurz vor sechs ziehen sie dann zum Fischmarkt, diesem Markt mit all seinen Ausrufern und Anbietern liebte Ulli. Es ist so ein bißchen Orient. Sie haben noch gut gegessen und fahren mit dem Taxi nach Kaltenkirchen. Bis auf die Wirtin ist alles am Schlafen. Sie machte mit saurer Miene den beiden Frühstück. Berger geht mit Ihr in die Küche, um ihr zu sagen, daß Rosie in seinem Zimmer schlafe und er zur Arbeit fährt. Rosie würde abends mit dem Zug nach Kopenhagen fahren. Jetzt geht es der Köchin wieder besser. Berger bringt nach dem Frühstück Rosie zu Bett, zieht sich um und geht zur Arbeit. Rosie ist etwas enttäuscht, aber auch hundemüde. ,, Wenn ich wieder zurück bin, wird es doppelt so schön, dann hast du ausgeschlafen und fühlst dich besser. Jetzt ist es 9.00 Uhr, ich bin um 1.00 Uhr wieder hier". ,,Ok," sagt sie und haut sich splitternackt aufs Bett. Berger fährt mit dem Taxi zur Baustelle, weil vielleicht einer seiner Männer nachkommen wird. Er ist aber noch der einzige Heute. Da sie aber wirklich gut geschafft hatten, ist er auch nicht böse. Er legte alle Kabel, hunderte von Metern zusammen und macht die Teile transportbereit.

Er dachte oft an Rosie in seinem Bett, es wäre viel schöner neben ihr gewesen als hier draußen. Um ein Uhr kam dann der Taxifahrer, um ihn abzuholen. In der Küche standen einige kalte Kottelets für ihn und es lag ein Zettel von ihr dort: "Bin nach Hause gefahren, bin um 8 Uhr wieder zurück zum Essen machen, es giebt Bouletten. Ich habe zwei Kisten Bier holen lassen, damit deine Leute nicht mehr weg brauchen. Seh zu, daß die alte Kuh verschwindet". Mit alter Kuh war offensichtlich Rosie gemeint. Berger aß zwei kalte Kottelets mit Senf und Brötchen.

Von seinen Leuten ist noch keiner wach oder sie sind schon wieder im Bett. Berger nimmt noch ein Kottelet mit und eine Flasche Cola, möglicherweise bekommt die alte Kuh noch Hunger. Die alte Kuh sieht sehr gut aus und ist gerade gestandene 35, genau so alt wie seine Wirtin. Berger machte sich mit ihr noch ein paar schöne Stunden, bis sie sich dann mit dem Taxi davonmacht. ,, Machs gut, mein Freund." sagte sie nur zum Abschied, "danke für den schönen Abend und den schönen Abschied. Komm nicht mit zum Bahnhof, bleib hier, so ist es kein Abschied. Immer wenn ich die Schnauze voll habe, werde ich an Dich denken und es wird wieder weiter gehen". Sie gibt ihm einen Kuß und verschwindet, Berger fällt halb bewußtlos in einen Tiefschlaf. Er merkt, dass wieder etwas in seinem Bett liegt völlig nackt. Er dachte nur, ,, Rosie hätte den Zug verpaßt". Aber als er dann mit den Händen in die Schamhaare kommt, noch ganz verschlafen. Stell er fest, daß es nicht Rosie ist. Auch das Stöhnen war anders. Er fährt im Halbschlaf zur Brust: Auch diese war ihm fremd.

Er nimmt sich vor, nicht die Augen zu öffnen, er nahm die Frau neben ihm, ohne richtig aufzuwachen. Er wollte nicht aufwachen, er wollte nicht wissen, wer sie war. Er kuschelte sich nach dem Bumsen bei ihr an und schläft wieder weiter. Aber nicht lange, da sind wieder Finger dabei ihn zu wecken. Nun ist er richtig wach, weil er ausgeschlafen hat. Nun öffnete er die Augen zu schmalen Schlitzen, er sieht was er befürchtet hat. Die Wirtin, wer sonst konnte es auch sein. Er mußte zugeben, daß sie ausgezogen besser aussieht als angezogen. Er nimmt sie nun bewußt in den Arm und gibt Ihr alles, was sie haben will. Es war nicht wenig, was sie wollte. Um die Jungs brauchst du dir keine Sorgen zu machen, die sitzen brav draußen beim Bier. Du brauchst nicht hinter herlaufen und nach ihnen sehen und meine Kinder sind auch schon im Bett . Ich habe ein Kindermädchen engagiert. Essen gehen brauchst du auch nicht mehr, weil ich alles hier habe. Sie steht auf und zeigt Berger ein Tablett mit Speisen, die für vier gereicht hätten. Dazu zwei Flaschen herben Rotwein, so wie Berger ihn gern mag. ,, Ich gehe nun erstmal ein heißes Bad nehmen". ,, Ich lasse dir Wasser einlaufen." Es wurde ein Bad zu zweit.Sie hatten beide gerade knapp Platz in der Wanne, aber es war schön heiß, in jeder Beziehung, ie konnte einfach nicht genug bekommen. Berger dachte, "wer weiß, wie lange sie darauf verzichten mußte". Oder sie braucht wirklich soviel. Vielleicht hatte sie auch nur ihren verrückten Tag. Aber sie war anschließend jeden Tag so, sie konnte nie genug bekommen.

181

Berger hatte schon daran gedacht, sie an die ganze Kolonne weiterzureichen, als alles zwangsweise eingeschränkt wurde. Ihr Mann hatte wohl Verdacht geschöpft und erschien nun öfter in der Pension. Aber es war erstaunlich, mit welchem Ideenreichtum sie immer wieder ihrem Mann ein Schnippchen schlug.

Berger kam aus dem Staunen nicht mehr heraus, zu sehen, zu was Frauen fähig waren, wenn sie etwas wollten, was ihren Männern nicht gefiel.Einmal drehte sie die Sicherung heraus, als ihr Mann im Fahrstuhl zwischen den Etagen war. Während sie ihm durch den Türschacht Trost zusprach, bumste sie mit Berger.Einmal brach sie den Schlüssel zur Kühlkammer ab, oh Jammer. Wenn sie ihn zum Einkaufen schickte, war es wieder so weit. Sie stand am Fenster und beobachtete ihn, während Berger sie von hinten verarztete. Es war nicht so, daß sie nur noch dumme Sachen machten, nein, Berger arbeitete mit seinen Leuten hart. Er verlangte von keinem etwas, was er nicht selber tat. Die gefährlichsten und schwierigsten Dinge machte er selbst. Er kletterte die 20 Meter hohen Silos hoch, brannte Verbindungen ab. Es war besser, er fällt herunter als einer seiner Leute. Er war auch umsichtig genug, um nicht herab zu fallen. Ein böser Unfall, der für einen seiner Leute in Cairo tödlich ausging, veranlaßte ihn, immer so zu handeln. Seine Geschäftspartner und Freunde sagten zwar immer zu ihm, du bist verrückt, noch mitzuarbeiten".

Vielleicht ist er verrückt, er fühlte sich sauwohl zwischen seinen Leuten und bei der Arbeit. Es tut ihm gut hin und wieder ordentlich hinzulangen. Heute ist mal wieder einer der beschissenen Tage, die gibt es immer. Der große Kran ist gekommen, um die Zementsilos, große 100 to Silos, abzunehmen und gleich zu verladen. Berger hat in seinen Bedingungen, daß die Silos leer sein mußten. Es wurde ihm auch mehrfach versichert, daß man diese restlos leer gefahren habe. Als man die Schnecken abmontierte und die Schieber öffnete, kam auch kein Zement mehr heraus. So daß er auch annehmen konnte, daß die Silos leer waren. Der 100 to-Kran schaffte es aber nicht das Silo anzuheben. An den Silos waren keine Leitern, so daß man hätte abklopfen können. Nach dem dritten Kranversuch stoppten Sie die Aktion. Berger hat sich davon überzeugt, daß der Kran wegen Überlast ausschaltete. Das Bedeutet das die Silos noch mindestens halbvoll sein müssen. Eine kleine Katastrophe bahnte sich an. Wohin mit dem Zement, er mußte aus den Silos heraus. Mit einem Vorschlaghammer schaffte er es, die Zementbrücke im Silo zum Einsturz zu bringen. Es geht nun alles so schnell. Die vielen Tonnen Zement schießen in die Tiefe, es sind fast 8 Meter Höhe, so daß sich eine Staubwolke bildete, die noch die nahe Autobahn einnebelte. Berger steht im Zentrum dieser Wolke und hält sich verzweifelt alle Löcher in seinem Kopf zu. Am wichtigsten sind Mund und Nase. Es dauerte eine halbe Stunde bis man wieder sehen kann, was los ist.

Mit Sicherheit, hätte einer seiner Männer dort gestanden, dieser hätte die Nerven verloren und wäre in den dreißig Tonnen Zement. Die nun dort unten liegen, abgesoffen. Der Kran schaffte es nun das Silo zu verladen. Beim zweiten Silo haben sie den gleichen Spaß. Hier lassen sie aber den Zement in Etappen raus, es ist möglich weil es höchstens 10 to sind.

Für die Bauern der Umgebung gibt es in den nächsten Tagen frei Zement. Ulli benötigte viele Stunden in der Badewanne, um den Zement aus allen Fugen zu spülen. Silvia hilft ihm dabei, sie hatte es fertig gebracht, ihren Mann mit den Kindern zur Oma zu schicken. So hat sie wieder freie Bahn für Berger. Silvia raubte Ulli die letzten Illusionen der netten, anständigen Ehefrau. Jeder, den er im Ort trift ist vollen Lobes über Silvia, als Mutter und als Ehefrau. Sie ist sicherlich auch gut und keine schlechte Person Berger verurteilte nicht, was sie tut, denn er tut es ja mit ihr nicht andere. Es ist schön, unbestritten super schön. Aber er erlebte mit, wie ein Ehemann zum Narren gehalten wird. Er lernt auch dabei und würde in Zukunft selbst mißtrauischer sein. Es hatte ihn schon immer erstaunt, zu was Ehefrauen fähig sind. Aber es ist ja wohl nicht anders bei den Männern. Für Berger wäre es aber ein Unding gewesen, Beziehungen in der Umgebung seiner Frau und Familie zu haben. Nur einmal war etwas entstanden, was er wieder im Keime erstickt hat. Es gibt viele Dinge, die er gern mit seiner Frau gemeinsam getan hätte.

Einiges haben sie auch getan, sie waren Freunde und Ehepartner und haben ein außergewöhnliches Verhältnis zueinander. Genauso wie es für Berger nicht möglich war, sich mit Frauen seiner Freunde zu treffen. Einer seiner Freunde hat sich diese dies in seiner Eifersucht einmal 15.000 DM kosten lassen. Er hat Berger 14 Tage lang rund um die Uhr überwachen lassen, weil er glaubte, Berger hätte ein Verhältnis mit seiner Frau. Jemand, mit dem er zweimal in der Woche Fußball spielte und einmal in der Woche mit der Feuerwehr zusammen ist. Plus etlichen Stunden an der Theke zusammen. Berger wurde erst von Nachbarn darauf aufmerksam gemacht, daß er ständig von einem Wagen verfolgt wird. Der würde immer in der Straße parken und mit Berger zusammen losfahren. Berger schnappte sich diesen Typen und lässt ihm erst wieder Luft zum Atmen, nachdem dieser seinen Auftraggeber preisgegeben hat. Am gleichen Abend geht er noch zu seinem Freund und führte ein intensives Gespräch mit ihm. Der Verdacht ist nur entstanden, weil Berger so ein lockeres leichtes Verhältnis zu seiner Frau hat, die ansonsten schwer zugänglich ist." „ Du bist ein schönes Arschloch, wenn ich einen Verdacht hätte, wäre ich sofort auf denjenigen zugegangen. Wenn ich nur daran denke, wieviel Bier wir hätten zusammen saufen können". Manchmal ist die Eifersucht krankhaft, oft da, wo sie nicht nötig war und da, wo einer der Partner wie verrückt verarscht wird kaum Eifersucht auf. Das Leben ist schon seltsam im Zusammenspiel zwischen Mann und Frau. So auch zwischen Silvia und Ulli. Er ist froh, als die Baustelle beendet ist und er ihrem Würgegriff entkommen konnte.

Vielleicht will sie auch nur mal raus aus der stinkigen Normalität des Alltages, der sie aufgefressen und angeödet hatte, ausbrechen. So, wie Rosie einfach einige Tage abgehauen ist.

So, wie Berger auf seine Baustellen flüchtete oder ins Ausland abhaute. Er hat Abenteuer und Erlebnisse im Überfluß. Man hatte diese aber nur, wenn mann sie suchte, sie kommen nicht zu einem. Man muß zu ihnen gehen, so wie wenn man ins Kino geht. Man muß zu ungewöhnlichen Dingen "ja" sagen können und auch dazu bereit sein, Nachteile in Kauf zu nehmen. Wenn man ständig das ,, Für und Wieder" abwägt, geht das wirkliche Leben an einem vorbei. Aber es gibt ja auch verschiedene Vorstellungen vom wirklichem Leben. Andere sehen in dem Leben, wie es Berger führte, eine unmögliche Existenz für sich selbst. Es gibt Menschen die in Sicherheit leben müssen, in jeder Beziehung, dann ist für sie das Leben lebenswert. Berger ist jemand, der die Welt und die Unruhe benötigte, das Neue, die Herausforderung, ständig sucht. Da, wo er eigentlich oft aus Vernunftgründen nein sagen müßte, sagte er ja, weil er es herausfinden muss. Er lässt sich auch in kein Schema pressen, er ist nicht form bar für die Wegwerf und Pantoffelgesellschaft. Er war ein Sondermodell, wobei das "sonder" nicht besonders gut sein muss, bestimmt ist er etwas verrückt, daran hat er selbst keinen Zweifel. Dies belegte auch sein Leben und sein Lebensweg, er kann und will dies nicht ändern. Er fühlte sich gut dabei. Er versucht, ein guter Mensch zu bleiben und anderen so wenig wie irgend möglich einen Schmerz zuzufügen.

Berger ist eher dazu bereit, Schmerzen für andere zu tragen. Hinzu kommt der Zug zwang in den Orient, die Liebe zum Orientalischen. Nach der Verladung der Maschinen in Kaltenkirchen macht sich die ganze Mannschaft singend auf den Rückweg, es war ein schöner warmer Tag und eine Bombenstimmung im Bus.Vor ihnen gurkte schon seit längerem ein offener Volkswagen Käfer mit zwei bildschönen Mädchen drinnen. ,, Die beiden lade ich jetzt zum Kaffee ein, die will ich kennen lernen". ,, Laß mich fahren Helmut". ,, sie wechseln fliegend die Plätze. Berger sitzt nun am Steuer und fährt hinter den Mädchen her. An der nächsten Ampel hält der Käfer. Die Fahrerin spielte mit der Kupplung und der Käfer schaukelte ein bißchen. Berger fährt einfach auf den Käfer auf, stoppt und springt aus dem Auto. ,,Aber meine Dame, sie können doch nicht einfach rückwärts fahren, sehen sie sich das doch mal an, ich habe nun eine beschädigte Stoßstange. Wie wollen wir das regeln?". ,, Die beiden Mädchen sind so verdattert, die Fahrerin glaubte tatsächlich, sie wäre zurückgefahren bei ihrer Spielerei mit dem Auto. ,, Entschuldigen sie bitte, mein Herr, wir wollen das gerne regeln". ,, Meine Damen wir können das bei einer Tasse Kaffee klären, ich werde ihnen nicht den Kopf abreißen. Das kann jedem mal passieren. Wir fahren vor dort vorne links ist ein Cafe. Berger fährt den Mädchen hinterher und I lädt die Mädchen zum Kaffee ein. Seine Leute erfrischten sich in der Zeit gleichfalls in ehrfürchtigem Abstand. ,,Meine Damen, ich heiße Ulli". Die Mädchen stellen sich ebenfalls mit ihrem Vornahmen vor.

Sie trinken Kaffee und essen noch ein Eis. ,, Was ist nun, was sind wir Dir für ihre Stoßstange schuldig?". ,, Nichts, meine Damen, es war mir ein Vergnügen, sie einladen zu dürfen, im übrigen, sie sind nicht rückwärts aufgefahren. Ich bin einfach gegen ihren Käfer gerollt. Ich habe sie ein bißchen auf den Arm genommen. Ich wollte mit ihnen zum Kaffee trinken gehen und sie kennenlernen". ,, Und vor ihren Leuten angeben, was für ein toller Hecht sie sind!". ,, Nein, das brauche ich nicht, das wissen die doch," sagte Berger laut lachend. ,, Wie fies eingebildet der Kerl auch noch ist," sagte die eine und lacht. ,, Einbildung, meine Damen, ist die einzige Bildung, die ich habe. Ich habe Waldhöhlen-Forschung und Baumkunde studiert bei Lehrer Ast". ,, So siehst du auch aus", Sie tauschen noch die Telefonnummern aus und weiter geht die Fahrt. Helmut übernimmt wieder das Fahrzeug und Berger denkt nach langer Zeit mal wieder an das Schiff Maghnoun. Wo konnte dieses Schiff geblieben sein? Ist es in der stürmischen Nordsee irgendwo gesunken, wird nun endlich Ruhe eingekehrt sein?. Es sieht ganz so aus, seit vielen Wochen war jede Nachricht ausgeblieben, man konnte davon ausgehen, daß das Schiff gesunken war. Ansonsten konnte sich kein Schiff von der Größe der Maghnoun so lange verstecken.Poulson hatte sein Schiff zum Glück wieder. Er würde übermorgen mit dem Verladen der Fertighäuser beginnen.Bei seinem Freund, dem Hafenmeister, hatte er schon jetzt einen Liegeplatz an Pier 12 bestellt. Dies ist sein Stammplatz geworden. So geht es bei Berger auch gleich weiter.

Die Verladung der Fertighäuser zieht sich über die nächste Woche hin. Der Transport der Maschinen von Nigeria nach Lome ist in vollem Gang. Zwei Asphaltanlagen für Cairo sollen verladen werden. Eine Betonwerksdemontage in Wipshausen sollte beginnen. Teile der Anlage gingen nach Saudi Arabien und nach München. Dieses Betonwerk kannte Berger aus dem FF, er hatte es über viele Jahre betreut. Nun wurde es einfach demontiert; aber zum Glück wanderte es nicht auf den Schrott,. Jedes einzelne Teil konnte Berger wieder verwerten. Während dieser Demontage ereignete sich eine böse Sache bei einem seiner Mitarbeiter. Der Kranfahrer war ein rauher Bursche, der auch mal ganz gern einen trank, aber äußerst tüchtig und auch zuverlässig war. Er kam eines Abends angetrunken nach Hause, das heißt, das kam er eigentlich jeden Abend. An diesem Tag gab es aber Probleme im Haus. Der eine Nachbar, ein kleiner Kerl, hat sich an eine seiner Töchter heran gemacht. Heinz, voll in Rage, geht mit Schäferhund zum Angriff über. Der Kleine in seiner Not wirft die Kettensäge an, um sich zu schützen. Erst rasierte er dem Schäferhund den Kopf ab,dann zersägte er den Stuhl, mit dem er angegriffen wird. Dann sägte er dem Angreifer beide Arme ab und skalpierte ihn leicht am Kopf. Nimmt dem mann den Skalp und etwas mehr.

Der Rettungshubschrauber bringt ihn samt der abgesägten Arme nach Hannover in die Uniklinik. Dieser Kerl steht bereits wieder 5 Wochen später mit Ulli an der Theke.

Raucht seine Zigarette und trinkt Bier. Er kann beide Arme wieder benutzen, es fehlte noch Kraft und einige Nachbehandlungen, aber die Arme sind wieder voll funktionstüchtig. Es ist für Berger wie ein Wunder, was hat die Medizien für Fortschritte gemacht. 8 Wochen nach der Attacke sitzt der Mann schon wieder auf seinem Kran und arbeitete. Die Einrichtungen des Betonwerkes gehen in alle Welt. Die Tische gehen nach Saudi Arabien, eine Batterie in den Irak, der Betonturm nach Kuwait, die Krananlage und eine Batterie bleiben in Deutschland. Und nur hier gibt es wieder Probleme mit der Zahlung. Ein Freund" bezahlt mit Scheck, obwohl Barzahlung vereinbart ist. Prompt wird dieser Scheck gesperrt und erst ein halbes Jahr später, kurz vor dem Prozeß, bezahlt. Diese Art Geschäfte kommen in Deutschland immer mehr in Mode, es war offenes Gangstertum. Es ging in Zukunft absolut nur noch mit Cash Money. So passierte es oft, daß Berger manchmal mit Hunderttausenden von Mark durch die Gegend fährt, das Risiko wird immer größer. Die Gefahr auch für Leib und Leben Wächst mit jedem Geschäft. Weltweit bilden sich Gangstergruppen, die sich dieses Bussiness und seiner Betreiber annehmen. Amerika und Kanada Steht bei Berger auf dem Zettel, eigentlich hat Berger vor, in den nächsten Tagen nach Togo zu fliegen. Die Maschinen aus Nigeria sind per Schiff in Lome angekommen. Auch die Container bzw. Fertighäuser für Nigeria sind verladen. Da kommt der Hilferuf seines ehemaligen Arbeitgebers. Es gibt Probleme mit einem Böschungsfertiger in USA.

Da Berger an der Entwicklung mit gewirkt hat, bat man ihn, doch diesen Fertiger, der nicht funktionierte, in Betrieb zu nehmen. Da er die Materie kennt und selbst eine Betonanlage nach Kanada geliefert hat und aufbauen muß, ist es fast auf dem Weg für Berger. Der Fertiger steht in der Nähe von New York, etwa 20 Kilometer den Hudson aufwärts. Er quartierte sich im New York Pattersen ein. In New York hat er eine Menge Freunde, aber er hat keine Zeit, diese zu besuchen, Er will schnellst möglich nach Kanada und wieder zurück nach Deutschland. Er muss nach Lome und Lagos. Das Wetter in New York ist angenehm, Berger brauchte nicht zu frieren. Er hat ein sehr nettes kleines Hotel gefunden, es hat einen deutschen Besitzer und deutsches Management. Das wesentliche daran ist die Gemütlichkeit und die nette Atmosphäre, die dieses Hotel ausstrahlt. Von Pattersen aus kam Berger auch schnell zur Baustelle kommen. Er hat mit seinem Leihwagen, den er sich besorgt hat, nicht länger als 30 Minuten zur Baustelle. An den Leihwagen muss er sich erst gewöhnen, es war ein riesiger alter Dodge. Berger kommt Morgens in New York an und hat dadurch Zeit, sich an New York zu gewöhnen. Nach jeder Ankunft mußte er sich in diesem unendlichem trouble erst wieder zurecht finden.

Mit dem Auto fährt er erst einmal querr durch die Stadt nach Hillside. Er hatte dort ein Stammrestaurant. Er hat Pech, der Eigentümer, ein deutschstämmiger Amerikaner, ist im Moment nicht da.

Die meisten Amerikaner in New York sind deutschstämmig, mit den Östereichern zusammen halten sie über 50% der weißen Bevölkerungsgruppe. Berger bestellte sich Essen, er nimmt sich vor, auf Ronni zu warten. Die Kneipe ist voll, wie immer wenn er hier ist. Das letzte mal war er vor 3 Jahren vor Ort.
Ronni ruft etwas später an, man reichte Ulli das Telefon. ,, Mensch, Ulli, das ist toll, daß du wieder da bist, ich habe dich eine Ewigkeit nicht mehr gesehen. Ich bin hier bei einem Freund in Manhattan, der arbeitet in Caterpillar Ersatzteilen, ich habe hier noch zu tun. Komm doch einfach rüber. Bist du mit dem Auto? Ich erkläre dir den Weg. Oder nimm doch einfach ein Taxi, laß den Wagen bei mir stehen". ,, OK, ich komme. Sage mir nur die Adresse". ,, 47th Str. direct am times sq. oben, Appartment 127 - Firma CatPart -International". ,, Ok, ich esse noch auf, dann komme ich". Eine halbe Stunde später sitzt Berger im Taxi und befindet sich auf dem Weg von Hillside nach Manhattan. Sie fahren durch den Holland Tunnel nach Manhattan rüber. Auf der anderen Seite fährt der Fahrer dann erst in den kleinen südöstlichen Zipfel der Insel, dort hat Berger über den breiten Hudson hinweg freie Sicht auf die Freiheitstatue. Er war schon einige Male hier gewesen, nie hatte die Zeit gereicht, um die Statue zu besichtigen. Es ist ein wunderschöner angebrochener später Vormittag. Das Gewitter in der Nacht hat die Luft von New York gereinigt und den Mief gegen Westen geblasen. Von Osten kommt vom Pacific eine herrlich frische Brise. Die New Yorker sind alle draußen in den Parks und Straßen, um ihre Lungen mit Sauerstoff zu betanken.

Wer weiß, wann sie wieder solch einen Tag mit frischer Luft haben. Der Taxifahrer ist stolz auf sein New York und das er es Berger in einem solchen Glanz präsentieren kann. Die meisten New Yorker wissen gar nicht mehr, wie schön ihre Stadt sein kann. In ganz New York müsste der Autoverkehr nur erlaubt sein, wenn man ein Elektro oder Gasauto betreibt. Die Sonne bescheint New York, die Stadt strahlt in vollem Glanz und dtrahlt eine tolle Atmosphäre aus. So eine wie Berger es noch nie erlebt hat. Es war ein bißchen Hamburg, London, Paris, Frankfurt, Cairo, Lagos, Tokio, Rio, alles ist hier vereint und zusammengekocht. ,, Wissen sie, daß die Mehrheit hier in New York deutsch stämmig sind?". ,, Nein", sagt Berger um dem Fahrer seine Freude zu lassen. ,, Etwas über 50% sind hier ehemals Deutsche. Ich heiße übrigens Jerry, meine Eltern stammen nicht aus Deutschland, ich bin Afrikaner". ,, Ich liebe Afrika," sagt Berger, ,, ich bin viel in Afrika``. ,, Nun steht Berger in New York und muss von Afrika erzählen. ,, Zu gern möchte ich in den Erdteil meiner Väter einmal sehen, aber die Kohle fehlt. Vielleicht später mal, sagt der Mann wehmütig.

,, Sie fahren nun die Uferstraße entlang, an ganz Manhattan vorbei bis zur 47. Straße, dann rechts hoch zum Times square. Berger sieht schon das Haus, das man ihm beschrieben hatte."Jerry reichte Berger seine Visitenkarte, "wenn du New York kennen lernen willst, dann ruf mich an. Machs gut und viel Spaß." Berger versprach, ihn in Anspruch zu nehmen. Er überquerte die Straße und ging in das Haus, das einen vornehmen Eindruck machte.

Die Wachleute mit Fantasieuniformen nahmen ihn
freundlich in Empfang und vergewisserten sich erst
bei CATPART, ob sie ihn einlaßen dürften. Mit den
Uniformen und den Fragestellungen wirkte alles eher
belustigend auf Berger. Es fehlte nur noch der Tusch
aus der Karnevalssendung, ,,dürfen wir ihn nei
lasse?". Dann wird er im Gleichschritt zum Lift
gebracht. Oben wird er von einer drallen Vierzigerin
vom Lift abgeholt. ,, Willkomen in New York, Mister
Berger. Bitte folgen sie mir. Sie werden erwartet". Es
ist ein komfortables Büro, das Berger betritt. Der Chef
residierte wie Jimmy Carter an einem riesigen
Schreibtisch mit der amerikanischen Flagge im
Rücken, links sthen noch kleine Flaggenständer. In
denen ist die deutsche, europäische und
amerikanische Flagge. Ronni ist aufgestanden und
kommt auf berger zu. Begrüßte Berger freundlich und
stellte Berger dem Präsidenten Ableger vor. ,,
Herbert", sagt er nur ganz kurz, ,, für meine Freunde
bin ich Herbert". ,, ich bin der Ulli, Ulli Berger". Berger
ist immer wieder fasziniert von der lockeren Art die
Engländer wie auch Amerikaner im Umgang
miteinander pflegen. Dieses duzen ist ein ganz
normaler Vorgang. Berger hat diese Art Umgang auch
längst zu seinem Umgangston gemacht. Sofort
entsteht ein lebhaftes Gespräch und da Ulli viel mit
Caterpillar Gebrauchtmaschinen handelt, ist schon
eine Basis für ein gemeinsames Geschäft vorhanden.
Herbert hat einige gute Ideen, wie er seine Teile in
Afrika an den Mann bringen kann.

Ulli ist in der Lage, ihm sehr dabei zu helfen, weil er seit Jahren die Bauunternehmen in Afrika besuchte". ,,
Ich bin, das heißt, meine Großeltern sind aus Heidelberg, ich war letztes j
Jahr dort, einfach phantastisch. Aber ich könnte nicht auf Dauer zurück, mein Leben ist New York. Wenn ich drei Tage New York nicht sehe, bin ich krank." ,,So geht es uns allen, sagt Ronni, wir lieben Deutschland, aber zurück, nein niemals. Wir könnten dort nicht mehr zurecht kommen. Wir sind total verschiedene Menschen, wir haben uns in eine andere Richtung entwickelt". ,,Es ist erst 1.00 Uhr, kommt, es ist so schön Heute, wir fahren raus in meine kleine Farm. In einer Stunde sind wir dort". Herbert greift zum Telefon und ruft zu Hause an. Er bestellte für sich und seinen Besuch ein Barbeque. Mit dem schweren Lincoln sind sie schnell aus New York heraus. Im Augenblick ist alles ruhig. Eine Stunde später ist New York zu. Sie fahren Richtung Trenton, bis der Fahrer links abbiegt. Ein wunderschönes kleines, aber sehr ordentliches Farmhaus liegt vor ihnen.

,, Hier draußen wohne ich im Sommer, im Winter ziehen wir in unsere Stadtwohnung. Die ganze Familie und Belegschaft tanzte an, um sich vorzustellen. Ronni ist schon ein alter Hausgast, so ist nur Berger vorzustellen. Der ältere Sohn zieht Berger sofort in den Pferdestall, nachdem er herausgefunden hat, dass Berger reiten kann und selbst Pferde in kairo hat. ,, Ich setze mich nicht auf die Böcke drauf, ich will mir doch nicht mein Genick brechen.

195

,,Drei wunderschöne Pferde stehen im Stall, Bernd führt sie aus dem Stall und Ulli bewegte diese etwas um sie zu bewundern. Alle Pferde sind durchweg kräftige und gut erzogene Reitpferde. ,, Wer hat den diese Prachtstücke eingekauft?". ,, Das tut Mamm, sie kommt aus einer alten Reiterfamilie, sieh versteht sehr viel von Pferden". Am Sonntag kommst du schon morgens her, dann kannst du mit Bernd und meiner Frau ausreiten. Janett ist auf dem College und kommt am Sonntag nicht". ,, Abgemacht," sagte Berger, ,, ich bin am Sonntag hier". Bernd schwingt sich auf eines der Pferde und machte eine kleine Runde ohne Sattel. Kannst du ohne Sattel reiten?'. ,, Nein, dann bin ich schneller unten als das ich oben bin. Ich brauche noch was zum festhalten. ,, Iris, die Frau von Herbert, baute mit ihren Angestellten das Barbeque auf, es duftete schon ausgezeichnet. ,,Komm her, trink ein Bier mit uns, die Farm kannst du dir am Sonntag ansehen". Berger hat Appetit auf Bier bei diesem tollen Wetter. Er öffnete eine der kühlen Budweiserdosen mit einem Knack und lässt das kühle Getränk über seinen Knorpel laufen. ,, Oh, das hat gut getan, das erste Bier seit Tagen``. ,, Es ist ein wunderschöner Ort, an dem er sitzt, alles erinnerte ihn an das Allgäu. Die satten Wiesen, die Berge und Täler. Nicht so hoch, aber doch ca, 500-600 Meter hoch", erklärt Herbert, als er Bergers Blick bemerkte. Wir sind hier in den Ausläufern des Appalacho-Hochlandes. Der höchste Berg ist der Mount Mitchel mit 2037 Metern". Iris ruft die Männer nun an den Grill, um Fleisch zu fassen, der Duft hat sie schon hungrig gemacht.

Am Nachmittag wird noch geschwommen und gefaulenzt, danach werden Pläne für die mögliche Zusammenarbeit in Afrika geschmiedet. Die Zentrale für den Handel sollte in Cairo entstehen, von dort aus will Berger den afrikanischen und den arabischen Markt erschließen. Herbert findet Bergers Ideen für gut und verspricht, Ulli in Cairo zu besuchen, um alles nähere abzuklären. „Das wichtigste, was ich von dir benötige, sind ein Ersatzteilkatalog und die Preise". „ Das lasse ich dir bis Sonntag fertig machen". „Kommst du Sonntag mit Ronni?", kann ich machen. „ Wir werden uns beide einen gönnen, während sich die drei Verückten ihren Hintern wund reiten. „ Ronni und Ulli bleiben noch bis zum Sonnenuntergang. Es war an einem solch herrlichen Tag ein grandioser Abschluß. Wie sich die Sonne hinter dem Appalacho-Hochland langsam zurückzieht, ein super Schauspiel. Von einem hellgelben bis zu einem blutigem Rot wirken die Strahlen der Sonne.

Der gesamte westliche Horizont ist eine farbenprächtige Wand, über die nun der Vorhang der Nacht gezogen wird Der Fahrer von Herbert bringt Ronni und Ulli zurück in den Trubel der Stadt. „Das ist meine Stadt," sagte Ronni, wenn ich wieder hier bin, bin ich zufrieden". „ Ehrlich und mit Hand aufs Herz, dies sage ich von Cairo, wenn ich dort bin, bin ich sofort ein anderer Mensch, ich habe das Gefühl, ich bin dort zu Hause". „ Lebt deine Familie auch in Cairo?". „ Nein, deshalb pendle ich immer noch hin und her. Zur Zeit bin ich auch nur über Wochen in Cairo.

Ich fliege durch die ganze Welt den Baustellen hinterher. Ich liebe diesen Job so wie du deine Kneipe und deine Stadt liebst. Mein New York ist wie dein Cairo". , Berger trinkt mit Ronni noch ein Bier und fährt dann zurück zum Hotel. Fahren ist zu viel gesagt, es geht nun nur noch schrittweise. Er braucht von Hillside bis Patterson zweieinhalb Stunden. Um 11.00 Uhr ist er bereits im Tiefschlaf. Am anderen Morgen startete er um 6.00 Uhr. Es ist die richtige Zeit, um noch sicher und schnell aus New York herauszukommen. Um 7 Uhr ist er auf der Baustelle. Als er den Fertiger sieht schlägt er die Hände über dem Kopf zusammen. Der Hersteller hat das zweite Exemplar des Prototyps, der inzwischen total überarbeitet worden ist tatsächlich hier her verkauft, ohne diesen Umgerüstet zu haben. Es ist ein Umbau mit großem Aufwand erforderlich, fast ein Neubau. Er kann dies natürlich nicht der Bauleitung mitteilen, die froh ist, dass Berger gekommen ist um die Maschine in Betrieb zu nehmen. Berger will wenigstens die Maschine aufbauen, in die Bettung stellen und den Probelauf machen, leer, ohne Material Zwischendurch musas er mit dem Hersteller telefonieren, um herauszufinden, was werden soll. Berger zieht sich auf der Baustelle seine Arbeitskleidung an, um mit den Vorbereitungen zu beginnen. Jeden falls hat er dies vor, daraus wurde aber nichts. Als man seine Gewerkschaftskarte und seine Arbeitserlaubnis sehen wollte, ist es vorbei. Er durfte weder ein Werkzeug in die Hand nehmen geschweige damit arbeiten. Wie soll er einen Umbau machen wenn er nicht arbeiten darf?.

Das Telefongespräch mit dem Hersteller ergibt, dass er erst einmal nur aufbauen und leer vorführen soll, damit der Kunde wenigstens sehen kann, dass die Anlage funktionierte. ,, Sie arbeiten in der Fabrik zur Zeit mit Hochdruck an der Ersatzmaschine. Die Auslieferung dieser Maschine konnte nicht gestoppt werden. Nach dem Probelauf ist die Zahlung fällig, dann haben wir Luft und tauschen die Maschinen". ,, Wie ich es hier sehe, haben die auch noch Zeit auf der Baustelle, es könnte klappen. ,, Es wurde für Berger die schwierigste Montage seines Lebens. Mit einem Haufen ungeübter Leute muss er die Maschine aufbauen und Erneuerungen in der Steuerung vornehmen. Er durfte nicht einmal den Schraubenzieher in die Hand nehmen, um die Kabel umzuklemmen, es ist eine Katastrophe. Der Kunde aus Kanada will gern seine Betonanlage in Betrieb nehmen und ruft dauernd in Bergers Hotel an. Aus geplanten 3 Tagen USA werden 10 Tage.

Sein einziger freie Tag war der Sonntag, an dem er zum Reiten eingeladen war. Es war ein wunderschöner Tag, die Pferde und auch die Reiter waren prächtig in Form. Die Pferde sind eine Arabermischung, nicht so groß wie die Kaltblüter in Europa. Aber etwas größer als die reinen Araber in Cairo, die Berger gewohnt ist. Berger entscheidet sich für einen bequemen Westernsattel. ,, Der ist besser für mich, ich bin kein guter Reiter. In dem Ding sitzt man wie im Lehnstuhl". Auch Herberts Sohn benutzte einen Westernsattel.

Nur Iris hatte sich einen kleinen Rennsattel ausgesucht. Sie kann reiten wie der Teufel persönlich. Sie springt über alle Hindernisse, um die Berger und Bernd herumreiten. Bis sie vor einem Zaun stehen, was nun? Iris ist mit einem Satz drüben. Die beiden stehen auf der anderen Seite und trauten sich nicht. Sie lacht, ,,ihr seit ja tolle Cowboys, am Weidezaun ist eure Kunst vorbei". ,, Ich habe eine Kneifzange mitgenommen, Mamm, kein Problem." "Das kommt nicht in Frage, nehmt euren Mumm zusammen und springt". ,,Berger hat bisher noch nie den Versuch gemacht, zu springen. ,, Laßt es einfach eure Pferde machen, die machen es ohne Eure Hilfe". Sie springt noch zweimal hin und her, um es ihnen zu zeigen. Berger nimmt nun allen Mut zusammen reitet einen großen Bogen und auf den Zaun zu. Er will, aber sein Pferd nicht, es dreht einfach vorher ab." Iris lacht", wenn du das so zaghaft machst weis das Pferd nicht was es soll. Mach es nochmal mit mehr Power". Berger tut wie befohlen. Siehe da, das Pferd hebt ab und fliegt über den Zaun, Berger fängt sich auf der anderen Seite ab, um nicht aus dem Sattel zu fallen, es hatte geklappt. Der erste hüpfer seines Lebens. Gleich macht er kehrt und er versuchte es noch einmal und noch einmal. ,, Jetzt bist du dran, Bernd!" ruft Ulli dem Jungen zu". Dieser schafft es gleich beim ersten Anlauf, so haben Sie Heute beide ihre Springertaufe hinter sich gebracht. Der Zaun war für den ersten Sprung bereits beachtlich hoch, immerhin etwas mehr als einen Meter. Iris preschte nun los und die beiden versuchen, ihr zu folgen, sie konnten sie nur erwischen, indem sie sie in die Zange nehmen.

Ansonsten ist sie den beiden an reiterlichem Können haushoch überlegen. Zwischendurch gönnten sie den Pferden immer wieder eine Ruhepausen. Sie teilten sich die Reiterei so ein, daß sie um Ein Uhr wieder auf dem Farmgelände sind, denn Reiten macht hungrig und durstig. Durstig sind die beiden Zurückgebliebenen nicht mehr, sie haben schon einen ganzen Karton Budweiser geschafft. Ulli und Bernd duschen und striegeln die Pferde. ,, Siehst du, das ist auch etwas, das ich an den Pferden nicht mag. Wenn ich aus dem Auto aussteige, bleibt es so stehen wie es ist, schau dir die beiden an, was sie mit den Pferden ackern müssen." Berger liebte es, die Pferde nach dem Reiten für den Stall fertig zu machen. In dieser Zeit lernte er die Pferde besser kennen als beim Reiten. Wenn die Pferde zufrieden sind waren sie zu allerhand Schabernack aufgelegt. Bernd zeigt Ulli nun die ganzen Stallungen. Neben dem Pferdestall haben sie noch zwei Kühe, braunweiße, 4 Schweine, eine Menge Gänse, Enten und Hühner. Hinter dem Haus hatten sie einen Garten, in dem man jedes Gemüse finden konnte. ,, Der Garten ist meine Arbeit", sagt Bernd stolz. Dahinter gibt es einen schönen Obstgarten, in dem Birnen, Äpfel, Pflaumen und Pfirsiche stehen. ,, Dort hinten, die ganz jungen Bäume sind Kirschbäume, wir haben sie erst vor einem Jahr angepflanzt". Auch dieser schöne Tag geht wieder zu schnell vorbei. Heute fährt Herbert mit ihnen in die Stadt, er will Berger noch New York bei Nacht zeigen. Daraus wurde aber nichts, weil sie aus Ronnis Kneipe nicht mehr heraus gekommen sind. Sie versackten und versumpften dort total.

Am nächsten Tag nahm Berger dann die Anlage in Betrieb und fährt leer alle Funktionen durch. Es klappte wie am Schnürchen. Die Leitung der Baustelle ist begeistert und lässt die Zahlung los. Berger machte sich auf zu seinem Kunden nach Kanada. Er verspricht auf dem Rückweg wieder zukommen.

Kapitel 7
Kanada

Berger organisierte alles so, daß er mit dem Leihwagen nach Kanada fahren kann. Er wählt seine Reisroute über Buffalo nach den Niagara-Fällen und dann weiter über Hamilton und Toronto nach Worpsen, ein kleines Nest, ca.50 Kilometer von Toronto entfernt. Dort betreibt der Deutsch-Kanadier Artur Recknagel ein kleines Betonwerk. Da er mit den heimischen Mischern keinen Qualitätsbeton herstellen kann kaufte er sich von Ulli eine gebrauchte Anlage aus Deutschland. Ulli besorgte ihm eine gute, preiswerte Anlage, die in einem technisch erstklassigem Zustand ist. Nun wollte er natürlich die Anlage so schnell wie möglich in Betrieb nehmen. Berger fährt am ersten Tag, weil er nicht so früh weg kam wie er wollte, nur bis Utica. Fast immer am Hudson entlang, es war eine herrliche Strecke durch den Staat New York. Utica ist eine sehr angenehme Stadt, die ihn an die Mittelstädte in Europa erinnerte. Am anderen Morgen geht es ganz früh weiter nach Buffalo und von dort zu den Niagarafällen.Er bereute nicht, hierher gefahren zu sein. Es war ein so imposanter und schöner Anblick.

Noch nie hat er etwas Ähnliches gesehen. Über zwei Stunden saß er da und schaute den Naturgewalten zu. Er hätte hier einige Tage verbringen können, gerne wäre er hinab gestiegen und hätte einige Höhlen erkundet, die sich hinter dem herabstürzenden Wasser verbergen. Sein Kunde wartete und er mußte weiter ziehen, er hat den Wasserfall wenigstens gesehen. Er fährt nun rund um die Spitze des Ontariosees bis nach Hamilton und dann nach Toronto. Er fährt nicht in die Stadt hinein, er übernachtete draußen in seinem Auto direkt am See. Er genießt diesen Abend und die Nacht. Von einer Anhöhe aus kann er alles übersehen. Den ganzen See in seinem riesigem Ausmaß, die fernen Lichter von Hamilton und die nahen Lichter von Toronto.

Es ist eine klare kühle, aber sehr schöne Nacht. Es war Vollmond mit einer hervorragenden Fernsicht. Es fehlte ihm nur noch, daß hinten am Horizont die Magnoun auftauchte. Sie passte in dieses Bild hinein. Die letzten Wochen und Monate zogen mit Ihren Ereignissen an ihm vorüber. Seine Familie, hätte er nur geahnt, dass sich diese Reise so hinzieht, hätte er seine Mieke mitgenommen. Er ist aber von einer Blitzreise ausgegangen und wollte sie nicht überanstrengen. Nun hat es sich so entwickelt, daß sie hätte gut mit ihm reisen können. Es ist nun zu spät. In wenigen Tagen würde er wieder zu Hause sein. Das dachte er auch nur, neue Probleme warteten schon auf ihn. Diese Nacht sollten sie ihm die Stimmung noch nicht verderben. In die USA wollte er auf dem Rückweg nicht mehr, er hat die Anlage in Betrieb genommen.

Er hat seine Pflicht und Schuldigkeit getan. Der Hersteller hatte sein Geld bekommen und soll nun zusehen, daß er die Maschine getauscht bekommt. Ein Umbau in USA war unter den Bedingungen dort nicht möglich. Am anderen Morgen bricht Berger gut durchkühlt nach Worpsen auf. Recknagel ist glücklich, als er Berger aus dem Lincoln aussteigen sieht und kommt über seinen Betriebshof gelaufen. ,, Endlich," sagte er, ,, ich will mit dem Ding arbeiten". ,, Dann laß es uns gleich anschauen, ob beim Transport nicht soviel kapputt gegangen ist". Die Anlage hat den Transport gut überstanden. ,, Hast du die Fundamentplatte fertig?" ,, Ja, dort hinten, ich habe bereits die Elemente für die Boxenwände gegoßen." Er zeigte auf einen Stapel fertiger Betonteile. ,, Dann wollen wir morgen früh starten. Hast du einen kleinen Kran hier?" "Der kann morgen früh hier sein." "Dann bestelle ihn gleich für 11Uhr, bis dahin habe ich alles vorbereitet. Habt ihr hier so etwas wie ein Hotel?". ,, Du schläfst bei mir meine Frau hat bereits das Gästezimmer fertig gemacht. Du bist sicher müde von der Fahrt". ,, Nein, ich bin topmunter". ,, Dann las uns essen und dann zeige ich dir, was ich vorhabe". Seine Frau, eine echte gebürtige Kanadierin in der dritten Generation in Kanada, sprach nur französisch und ein klein wenig englisch.
Ihre Küche war ausgezeichnet. Das Haus war halb französische, halb deutsche Gemütlichkeit, ein Haus zum Wohlfühlen. Es wurde ein langer Abend, an dem Berger ihr hauptsächlich von Paris erzählen muss. Dies ging immer nur über Arturs Dolmetscherei, aber es ging ganz gut..

Sie will zu gern einmal nach Europa, ,, Aber der Kerl steckt ja immer alles Geld in die Firma, nun baut er schon wieder sein Betonwerk um". ,, Ich muss konkurrenzfähig bleiben, das kann ich nur mit modernen Maschinen. Wenn ich meinen Kunden sage, ich arbeite mit modernen deutschen Maschinen, sind sie sicher, daß meine Qualität besser ist als die der Konkurrenz, darauf kommt es an, auf Qualität." Berger konnte da nur zustimmen. Am anderen Tag gehen sie bereits ganz früh daran alles für die Montage vorzubereiten, Es ist nur eine kleine Anlage. Bis zum Abend will er den mechanischen Aufbau abgeschlossen haben.

Morgen dann die Zementsilos und die Schnecken anschliessen. Er hofft das die Fundamente alle passen. Der Kran kommt pünktlich um elf Uhr auf den Hof gefahren. Sie richteten erst das Unterteil mit der Waage auf, dann hängen sie die Mischerbühne ein und montierten am abend noch den Schrapper. "Jetzt weiß ich, was es werden soll. Sieht ganz gut aus, deine Anlage". ,, Nicht meine,es ist deine Anlage". Solange wie das Tageslicht reicht schraubt sie die Teile, die sie zusammengefügt haben. Am nächsten Tag werden die Zementsilos aufgestellt und die Schnecken eingehangen. Die Fundamente sind passend. So das es beim Aufbau und Ausrichten keine Probleme gibt. Am nächsten Tag machte Berger die interne elektrische Installation und Arthur verspricht das der Elektriker am gleichen Tag den Verteilerkasten mit dem Hauptanschluß installieren wird. So geschah es auch, alles läuft reibungslos.

205

Das Wasser ist bereits angeschlossen und läuft auch schon. Alles ist in Ordnung, bis Berger in den Verteilerschrank schaut den der örtliche Elektriker installiert hat. Dort steht in großen Buchstaben "550 Volt - 65 Hertz". ,, Was ist?" fragte Arthur, als er Ullis entgeistertes Gesicht sieht. ,, Arthur, ihr habt in Kanada 550 Volt, 65 Hertz Drehstrom?" "Ja, natürlich, ich weis". ,, Weist du denn, was wir in Europa und dem Rest der Welt haben?". ,, Auch 550 Volt". ,, Nein, Irrtum, wir haben 380 Volt, 50 Hertz hat wie die ganze Welt." ,, Was heißt das in unserem Fall?". ,, Das heist, daß deine Anlage mit 550 Volt, 65 Hertz nicht lange laufen wird". Er muss sich erst einmal setzen und von dem Schock erholen. ,, Das heist, ich habe Scheiße eingekauft und das Geld zum Fenster raus geschmissen." ,, Das Geld ist nicht verloren, ich kann dir die Anlage sofort nach USA verkaufen, du kannst schon morgen dein Geld wieder haben". ,, Ich brauche aber die Anlage, gibt es einen anderen Weg?". ,, Es gibt zwei Möglichkeiten. Einen Transformator vor die Anlage schalten der uns 380 Volt 50 Herz herausgibt oder alle Motore umwickeln lassen. Es sind nur 5 Motore, das würde in Deutschland ungefähr 2000 DM kosten". ,, Hier vielleicht die Hälfte. Das geht doch noch, das ist nicht so schlimm". Sie machen sich daran, die Motore auszubauen und fahren damit nach Toronto in eine entsprechende Werkstatt. Diese ist dazu bereit für umgerechnet 1.200 DM umzuwickeln. Das einzige Problem ist für Berger die Zeit. Er würde wieder eine Woche verlieren.

Was soll er aber machen? Abreisen und Arthur mit seiner Maschine sitzen lassen?. Arthur ist nun beruhigt, es tut ihm natürlich auch leid, daß Berger nun hier bei Ihm fest sitzt. Er ist ihm sehr dankbar, dass er nicht abreist. Berger unterichtete seine Frau von der neuerlichen Verzögerung. Sie ist nicht begeistert davon. ,, Erst in USA statt 5 Tage 14 Tage, nun in Kanada das gleiche. Ich schicke dir alles, was zur Beantwortung wichtig ist, nach Kanada". ,, Ok, ich mache es fertig und sende es wieder zurück".

In der Nacht kommen zwanzig Seiten Faxe eingelaufen, die Berger am nächsten Tag alle beantwortete. Anfragen aus Kuwait, Irak, Jordanien, Saudi, China, Ägypten und einige Sachen vom Finanzamt, die immer mit von der Party waren. "Telefax ist schon eine schöne Sache," sagte Arthur, "du kannst dein Büro nun von hier aus betreiben. Ich habe eine gute Idee, Ulli, du verlierst hier einige Tage, warum sollst du hier herumsitzen. Mit dem Aufbau der Boxen hast du nichts zu tun, das machen wir in den nächsten Tagen. Du hast ansonsten alles fertig. Du nimmst meinen Landrover und unternimmst eine Tour von drei Tagen in unser Landhaus". ,, Wenn du Glück hast, sind unsere Nachbarn, es sind US Amerikaner aus New York, auch gerade da. Er kommt immer mit dem Fluggzeug rüber". ,, Eine gute Idee, wenn es nicht zu weit weg ist. Eure Entfernungen in Kanada sind mir unheimlich". ,, Wir schauen uns das beim Essen auf der Karte an".

,, Hier, schau, es sind vielleicht 450 Kilometer bis St. Marie, wenn du in St.Marie bist, ca 10 Kilometer am See entlang Richtung nordwest, Richtung Franz. Hier, ich habe eine genaue Wegekarte, so findest du prima unsere Hütte". Ulli ist begeistert, dass ist eine ausgezeichnete Idee". Arthurs Frau wäre gerne mitgefahren. Das geht aber nicht, was sollen die Leute denken. ,, Seine Frau scheint nicht so spießig zu sein, sie maulte mit ihm. Am Nachmittag wird der Jeep gepackt. ,, Hier, das Gewehr mit dem kannst du auch einen Bären schießen, es gibt Bären dort". ,, Wie heißt denn der See?", Berger kann nichts auf der Karte entdecken. ,, Das ist der Obere See". ,, Kann ich deinen Lincoln nehmen, wenn der Jeep nicht mehr da ist?". ,, Aber selbstverständlich." Berger legte Schlüssel und Papiere heraus, bevor er es vergisst. ,, Ich fahre noch zu Jutta am Nachmittag, ich nehme gleich den Lincoln". ,, Gut Schatz, kommt aber nicht so spät zurück". ,, Am Abend dann schiebt Monika ihm einen Zettel zu, den er erst im Bett lesen soll. Arthur dürfte ihn auf keinen Fall sehen. Berger steckt den Zettel ein. Im Bett liest dann Berger den Zettel, der in gutem englisch abgefaßt war. ,, Hallo Ulli, ich bin Jutta, ich möchte morgen früh mit dir mitfahren, ich stehe um die Ecke an der Straße um 5 Uhr. Ich bin leidenschaftliche Jägerin und möchte dort draußen gern jagen. Ich bitte um Mitnahme, Jutta. ,,Warum soll Berger sie nicht mitnehmen, so hatte er Gesellschaft und einen erfahrenen Jäger bei sich. Das der Jäger eine Frau ist, macht die Sache noch sympathischer. Arthur und Monika veraschieden ihn morgens mit allen Wünschen..

Monika zwinkerte ihm zu, er nickt. Ca. 700 Meter weiter steht Jutta, die bekannte und doch unbekannte. Mit zwei Gewehren über der Schulter und einem kleinen Koffer in der Hand. Es ist eine sehr atraktive Frau. Berger schätzte so um die vierzig herum. Sie spricht auch so gut englisch wie sie schrieb, so gibt es keine Verständigungsprobleme. Sie erzählte Berger gleich, dass sie mit einem Verleger in USA verheiratet ist aber getrennt von ihm lebt.

Sie ist lesbisch und hat eine Freundin hier in Kanada. ,, Monika?" fragte Berger direkt. ,, Ja, Monika, wir kennen uns schon seit 15 Jahren. Ihr Mann hat keine Ahnung, er ist ein lieber Kerl, aber ein etwas roher Typ. Monika ist glücklich mit ihm und ich bin nicht daran interessiert, ihre Ehe kaputt zu machen. Wir sind Freundinnen, nicht mehr, sie holt sich bei mir, was sie bei ihm nicht bekommt, das ist alles". Berger ist erstaunt über diese Offenheit. Damit sind die Fronten auch gleich geklärt. Berger würde keine Chancen haben. Sie weckte aber Dinge in ihm, die schon lange und immer noch in ihm schlummerten, wieder einschlafen und schlummern. Sein Sexueller Traum war schon lange, mit zwei bisexuellen Mädchen zu schlafen, am liebsten wäre ihm so ein Verhältnis gewesen, wie es hier bestand. Daß seine Frau ein leichtes Verhältnis mit einer anderen hätte und er auf diese Weise beide zusammen hätte. So hat jeder Mann seinen eigenen Traum. Es soll immer ein Traum bleiben. Aber diese Vorstellung regte ihn immer wieder an.

Er kann sich sehr gut vorstellen, wie liebevoll und zärtlich zwei Frauen miteinander umgehen können Es war aber sicherlich auch nicht immer so. Es gab sicherlich auch zwischen zwei Frauen Spannungen und Probleme. ,,Was grübelst du herum?, hast du damit Probleme, daß ich lesbisch bin?". ,,Nein, überhaupt nicht, wenn ich mit soetwas konfrontiert werde, habe ich immer mein eigenes kleines Problem". Berger erzählte ihr von seinen geheimen Sexwünschen. Es passiere ihm immer nur, wenn er mit seiner Frau sehr lieb zusammen ist oder mit ihr andere Frauen kennenlernte, dann kreisten seine sexuellen Gedanken zu einem Dreierkonzert. Wobei er nicht die erste Geige spielen wolle. ,, Ein Genießer, du liebst Sex zum Genießen, du willst keinen brutalen Sex, keine Fickerei kreuz und quer. Du willst spielen und bespielt werden". ,, Das hast du aber fein gesagt, aber es trifft den Nagel auf den Kopf. Ich liebe die Zärtlichkeit, die Wollust in dieser Zärtlichkeit". ,, Weil du glaubst, zwei Frauen könnten noch zärtlicher miteinander umgehen, wünscht du deiner Frau so ein Verhältnis und du würdest auch dabei profitieren". ,, Es scheint so zu sein, aber ich weis es nicht. Das Problem wird aber immer die dritte Person sein. Es wäre das gleiche wie wenn zwei Männer mit einer Frau schlafen. Jedes Dreiecksverhältnis birgt immer Gefahren in sich. Es kann die schöne Zweisamkeit dabei zerbrechen. Jede Frau hat irgendwo Angst vor der anderen, wenn es um den eigenen Mann geht, auch wenn sie ihn nicht besonders liebt. Anders herum ist es genau so, dies dürfen nie dauernde Verhältnisse werden, sondern auf einmal begrenzt werden.

Vielleicht bist du nach dem einen Mal auch bereits entäuscht und verlangst nicht mehr nach dem zweiten Mal". Sie schilderte das Sexualleben mit ihrem Mann, warum sie keinen Mann mehr sehen kann, in Anführungsstrichen natürlich. ,, Er war und ist ein Geschäftsmann, der nur für sein Geschäft lebt.

Alle Erfüllungen und alle Abgänge hat er mit seinem geschäftlichem Erfolg. Mich benötigte er nur gelegentlich. Er war ansonsten immer nett zu mir und er ist mein erster Mann. Ich dachte, dass sich das alles in der Ehe ändern würde. Aber meistens kam er nur zu mir, wenn er einen guten Geschäftsabschluß hatte oder sonst ein Erfolgserlebniß. Ich sollte auf diese Weise daran Teil haben. Er machte es in einer Art und Weise, die mir zuwider war. Er kam nach Hause und sagte nur "Schätzchen, zieh dich aus". ,,Dann musste ich mich ausziehen. Er stieg über mich rüber wie ein Zuchteber, ohne sichtliche Erregung und stand danach wieder auf, als wenn er sich ärgerte, daß er es überhaupt getan hat. So war das vielleicht dreimal oder höchstens fünfmal im Monat". Dies kann Berger wieder nicht fassen, aber er hatte ähnliche Dinge aus dem Freundeskreise gehört. Es schien tatsächlich Männer zu geben, für die ist Sex lästige Pflicht. ,, Für mich fängt der Sex erst dort an, wo ich merke, dass die Frau es mag. Das Sie mag was ich mit Ihr tue, Ich finde erst meine Erfüllung, wenn ich sehe, die Frau, mit der ich zusammen bin, ist zufrieden. Erst dann kann ich mich selbst genießen".

„So ist es bei vielen Frauen, sie wollen den Mann glücklich sehen, um selbst glücklich sein zu können. Vielen ist das verwehrt, weil sie, entschuldige, weil sie einen doofen Mann haben. Die Kilometer fliegen, während sie erzählten, so dahin. Bergers Hose ist beim Erzählen reichlich eng geworden und sein Blutdruck wesentlich gestiegen. Jutta bemerkt dies , aber auch sie hatte sich ziemlich hineingesteigert. Sie packte aus ihrer Tasche eine Oldie Kassette von Elvies aus und legt diese auf. Somit wurde das Thema geändert und die Atmosphäre entspannte sich wieder. Auch die Stehfalten aus Bergers Hose verschwinden wieder.

Berger erzählt nun von sich seiner Familie und seinem Beruf. Sie hört interessiert zu ohne ihn zu unterbrechen. Dann scheint sie müde zu werden und schläft ein. Berger betrachtete sie aufmerksam. Sie ist eine gut ausehende Frau im besten Alter und schonn seit soviel Jahren lesbisch. Bei ihrer Schilderung ihrer Ehe war Berger nicht verwundert darüber das es so gekommen ist. Nach seiner Vorstellung steckt abnorme Sexualität in jedem Menschen. Bei einem wurde diese Vorstellung freigesetzt durch irgendwelche Ereignisse im Leben, bei anderen bleiben sie zugeschüttet. Bei dieser Frau wurde sie freigelegt, dies hat ihr gesamtes Leben verändert. Sie lebt nun allein und hat eine Freundin, die sie nur gelegentlich für Stunden haben kann. Die sie mit einem Mann teilen muss. Berger kann sich vorstellen, was in dieser Frau manchmal vorgehen muss. Wie schwer war es doch für solche Menschen, einen Partner zu finden.

Keiner durfte etwas ahnen oder wissen, immer muss alles versteckt bleiben. Berger ahnt, dass hier noch einige Gespräche auf ihn zu kommen, diese Frau braucht Gespräche, Sie ist unglücklich und dabei hart geworden. Vor allen Dingen hart gegen sich selbst. An so etwas kann man sterben an verhärtetem Herzen, es würde einfach aufhören zu schlagen.

Alle Dienste in einem solch fehlgeleitetem Menschen versagen. Sie ist eine ausgesprochen schöne Frau, stellte Berger fest. Mit etwas mehr glücklichen Augen könnte sie eine strahlende Schönheit sein. Ihr fehlte der Glanz von Innen. Berger biegt nun von der Hauptstraße ab. Sie haben St. Marie schon hinter sich gelassen.Wenn er sich richtig erinnerte, muss er hier abbiegen. Er holte den Zettel aus der Tasche. Ja, er ist richtig. Nun muss er bis zum Ufer des Sees hinunter, es sind gut 20 Kilometer, danach wieder 15 Kilometer nach rechts und sie standen vor dem Schild "House Recknagel", "House Mormann. Berger biegt vorsichtig ab, um Jutta nicht zu wecken. Sie spürt aber das die Fahrt zu Ende geht und öffnet vorsichtig die Augen. ,, Entschuldige, daß ich dir entschlummert bin. Aber ich denke, du warst noch so aufgepeitscht, dass es dich wach gehalten hat". Berger lacht, ,,Nein, so schlimm war es nicht, aber Autofahren in dieser reizvollen Landschaft kann nicht müde machen". Sie reckte und streckt sich, ,, ich freue mich wahnsinnig auf diese drei Tage, Du bist schon wie ein Teil von mir". ,, Danke, Jutta, mir geht es genau so``. Wenig später biegen sie auf den Parkplatz.

Die Nachbarhütte ist auch bewohnt. ,, Sieh da", Mormanns sind auch da. Da staun ich aber um diese Zeit". Ihr Auto wurde gehört und die Nachbarhütte wird geöffnet. Frau Mormann steht in der Hüttentür und winkt herüber. Jutta springt heraus und rennt rüber. Die Frauen fallen sich um den Hals. Es war keine Hütte, sondern es sind regelrechte Häuser. Berger stiefelte auch hinüber Es gehört sich wohl, daß er sich vorstellt.

Er wird genauso herzlich umarmt wie Jutta. Frau Mormann schien gleichaltrig mit Jutta zu sein. Berger schien mit seinen 36 der jüngste im Bunde zu sein, aber mit seinem Bart und seiner halben Platte wirkt er älter. Jutta lädt sie zum Kaffee ein. ,, Auspacken könnt ihr nachher noch". Gegen eine Taße Kaffee gibt es auf keinem Fall etwas einzuwenden. ,, Warum ist Monika nicht mitgekommen?", ,, Du kennst doch ihren Mann". ,, Ja, der hat wieder Bedenken wegen der Leute, dabei bin ich die einzigen Leute hier, aber das konnte er doch nicht wissen". Sie lachen über die dummen Männer, die doch immer so eifersüchtig sind und doch nichts wissen und nichts merken. ,, Meiner hat auch Mätzchen gemacht, als ich hierher wollte". ,, Aber jeden Dienstag zu deiner Freundin fahren, habe ich nur gesagt, das macht nichts". Da hat er nur gestaunt und ich durfte fahren. Ich mußte mal raus, mal alleine sein. Daß ihr gekommen seit, ist doppelt so schön". ,, Sie servierte Kaffee und Kuchen, selbstgebackenen Apfelkuchen, der schmeckt ausgezeichnet. Danach wurde noch ein bißchen erzählt.

Es fängt schon an dunkel zu werden, als sie bei Lona heraus kommen. Dafür half sie auch mit, die Sachen auszuladen. Berger verstaut die Lebensmittel und übernimmt die Küche, reinigt alles und legt alles für das Abendbrot zurecht. Da das Weißbrot noch schön frisch ist will er Züricher Geschnetzeltes dazu machen. Er kontrollierte die Getränke, alles istr vorhanden, Cola, Limonade, Wein, Bier, Wishkey, Wodka. Auf der Getränbke Seite auch keine Probleme. Da es Abends am See immer etwas kühler wird, macht er auf Wunsch der Dame des Hauses, daß ist unbestritten Jutta, den Kamin an. Die Sache bekommt jetzt einen romantischen Anstrich. Jutta hat auch schon die Schlafplätze eingeteilt. ,,Ich schlafe lieber hier unten als oben". ,,Ich habe gedacht, du schläfst auf dem Sofa und ich auf diesem hier, dann sind wir beide nicht alleine". ,, ist mir recht, dein Wille ist mir Befehl". ,, Nein, wenn du lieber oben schläfst, es ist kein Problem". ,, Nein, ich schlafe auch gern in Gesellschaft, ich bin auch zuviel alleine". Lona sieht sich um, habt ihr nicht noch ein drittes Sofa?". Ulli und Jutta halten das für einen Scherz, aber es war keiner, am nächsten Tag rückt Lona mit einem Sofa an. Schnell entwickelte sich eine gemütliche Atmosphäre. Die beiden Sofas wurden zu Betten verwandelt. Berger bruzzelte in der Küche das Züricher Geschnetzelte und servierte es den Damen mit Weißbrot und Rotwein. Die Damenwelt ist begeistert von dem Mahl. Da es durch den Kamin angenehm warm wird und das scharfe Essen das seine dazu tut, sitzen alle drei bald in Ihrer Unterwäsche im Wohnzimmer.

An diesem Abend bleiben sie bei Rotwein. Sie sind vorsichtig damit, weil sie um fünf Uhr raus zur Jagd wollen. Lona verlässt sie ungern. Berger bleibt noch solange in der Haustür, bis Lona winkend im Haus verschwindet. Jutta steht auf und duscht sich. Berger tut es ihr anschließend nach. Danach laufen Beide nackt durch die Wohnung. Ulli stellte fest, daß Jutta die Figur eines jungen Mädchens hat. Berger strengt sich an, an etwas anderes zu denken. ,, Ihr Fraün habt es einfacher, es gibt bei euch kein äußeres verräterisches Zeichen für Gefühle wie bei uns Männern". ,, Tu dir keinen Zwang an mein Lieber wir rennen nun mal nackt umher, wir sind nun mal zu zweit und allein. Wenn er steht, dann steht er, lass ihn rumstehen, ob er rumhängt oder rumsteht spielt doch keine Rolle. Ich weis das du mich nicht vergewaltigst". ,, Danke, dann brauche ich mich auch nicht zu vergewaltigen". Berger legt eine alte Schalplatte von Benny Goodmann auf. Löscht alle Lampen und legt im Kamin nach und sich auf sein Sofa. Sie schlafen beide friedlich ein. Durch das Geklappere des Kaffeegeschirrs wird er wach. Der Duft von frischen Kaffee zieht durch das Wohnzimmer und belebte sofort seine Lebensgeister. Jutta erscheint mit einem großen Teller belegter Brote. Ulli schaute auf die Uhr, ,, es ist erst vier Uhr". ,, Mach das du aus den Federn kommst". Er springt unter die Dusche und zieht sich seine Jeans über und einen seiner alten Pullover, dere für die Arbeit dient. Die alten Sachen sind auch für die Jagd gut. Morgens ist es noch sehr frisch. Erst gegen 9 Uhr, wenn die Sonne genügend Kraft hat, wird es angenehm warm.

Sie Frühstückten sehr gut. ,, Wie hast du geschlafen?". ,,Sehr gut, du siehst, ich hätte bald verschlafen, was ganz selten ist". ,, Welches Gewehr nimmst du?" fragte sie ihn", ich habe nur das, was dort in der Ecke steht". ,, Ah ja, eine Remington, ein gutes Gewehr. Dann nehme ich das kleinkalibrige für niedriges Wild". ,,Plane mich mal nur als Jagdbegleitung ein, ich war außer auf Löwenjagd auf noch keiner Jagd". ,, Du warst auf Löwenjagd?". ,, Zweimal, aber ich habe nie einen gesehen. Die Treiber haben soviel Krach gemacht, da waren die Löwen schon weg, als wir gekommen sind". ,, Wir werden vermutlich Bären begegnen hast du Angst vor diesen Tieren?". ,, Ich hoffe nicht wenn du bei mir bist". ,, Dann nehme ich auch lieber eine großkalibrige Waffe mit". Sie hat einen Rucksack voll gepackt, weiß der Teufel, was da drinnen ist. Hat sich diesen übergeworfen und stapft aus der Tür. Berge tut es ihr gleich, schulterte das Gewehr, von dem er nun weis das es ein großkalibriges Remington-Gewehr ist und steckte sich zwei Schachteln Munition dazu ein. Von Lona, die mit wollte ist nichts zu sehen. Sie schläft sicher noch fest, sie wollen sie nicht wecken. Sie würden zuviel der kostbaren Morgenstunden verlieren. Bis zum Wald sind es nur fünfzig Meter. Es ist ein kräftiger hoher Mischwald mit Tannen, Eichen und Buchen. Die Luft ist herrlich erfrischend, so als wäre sie gefiltert worden, man spürte den Sauerstoff, der in die Lungen eindringt. Jutta kennt sich in diesem Wald aus. ,, In Ca. 200 Metern haben wir einen Hochsitz mit Sicht auf das Wasser, mit einer kleinen Wiese mit einem Bach.

Dort trifft sich gleich alles, was den Wald bewohnt".
Sie kletterten vorsichtig auf den Hochsitz. Berger sieht
auf den ersten Blick, dass er im Paradies
angekommen ist. Von oben sieht er erst die volle
Pracht. ,,Hier zu sitzen, mein Lieber, ist mehr wert als
zehn Stunden in einem Tempel zu hocken. Diesen
Tempel hat Gott uns gebaut". Es ist wirklich so. Hinter
dem Wasser die unendliche Weite der Prärie von
Michigan und Wisconsin. Man kann sie erahnen in der
Leere. Der weite riesige See dazwischen der bei
diesem Licht dunkelblau flackert durch die leichten,
sanften Bewegungen der Wellen. Bis zum See
hinunter plätscherte ein klarer, fast zwei Meter breiter
Bach, der sich wie ein silbernes Band bis in den
blauen See zieht. Eingebettet von grünem, saftigem
Gras, das sich links und rechts des Baches auf ca 10
Meter ausbreitete. In ihrem Rücken machte sich die
Sonne gerade auf, ihre Strahlen über den Atlantischen
Ozean zu schicken. Mit den ersten Strahlen, die auf
das vor ihnen liegende saftige grüne Band treffen,
kommen auch die ersten Tiere auf die Wiese und an
den Bach, von dem immer mehr anschwellendem
Gesang der Vogel und den ersten vorsichtigen
Strahlen der Sonne begleitet. Haben sie ihren
gedeckten Frühstückstisch erreicht, in dem kleinen
Paradies. Jutta legt ihren Finger auf seinen Mund
obwohl Berger vor Staunen nichts sagen kann. Ein
riesiger Hirsch bricht durch das Dickicht auf der
anderen Seite und blinzelte nun in das junge
Sonnenlicht. Neben ihm taucht nun ein ganzes Rudel
auf. Jutta reicht Berger das Glas.

Er kann nun direkt in die Gesichter der Ricken und der Böcke schaun. Er versuchte, die Enden des größten Bockes zu zählen, er kommt auf 18 Enden. Es ist schon ein ganz kapitaler Bock der dort ganz Aufmerksamsteht. Nachdem sie sich vergewissert haben, daß die Luft rein ist, beginnen sie mit dem Äsen. Dazwischen hüpfen, Kanickel,Füchse und anderes Niederwild. Ein Storch marschierte ganz unten bereits auf und ab, er scheint verärgert auf seine Partnerin zu warten. Er klapperte ärgerlich mit dem Schnabel. Madam ist wohl noch nicht mit der Morgentoilette fertig geworden. Da sieht er Madam einfliegen, elegant wie eine Balettänzerein landete sie neben ihrem Gatten. Nun stolzierten sie gemeinsam umher. Fast unter Ihrem Hochsitz tobt ein kleine Horde Füchse und etwas weiter einige kleine Hasen umher. Es hat in letzter Zeit einigen Nachwuchs im Wald gegeben. Der Hirsch hebt seinen Kopf. Mit dieser Bewegung hören alle auf zu freßen und stehen startbereit zur Flucht. Was sich da laut grunzend durch das Dickicht drängt und alle nervös macht ist eine Horde Wildschweine mit 6 Frischlingen. Sie suchen sich den Platz etwas oberhalb des Baches aus. So können sie alle ungestört voneinander sich putzen und fressen, Wer ausreichend Gefrühstückt hat geht an die Tränke. Da gibt es herrlich frisches Wasser aus dem Bach. Igel, Katzen, Luchse, alle kommen in diesen Garten Eden. So ging es über 4 Stunden, es ist ein Kommen und ein Gehen. Sie sitzen dort oben und geniessen diesen Anblick. Wie putzig die kleinen Frischlinge miteinander spielen oder die kleinen Füchse unter ihrem Hochsitz umhertoben, alle geniessen diesen schönen Morgen.

Der Hirsch hebt wieder seinen Kopf an, seine ganze Rotte tut es ihm gleich. Es kommt Bewegung in den staatlichen Burschen, er läuft direkt auf den Hochsitz zu. Seine Rotte folgt ihm sofort, ohne zu fragen, warum. Ulli schaut gespannt, warum der Alte das Feld geräumt hat. Zwei riesige Bären erscheinen aus dem Dickicht genau an der Stelle an den vor wenigen Sekunden noch die Ricken und Böcke standen. Die Widschweine und auch die anderen Tiere lassen sich nicht stören.

Zwei kleine Bärenkinder, ganz süß, nicht größer als 30-44 Zentimeter, kommen nun duch den Wald auf die Wiese. Die alten stehen im Bach und nehmen ein Bad. Es soll wohl mehr eine Dusche sein. Mit ihren Händen greifen sie nach dem Wasser und werfen es über Ihr dichtes, dunkelbraune Fell. Sie schüttelten sich dabei, damit sich das Wasser wohl besser verteilt. Die Kleinen tun es den Alten nach, aber sie fallen dabei immer um und rollten ins Wasser. Sie schienen nicht so wasserscheu zu sein wie die Alten. Mehr als vier Stunden sitzen sie dort oben, unbeweglich, tiefbeeindruckt von dem Tierleben und der Schönheit der Natur. Als die Bärenfamilie verschwindet, packt Jutta das zweite Frühstück aus. ,, Die Frische Luft macht hungrig". Berger hat schon am letzten Abend festgestellt, Jutta steht ihm bezüglich Essen in nichts nach. Die Wildschweinfamilie verdrückte sich nun auch wieder in die Büsche. ,,Wir werden den Bären nachgehen". ,, Du willst doch keinen der Bären schießen!".

,, Nein, wo denkst du hin, sollen wir auf einen einsamen Alten treffen, werden wir ihn schießen. Diese Einzelgänger sind immer gefährlich, vor ihnen müssen wir auf der Hut sein". Aber eine Familie lassen wir in Ruhe. Ich will nur wissen wo sie hin gehen, wir werden Sie mit großem Abstand verfolgen. Sie können böse sehr böse werden wenn wir Ihren kleinen zu nahe kommen``. ,, Was ist mit Wölfen, gibt es keine Wölfe hier?". ,, Die sind etwas höher in den Bergen, hier ist es ihnen zu flach. Aber im Winter kommen sie herunter, weil sich dann alles Wild an den Seen orientiert, wenn sie nicht ihren Winterschlaf halten. ,Sie kletterten von ihrem Hochsitz herunter und biegen sich unten erst einmal wieder richtig gerade."Lassen wir den Bären etwas Vorsprung, bis sie im Hochwald sind, es könnte unangenehm sein, wenn wir im Dickicht auf sie treffen". ,, Wir umgehen einfach das Dickicht," sagte Berger. ,, Gute Idee`` und marschiert los. Sie gehen erst ein Stück den Bach entlang und biegen dann links ab in den Hochwald und umgingen so das Dickicht weiträumig. Nach einer halben Stunde kommen sie auf freies Gelände, dort treffen sie die Bärenfamilie wieder. Jetzt, wo Berger auch unten steht, sieht er wie groß und mächtig diese Tiere sind, wenn sie aufgerichtet stehen. Er schätzte 2,20 Meter bis 2.50 Meter und so breit wie Kleiderschränke. Es sind imponierende Burschen. ,, Gehe nicht zu nahe heran, wenn sie die Kleinen dabei haben, sind sie unberechenbar". Berger und Jutta halten immer einen gehörigen Abstand zwischen sich und den Bären.

Sie streiften dann noch ziellos durch den Wald, einfach um die Gegend, die Luft und die Tiere in diesem schönen Wald zu sehen. ,, Wir haben noch nichts zum Abendessen geschossen, was hältst du von einem Wildschweinbraten?". ,, Bei der Gruppe, die wir gesehen haben sind mehrere einjährige, von denen holen wir uns eins". ,, Kannst du schlachten?". ,, Ich habe schon ein paar mal zugesehen, ich denke, ich kriege das hin". Somit gehen sie wieder zurück und suchen die Wildschweinrotte.

Anhand der Spuren ist es nicht schwer sie wieder auszumachen. Sie toben auf einer kleinen Lichtung umher. ,, Du hast den ersten Versuch". Sie suchten sich eines der jungen Schweine aus und zielen beide. Es macht "bum" und Berger hatte sein erstes Wildschwein erlegt. Leider mit der falschen Munition, das Schwein hat den halben Kopf beim Einschuß verloren. ,, Wir haten doch die falschen Gewehre mit". ,, Für die Bären wären sie genau richtig gewesen". Berger lässt das Schwein ausblutem und packt es sich auf seine Schultern. So kehrten sie um drei Uhr Nachmittags von der Jagd zurück. Lona steht vor der Tür und schimpfte wie ein Rohrspatz. ,, Was schimpfst du". ,, wann solltest du hier sein?". ,, Um fünf". ,, Wann warst du hier?``, ,, um sechs``. Siehst du, wenn du nicht zur rechten Zeit da bist, wie kannst du dann mit uns kommen. Was schimpfst du mit uns, schimpfe mit dir selbst. Aber du bist zum Festessen eingeladen heute abend". Berger schlachtete an diesem Nachmittag das erste Wildschwein seines Lebens.

Er hat gut zugesehen beim schlachten zu Hause, es geht ohne Probleme, so als hätte er nie etwas anderes gemacht. Jutta hat inzwischen den großen Backofen angeworfen. Berger hat das Schwein in acht Teile geteilt, prima gewürzt und dann einen Tell Rücken und Bauch gut gewürzt in den Ofen geschoben. Es richt so gut das sie am liebsten nach einer Stunde schon mit dem Essen begonnen hätten. Besonders Lona läuft das Wasser ständig im Mund zusammen. Jutta hat inzwischen den Kamin angemacht. Sie benötigt für den Abend Feuer, wenn die Sonne verschwindet wird es auch kühler. Wenn die Sonne unterging, wird es sofort wieder kühler, sie will die Räume vorher aufheizen. Lona ist auch schon gekommen. Berger servierte nun sich und den Damen einen Whisky-Cola. Lona schäckerte und flüsterte lange mit Jutta. Berger bemerkte, daß sie auf Tuchfühlung sind. Jutta liegt ausgestreckt auf dem Sofa, um ihre geschundenen Knochen auszuruhen. Lona sitzt bei ihr und spielte ganz selbstvergessen mit Juttas Brust. Jutta hat Ihre Hand ganz selbst vergessen unter Lonas Rock und dem strahlenden Gesicht von Lona nach zu Urteilen im richtigen Gebiet Sie stören sich überhaupt nicht daran, daß Ulli ihnen zusieht. Aber im Moment denkt dieser nicht so sehr darüber nach, er nimmt es nur auf und schaut ab und zu nach, wie weit sie schon sind. Sie heizen sich aber nur auf. Berger konzentriert sich auf das leibliche Wohl aller. ,, Nun ist Jutta an Lonas Brust und Lona an Juttas Scham. Ulli bringt einen neuen Whisky-Cola für die beiden und setzt sich einen Moment zu ihnen.

Sie machen jeweils mit einer Hand in Seelenruhe weiter. Während Ulli wieder in die Küche geht und alles vorbereitete, Salate anmachte und Caramelcreme als Nachspeise macht. Hört er wie die Weiber von oben etwas herunter schleppen. Als er seine Creme angerührt hat geht er um nachzuschauen in den Wohnraum. Die beiden haben von oben noch ein Sofa herunter geholt. ,,Mir ist es so einsam da drüben, ich schlafe jetzt auch hier``.

Das war klar und deutlich das sollte eine Lespennummer geben. Berger ist es recht ihn sollte es nicht stören. Wenn es zu schlimm wird würde er ihn zwischen die Tür klemmen und die Tür ein paar mal auf und zu werfen. Ihn persönlich stört das sexuelle verhalten der Ladys überhaupt nicht, Im gegenteil es kribelt schon bei dem Gedanken, er würde seinen Spaß haben. Sein Puls schlägt jetzt schon um einiges höher. Er muss erst einmal mit einem Bier dämpfend eingreifen. Cola Whyski ist Ihm zu süss und klebrig geworden. ,, Wollt ihr auch ein Bier?" ,, Nein, danke nicht jetzt, erst nach dem Essen.

Die beiden Miezen laufen schon wieder nackt durch die Wohnung. Haben sich schöne Musik angemacht und tanzen dazu. ,, Warum rennst du noch immer angezogen herum?". ,, Weil ich mir in der Küche nicht den Schwanz verbrennen will". Die Weiber lachen. Jutta geht nach oben und bringt Berger eine Schürze. ,,Hier hast du einen Schutz für deinen Schwanz, mach dich endlich nackig". Berger zieht sich aus und legt sich die Schürze an.

Es sieht lustig aus, wie er so nackt unter der Schürze dort steht. Er deckt nun den Tisch für all die schönen Sachen, die es gibt. Macht in der Küche aus dem Bratenfett, das er abgegossen hat, eine herzhafte leckere Soße. ,, Wir haben kein Weißbrot mehr". ,, Ich habe noch etwas drüben". So nackt wie sie ist springt sie auf und rennt rüber das Weißbrot holen. Berger wartete an der Tür, bis sie wieder da ist er will nicht, dass man sie ihm noch klauen würde. Er spürte schon, daß er sie Heute noch bumsen wird. Lona ist keine reine Lesbin. Sie geniesst die Spiele mit Jutta, es macht Ihr Spass. Am Ende würde sie einen Mann benötigen, nach seinem Schwanz schreien. Ihre Blicke verraten dies jetzt schon. Auch Monika weis das, sie kennen sich schon ewig. Man spürte wie sie jetzt schon überlegt, wie sie beide haben kann. Auch Jutta hatte dies von vornherein gewusst, sie hat mit Lona nicht ihres gleichen im Bett, nur jemanden, der gerne dieses Spiel geniesst. Berger holte nun den herrlich kroschen Braten aus dem Ofen, bei dessen leckerem Anblick sich sogar sein kleiner Löwe wieder schlafen legte. Nun steht das Essen im Vordergrund. Auch die Mädchen vergeßen nun ihre Spiele. Ulli serviert den prächtigen Schmaus, von der Soße können sie nicht genug kriegen. Diese alleine mit dem Weisbrot ist etwas besonderes. ,, Kannst du alles so gut wie Kochen?" fragte Lona``. ,, Ich mache alles mit Liebe, so wird auch fast alles gut". ,, Das werden wir ja sehen ob du das auch so gut kannst". ,,Klemm gefälligst deine Beine beim Eßen zusammen" sagt Jutta lachend. Sie dreht sich zu Ulli. ,, Die kleine Lona ist heute so heiß, heißer als das Spanferkel im Backofen".

,, Gut für uns," sagt Berger, wir essen Beide gern heiß``, ,, das habe ich bereits festgestellt". Jutta tritt unter dem Tisch mit dem Fuß nach Berger. ,, Soll das heißen, daß ich dir was übrig lassen soll?". ,, Es wäre nicht schlecht, mein Schatz". Sie horcht auf als Berger mein Schatz sagt. nimmt es aber kommentarlos hin. Es scheint ihr zu gefallen. Zwischendurch schüttet Berger Bier ein, um mehr herunter zu bekommen. Sie müssen alle aufhören und eine Pause machen. Obwohl sie weiter essen wollen es geht aber im Augenblick nicht mehr hinein. Die Caramel-Speise schaffen sie aber noch. Während Berger nun wieder abräumte faulenzen die Weiber und streicheln sich gegenseitig die vollgefressenen Bäuche. Berger kommt wieder herüber und legte Musik auf. Lona kommt von hinten heran und fasste ihm ungeniert von hinten an die Eier, schon steht der kleine Mann wieder. Sie nimmt ihm die Schürze ab und dreht ihn zu Jutta. ,, Wir wollen doch sehen, was wir noch hier haben". Jutta grinste sie nur an. Sie war offentlich nicht scharf auf dieses Stückchen. So tanzen sie nun nackt abwechsend zusammen. Jutta schiebt immer Bergers Gerät zur Seite, Lona schiebt es beim Tanzen immer zwischen ihre Beine. Aber Berger fällt auf das sich Jutta beim Tanzen immer mehr an ihn anlehnte. Ihn sogar inniger festhielt, als Lona es tut. Berger mixte wieder Getränke, die Mädchen nutzten die Gelegenheit, ihr Spiel fortzusetzen. Berger reichte die kühlen Getränke, die sie mit einer Hand entgegen nehmen. Lona hat sich nun Juttas Beine über die ihren gelegt und beschäftigte sich mit der Scham von Jutta.

Berger setzt sich an Juttas Kopfende und kraulte ganz vorsichtig in ihren Haaren. Er fühlt wie sie diese Berührung genießt. Ganz vorsichtig und leicht geht seine Hand auf Erkundungsreise über das ganze Gesicht. Er spürt, dass sie hinter den Ohren und an den Lippen ganz besonders empfindlich ist. Sie nimmt die Hand von Berger, die sich vorsichtig auf die Brust zubewegte, und übt leichten Druck auf diese aus. Es ist für Berger der leise Befehl, innezuhalten.

Sie hebt ihre Hand wieder leicht an und Berger startete sofort wieder die leichten kreisenden Bewegungen auf die Brust zu. Nur noch ganz leicht und ganz zärtlich. Vorsichtig streichelnd hält sie ihre Hand über Bergers Hand. Dieser ertastete nun ganz vorsichtig den Warzenhof, um sie ja nicht zu verschrecken, wie ein Hauch gehen seine Finger darüber weg. Er achtete auf den Druck ihrer Hand. Als er die Brust komplett in seiner Hand hat und er mit der Handfläche vorsichtig ihre Brust streichelte, den Warzenhof und den kleinen strammen Nippel liebkoste, verschwindet die Hand ganz. Auf dem Warzenhof wachsen viele kleine Nippel. Die vermisste Hand findet er wieder zwischen seinen Beinen. Die zarten Finger berühren genauso zart seine Eier den Penis und Po in abwechselnder Reihenfolge. Wenn sie dabei den Penis berührte, zuckte sie jedesmal zusammen und die Hand verschwindet für einen Moment. Sie hatte offentsichtlich Angst vor diesem Gerät. Berger veränderte nun seine Stellung und geht langsam mit seinem Mund den Hals küssend immer weiter nach unten, bis er die Brustwarzen mit der Zunge bearbeiten kann.

Sie windet und biegt sich nun im Rhythmus seiner Zunge. Lona kniet zwischen ihren Beinen und leckt den Kitzler. Jutta explodierte mit einem Schlag und Aufschrei. Berger nimmt ihren Kopf in den Arm, sie beruhigte sich nur langsam. Nun wirft sich Lona hin und her und machte es sich selbst mit ihrer Hand. "Ulli," ruft sie, jetzt, Ulli, jetzt". Berger schaut Jutta an. Sie nickte ihm, zu sie spürt, das er es jetzt auch benötigt. Er dringt in Lona ein, drehte sie so neben Jutta, daß er Juttas Kopf im Arm hat, so als würde er sie bumsen. Er küsste sie und drückte sie. Sie nimmt ihn in den Arm und hält ihn ebenso, als würden sie bumsen. Lona bemerkt es nicht, sie ist so verrückt und Ulli gibt ihr alles, was sie benötigt und sucht. Ulli küßte Jutta und bumste Lona und Jutta ließ es über sich ergehen, sie geniesst es in vollen Zügen. Sie hat das Gefühl sie macht Ulli so verrückt nicht Lona. Es war auch so, Ulli ist nur in Lonas Körper, er meinte aber Jutta. Sie machen es so lange, bis Lona nach dem dritten Abgang einfach vom Sofa rutscht und unten liegen bleibt. Jutta und Ulli bleiben umklammert auf dem Sofa liegen. Jutta nahm Ulli in den Arm und küßte ihn immer wieder. Lona richtete sich wieder auf und lehnte sich ans Sofa. ,,Ich habe nicht mehr gewußt, das Sex so schön sein kann". ,, Seit vielen Jahren war ich schon nicht mehr so geil. Danke," sagte sie zu Ulli und zu Jutta. "Danke euch beiden". Sie küsst Juttas Scham und Ullis Glied. ,, Ich trinke noch einen Whisky und muß schlafen, Leute, ich bin tot". ,, Leg dich hin". ,, Ich bringe dir einen Drink". Sie lässt sich auf ihr Sofa fallen, schluckte den Whisky und schläft, bevor der Whyski seinen Weg in den Magen gefunden hat.

Berger legt nochmals Musik auf und legt sich wieder zu Jutta. Sie schaut ihn nur an und steichelte seine Brusthaare. Er streichelte Ihre Haare und den Nacken. ,, War es das, was du immer woltest?". ,, Ja, es war das, was ich immer wollte". ,, War es so gut, wie du immer geträumt hast?". ,, Schöner, tausend mal schöner". .. Ich war deine Frau in diesem Spiel, nicht war?". ,, Es war kein Spiel, mein Schatz, es war Wirklichkeit. Ich habe nicht mit ihr geschlafen, ich habe mit dir geschlafen". ,, Ja, ich habe es gespürt, mein Lieber, es war so schön, weil wir drei zusammen passen, darauf kommt es an. Sonst kann es ins Gegenteil umschlagen``. Sie liegen noch lange still zusammen, jeder hängt seinen eigenen Gedanken nach. Sie schläft bald auf seiner Brust ein. Er befreite sich und kehrte auf sein Sofa zurück. Er will nicht, daß sie morgen früh so aufwachte und ein schlechtes Gefühl hat. Berger legte noch ein paar Scheite Holz nach, damit das Feuer bis morgen früh anhält. Dann knabberte er noch von dem Schweinebraten, die knuspriege Schwarte. Er liegt kaum auf seinem Sofa, als sich Jutta zu ihm drängelte. ,,Ich kann heute nicht alleine schlafen." Sie drückte ihn ganz dicht an sich und nimmt seinen Penis zwischen die Beine, drückte ihre Brust in seine Brusthaare und schläft wieder ein. Der andere Tag wurde ein Ruhetag, weil alle bis um 11 Uhr im Bett liegen. Lona ist die erste die unter der Dusche steht. Berger will ins Badezimmer gehen. Jutta hält ihn fest, sie sagte in einer Art, die ihn ,, schmerzt. ,, Du schläfst doch nicht mehr mit ihr, nicht wahr?". ,, Nein, mein Schatz, ich habe noch nie mit ihr geschlafen".

,, Berger weis nun auch was passieren kann wenn man Dinge zu dritt tut. Einem wird immer weh getan, weil einfach einer zuviel dabei ist. Das Problem Lona löste sich von alleine, weil am späten Nachmittag Lonas Gatte anreiste, der sie ganz in Beschlag nimmt. Beide scheinen ihre Liebe neu zu beginnen. Auch Jutta ist wie umgewandelt. Sie will auf einmal nicht mehr, daß Berger kocht, will immer nur im Haus bleiben und schmusen. Es dauerte noch eineinhalb Tage, bis sie das erstemal mit ihm richtig schläft. Sie wurde zu einem total neuen Menschen und hat diese Schönheit in den Augen, diese Ausstrahlung, die Berger zuvor vermißt hat. Es waren vier wunderschöne Tage mit einem wundervollen Abschluß. Jutta ist absolut aus ihrer Erstarrung aufgetaut. Sie ist zurück gekehrt ins Leben. Sie wollte es noch einmal mit ihrem Mann versuchen. Vielleicht hatte sie auch Schuld an seinem Verhalten. Wenn sich nun beide etwas änderten, konnte es gehen. Wie Berger später von Monika hörte, ging es viel besser als früher. Monika hat dies alles eingefädelt, um Ihrer Freundin zu helfen. Berger war noch zwei Tage in Wospen, die Maschine machte Ihren Probelauf mit einem sehr gut. Und Berger freute sich wieder mal riesig auf die Heimkehr. Seine Rückkehr nach Kanada war gesichert, weil Arthur mit einem anderen Partner noch zwei Betonwerke in Kanada machen will. Nach Togo fliegt er vorerst nur 4 Tage, mehr ist Ihm nicht möglich. Gillbert und Brettemann müssen die Probleme dort danach selber regeln.

Kapitel 8
Polen

Berger ist gerade wieder 10 Tage aus Togo zurück zu Hause, als er den Auftrag bekommt, nach Polen Bregdolni zu fahren, in die Nähe von Breslau. Die Betonanlage, die er dort hingeliefert hat ist angekommen. Dieses Geschäft ging über Beton und Monierbau in Braunschweig, die dort eine neue Kunststoffabrik aufbauen sollen. Rocola heist das Werk. Die Anlage sollte von Beton- und Monierbau-Leuten gefahren und gewartet werden, zunächst als Mietobjekt und später im Kauf vom Bauherrn übernommen werden. Weil Berger bei Beton und Monierbau in Braunschweig ein und aus geht, hatte er keine Bedenken, diesen Auftrag abzuwickeln. Mit einem VW Pritschenwagen von Beton und Monierbau voll beladen und mit allen Visas ausgestattet machte er sich auf den Weg. Obwohl er nur Transit Strecke durch die DDR benutzte, gab es dort bei der Abfertigung die ersten Probleme. Obwohl alles, was geladen ist vorschriftsmäßig aufgelistet und abgestempelt ist wollen die DDR Grenzer ihn nicht fahren lassen. Nachdem er sich zwei Stunden an der Grenze in den Wagen gelegt hat, lassen sie Ihn dann die Grenzer doch passieren. Auf der Autobahn bemerkte er dann wie er von einem der volkseigenen Leukoplastbomber verfolgt wird. Es juckte ihn nicht, sollen sie hinter ihm herfahren, solange wie sie wollen. Spätestens an der Polnischen Grenze müssen sie halt machen. Die polnischen Grenzer lieben die DDR-Grenzer überhaupt nicht. So pflichtversessene Leute sind ihnen zuwider. Jeder einzelne so dienstgeil, daß sie sich gleich gegenseitig überwachten.

Auf einem Rastplatz stoppt Berger er macht aber erst im letzten Moment den Blinker raus und zieht auf den Parkplatz. Die Jungs sind vorbei gefahren. Berger grinst als er ihre dummen Gesichter sieht. Sie parken nun an der Ausfahrt vom Parkplatz. Berger packt sein Brot aus und speist in aller Ruhe. Die schöne gute Jagdwurst im Stück und 1 liter Milch dazu. Vom Brot beißt er nur gelegentlich ab. Einer der Leute aus dem Bomber machte sich an einem Telefon zu schaffen, das ca. 30 Meter vor der Ausfahrt am Parkstreifen steht. Berger sieht dies und startete sofort, nicht das es ihn stört, das sie ihn verfolgten, nein, es machte ihm Spaß die Jungs zu ärgern. Mit langem Gesicht schaute der am Telefon ihm nach. Wetzt zurück zum Auto und bekommt die Kiste nicht so schnell an, wie er möchte. Inzwischen ist Berger auf den nächsten Parkplatz geschlüpft und hat sich hinter einen großen holländischen LKW gestellt, so daß man ihn nur schwer entdecken kann. Der Leukoplastbomber zischt am Rastplatz vorbei. Langsam rollte Berger wieder auf die Autobahn und fährt nun hinter dem Leukoplastbomber her. Sie suchen jeden Parkplatz ab, die VW-Pritsche mit Plane blieb verschwunden. Sie gaben an einer Raststätte, an der sie anhielten, auf und gaben wohl Alarm. Sie glaubten, Berger habe die Transitstrecke verlaßen. Wenig später überholte ihn ein Polizei Fahrzeug zweimal, dann stoppen sie ihn doch. Ein Wartburg ein etwas besseres Auto, wahrscheinlich mit besser besoldeten Polizisten. Ein sehr netter Polizist kommt zu ihm ans Auto. ,, Das sehen wir aber nicht so gerne".

,, Was sehen sie nicht so gern, was habe ich falsch gemacht?" , ,, Kollegen verarschen, das ist zwar ein schönes Spielchen, wird aber nicht gern gesehen. Lassen sie mal ihre Papiere sehen". Berger dachte schon, daß jetzt die Revanche kommt und er hier stehen bleibt. Der Polizist klärt ihn nur darüber auf, dass er über Frankfurt/Oder nach Polen einreisen muss. Er befindet sich aber auf dem Wege zum Übergang Forst. ,, Danke für den Hinweis, aber ich will in Richtung Breslau, da ist Forst viel näher". ,,Da haben sie Recht, aber ich wette darauf, daß sie wieder zurück müssen". "Mal schaun". ,, Ich werde es heraus finden``, ,, Von mir aus," sagt der DDR Polizist, versuchen sie ihr Glück und gute Fahrt weiterhin in unserem schönen Staat". ,, Danke". .. Auf Wiedersehn". ,,Ich werde in ihrer Nähe bleiben, bis sie in Forst sind". ,, Das ist gut, ich wollte schon immer Polizeischutz, nun habe ich diesen kostenlos". Berger trifft eine halbe Stunde später in Forst ein. Eine riesige Übergangsanlage, aber nur drei Fahrzeuge, die nach Polen wollen. Der Übergang auf der deutschen Seite geht sehr zügig, gut das er nicht über Frankfurt/Oder gefahren ist. Das wäre ein großer Umweg gewesen. Gehen Sie in den Intershop und nehmen sie Wodka mit für die Grenzer, sonst stehen sie noch Morgen dort. Berger denkt das ist ein Scherz und macht das natürlich nicht. Berger steht und steht vor der Schranke an der Pülnischen Grenze, kein Mensch kommt. Keine Menschenseele ist zu sehen. Die anderen drei Wagen stehen auch still hinter Ihm.

Berger geht zurück zum deutschen Zoll. ,,Ist das nicht die Zollstelle der polnischen Seite?". ,, Doch das ist die Zollstelle". ,, Ist die nicht besetzt?". ,, Die ist besetzt, schauen sie nur in den Abfertigungsschalter. Wenn sie Heute noch rüber wollen, nehmen sie eine Flasche Wodka mit, dann kommen sie Heute noch durch". Berger muß die DDR Grenzer recht dumm angesehen haben. ,, Versuchen sie es nur," sagt nun der Leitende, der mit den meisten Pickeln auf der Schulter. ,, Wenn sie keinen Wodka haben, fahren sie zurück zum Intershop". Berger hat im Gepäck Wodka. Aber der war nicht für solche Fälle bestimmt,, jetzt muss er ihn Opfern. Er holt nur eine Flasche aus seinem Gepäck und geht in die Abfertigungshalle. Man erkennt dort sofort sein Visum an, das er in der Hand hält, Wodka. Aber alle die sich dort befinden, es sind 8 Mann zählte Berger sind sturz betrunken, hatten scheinbar noch nicht genug. Der eine nimmt die Flasche entgegen und sagte etwas zu jemanden, der winkte Berger nach draußen, öffnete die Schranke und lässt Berger unüberprüft und unkontrollirt ins Land. Bei der Ausreise gab es Probleme, weil es keinen Einreise Stempel gab, und jemand, der nicht eingereist ist, kann logischerweise auch nicht ausreisen. Aber nun ist Berger erst einmal in Polen. Die anderen beiden Fahrzeuge stehen noch immer, sie haben nicht das richtige Visa. Noch nicht. Berger hat ihnen seine Empfehlungen gegeben. Nun fährt er lange durch Militärisches Sperrgebiet, bis er auf eine breite Betonstraße kommt die noch aus Adolfs Zeit stammt.Das erste mal seit vielen Jahren sieht er wieder Pferdewagen auf der Straße.

Er muss eigentlich tanken, aber es gibt keine Autobahn, also auch keine Tankstelle. Er hat nun auch kein polnisches Geld, um zu tanken. Er fragt einfach einen jungen Burschen, der mit Ihm dann in die nächste Ortschaft zu einer Tankstelle fährt. Berger alleine hätte diese Tankstelle nie gefunden. Sie ist auf dem Hinterhof und besteht aus drei Fässern und einer Handpumpe. Ob Das überhaupt Benzin ist, weis er auch nicht, es richt aber so, als er prüft.

Zum Glück sind seine Waren so fest verschnürt, daß sie ihn so einfach nicht beklauen können. Man hat schon seine Erfahrungen bei Beton- und Monierbau gemacht. Er hat zum Glück genügend deutsches Kleingeld bei sich, das für das betanken und für Trinkgeld reicht. Berger versprach, auf dem Rückweg wieder hier vorbei zu kommen, er hat es aber heute eilig. Man hätte Ihn nie betankt wenn er kein Westgeld DM oder Dollar gehabt hätte. Er will tatsächlich vor dem Dunkelwerden in Bregdolni sein. Berger quälte sich noch zwei Stunden über die unmöglichsten Straßen. Ausschilderungen, irgendwelche Wegweiser gibt es so gut wie keine. Die Straßen und Häuser sind in einem total verwahrlosten Zustand. Die meisten Fenster haben keine Scheiben mehr, oft auch keine Rahmen. Hier scheint sich nach dem Krieg nichts verändert zu haben. Nur in Bregdolnie findet er etwas bessere Zustände. Sicherlich nur, weil es eine Universtätsstadt ist. Berger findet die Baustelle schnell, es ist aber niemand mehr da, weil es spät geworden ist.

Er fährt den Wagen in das verschlossene Baugelände, dann suchte er das Camp auf, das ganz in der Nähe ist. Bis er sich durch die Weiber durchgearbeitet hat, die das Camp besuchen. "Ja, alle nacheinander". hört er eine bekannte Stimme schimpfen. ,, Werner, komm raus, du hast Besuch. ,, Werner ist der Anlagenführer den er schon lange kennt". ,, Bist du,s Ulli? Ich komme gleich, nur noch eine". Berger setzte sich auf ein leeres Faß und wartete, ,, heh, was ist los". ,, Alter Mann ist doch kein D-Zug, laß mich doch wenigstens die Hose hochziehen". Sag mal, was treibst du den so?". ,, Bumsen, was sonst". Er kommt nun durch die wartende Schlange von Mädchen, ,..kommt morgen wieder, heute ist Schluß, ein guter Freund ist gekommen". ,, So geht das hier jeden Tag zu. Die wollen Perlon Strümpfe und ich will bumsen, eine einfache Geschichte". ,, Was, die alle stehen Schlange um zu bumsen?". ,, Aber ja, siehst du nicht, wie enttäuscht die Mädchen sind?". ,, Morgen geht es weiter". ,, Sprechen die den deutsch?" . ,, Manche ein bißchen, nicht alle. Aber die verstehen immer, was ich will". ,,Wo schlafe ich". ,, Komm, wir ,, gehen gleich rüber, hast du denn Perlonstrümpfe mitgebracht?". ,, Klar, auf dein Anraten einen Karton voll". ,, Dann hast du hier kein Probleme". ,, Ich habe noch einen Karton Feuerzeuge und einen Karton Kugelschreiber". ,, Prima, mein Junge, dein Leben hier ist gerettet". ,, Sie gehen um die Baustelle herum in ein großes Fabrikgebäude. ,, Was ist das für eine Fabrik?", ,, Junge, das ist keine Fabrik, das ist dein Hotel. Du hast die Ehre, als einziger Mann zwischen 2300 Weibern zu Wohnen.

Dies ist das Wohnheim für Studentinnen und die Arbeiterinnen von Rocola, Polens größtem Kunststoff-Kombinat. Sie gehen nun in ein Büro oder das, was eines sein soll. Die Dame eine schwergewichtige Maschine, weis schon Bescheid, als sie Berger sieht. „Ah, unser Gast ist da". Sie kommt um die Blechkiste, die der Schreibtisch sein soll herum. „ Kommen sie, ich zeige ihnen ihr Zimmer. Es ist das best". „ Stolz führt sie ihn in sein Zimmer. Es war mal ein Zimmer, vor mehr als 50 Jahren. Jetzt ist es nur noch eine Bruchbude. Das Einzige Gute daran ist das dieses Zimmer auf der ersten Etage ist und nicht weit vom Eingang. „ Ideal", sagt Werner, „super". Werner dachte nur noch in im Wert Perlon Strünpfe. Hier können sie alle rein, sie brauchen nicht durch das Haus rennen. „ Ich bin Alma", sagte die Lady, „ wenn etwas ist, sie wissen, wo sie mich finden". Sie reicht Berger den Schlüssel, .. Ich wünsche ihnen eine angenehme Nachtruhe. Wenn sie noch etwas essen oder trinken möchten, die Kantine ist nebenan. Die Küche hat noch eine Stunde offen." Berger setzte sich aufs Bett das schien in Ordnung zu sein und war frisch bezogen. Nur die Matratzen sind mindestens 100 Jahre alte, durchgelegene Strohsäcke. Die Tür schließt nicht mehr richtig ab, sie ist total windschiff und unter der Tür konnte bequem jemand hindurchkrabbeln. Das Fenster hing auf halb acht. Das Waschbecken ist aus der Halterung herausgerissen und hängt nur noch an der Wasserleitung. Diese ist überall undicht. Man hat das Bett weit genug weggeschoben, damit es nicht aufs Bett tropfte. Die letzte Farbe war auch ca. 1870 an Decken und Wände gekommen.

Dies hat den Vorteil, daß nichts mehr abblättern kann. Ein Schrank steht im Zimmer und ein Stuhl. ,, Ich schicke morgen Handwerker rüber die Tür zu reparieren, das Fenster und die Wasserleitung". ,,Ok, dann ist es hier zum Aushalten, ansonsten sterbe ich in dem Zug. Berger dachte darüber nach, wie die anderen Zimmer aussehen mögen wenn dies das beste ist. Er holte sich aus dem Auto nur das Nötigste. Erst einmal fünf Paar Strümpfe und eine Flasche Wodka, damit er den Durchzug ohne körperliche Schäden übersteht. Alma brauchte gleich noch ein paar Strümpfe und ein Feuerzeug und ein paar Kugelschreiber. Alma würde Berger brauchen, das war ihm klar. Sie gingen nun in die Kantine. Da war der Teufel los, mehr als 500 Weiber tummeln sich dort. Sie verfallen in tiefes Staunen, als sie sehen, dass sie Männergesellschaft bekommen, was ansonsten verboten ist. Aber sonst gibt in ganz Bregdolni kein Bett für Berger, er hat nun das beste bekommen. Im Nu sitzen einige Mädchen am Tisch und auch der Service erscheint, von den Mädchen herbeigetrommelt. Berger bestellte sich etwas zum Essen, so wie er verstanden hat gibt es Heute Leber mit Kartoffelbrei. Zum Trinken gibt es nur Wodka. Das Essen wird serviert, das war die kleinste Portion, die Berger bisher gesehen hat, für ein Baby zu wenig. Auf einer Kaffeeuntertaße zwei Löffel Kartoffelbrei und ein kleines Stück Leber. Noch niemals zuvor hat er Leber gegessen, gegen die Schuhsohlen weich sind. Der Kartoffelbrei ist kaum zu essen der ist nur aus Wasser und Kartoffeln zusammengestanpft.

238

Einen halben Löffel Kartoffelbrei, einen Schluck Wodka. Von dieser Sorte Essen gab es noch drei Portionen, dann war die Küche pleite. Es gab nichts mehr. Nicht einmal trockenes Brot zum Wodka. So trinkt Berger nun nur Wodka.

Die ersten Besuche wurde für die Nacht klar gemacht. Eine will nur ein Paar Strümpfe, die will nur für eine halbe Stunde kommen. Die andere wollte drei Paar für 3 Stunden. Berger gibt ihr vier für die ganze Nacht, er will in der ersten Nacht nicht erfrieren. Es war in der Tat ein weiser Entschluß, es zieht in der Nacht so stark, daß sie Angst hatten, das Bett würde unter der Tür weggezogen. Bei der ersten mit dem einen Paar hat Berger nicht nach dem Namen gefragt. Das war eine Schnellabfertigung, die D-Zug-Nummer. Die für die ganze Nacht heist Olga, zumindest sagte sie dies so. Sie wurde übrigens Stammgast in diesem Zimmer. Sie war der Nachtexpreß nach den vielen D-Zügen. Die Tischler von Beton und Monier richteten die Tür und das Fenster am nächsten Tag, so das, dass Zimmer schon gemütlicher wurde. Das war auch der Hintergedanke vom Nachtexpreß, sie wollte dieses Zimmer, wenn Berger abreist. Am anderen Morgen wurde Berger vom Hunger wach und weil er sich so völlig leer empfindet. Olga hatte darauf bestanden, für jede Strumpfhose gebumst zu werden. Sie will keine Geschenke. Erst morgens um 7 Uhr haut sie endlich ab. Ab dieser Zeit stand seine Tür offen. Die ganzen Weiber, die schon seit sechs Uhr das Haus verließen, schauen bei ihm rein.

Berger mußte nun aufstehen und die Tür schließen. Danach bleibt er gleich auf. Er wirft einige Tropfen Wasser hoch und läuft darunter durch. Mit Wodka gurgelte er nach. Seinen Penis wäscht er ebenfalls mit Wodka, weil er noch keine Seife hat. Nach dieser Behandlung wurde dieser so klein, daß er in ein Schneckenhaus gepaßt hätte. Als er um 8 Uhr gerade gehen will klopft Olga noch einmal, ,, Bis Heute Abend schüß, Ulli". Ulli ist kurz vor dem Hungertod. In der Kantine gibt es kein Frühstück und Werner, der Blödmann, hat vor lauter Bumsen vergessen, daß man essen muß. Berger ist vor einigen Wochen beim leitenden Maschinenmeister in Braunschweig im Büro gewesen. Da waren einige Frauen bei dem Chef Ihrer Männer, auch Werners Frau die sich darüber beschwerten, das ihre Männer nicht mehr nach Hause kommen. Wenn, dann würden sie nur Perlonstrümpfe kaufen und wieder abhauen. Was machen die nur mit den Perlonstrünpfen, wollen die Frauen wissen. ,, Meine Damen, in der DDR und in Polen sind Perlonstrümpfe knapp. Ihre Männer bessern ihr Taschengeld auf und verkaufen diese dort". .. Ehrlich gesagt, Berger hätte es auch geglaubt, wenn er es nicht schon besser gewußt hätte. Berger fährt nun mit knurrenden Magen durch Bregdolni, er findet einen Bäcker, wo er Brot kauft. Er findet auch vier Schlachterläden, aber keiner hat Ware, keine Wurst in ganz Bregdolni. So muss er sich mit trocken Brot für Heute begnügen. Am anderen Tag besorgte ihm Alma auf dem Schwarzmarkt gute Wurst, die er nun sicher in seinem Zimmer aufheben konnte. Weil die Tischler erstklassige Arbeit geleistet haben.

Das Fenster haben sie zur einfachen Klappe umgebaut, weil es keine Fensterscheiben gibt. Berger besorgt sich Kerzen für den Nachtschrank, um etwas Licht zu haben. In seinem Zimmer hängen nun drei erstklassige polnische Dauerwürste und ein großer geräucherter Schinken. Brot kaufte er jeden Tag frisch. Mittags ging er jetzt immer zu Olga in die Mensa der Uni warm Essen. Abends isst er immer noch etwas in der Kantine und besorgte sich hin und wieder einen D-Zug. Es fiel ihm immer schwerer, weil der Nachtexpreß dies einfach nicht mehr wollt. Sie wollte einziger Gast bleiben. So änderte Ulli sein planing. Die D-Züge liefen am Tage ein, wenn Olga in der Mensa war und Abends und Nachts war Olga an der Reihe. Es kam einmal vor, daß sich einige Polen in den Speisesaal des Hotels verirren und Ulli abstechen wollen weil er nicht das angebotene Bleikristall kaufen will oder nicht Geld tauschen will oder die mitgebrachte nette Dame nicht bumsen will. Es waren auch ganz Verrückte dabei, die wollten ganz schlicht und einfach eine Wiedergutmachung von ihm wegen der Nazi-Zeit, 1000.- DM würden genügen. Sie haben ihn so schön eingekeilt auf der Sitzbank und ihn von links und rechts spitze Messer in die Seite gepickt. Sie waren nicht zimperlich, die Polen. Aber Berger weis auch das sie zustechen würden. Alma beendete diese Story resolut mit der Bratpfanne, Ulli machte in Sekunden den Rest. Bevor die Weiber kreischen konnten, war schon alles vorbei. Alma und Ulli gratulierten sich gegenseitig zur großen Tat. Seit diesem Tag steht immer ein Schutzmann vor dem Hotel.

Nicht um Ulli zu schützen, sondern um die Polen zu schützen vor Almas Bratpfanne und Ulli. Gegen den Rat aller ging Ulli abends durch die kleine Stadt, wenn er schon in Polen ist dann will er es auch kennen lernen. Er hat alte Klamotten an, mit denen er nicht auffällt. Das hat den Nachteil, daß man ihn für einen DDR-Deutschen hält und an jeder Ecke niedermachen wollte. So stellte er fest, wie unbeliebt die Genossen aus dem Osten in Polen sind. Danach fiel er regelrecht in eine der immer vollen Kneipen. Er kann sich dort nur nach einem Wodka-Wettsaufen herausretten. Sein Gegner knickte vorzeitig ein und Berger konnte gehen. Aber als er in der Kantine ankommt sieht er den Nachtexpreß, der auf ihn wartete, schon doppelt. Es wurde eine lustige Nacht, er wollte schon immer zwei Frauen im Bett haben. Nachtexpreß hat für das Zimmer einen schönen Teppich organisiert. So langsam wurde aus der Bruchbude tatsächlich eine Puppenstube. Eines Nachmittags, als Ulli früh Feierabend macht, kommt Alma in sein Zimmer. Sie hat etwas auf dem Herzen, sie will ein Paar Perlonstrümpfe. Berger ist erstaunt darüber das sie es sich so schwer machte". Alma, du bist meine Freundin hier, die einzige, die ich hier habe". ,, Was ist mit Olga?". ,, Olga ist nur zum Wärmen für die kalten Nächte". Berger betrachtet Alma und wird nicht schlau aus ihr. Sie sieht gut aus stellt er fest, so, wie man sich eine Polin vorstellt. Stabil und derb und ehrlich und herzensgut. Sie schiebt ihm die Strümpfe wieder hin, die er ihr hingelegt hat.

Berger hat sich auf dem Bett lang gemacht, eine Scheibe Schinken abgeschnitten und kaute darauf herum. Sie setzte sich auf sein Bett und streichelte über seine Hose, so, als wollte sie einen Fleck weg machen. Als sie dann ganz verlegen mit der Hand höher rutschte, merkte er erst, wo der Wind herwehte. Alma will was von ihm. Sie machte nun ihr Kopftuch auf, das sie immer trägt. Darunter fiel ein wunderbarer, knallroter Haarschopf heraus. ,, Schließ die Tür ab, sagt Berger``. Sie steht auf und schliesst die Tür. Auf dem Weg zu Berger zieht sie sich schon aus. Ihre riesigen, festen Brüste haut sie ihm regelrecht um die Ohren. Alma war das beste von allen Polen-Mädchen die er jemals in seinem Bett hatte. Dagegen war der Nachtexpreß ein lahmer Güterzug. Er kam sich nach einer Stunde regelrecht unter die Räder gekommen vor. Alma wurde nun regelmäßig sein Nachmittagsrunde. Der Nachtexpreß glaubt das er Ulli endlich klein bekommen hat. Sie wußte nicht, daß er Nachmittags bereits das erste mal KO war. Es musste der Tag kommen wo er sich das Ende der Baustelle herbeisehnte. Nachtexpreß bekommt das Zimmer, aber mit der Auflage, wenn Ulli kommt, ist es sein Zimmer. So sollte es noch einige Male geschehen, aber Ulli kam immer nur noch für wenige Tage. Am Ende der Baustelle übernahm die Fabrik Rokola die Anlage und macht einen Kaufvertrag mit Ulli. Lange gab es Probleme mit der Bezahlung, bis Alma das in die Hand nahm. Eines Tages bekam er einen ganzen Güterzug voll mit Wodka nach Wolfenbüttel. Der ihm noch einen Überschuß bescherte, den er bei seinem nächsten Besuch Alma mit einem kleinen Aufschlag überreichte.

Alma konnte es gut gebrauchen, er wusste, daß sie heiraten wollte. Berger machte mit dem Bauleiter von Beton- und Monierbau noch eine richtige Abschlußsause in Breslau im Hotel Stadt-Krone. Der Bauleiter war gerade mit seinem VW-Bus aus Deutschland gekommen und hat noch 10 Kartons Krim-Sekt von Aldi darin. Zwei Tische weiter sitzen sieben russische Offiziere beim Zechen. Sie trinken Wodka und Krimsekt, beidhändig. Sie sind den beiden ganz weit voraus. Nachdem die beiden die dritte Flasche Sekt geordert haben müssen sie erfahren das, dass Hotel keinen Sekt mehr hat. Die Russen fangen bereits an zu meutern, sie wollen auch noch Sekt. Werner, der Bauleiter, fängt an mit dem Wirt über seinen Sekt, den er im Auto hat zu verhandeln. Sie konnten sich über den Preis nicht einigen. Einer oder Russen, der die Verhandlungen mit bekommen hat kommt an ihren Tisch. ,, Hau ab, sagt er zum Wirt". Ihr habt noch Sekt?" fragt er in gutem Deutsch``. ,, Wir können uns mit dem Wirt über den Preis nicht einigen". ,, Ich mache euch ein Angebot; Für jeden Karton eine Russische Offizierin für eine Nacht". Werner lacht, "wie soll die Bezahlung abgewickelt werden?. Er nimmt das Angebot nicht für ernst. Der Offizier ruft zwei der Offiziere herbei. Er sprich mit den beiden auf russisch. Sie nehmen ihre Mützen ab. Es sind Weiber, bildschöne Weiber. Ein Karton ein Weib für eine Nacht. Die Soldatinnen knöpften ihre Jacken auf und es geben eine Sonderportion zu sehen. Sie haben nur BH's unter den Jacken. ,, Angenommen", sagt Werner, ,, aber ich sehe nur zwei Frauen, was ist," sagt er nunmehr aus Spaß,

,, Wenn ihr mehr sauft?". .. Der Russe lacht, ,, kein problem, mein Lieber, ich glaube zwar, daß ihr nicht einmal die beiden schafft. Solltet ihr nach mehr verlangen, Anruf genügt, ich bin gut sortiert". Berger sieht die leuchtenden, gierigen Augen von Werner auf die Offizierinnen gerichtet. Deren herrliche Brustpartien wie neugierige Kohlköpfe die man in einen zu kleinen BH gepreßt hat, hervorlugen. Einen BH made in Poland oder Russia, ohne jeden Schick. Sie sehen aus als hätte man einige Karoffelsäcke umgearbeitet. Dies wirkten auf Berger sehr erregungsdämpfend. Er ist jemand, bei dem die Augen mit essen. Zum anderen ist er schon an einem Punkt angelangt, wo er keine dieser Tanten mehr sehen kann. Er ist am Überfluß erblindet. Die letzten Wochen waren einfach zu viel, es machte keinen Spaß mehr. Aber Werner kommt frisch von zu Hause an die Front. Er wollte sich noch einige Orden verdienen. Er war wild darauf, eine der Russinen oder auch alle Beide zu erlegen. Während Bergers Augen glanzlos bleiben, strahlt Werner voll frischem Sexpower. Er schnappte sich den Russen und sie kommen mit den ersten zwei Kartons herein. Der Wirt bekam von Ulli pro Karton 5 DM West Korkgeld. Dieser freut sich riesig darüber. Es werden 6 Kartons und sie sitzen in einer Party, die es in sich hatte. Sie sitzen in einer großen Runde. Berger beschränkte sich auf Sekt, den Wodka überlässt er seiner Nachbarin, die sich schon sehr mit ihrem schwer erarbeiteten Bettgenossen beschäftigte. Sie betrachtet Werner als eine Art Kriegsbeute.

Damals konnte sie bei der Eroberung Deutschlands nicht dabei sein. Heute hatte sie sich einen gefangen. Berger beobachtete dieses Mädchen genau. Er fühlte das sie sich im Inneren an dieser Vorstellung hochziehen. Der Alkohol, dem sie mächtig zusprechen tut seine Arbeit. Sie saufen Gleichfalls Wodka und Sekt, wie die Männer. Berger hat das Gefühl, daß die sich wieder nüchtern saufen. Es ist eine lustige, zwanglose Runde. Nur der eine der Russen spricht Deutsch, aber es war erstaunlich, wie sie sich verständigten. Das Thema Deutschland und der vergangene Krieg werden nie berührt. Gegen fünf Uhr wird die Party beendet. Alle schwanken mehr oder weniger auf ihren Zielort zu. Sie verabredeten sich für den nächsten Abend. Nur die beiden Offizierinnen bleiben um ihre Offiziers Pflicht zu erfüllen. Berger hätte sich sehr gefreut, wenn sie mit verschwunden wären. Aber sie schulterten ihre Knarre, die sie in der Ecke stehen hatten und schubsen Berger und Werner vor sich die Treppe hoch. Berger, weil er nicht so richtig will und Werner, weil er zu voll war. Seine Lady ist bereits vier Schritte vor Ihm. Die russische Offizierin spielte das Spielchen mit ihrer Beute weiter, das sie am Tisch begonnen hatte.

Vermutlich konnte sie damit Ihr Offiziers-Gewissen erleichtern. Denn es war nicht angenehm zu wissen, daß man für einen Karton Sekt verschachert worden ist. Die Zimmer des Hotels sind ganz ordentlich. Sie bedeutete Berger, sich auf das Bett zu legen. Ganz im Befehlston.

Berger versuchte sich vorzustellen, was folgen sollte. Bei ihm rührte sich noch nichts. Er hatte kein Verlangen auf die Tante, er ging nur mit, weil er neugierig war und ein Bett zum Schlafen braucht. Er beobchtete alles mit einer gewissen Kühlheit, die er durch seine Übersättigung an Sex leicht an den Tag legen konnte. Dies schien die Dame aber besonders zu reizen, sie schien ihrerseits die Schnauze voll zu haben von den geilen, besoffenen Böcken, die immer auf ihr herum hopsten. So versuchte sie sich später für ihr Tun zu entschuldigen. Es gab nichts, wofür sie sich hätte entschuldigen müssen. Berger fühlte, daß sie das tat, was sie schon immer wollte und daß sie bei Berger die idealen Bedingungen vorfand. Weil dieser satt von der Bumserei war, satt bis obenhin. Ulli machte es sich auf dem Bett bequem, stellt sich ein Kissen hoch und schaute dem Mädchen zu, wie sich von ihrer Uniform befreit. Es sieht schon interessant aus. Er konnte sie ganz nüchtern und gelassen betrachten, ohne Anflügge von Geilheit. Sie entledigte sich erst ihrer Jacke, die sie ordentlich über einen Bügel hängte, dann ihrer Uniformhose. Ihr Kartoffelsack-BH zerstörte in Berger die aufwallenden Gefühle. Ihre Schultern sind schmal aber kräftig. Ulli kann erkennen, daß sie eine Sportlerin, eine Athletin ist. Sie hat eine schöne weiße zarte Haut, stramme Haut ohne jeden Makel. Ihre Muskeln an den Armen lässt sie spielen, sie hat nicht weniger Muskeln als Berger. Das Ausziehen ihrer Hose bereitete ihr im angetrunkenem Zustand mehr Probleme. Das Stehen auf einem Bein geht nicht mehr so gut. Hätte Berger diese Menge getrunken, er hätte nicht mehr auf zwei Beinen stehen können.

Sie stürzt aufs Bett und schaute zu Ulli, ob er diesen unoffiziersmäßigen Abgang gesehen hat. Ulli stellte sich leicht schlafend. Sie wendet sich wieder ihrer Arbeit zu. Sie scheint zufrieden über die Friedlichkeit ihres Bettgenossen. Berger hoffte, daß die Tussi zu besoffen ist um noch etwas von ihm zu wollen. Sie ist sicher genauso froh wie er, friedlich schlafen zu können. Für alle anderen Dinge haben sie am anderen Tag noch Zeit. Durch seine halbgeschloßenen Augenwinkel beobachtet er nun die Offizierin, die einen wahren Kampf mit ihrer Hose absolvierte. Dann steht sie dort in ihrer prachtvollen, liebestötenden Unterwäsche. Diese entfernte sie nun, danach sieht sie viel entzückender aus. Unter dem Kartoffelsack-BH kommen zwei Prachtstücke von Brüsten zum Vorschein. Groß und fest wie Melonen. Unter der viel zu weiten Männerunterhose versteckte sich ein wunderschöner Po und auf der Gegenseite ein schönes, ästetisches schwarzes Dreieck. Die langen dunkelbraunen Haare umrahmen ihr derbes, schönes Gesicht. Die Schultern und die Hüften wirken nun in Verbindung mit den riesigen, properen Brüsten schmaler. Der ganze Anblick war nun schön und angenehm.

Zu seiner Überraschung verschwindet sie in der Dusche. Er hat geglaubt, sie würde so ins Bett fallen und schlafen. Berger muss erkennen, das er nicht mehr ganz so stumpf ist wie noch kurz zuvor. Er beschließt aber, nichts mehr aufkommen zu lassen und sich weiterhin schlafend zu stellen.

Er sieht aus den Augenwinkeln, wie sie frisch und nass aus dem Badezimmer kommt. Die will aber noch nicht schlafen. Er bemerkt wie zufrieden sie auf ihn schaut, auf Ihre Deutsche Nachkriegsbeute. Sie scheinen sich nun auf etwas vorzubereiten, was sie vermutlich immer schon tun wollte. Berger bemerkte ihre innere Zufriedenheit, sie strahlte eine gewisse Wollust aus. Sie kommt zum Bett und schaut Berger ins Gesicht. Dieser stellt sich schlafend und grinste zufrieden vor sich hin. Sie scheint mit seinem Zustand einverstanden und höchst zufrieden. Sie küßte ihn leicht auf seine Stirnglatze. Wobei die dicken, festen Brüste an Bergers Hand stoßen, er muss sich zwingen, nicht zuzufassen. So, als würde es im Schlaf geschehen, drückte er seine Hand gegen die Brust. Sie war für ihre Größe unwahrscheinlich fest. Sie führte nun die Brust zu Bergers Gesicht und reibt ihm über die Wange. Dann setzte sie sich rittling über Bergers Kopf, so daß das herrliche Dreieck über seinem Gesicht kreist. Sie hockt mit dem Gesicht in Richtung von Bergers Füßen, öffnete mit den Händen Bergers Hemd, legte seine Brust frei und krault in den Brusthaaren. Alle Betrunkenheit hatte sie scheinbar verlassen und ein Rausch von zarten Liebesbedürfnissen schien diese Frau erfaßt zu haben. Nach dem sie mit ihrem zarten Dreieck mehrmals über Bergers Nase gestrichen hat stellte sie sich wieder neben das Bett und kleidete Berger vorsichtig aus. Mit Gewalt hing Berger nun ganz anderen Gedanken nach, er wollte nicht, daß sein Glied stramm wird. Er dachte an seine Maschinen, an seine neue Firma und wie er die Werkstatt einrichten will.

Sie zieht ihn währenddessen ganz vorsichtig und zärtlich aus. Kommt mit einer Schüssel mit heißem Wasser und begann, ihn säuberlich zu waschen und zu trocknen. Es schien sie wahnsinnig zu befriedigen. Sie nimmt nun Bergers Penis in den Mund, dem hat Berger dann nichts mehr entgegen zu setzen. Seine Willenskraft, es nicht zu tun ist mit einmal gebrochen. Sie schien ihn mit ihrem Mund regelrecht aufzublasen, nicht nur sein Glied, sondern den ganzen Mann. Berger ist innerhalb kürzester Zeit genauso geil wie die Russin. Aber er zwingt sich dazu, dieses Spiel weiter nach den Regeln der Russin zu spielen. Sie nimmt wieder das warme Wasser und seifte nun Bergers Glied ein. Sie machte eine Seifenmassage, die Berger bald um den Verstand bringt. Nun kommt sie des öfteren mit ihrem Mund an seinen um sich küssen zu lassen. Sie wußte wie Berger sie in seiner Geilheit küssen würde. Sie geniesst nun Ihre Gewalt über den Mann. Das sie es geschafft hat, dieses Stück Holz von Kerl in ihren eigenen geilen Zustand zu versetzen. Sie schiebt nun auch die Brüste mit dem Spitzen in seinen Mund, um sie von seiner Zunge liebkosen zu lassen. Berger fängt nun an seine Hände zu benutzen. Ganz vorsichtig fährt er mit der einen Hand ihre strammen Beine empor. Stoppt kurz vor der Scham und wiederholt dies ein paarmal, so als wenn er sich nicht weiter wagen würde. Er spürte, wie sich die Beine immer mehr erwartend öffnen. Sie spreizt nun weiter ihre Beine und drückte ihre Brust fester in Bergers Mund. Berger spürt das sie reif für die Explosion ist. Sie steht dort wie eine Bombe, die gezündet werden muss. In einer Hand Bergers Glied, die Brust auffordernd in Bergers Mund gepreßt und zärtlich seine Stirnglatze küßend.

Eine Zärtlichkeit, die er dieser Frau nicht zugetraut hat. Er lässt seine Hand nur mit den Fingerspitzen die Haut berührend wieder nach oben gleiten. Er spürte regelrecht, wie sich das nun geile Dreieck wie eine Pferdeschnute von alleine öffnete. Ganz vorsichtig gleitet er über die Schamhaare hinweg. Er brauchte die Scham nicht wehr zu öffnen, die Schamlippen sind leicht auseinander geklappt und ein leichter feuchter Film machte ihm das dahingleiten über diese Schamlippen einfach. Mit jeder Bewegung spreizen sich die Beine mehr und die Öffnung liegt vor Bergers Finger. Sie ist feucht und kochendheiß. Sie zuckte wie wild, als Berger den Kitzler leicht streift, nach nur ganz wenigen Bewegungen ist die Bombe gezündet. Sie springt aus Bergers Hand auf das Bett und setzte sich auf Bergers Penis, der diesen voll in sie hineinpreßte. Es ist ein herrliches Gefühl, in dieser kochenden, brodelnden Maus zu sein. Deren äusserst dichter Pelz Bergers Eier streichelte. Ohne ein weiteres Nachstoßen ergießt sich ihre ganze Wollust über Berger. Sie bricht auf ihm total ein. Sie klammerte sich an ihn, küsste ihn, zitterte noch einige Zeit und schläft ein. Berger hat eines der schönsten Sexerlebnisse gehabt, das ihn trotz seiner momentanen Überfütterung in einen Taumel versetzt hat. Daß er es nicht zu Ende gebracht hat störte ihn in keiner Weise. Er ist glücklich einem Menschen dieses Empfinden, das sie gehabt hat, geben zu können. Es war ihm Erlebnis und Befriedigung genug. Ihm ging es bei Sex selten oder fast nie um die eigene Befriedigung. Seine Partnerinnen im Bett sind das wesentliche bei ihm, sind sie zufrieden, war er zufrieden.

Er muss nicht immer dran sein er bekam seinen Teil schon. So war es auch diesmal, am nächsten Morgen gibt ihm eine glückliche Offizierin alles zurück, was sie erhalten hat. Liebe ist ein Nehmen und Geben, nur so kann Liebe wirklich schön sein. Sich verstehen und Gefühle ausleben lassen. Zum Mittag traffen sich Berger und Werner wieder mit den Mädchen in dem Restaurant des Hotels. Sie speisen gemeinsam und sind eine zufriedene und lachende Gruppe. Zwei russische Offiziere und zwei westdeutsche Zivilisten. Die sich nach dieser schönen Nacht niemals wieder sehen würden aber jeder würde ein Stück Rußland und ein Stück Deutschland in sich haben. Man würde in Zukunft anders voneinander denken. Die Offizierinnen fahren nach einem tränenreichen Abschied zurück in ihre Kasernen, Werner und Berger zurück nach Bregdolni.

Bergers erste Amtshandlung ist alle Weiber aus seinem Zimmer hinauszuwerfen und so lange Weiberverbot zu erteilen, bis er wegfährt. Es waren nur noch drei Tage, aber es war schwer, den Mädchen seinen plötzlichen Umschwung zu erklären. Er braucht diese reinigenden Vorgang für sein Inneres, um sich wieder auf zu Hause vorzubereiten, nicht um zu Kräften zu kommen, sondern den Abstand zu haben. Nach dieser Offizierin wollte er nichts anderes mehr haben. Es hätte ihm nichts mehr geben können. Er besorgte sich noch alle Stempel, die nun seine Ausreise über Forst möglich machen sollen, dies erledigte Alma ganz exellent für ihn.

Man warnte ihn noch davor nicht zu früh loszufahren, aber er will nun mit Gewalt zu seiner Familie, will nach Hause. Er fährt um drei Uhr morgens ab. Er hat sich kartenmäßig exellent vorbereitet. Aber er soll es noch bereuen, dass er dieses Abenteuer eingegangen ist. Berger hat sich um ca. 100 Kilometer oder mehr verfahren. Die Straßen sind schlecht und vollkommen ohne Ausschilderung. Nicht ein einziges Richtungsschild ist zu finden. Kein Dorf hat ein Ortsschild, ihm nützte sein Karte nichts, keine Abzweigung ist beschildert. Er steht manchmal auf einem einsamen Bauernhof, dort wo die Straße endet. Ein Bauernhof, der seit 1940 keinen Nagel, keine Schraube, keine Fensterscheibe gesehen hat. Sie sehen seltsam aus die Häuser mit ihren Höhlen oder Fenstern die mit Pappe repariert wurden. Dies im Sommer und im Winter. Die Höfe sind meistens reine Bauruinen. So sehen aber fast alle Häuser in diesem Teil in Polens aus. Alle sind bewohnt und alle Höfe werden bewirtschaftet. Es ist nicht so weil die Polen zu faul sind es gibt einfach nichts zu kaufen um zu streichen oder Glas in die Fenster einzusetzen. Man kann in kein Geschäft gehen, einen Nagel oder eine Fensterscheibe zu kaufen. Es fehlt den armen Bauern als auch allen Menschen in Polen beides. Einem fehlt das Geld, zum zweiten gibt es keine Ware. Nur wer Geld und Beziehungen hat, kann in Polen einkaufen. So geht es mit allen Produkten. Die Geschäfte sind leer, weil alles, was produziert wird verhökert wird bevor es jemals einen der staatlichen Läden erreicht.

Diese Geschäfte beschäftigten Leute kosten dem Staat Geld, haben aber selten Waren. Er hat Geschäfte gesehen, die über die ganze Zeit, die er anwesend war, außer drei Verkäufern und einem Filialleiter nichts im Geschäft hatten. Die Russischen Kasernen die in Polen stehen und an denen Berger vorbei fuhr, sind in einem ähnlichem Zustand wie die Wohnhäuser, Bauernhöfe,Fabriken. Er hat es mit eigenen Augen gesehen, dass sie aus den Fenstern scheissen, weil die Toilettenanlagen seit Jahren oder Monaten nicht mehr funktionierten und schon völlig zugeschissen sind. So brauchen sie mit dem Radlader immer nur wöchentlich oder monatlich den Berg Scheiße unter dem Fenster abfahren. Berger fing an auszurechen, wann Polen zugeschissen ist. Er weis aber nicht wie viele Russen in Polen sind, so ergab die Rechnerei wenig Sinn. Autos oder Menschen begegneten ihm bis 8 Uhr morgens nicht. Er ist einfach nach Gefühl und Himmelsrichtung gefahren. Den großen Umweg kann er nach Benzinverbrauch und Zeitverlust errechnen. Er hatte drei Stunden vertrödelt aber dabei sehr viele einsame Bauernhöfe kennengelernt und auch den Wildbestand von Schlesien. Das Land und die Natur selbst sind von einer solchen Schönheit und Einfachheit, daß man all die anderen Probleme, die Polen hat, vergessen kann. Aus vielen Gesprächen hört Berger heraus, daß die Polen weit davon entfernt sind ihren deutschen Nachbarn zu trauen. Die Ost Grenz Verträge, die es gibt sind völkerrechtlich nicht abgesegnet. Wirtschaftlich und Militärisch sind sie der kleinen DDR schon heute hoffnungslos unterlegen.

Sollte es wieder zu einer Wiedervereinigung von Deutschland kommen gibt es für Polen keine Chance mehr. Zumindest zu diesem Zeitpunkt 1970. Sollen sie aufbauen und instandhalten, was wahrscheinlich an die alten Besitzer zurück fällt. Nicht jetzt, aber vielleicht in 20, 30 oder vierzig Jahren. Wenn sich Deutschland wieder mit Rußland einig ist dann ist Polen wieder offen. Was er nun von Polen gesehen hat, vom russischen und polnischem Militär, bringt sein gespeicherten Daten durcheinander. Der Glorreiche Sieg und Blitzkrieg der vielgerühmten Deutschen Wehrmacht verliert an Wert und Qualität in seinen Augen. Mit dem, was er bereits weis bleibt kaum etwas von Gloria übrig für die Deutsche Wehrmacht. Der Abstand von 25 Jahren nach dem Krieg ist 1000 zu 1. Wie mag es vorher gewesen sein? 2000 zu 1, Einen alten Wehrmachtsoffizier, der immer noch mit seiner Schlacht um Polen dem Blitzkrieg angibt konnte Berger nach seiner Reise auf die richtige Größe zurecht stutzen. Zum tausendsten Mal lässt er seine Helden Gloria wieder los und alles lauschte gespannt. ,, Ich komme gerade aus Polen und habe eure damaligen Gegner Polen und auch Russen gesehen. Wenn damals die Hitler Armee die bestgerüstete und die bestausgebildeste der Welt, in sieben Tagen durch Polen marschiert ist ,frage ich mich heute, warum diese Armee sieben Tage gebraucht hat. Ihr hattet die modernsten Panzern und Waffen, die am besten ausgebildeten Soldaten in der Welt. Seit überraschend in ein Land eingefallen das der Wehrmacht nichts entgegen zu setzen hatte.

Den Heldenmut hatten die Polen sie haben mit Pferd und Schwert versucht die Panzer aufzuhalten. Ihnen, diesen Menschen, gehört genauso viel Lob wie der Armee und Armeeführung Adolfs. Du hast uns jetzt bereits tausendmal deine Heldentaten erzählt. Erzähl uns mal etwas von den Taten eurer Gegner". Der angebliche Wehrmachtsoffizier schluckt, als Berger geendet hat. Alle, die die vielen Stories satt hatten, klatschen Beifall, dass der Spinner mal endlich einen auf den Sack bekommen hat. ,, Du bist Deutscher, du untergräbst die Leistung der besten Armee der Welt". ,, Siehst du, da sagst du es selbst, die Deutsche Wehrmacht war die beste Armee der Welt, darin bestand ihre Leistung. Aber nicht in Heldentaten. Die Heldentaten wurden von den um ein vielfaches unterlegenen Polen und Russen erbracht". ,,Die Deutsche Wehrmacht hat eine Glanzleistung an Technik, Taktik und Ausbildung erbracht. Aber Helden wart ihr in diesem Krieg nicht, und verschone uns in Zukunft mit deinen Stories. Heldentaten wurden erst auf dem Rückzug vollbracht. Heldentaten bringt nur der Unterlegene zustande. Jemand, der sich gegen eine Übermacht erwehren muß. Ihr wart die geballte Kraft, es war nichts da außer ihrem Mut, das die Polen entgegen zu setzen hatten". Wochenlang blieb der Stammgast dann der Kneipe fern, bis er wieder ruhiger zurückkehrte. Die Zeit seiner wilden Stories ist vorbei gewesen. An Stories ist an und für sich nichts auszusetzen, die beleben das Geschehen, dürfen aber nicht immer andere diskriminieren, dies war der wesentliche Punkt, der Berger an des Offiziers Erzählungen störte.

Es blieben nach der Erzählung immer nur deutsche Helden und feige Polen übrig. Das alte schema aus den Tagen des Verrückten Adolf Hitler, so hat er sein Volk beeinflusst gegen angebliche nicht Arier. Berger erreicht den Übergang Forst. Heute herrschte etwas mehr Betrieb als bei der Einreise. Es wird zügig und schnell abgefertigt. Auch die Transit-Abfertigung durch die DDR ging problemlos. Heute wird er dafür in Helmstedt vom deutschen Zoll geärgert. Sein Auto wird aus unerfindlichen Gründen fast völlig zerlegt. Über eine Stunde verbringen er damit den Zöllnern zuzuschauen. Sie finden nichts und müssen ihn weiter fahren lassen. Es ist 17.00 Uhr, als er zu Hause ankommt.

Kapittel 9
Peking via Moskau

Berger war froh, daß er nun erst einmal wieder zu Hause bleiben konnte, drei Wochen hatte er Zeit, wieder alles zu organisieren und auf die Reihe zu bringen. Gillbert aus Marsaille rief ihn an und wollte wissen, wann er wieder nach Nigeria kommt. Er erzählte ihm, daß die Magnhoun nun wohl doch endgültig abgesoffen sei. Es war ganz ruhig um diese Geschichte oder es ist die große Ruhe vor dem Sturm."

,, Ich glaube, daß uns hier noch einiges bevorsteht,"
sagte Berger."Falls ich nach Nigeria fliege, sende ich
dir sofort ein Fax. Wenn Poulsen mich anruft, daß er
unten ist, fliege ich sofort los. Ich kann es mir nicht
leisten, das Geld nicht zu bekommen". Berger baute
noch etwas an seinem Bauhof herum und besuchte
Kunden, die er in Tagesreisen ereichen konnte. Er
mußte mal wieder richtig im Kreise seiner Familie
auftanken. Als ihn der Ruf einer großen Firma nach
Peking lockte. Dieser Ruf kam aus Cairo über Zürich.
Er orderte ein Ticket über Interflug: Berlin mit
Anschluß Aeroflot am selben Tag nach Peking.
Flugpreis 2.600,- DM, Lufthansa 5.700,- DM!. Berger
machte sich wieder auf, um neue Dinge zu sehen und
neue Geschäfte zu machen. Die Chinesen sollten in
Cairo ein neues Stadtteil errichten. Die Schweizer-
Ägyptische Firma, die den Auftrag dazu hat vergibt
diesen wieder an die Chinesen weiter und verdiente
auf diese Weise10 Prozent vom Auftragsvollumen,
ohne selbst tätig zu werden. Diese 10 Prozent wurden
von den Chinesen im Voraus bezahlt. Die bekommen
dies Geld dann als Anzahlung für den Start der
Baustelle zurück. Der ägyptische Unternehmer streicht
gleich seine ganze Anzahlung vom Ägyptischen Staat
in Höhe von 30% ein. Ein gutes gesundes Geschäfft.
Was Berger an diesem Geschäft in großes Erstaunen
versetzte, ist nur der Umstand, daß die Chinesen mit
ihren eigenen Leuten anrücken. Wobei es in Cairo
viele Millionen Arbeitslose gibt. Für die Chinesen gibt
es viele wertvolle Devisen. Ihre Leute bekommen
außer einer guten Verpflegung kaum Geld in die
Hand.

Nur die Spitzenmanager haben ordentliche Unterkünfte, der Rest haust auf der Baustelle. Bettgestelle usw. zimmeren sie sich selbst. Sie haben nicht die hohen Kosten, die jedes Unternehmen bereits für die Unterbringung der Leute hat. Sie schlafen wie die Hunde auf der Baustelle. Sind immer zu frieden und arbeitssam. Berger soll für diese Firma die maschinentechnische Baustelleneinrichtung machen. Es war eine interessante und lukrative Sache. Der ägyptische Partner bestand auf Baumaschinen aus Deutschland, obwohl die aus China nur 40 % davon kosten würden. Aber unbrauchbar sind, weil diese während der ersten Arbeiten auseinander fallen. Das wissen die Chinesen aus eigenen Erfahrungen am besten. Berger richtete den Flug so ein, daß er drei Tage früher nach Berlin fliegt und seiner Frau damit drei Tage Urlaub mit ihm in Berlin beschert, sie wird fast gemeinsam mit ihm wieder abfliegen. Sie wollen diese drei Tage gemeinsam in Berlin genießen. Da Berger wie fast immer Vergnügen mit Arbeit verbindet, hat er die Besichtigung von zwei Betonanlagen am Airport Tegel vereinbart. Aus diesem Grund ist er gleich in seiner alten Jeans-Hose gereist. Dies war wohlbemerkt seine Lieblingsreisekleidung. Im Kempinski haben sie bereits das Zimmer reservieren lassen. Ansonsten schläft Berger in Berlin immer im Schweizerhof, es ist sein Berliner Stammhotel. Aber es war nichts mehr frei, weil der große Filmabschlußball der Berlinale in Berlin stattfindet. Das Hotel-Foyer im Kempinski ist bereit angefüllt mit splienigen, schwer behangenen Weibern.

Deren Garderobe mehr wert ist als Bergers ganze Firma, für die er Tag und Nacht schuftet. Er steht nun zwischen all dem Glanz und Gloria mit seiner Jeans und seinem karriertem Hemd an der Reception. Der Manager hinter der Theke ist ganz entsetzt was für ein Mensch es da wagte, an der Rezeption des Kempinski zu stehen. Er schaute ihn auch verächtlich von oben bis unten an. Es stand unausgesprochen im Raum. Berger konnte es förmlich von seinen Lippen lesen.

,, He, du Waldschrat, was willst du den hier, du hast dich wohl verlaufen, aber er blieb stumm und wagte sich nicht einmal, diesen Menschableger, der da vor der Rezeption steht zu fragen. Ullis Frau hat die Blicke bemerkt und schmunzelt vor sich hin. Sie hat diesbezüglich schon Erfahrungen, sie konnte Ulli nie zu einer anderen Garderobe bewegen, wenn er unterwegs ist. Es ist seine Uniform.

Kapitel 3

Ich muß auf jeder Reise auf jedem Schritt bereit sein Maschinen zu besichtigen. Hinauf zu steigen, mich drunter zu legen. Vielleicht auch reparieren, wenn Not am Mann ist. So war es auch Heute es war einfach, zweckmäßig und praktisch.

Wenn es angebracht war, versteht er sich schon geschmackvoll zu kleiden. Berger ist mein Name ich habe reserviert, jetzt haben sie mich lange genug betrachtet. König der Rezeption schaut immer noch kritisch und abzuschätzen ob Berger wohl das Zimmer bezahlen kann. Er kam zu dem Entschluß Berger kann es nicht. Er wollte es kurz machen und sagte nachdem er in den Computer schaut ohne das Programm aufzurufen, ,,Das tut mir aber leid Herr Berger, wir haben auf den Namen Berger keine Reservierung``. Berger sieht das der Lackaffe hinter der Theke nicht wirklich nachgesehen hat. Er zieht seine Faxbestätigung aus der Tasche. ,,Dann quartieren sie jemanden aus ich habe hier die Reservierungsbestätigung, und wenn ich nicht in fünf Minuten auf meinem Zimmer bin, mach ich aus ihrer Rezeption eine Achterbahn". ,, Im Nu hat Berger die Belege zum Einchecken und den Zimmerschlüssel auf der Theke liegen. Der Affe hat sich nicht einmal das Fax angesehen. Berger hat es auch sofort wieder weggesteckt. Es war das Telefax der Transportbetonfirma aus Berlin mit der Adresse, er hat eine Bestätigung per Fax vom Kempinski bekommen`aber wieder einmal nicht mitgenommen. Dann sucht er verzweifelt seine Reisetasche, die er zuvor noch zwischen den Beinen hatte. ..Scheiße ein so vornehmes Hotel, aber die klauen wie die Raben``. Seine Frau, die ihn beobachtet hat fängt an zu lachen, als sie sieht, wie er seine Tasche sucht und gerade wieder auf den Affen hinter der Theke losgehen will. ,,

„Hier ist deine Tasche", sie zeigt auf den grinsenden Hotelboy, der ihm die Tasche und den Zimmerschlüssel geklaut hat. Mit einigen der hochgezüchteten Frauen hat Berger kleine Zusammenstöße weil sie die Hotehalle dicht machen und keine Anstallten machen sie durchzulassen. Ihr Verkleideten Vogelscheuchen, nach Parfüm stinken wie verendende Esel. Hier stinkt es wie in Cairos Straßen nach 5 Tagen verfaulter Tiere, Dann wird doch Platz gemacht und sie können nach oben fahren. „1000 Jahre Weiber," sagte Berger, „ hier sind mindestens tausend Jahre im Fahrstuhl die aber nur 100 Jahre alt zusammen sein wollen". „Kommen sie sagt der Hotelboy lachend, Das war Berger schon zu wieder das ihm diese kleine Tasche ein Hotelboy nachträgt. Er sagt nur nichts weil er dem Jungen das Trinkgeld gönnt. Berger gibt ihm am Ende sogar 20 DM". „ Aber das du dem Arschgesicht da unten nichts abgibst". „ Seit dem hat der Mann an der Rezeption einen neuen Namen. Das sind Berger die 20 DM wert. Nach dem sie sich kurz frisch gemacht haben fahren sie zusammen zum Betonwerk. Berger besichtigte die Anlagen und wird sofort handelseinig.
Er verspricht mit der Demontage zu beginnen, wenn er aus China und Nigeria zurück ist. Ungefähr in fünf bis sechs Wochen. Sie machen den Kaufvertrag und regelten sowohl die Zahlungsweise als auch die Demontagedauer. Sie hatten nur die Auflage von der Flughafenverwaltung, die Anlage bis zum 15 Dezember zu demontieren, weil die hohen Silos in den Kontrollbereich des Radars ragen und somit störend sind.

Diese Zusage konnte Berger leicht unterschreiben, so blieben ihm noch 3 Monate Zeit für die Demontage der Anlagen. Sie fahren zufrieden wieder ins Kempinski zurück immer noch in Jeans. Berger nimmt ein heißes Bad und macht eine Generalüberholung an sich. Sie hauen sich noch eine Stunde ins Bett, um zu ruhen, es gab eine Stunde lang keine Ruhe, es wurde eine Stunde der Zärtlichkeiten. Danach durfte Berger wieder duschen. Er schmeißt sich nun in seinen besten Zwirn. Sie wollen richtig ausgehen Heute abend und den Abschluß in der Eden-Bar machen. Auch Madam Berger wirft sich in Schale. Ulli schaut ihr dabei zu, wie sie sich zurecht macht. Er hätte schon wieder gekonnt, aber er wollte nicht zu unverschämt sein. Den Anfang machten sie im Steakhaus am Kurfürstendam, dann waren sie in der Transvestitenshow und zum Schluß in der Eden-Bar oder Bar Eden. Dort lief gerade der letzte Teil des Programmes durch, außer den Preisen gab es dort nichts umwerfendes. Das beste war die Tänzerin, die ein Mann war. Sie diskutierten am Abend noch mit dem zarten Kerlchen, der wirklich mehr Frau als Mann ist, auch abgeschminkt. Er hatte nur ganz einfach ein Stückchen zu viel. Er hat seine Rolle als Frau, die er spielte, schon ganz übernommen. Es war bis auf dieses Stückchen nicht viel Mann übrig geblieben. Um vier Uhr gingen sie dann in ein kleines Restaurant auf dem Kuhdamm. Sie setzen sich draussen in die Verglaste Terrasse. Dort wird nochmals gut gegessen. Während des Essens taucht ein Schifferklavier Spieler auf den Berger anfütterte, weil er ihn noch braucht.

Berger will noch nicht ins Bett und seine Gattin ist auch noch nicht Müde. Sie wollen die Nacht noch lange genießen. Nach dem Essen geht es dann los, Berger bestellt Bier und schöne Lieder. Heimatlieder und Seemanslieder zu denen er dann gelegentlich mit singt. In kurzer Zeit ist der kleine Raum voll und es entsteht eine lustige Feier mit viel gemeinsamen Gesang. Erst um 8 Uhr Morgens gelingt es dem Geschäftsführe die Leute zum nach Hause gehen zu bewegen. Berger und Mieke sind zufrieden, sie hatten einen sehr schönen Abend und eine tolle Nacht erlebt. Sie hatten es verdient zu schlafen. Kaum ist Ulli gegen halb neun eingeschlafen geht das Telefon. Frau Sommer aus seinem Büro ist dran. ,, Der Monteur kommt nicht zurecht mit dem Automatic-Schrapper im Betonwerk Bötel". ,,Die sollen mich von der Betonanlage aus anrufen, ich denke ich kann ihnen helfen". Wenig später kommt der Rückruf. Sein Monteur Schneider erklärte ihm den Fehler. "Gerd," sagte Berger ganz ruhig, "eins". ,, Wieso,eins Ulli?". ,, Dann trink jetzt noch ein Bier und denke nach. Ich gebe dir einen Tip: Es ist ein Schalter, der nicht eingeschaltet ist, ganz simpel". ,, Welcher Schalter, Chef?". ,,Trink noch ein Bier und find es selbst heraus". Gerd trinkt noch ein Bier und findet es selbst heraus. Gerd ist ein exellenter Elektromonteur, man konnte ihm in die Hand geben, was man wollte, er konnte es reparieren. Er hat nur ein Problem und das ist der Alkohol. Ohne diesen Stoff funktionierte er nicht mehr, er ist abhängig im hohen Grade. Sein Frühstück ist Bier, so lange er unter dem Level von zwei oder drei Flaschen ist.

Ist er unbrauchbar, funktionierte er genau sowenig wie ein Auto ohne Benzin. Ganz ohne Bier konnte er nicht einmal den Schraubenzieher halten. Wie ein Rüttler geht er in den Schaltschrank mit dem Schraubenzieher in der Hand. Unfähig nur eine Schraube zu lösen, er hat den Schraubenschltz nie getroffen. Er braucht sein Beruhigungs und Zielwässerchen. Berger ist mit ihm in einer echten Zwickmühle, was sollte er tun, wenn er ihn entlässt würde Schneider ganz abrutschen. So ist er noch seinem Job gegenüber verpflichtet und er tut seine Arbeit noch gut. Was würde aber passieren, wenn er ein Jahr oder mehr auf der Straße sitzen würde?. Er wäre unausweichlich verloren, es war eine Frage der Zeit. Berger will versuchen, daß er nach und nach seinen Alkoholkonsum einschränkt und er ist auf gutem Wege dies zu erreichen. Gleichzeitig mit dieser Einschränkung ließ aber Gerds geistige Beweglichkeit nach. Berger hat nach dem Anruf Probleme wieder einzuschlafen zumal die schönen Rundungen seiner Frau unter der Bettdecke heraus ragen. Er mochte sie aber nicht aus dem wohlverdienten Schlaf holen. Er sinnierte noch etwas über Gillbert, die Giraffe und Maghnoun nach. Wie würde die Geschichte mit diesem verrückten Schiff zu Ende gehen? War am Ende nur alles Spinnerei um das Schiff, die vielen Toten, alles für nichts? Nein, es mußte etwas dran sein an dieser Geschichte. Mit der Maghnoun in seinem Kopf schläft Berger ein. Um 13.00 Uhr werden sie gemeinsam wach.

266

Sie lieben sich im Bett und in der Badewanne, sie
haben endlich mal wieder viel Zeit für sich, soviel Zeit
wie sie wollen. Erst um sechs Uhr verlassen sie
wieder ihr Zimmer, sie schlendern kreuz und quer
durch Berlin. Sie waren im Europa Center, schauten
bei der Eisbahn zu, und verweilten in verschiedenen
Cafes. Es war herrlich, so ohne Hetze tun zu können,
was man will. Den Tag beschlossen sie an diesem
Abend an der Bar im Kempinski. Es war ein netter
Abend, sie sind eingekeilt von Amerikanern und
Engländern. Von den Leuten, die Geld für Filme
bekommen die Berger nicht einmal verbrennen würde.
Sternchen und Sterne hüpften um sie herum. Mit
Decoltee's, die bis zum Bauchnabel reichen, Blumen
auf die Brüste gepinselt. Man kommt nicht darum, in
diese aufgemotzten Decoltee's zu schauen, ob man
will oder nicht. Eine dieser Tussis macht ihn gerade
an. Er hat sich nur angeschaut was das für eine
Blume auf ihrer rechten Titte sein soll. Seine Frau hat
ihn danach gefragt und er tut wie befohlen. Da keift
die alte Ziege ihn doch gleich an, ,,Altes Schwein, was
glotzte auf meinen Titten rum". ,, Ich habe deine
beschmierten Titten nicht angeschaut. Ich sehe das
mit dem Künstlerauge. Ich überlege die ganze Zeit,
wie ich dein Decoltee malen könnte". ,, Sie sind
Maler?" fragt das Mädchen nun verzückt. Bergers
Frau muss schwer durchatmen, als sie das Gehörte
vearbeitete, sie weis das Ulli Mühe hat einen Kreis zu
malen. ,,Wenn Maler, dann nur abstrakt". Sie lauscht,
wie es weiter gehen würde. ,, Wie würden sie mein
Decoltee malen?", fragte sie neugierig".

,, Da fehlt noch was, etwas fehlt noch an der Optik,"
sagte Berger". ,, Was meinen sie, was fehlt?". ,, Der
Toilettenstein und der Mann, der reinpinkeln". Sie
schreit auf ihr Begleiter glaubt sie verteidigen zu
müssen obwohl er bestimmt nicht verstanden hat, was
Berger dem deutschen Sternchen geraten hat. Mieke
zieht Ihren Mann aus dem Gewühle, bevor es zu
einem Tumult kommt. Das Sternchen war dumm
genug, in Ihrer Aufregung und Wut die Sache den
anderen zu übersetzen. Berger hörte nur das
Gelächter in der Bar, was danach entstand ist
sicherlich nicht im Sinne des Sternchens. Sie gehen
ins Zimmer und machen es sich im Bett King Size Bett
gemütlich und saufen den Mini-Kühlschrank leer. Sie
hören Musik und geben sich ganz der Liebe hin. Erst
früh am Morgen schlafen sie immer noch vereint ein.
Der nächste Tag ist total verregnet. Sie machen einen
Einkaufsbummel im Kaufhaus des Westens, den Rest
des Tages liegen sie wegen des schlechten Wetters
im Bett herum. Abends essen sie im Hotelrestaurant
und beschliessen den Abend in der Bar. Es wurde
nicht so spät, weil sie am nächsten Tag Beide wieder
auf dem Weg in eine verschiedene Richtung sind.
Berger nach Peking und Mieke nach Wolfenbüttel zu
ihren Kindern. Berger fährt seine altbekannte Strecke
mit dem Interflug Bus nach Ostberlin. Schönefeld und
von dort mit dem Flieger weiter nach Moskau. In
Moskau geht es dann schon wieder mit den
problemen los. Er suchte den Anschlußflug nach
Peking, findet diesen nirgends, weil dieser schon vor
Monaten gestrichen worden ist.

Diese Information war noch immer nicht in das Bruderland DDR durchgedrungen. Was nun, der nächste Flug nach Berlin zurück ist auch erst in zwei Tagen. Es gab zwar einen Flug nach Peking, aber erst in drei Tagen. Er war nun auf dem Airport Moskau ohne Visa. Das bedeutete, er konnte die Transitflure vom Airport Moskau drei Tage lang nicht verlassen. Ob er dort drei Tage warten und auch schlafen durfte war auch noch nicht sicher. Dies konnte erst die Interflug klären, deren Vertreter auf dem Weg zu ihm war.Es war eine Vertreterin, eine sehr hübsche. Sie stellte sich vor.,, Ich bin Renate Weber von Interflug, lassen sie mich bitte mal ihr Ticket sehen." Sie konnte es nicht glauben. ,, Der Fehler ist bei uns hier passiert, wir haben die Änderung nicht gemeldet". ,,Das war schon etwas, das Mädchen ist ehrlich. ,, Was machen wir nun, wir können sie nur für den Freitag einbuchen, da sind noch Plätze frei. Das sind aber noch drei Tage. Was machen sie so lange.? Sie können ja nicht hier 3 Tage auf dem Flur rumliegen. Ich werde versuchen, ein schnelles Visa für sie zu bekommen für diese drei Tage. Geben sie mir bitte Ihren Paß." Berger ist es unangenehm, seinen Paß aus der Hand zu geben, aber er hat keine große Wahl. Renate machte auch einen ordentlichen, netten Eindruck auf ihn. Aber alle Agentinen sind nett. Er war überzeugt davon, daß Renate eine Agentin ist. Denn alle priviliegierten Leute, die im Ausland eingesetzt werden müssen Spionagedienste oder sonstige Spitzeleien machen. Berger denkt dabei insbesondere an seine Erlebnisse in Ostberlin im Haus des Handels.

Bei den Handelsgesellschäften und verschiedenen Ministerien ist er bekannt. Er wollte schon immer die Produkte aus dem Osten verkaufen, weil sie gewinnträchtiger wegen ihres niedrigeren Preises sind. Mit dem Ministerium für Holz und Papier führte er monatelange Verhandlungen. Er wollte Möbel im Ikea Stil in der DDR kaufen und Hotels und Krankenhäuser einrichten. Alles mit dem Ministerium voneinander zu bekommen dauerte viele Monate. Er war oft in Berlin und die Leute vom Ministerium bei ihm. Als dann die ersten wirklich großen Aufträge kamen, konnten sie nicht liefern. Jedes Geschäft, das er mit der DDR versuchte, wurde zur Katastrophe, da es von Seiten der DDR-Wirtschaft nicht erfüllt werden konnte. Sie hatten eine Produktions-Planung, die schlimmer war, als würden sie keine Planung haben. Von Westberliner Seite, einer Handelsniederlassung, hinter dem sich der DDR-Staat verbarg, wollte man nochmals einen Versuch mit Berger starten. Sie luden ihn ins Ministerium für Außenwirtschaft zu einem Gespräch ein. Mit einem Angestellten der Niederlassung, den er schon von mehreren Besuchen im Osten kannte, wurde er begleitet. Auffällig war für ihn, daß seine Papiere am Grenzübergang zur DDR nicht kontrolliert wurden. Also mußte sein Begleiter über Papiere verfügen, z.B. ein hoher Offizier sein, die ine Kontrolle überflüssig machen. Im Hause der Außenwirtschaft, einem neuen Wolkenkratzer direkt am Übergang Lindenstraße, unmittelbar neben der U-Bahn-Station, wurde Berger hin- und hergereicht. Er stellte fest, daß die meisten Etagen in diesem Riesenhaus nicht besetzt waren.

Dann blieb er über eine Stunde ganz allein in einer Etage. Er nutzte diese Gelegenheit, um alle Flure abzugehen. Alle Büros in dieser Etage waren leer. Er setzte sich wieder und wartete auf die Dinge, die da kommen würden. Es kam ihm schon reichlich komisch vor. Vielleicht hatte er auch zu viel Krimis gelesen. Er sah sich um nach versteckten Kameras, konnte aber keine entdecken. Aber er war sich sicher, daß diese vorhanden sind. Er hatte auch schon durch den Weinbrand, den es überall gibt kleine Schwerigkeiten in seinem Computer. Er rechnete nach: Es waren 8 Weinbrand Asbach-Uralt, die er getrunken hat und einen Korn aus Nordhausen. Dann kommt Wolfgang Stetein wieder zurück. ,, Alles klar, Herr Berger, entschuldigen sie, daß ich so lange weg war. Aber ich hatte selbst noch eine Besprechung". ,, Sie brauchen sich nicht zu entschuldigen, ich weiß, wie das im Business geht vor und zurück". ,, Kommen sie, wir fahren etwas essen und dann zur nächsten Besprechung", ,, Sie essen sehr gut. Berger spürte bei allem die Gespanntheit, die in dem Wolfgang steckt, das Unkonzentrierte, das Oberflächliche in den Gesprächen. Er fühlt, das etwas in der Luft liegt. Er weis nicht was er wollte auf der Hut sein. ,, Was meinen sie, Berger der nächste Termin ist erst wieder um sechs Uhr, das Wetter ist beschissen, wollen wir uns für zwei Stunden ins Bett hauen, damit wir Heute abend fit sind?". ,, Soll ich für die drei Stunden wieder rüber in den Schweizerhof?". ,,Nein". das brauchen sie nicht, wir mieten ihnen hier ein Zimmer, ich denke auch, daß sie heute Nacht hier schlafen sollten. Morgen früh haben sie gleich wieder einen Termin. ,,

Es war vernünftig und ein recht guter Vorschlag. Berger willigte ein. ,, Was machen sie bis um fünf?" "Ich mache das gleiche, ich buche auch ein Zimmer hier."Eine halbe Stunde später öffnet Berger seine Zimmertür. Er stellt seine Tasche auf die Bank vor dem Schrank im Flur und geht ins Zimmer. Sein Bett ist schon belegt, stellte er fest. "Oh," sagte Berger, "da bin ich ja im falschen Zimmer, Entschuldigung sie Madam. ,, Es ist ein Mädchen in seinem Bett, nicht älter als 13 oder 14 Jahre. ,,Nein bleiben sie". mich hat der Nikolaus für sie gebracht``. Sie sind doch Herr Berger". Berger sieht sich das kleine Püppchen an, es war ein echtes Barbiepüppchen. ,, Wie alt bist du denn". ,,schau ich habe schon richtige kleine Brüste, ich werde morgen 18 Jahre". Das war ganz klar gelogen. Berger sieht sich im Zimmer unauffällig um. Er entdeckte die Kamera oben auf dem Schrank in einem Koffer versteckt. Er sieht die kleine Öffnung und das Schimmern des glatten Glases. Wer das installiert hat, hat es bei Tageslicht getan, da war keine Spiegelung möglich. Jetzt scheint das Licht der Deckenlampe darauf. Er weis nun das sie schon vor dem Bildschirm sitzen und ihn beobachteten. Ganz bestimmt sitzt nun Wolfgang Stetin vor dieser Glotze, um zu sehen, wie er ihn reingelegt hat. ..Ok, Kleine, ich gehe noch schnell Zigaretten holen und baden, dann machen wir uns einen schönen Nachmittag. Was möchtest du?". ,, Sie überlegte einen Moment, Ich möchte ein dickes Stück Kuchen". ,,OK, bringe ich mit". Berger geht hinaus nimmt seine Tasche eilte die Treppen runter und verschwindet durch den Personaleingang oder Ausgang.

Mit dem nächsten Taxi fährt er zum U-Bahnhof. Er schaute auf die Uhr, es ist erst vier Minuten seit seinem Verschwinden aus dem Hotel vergangen. Er rechnete trotzdem damit, daß man ihn aufhalten würde, aber er kommt glatt rüber. Er ist Heilandsfroh wieder zurück zu sein. Wer war dort drüben auf die Idee gekommen, ihm ein Kind unterzuschieben. Da waren sie irgendwie einer dicken Falschinformation aufgesessen. Er musste aber weg, er war in dem Zimmer, wer wusste, was Sie konstruiert hätten, wenn sie Pech gehabt hätten. Für Berger war klar es hätte für sie keinen Unterschied gemacht, ob er sie betatscht hätte oder nicht. Sie hätten schon eine Strafsache konstruiert, um ihn zum Agentendienst oder etwas anderem zu erpressen.Sie wussten und kannten Berger nicht gut genug. Er war nicht der Mensch, der sich erpressen lässt. Wovon er nicht selbst überzeugt ist es zu tun, das tut er für nichts und für keinen in der Welt. Als er im Schweizerhof in seinem Bett liegt ruft er drüben im Hotel an und verlangte Wolfgang Stetin. Der meldete sich nach wenigen Sekunden. ,, Wo stecken sie, Berger ich habe sie schon vermißt und suchen lassen". ,, Berger lacht ins Telefon. ,,Warum haben sie mich vermißt, wir sind erst um fünf verabredet, das ist in zwei Stunden." Der andere merkte nun, daß er Bockmist gemacht hat. ,, Es wurde wohl am Bildschirm zu langweilig ohne mich, hättest doch mal selber an der kleinen fummeln können. Hätte einen schönen Pornofilm gegeben. Übrigens, der das Mädchen ausgesucht hat, hat meinen Geschmack exakt getroffen, nur das Alter um 10 Jahre verfehlt".

273

,, Ok," sagte Wolfgang, wir haben Mist gemacht, du warst clever genug nicht darauf rein zu fallen. 1 zu Null für dich. Sag mir, wo du steckst, ich hole dich ab und wir reden ohne Schnörkel und ohne ähnliche Versuche". ,, Jeder hat einen Versuch frei und jedem ist es erlaubt, Fehler zu machen, ihr wolltet mir aber ganz derbe an die Wäsche. Wenn du mich sehen willst, komm Heute abend in den Schweizerhof. Ich liege hier bereits im Bett und tue das was ich in eurem schönen Hotel nicht konnte". Der andere ist einen Moment stumm, Berger war ihnen aus den Klauen entwischt, sie hatten es selbst versaubeutelt", Wir müssen darüber sprechen, Berger, ich melde mich wieder bei dir zu Hause". ,,Klick," macht es und es wurde aufgelegt. ,,Scheiße," sagte einer der anwesenden Männer, das wäre genau der richtige Mann für uns gewesen. Wir spionieren ihn schon seit einem Jahr aus. Mit seinen internationalen Verbindungen hätte er hilfreich sein können. Clever, wie er reagiert hat, schade". ,, Wer ist überhaupt auf die Idee mit der Kleinen gekommen?". ,,Ich". sagt Stetin, ,, man hat mir gesagt, er liebt Mädchen". ,, Wer tut das nicht Wolfgang, aber doch nicht so kleine Mädchen"., ,, Wir hätten Glück haben können, wenn er sie nur richtig angefaßt hätte, hätten wir ihn in der Hand gehabt, den Rest hätten wir schon hingekriegt". ,, Das hat er auch gewußt und verschwand wie ein Experte". ,,Ich weiß". der hat schon für den MI five gearbeitet hat". ,,Dann ziehst du so einen Kinderkram hier auf, ich sollte dir in den Arsch treten".

274

„Halt bloß Kontakt mit dem Mann. Ich weis vom Ministerium Holz und Papier, wie tüchtig er ist, hat mehr als vier große Aufträge angeschleppt. Aber sie konnten wie immer nicht liefern. Er hat die Riege der obersten Mitarbeiter in seinem Telefax als die best organisiertesten Arschlöcher aus Osteuropa bezeichnet. Sie sollten ihre Stühle und Schreibtische verkaufen oder die Sitzfläche aussägen, damit Platz fürs Arschloch ist. Der Herr Minister hat mich gebeten, den Kerl zu liquidieren. Das Telefax war über die Sekretärin innerhalb weniger Minuten im Ministerium verteilt. Eins hing ganz offen am Schwarzen Brett für Hausmitteilungen. Eine Säge lag vor dem Chefzimmer mit einem Zettel. "Für die Sitzfläche" stand nur darauf. Das Telefax wurde sogar unserem Parteichef vorgelegt, der den Minister sofort feuerte. Du siehst, wie efficient er arbeitet. Wir wissen aber auch, daß er es auf diese Art und Weise alleine nicht mehr schaffen kann. Sein Laden wird ihm über den Kopf wachsen und dann ist er reif für uns. „Das war schon wieder eine falsche Beurteilung. Berger erfuhr all diese Dinge später von Wolfgang Stetin, der zum MI five überlaufen will. Berger soll das für ihn stricken. So war Berger auch gegenüber Interflugmitarbeitern sehr vorsichtig. Aber was soll er tun, er konnte ja nicht vor lauter Mistrauen auf dem Flur schlafen. Da war ihm ein Hotelbett schon lieber. Berger streckte sich in einem der Stühle auf dem Flur aus und macht ein Nickerchen. Nach drei Stunden taucht Renate strahlend auf. Sie hatte es geschafft, für Berger ein Visum für Moskau, Gebiet 37und 38, zu bekommen".

,, Was ist Gebiet 37 und 38?" Sie zieht ein kleines Büchlein aus der Tasche. ,, Das ist Tuschino, nun weis ich wenigstens, in welchem Sicherheitsgebiet ich wohne. Ich habe das bisher noch nicht gewusst, daß ist hier gleich am Flughafen, das bedeutet, daß du dich nur in diesem Stadtteil aufhalten darfst. Komm, lass uns in das Interflug-Büro gehen, damit wir ein Hotel finden können". Sie telefonierte bereits zwei Stunden, es ist nicht möglich, in seinem Sicherheitsgebiet ein Hotelzimmer zu bekommen. ,, Was nun Herr Berger, was mache ich mit Ihnen?". ,, Nein, nicht sie, was macht Interflug mit mir". ,, Ich bin Interflug mein Lieber, also muß ich mich um sie kümmern". Sie versuchte es noch eine Stunde lang. Keine Chance, ein Bett für Berger zu bekommen. ,, Dann haben wir leider keine andere Wahl, sie müssen hier schlafen im Interflug-Büro. Die einzige Schlafgelegenheit ist das Sofa dort. Es ist immerhin besser als der Gang." ,, Ist in Ordnung, ich werde es die drei Nächte hier aushalten. Er machte es sich bereits auf dem Sofa bequem, Renate gibt ihm den Office-Schlüssel, ,,machs gut, sie war zum Duzen übergegangen. ,,Machs auch gut". sagt Berger, ,, und schlafe schön``. ,, Schließ die Tür hinter mir ab". sagt sie, "aber zieh den Schlüssel ab, falls jemand in der Nacht hier herein muß. Ich werde alle anrufen und vorwarnen, daß du hier bist". Berger streckte seine müden Knochen aus, er hatte schon viel schlechter geschlafen als hier. ,,Gute Nacht und Danke", Renate verschwindet ebenfalls, sie schließt nun von außen ab. Knapp eine Stunde später steht sie wieder vor Berger und weckte ihn.

,,Komm steh auf und nimm deine Sachen, du schläfst bei mir, ich kann nicht schlafen, wenn ich weiß, du liegst hier im Büro herum". ,, Nein, es macht mir wirklich nichts aus, mach dir keine Umstände meinetwegen, ich habe schon viel schlechter geschlafen." "Sei nicht doof, pack deine Sachen und komm mit, du mußt ja nicht nur hier schlafen, du mußt den ganzen Tag hier rumgammeln". Berger steht auf nimmt seine Sachen über den Arm und folgte ihr brav. Sie stoppt vor einem großen Haus in Plattenbauweise. Sie wohnt zum Glück in der ersten Etage. Die Wohnung ist klein, aber sehr gemütlich eingerichtet. ,,Hier hast du tagsüber TV, Radio, Musik und viele Bücher. Ich arbeite von 8.00 bis 17.00 Uhr. Der Kaufmann bei dem du alles bekommen kannst, ist ca. 300 Meter rechts. Dort bekommst du ziemlich alles, was du brauchst, wenn es gerade da ist``. ,, Ans Telefon gehst du bitte nicht, es muß niemand wissen, daß du da bei mir bist``. ,,Sie macht das Sofa für ihn fertig. ,, Nun kannst du weiter schlafen, ich sehe noch ein bißchen TV." "Verstehst du denn russisch?" "Ein bißchen, nicht besonders gut, aber es geht". Vor dem Schlafengehen brauche ich immer etwas Fernsehen." Berger zieht sich nun aus und duschte sich. Danach tauchte er auf dem Sofa unter, es ist doch viel besser als im Büro". "Stört es dich, wenn ich noch Fernsehe?". ,, Nein, überhaupt nicht, im Gegenteil, ich bin soviel alleine unterwegs, das ich mich über solche Unterhaltung freue. Bei mir in Cairo läuft der Fernseher den ganzen Tag, ohne das ich hinsehe. Ich habe dann immer das Gefühl, es ist noch jemand da".

,, Du wohnst in Cairo?". ,,Nicht ständig, aber ich bin sehr oft dort". ,, Schlaf jetzt, morgen erzählst du mir von Cairo. ,, Zwischen den beiden ist bereits so ein Vertrauen entstanden das sie das Gefühl haben schon sehr lange Freunde zu sein. Berger rollt sich in die Decke ein und schlummerte dahin. Renate hat sich neben das Sofa gesetzt und hatte ihren Kopf auf seine Hand gelegt, Berger bemerkte es nicht. Sie schien sehr froh zu sein, nicht mehr alleine zu sein. Erst als sie einzuschlafen drohte, machte sie sich auf in ihr Bett. Berger ist morgens schon früh wach, er kochte Kaffee und bereitete ein leckeres Frühstück zu. Die Tür zu Renates Zimmer steht offen. Es ist bereits sieben und sicherlich Zeit für sie zum Aufstehen. Er setzte sich auf ihre Bettkante und streicht ihr übers Haar, ,, Renate, Aufstehen, Frühstücken``. ,, Sie öffnete ganz vorsichtig die Augen und schaute Ulli an. ,,Wie spät ist es?". ,, Zehn Minuten nach sieben, der Kaffee dampft schon". Sie zieht Bergers Hand von ihrem Haar und küsst diese, sie sind wie alte Freunde. ,, Komm fünf Minuten rein. dann stehen wir auf. Berger kricht unter ihre Decke, sie kuscheln sich an und Renate tut so, als gäbe es das harte Ding nicht, was immer wieder zwischen ihre Beine rutscht. Nach 15 Minuten springt sie aus dem Bett, ,, ich muß zur Arbeit, ich muß aufschließen". Sie machte sich in Windeseile zurecht. Trinkt den Kaffe und genießt die belegten Brote, die Berger gemacht hat. Berger packte ihr noch zwei für die Arbeit ein. ,, Machs gut", um fünf bis dreißig Minuten nach fünf bin ich wieder hier...Sie ist bereits um 15.00 Uhr zurück.

278

„Ich habe mir für morgen frei genommen, dann bist du nicht so alleine hier. Was riecht den so gut aus der Küche?". „ Ich mache unser Abendbrot". Aber ich werde noch nichts verraten und in die Töpfe schauen gibt es nicht. Möchtest du einen Kaffee?", "Ja, den würde ich schon ganz gerne trinken, ich mache mich in der Zeit zurecht". Berger kocht Kaffee und Renate entledigte sich ihrer Interflug-Kleidung. Zwischendurch sieht er nach seinem gefüllten Braten, dieser ist fast durch. Er hat beim Kaufmann ein schönes Stück Schweineschulter erwischt. Hatte sie aufgeschnitten und mit Zwiebeln gefüllt, gut gewürzt und dann in den Backofen geschoben. Er übergießt den Braten regelmäßig mit einer tollen, selbst zusammengesetzten Würze. Als er ins Wohnzimmer kommt sieht er eine atemberaubende Diva in zartem scharzen Neglige und roter Spitzenunterwäsche. Er servierte ihr den Kaffee und küsst ihr auf die Stirn nimmt die Brüste aus dem BH und küsst diese ganz zärtlich, bis sich die Warzen steil aufrichten. Sie sitzt auf der Erde und Berger setzte sich nun hinter sie auf den Sessel, sie legt den Kopf in seinen Schoß und reibt ihn an Bergers strammen Geschlechsteil. Er greift nach vorn, packt ihre beiden Brüste und massierte diese mit mildem Druck. Dann geht er mit einer Hand nach unten, aber es reichte nicht ganz er kommt genau bis zum Haaransatz. „Mädchen, ich muß mich ums Essen kümmern," er befreite sich ganz vorsichtig und geht in die Küche. Dort setzte er die bereits geschälten Kartoffeln auf. Reinigte, den Blumenkohl und setzte ihn auch auf kleine Flamme.

Er nimmt den Braten aus dem Backofen und machte die Soße, lässt den Braten nun in dieser würzigen Soße ganz leicht köcheln. Er bereitete nun die Holländische Soße für den Blumenkohl vor. Danach deckt er den Tisch im Wohnzimmer. Renate will helfen. ,,Nein, das kommt nicht in Frage, du hast den ganzen Tag gearbeitet, nun bin ich an der Reihe". Berger prüfte die Kartoffeln und den Blumenkohl, beides kann vom Feuer. Berger nimmt das Fleisch aus dem Topf und dickt die Soße ein klein wenig an, er lässt diese nur noch einmal aufkochen, dann schaltete er das Gas ab. Er schneidet das Fleisch in Scheiben, gießt die Soße in eine schön vorgewärmte Schale und tut nun das Fleisch hinein. Es ist ein köstliches Mahl. Renate ist ganz begeistert von dem leckeren Essen. "Zu diesem Essen," sagte sie, "gehört auch ein gutes Getränk". Sie trinken zwei Korn aus dem Osten Deutschlands und zwei Bier aus dem Westen. ,, Siehst du, jetzt sind wir jeder Seite gerecht geworden. Es ist eine sehr gute Mischung, wenn du noch ein Bier und einen Korn mehr hast, ist das auch nicht schlecht". ,, Wenn, dann zwei". Es werden noch vier. Berger stellt alles Geschirr in der Küche zusammen, aufwaschen tue ich morgen". ,, Das kommt nicht in Frage, das ist meine Arbeit". ,, Absolut nicht, solange ich hier faulenze und du arbeitest, mache ich den Haushalt". ,, Wenn du darauf bestehst, will ich dir nicht widersprechen, ich lasse mich ganz gern verwöhnen." "Und ich fühle mich wohl dabei, ich arbeite meine Miete ab. Aber ehrlich, ich kann nicht ohne Arbeit leben. Ich würde verrückt werden, wenn ich hier nur rumsäße."

280

,, Das ist eure typische Westkrankheit, ihr habt verlernt zu leben. Ihr arbeitet nicht, um zu leben, ihr lebt, um zu arbeiten". ,, Das hast du prima gesagt, genau so ist es, ich bin schon nicht mehr in der Lage Urlaub zu machen. Drei Tage ist das höchste aller Gefühle. Wenn ich länger Urlaub mache, muß ich mindestens einen halben Tag arbeiten. Für mich ist meine Arbeit, meine Reisen mein Urlaub". ,, Was ist mit deiner Familie". ,, Die bekommen ihre Ferien, ich fahre meistens zu den Wochenenden nach". ,, Schöner Scheiß mit euch Westlern, ein Glück, daß wir nicht so verrückt sind". "Ich kenne die Arbeit und Organisation bei euch im Osten, ich habe versucht, mit eurer Industrie und euren Ministerien Geschäfte zu machen. Es ist unmöglich, nur ein Geschäft mit eurer Republik abzuwickeln, und dies ist im ganzen Osten so. Es wird eines Tages zum wirtschaftlichen Kolapps kommen und aus ist es mit eurem schönen Kommunismus, der ist vom Geld genauso abhängig wie unser System. Alles dreht sich ums Geld. Da wo es nicht mehr ist, bricht alles zusammen". ,, Warten wir ab wo es zu erst zusammen bricht, mein kleiner Hellseher. Mir scheint, dass ihr euch kapputt arbeiten werdet. Ok, Berger, in den nächsten Tagen wird sicher nichts passieren, lassen wir es auf uns zukommen". Sie steht auf und legt heiße Rock-Musik auf". ,, Ich liebe den Rock n Roll!", ,, Dann lass uns tanzen". Sie hüpften eine ganze Weile herum, bis es Berger zu warm wird. Sie stellte die Musik lauter er muss sich die Ohren fast zu halten. Sie tanzt nicht, sie zieht ihn in eine Ecke.,, Bleib jetzt ruhig, diese Wohnung wird mit Sicherheit abgehört.

Was denkst du, warum du das Visa so schnell bekommen hast, du bist im KGB Computer, warum weis ich nicht. Sie wollen das ich dich über ein Schiff ausfragen, die Maghnoun. Ich soll dir ausreichend zu trinken geben. Überlege dir jetzt schon, was du sagst".
,, So ist das Leben mein Schatz, daß du eine Agentin bist, war mir klar, aber daß der KGB mich kennt ist mir nicht klar. Das hat tatsächlich mit einem Schiff zu tun, mit der Maghnoun. Über dieses Schiff kann ich dir ruhig die volle Wahrheit erzählen. Was so interessant an dem Schiff ist, ist, daß es sich dabei um 17 Milliarden Dollar Gold handeln soll. Die ganze Welt ist hinter diesem Gold her". ,, Komm wieder wir müssen in die Sessel und die Musik wieder leiser machen. Ich werde jetzt etwas leichtes auflegen"., Aber Fernsehkameras haben sie hier noch nicht aufgehangen". Sie lacht, ,, da bin ich absolut sicher". ,, Warum bist du absolut sicher, denkst du, die spionieren nicht auch DDR-Agenten nach?". ,, Ich bin sicher, weil ich das jeden Tag kontrolliere". ,, Dann misstraut die DDR auch der UDSSR". ,, Du weist es doch selber in diesem Geschäft traut niemand niemandem". Sie drehte die Rock and Roll Musik ab und legt nun etwas extrem anderes auf, Beethoven. Sie kuscheln sich nun gemeinsam aufs Sofa. Dort wo das Scheiß Mikrofon hängt. Berger trinkt sein fünftes Bier und seinen 6. Korn. Korn aus Nordhausen und Holsten-Bier aus Hamburg. Er stellte sich schon beim Erzählen etwas angetrunken. Die Lauscher sollen glauben, daß er bald so weit ist seine Kenntnisse über die Maghnoun preis zu geben.

Das, was er weis kann er erzählen, es sind keine Geheimnisse. Jetzt hat Berger dieses Schiff sogar in Moskau eingeholt. War er aus diesem Grund nicht weiter gekommen? Er ist seit Tagen für diesen Flug mit der Interflug und Aeroflot im Computer der Fluggesellschaften, und damit vermutlich auch im Computer der KGB. So hat man ihnen wegen dem Schulterschluß mit Interpol oder dem MI five registriert und hatte jetzt die ideale Möglichkeit, an sein Wissen zu kommen. So ist wie er vermutet hat auch der KGB in Nigeria mit von der Partie gewesen. Diese drei Tage hat er also der Maghnoun zu verdanken. Das musste er den Jungs lassen, sie haben es geschickt vorbereitet. Auch Renate spielte Ihre Rolle hervorragend. Sie war eine erfahrene Agentin und muss Berger für einen Kollegen halten, auf den es aufzupassen gilt. All ihre Zuneigung ist sicherlich nur gespielt. Was soll es, die drei Tage waren dahin, er hat mit ihr geschlafen, mehr konnte für ihn nicht dabei heraus kommen. Daß ihm die Maghnoun dazu verhelfen sollte, mit einer Geheimagentin zu schlafen, hätte er auch nicht gedacht, Wie alles was um die Maghnoun herum seltsam ist. Nach dieser allgemeinen Denkpause fragte sie Berger nun rundheraus. ,, Wie war es in Nigeria, da sollst du Probleme mit einem Schiff gehabt haben?" "Ha, Probleme ist gut, ich wäre wegen diesem Scheißkahn bald vor die Hunde gegangen." Berger erzählte nun die ganze Geschichte und auch den bisherigen Abschluß in Baltrum und fügte noch hinzu, daß er hoffte, diese verdammte Rostlaube ist in einem Sturm abgesoffen".

,, Wann willst du denn wieder nach Afrika?" "Ich muß in ca. 3 Wochen wieder nach Nigeria, dann kommen meine Fertighäuser dort an. Ich hoffe nur, daß mir die Maghnoun dort nicht wieder über den Weg läuft". ,, Komm, lass uns noch einen trinken". Renate steht auf und holte noch zwei Bier. Während sie eingießt, fragte sie ihn. ,, Was ist eigentlich deine Rolle bei Interpol und MI five?". Er will auch diese Frage korrekt beantworten, die vom KGB und von der Stasi sollen wissen dass er in die Geschichte nur durch seine Arbeit reingerutscht ist und ansonsten nichts mit beiden Gesellschaften am Hut hat. Das er eine Privatperson ist und kein Agent. Er fügte noch die Story hinzu, wie dumm und plump man ihn unlängst in der DDR reinlegen wollte. Renate schluckt sagt aber kein Wort mehr darüber. Ihre Arbeits-Aufgabe schien nun auch beendet. ,, Ich mache uns etwas zu essen."Das Telefon klingelte. Der KGB wollte ihr nun mittilen, ob seine Geschichte ausreichend war oder ob sie noch Details wissen wollten. Sie schienen zufrieden zu sein. Sie winkte Berger nach dem Gespräch in die Küche. ,, Die Mikrofone sind abgeschaltet, die Jungs waren zufrieden und haben keine Fragen mehr an dich. Sie wollen das Gesagte auswerten und morgen eventuell nachfassen". ,, Warum flüsterst du mir das ins Ohr, wenn die Mikrofone abgeschaltet sind?" Sie sagt lachend, während sie den Wasserhahn voll laufen lässt, ,, vielleicht sind die nur nicht so schnell an den Schaltern.

,, Sie gibt ihm einen Kuß und drehte das Wasser wieder ab. Berger sagte nun laut und vernehmlich. ,, Weißt du mein Flugengel, ich bin noch 1 Tage in Moskau, ich liebe die Russen und Ihr Land, warum nimmst du nicht Urlaub und zeigst mir diese schöne Stadt?". ,, Das geht nicht, mein kleiner Geisterschiffahrer, weil du nur ein Visum für diesen Stadtteil hast". ,, Ist es so schwer für ein Land, das man liebt, für eine Stadt, die man einfach gern sehen möchte, ein Visum zu bekommen, zumal man in Begleitung eines erfahrenen Flugengels ist?, Bitte, mein Engel, laß mich diese Stadt sehen, einmal den Kreml und den roten Platz". ,, Ich will es morgen versuchen," sagte sie nur, "aber mach dir keine Hoffnungen, diese Angelegenheiten werden hier sehr streng gehand habt". ,, Dann wäre es auch kein Problem, ich bin in wenigen Monaten so wieso in Moskau, für Monate. Ich liefere die Unterkünfte für die Baufirma für den neuen Flughafen``. Dann sehen wir uns bald wieder ??``. ,, es sieht so aus``. ,, Mit der Info schaffe ich das mit dem Ausflug Heute. Sie greift zum Telefon und spricht etwas in russisch hinein. ,,
einer halben Stunde bekomme ich Antwort. Dann kann ich dir vielleicht Moskau zeigen. Sie bereiteten nun gemeinsam einige kleine leckere Brote vor. Renate bevorzugte Kaviar, Berger hielt sich an einen leckeren russischen Schinken. Renate war ist sehr gut sortiert, ihr fehlte es an nichts. Sie war sicherlich schon etwas weiter oben in der Hirachie der Stasi. Sie machte ihre Sache auch sehr geschickt und sie ist eine tolle Frau mit einer guten Figur.

Das Telefon klingelte wieder, als sie wiederkommt strahlte sie. ,, Meine Firma hat angerufen wegen der Diensteinteilung für morgen. Man hat mir meinen Urlaubswunsch gewährt. Ich bin morgen und übermorgen voll für dich da. Mein Chef hat mir versprochen, das Visa für dich bis morgen um 10 Uhr zu haben". Berger jubelte laut, ,, danke mein Engel, nun ist es mir scheiß egal, ob ich in drei oder fünf Tagen in Peking bin. Ich kann Moskau sehen". Er freute sich auch wirklich darauf. Er hatte fast alle Hauptstädte im Ostblock besucht, nur Moskau noch nicht. Es sollte auch nicht sein letzter Besuch in Moskau sein. ,, Du bist ein cleverer Hund", flüstert sie ihm ins Ohr, "die haben alles mitgehört und sofort reagiert". Renate will nun den Russen gerecht werden und legt Tschaikowsky auf, während sie nun belanglos weiter plaudern und ihre Kaviar- und Schinkenbrote essen. Renate schaut auf die Uhr. ,, Oh, es ist schon zwei Uhr, ich mache dir das Sofa fertig." "Ja, das ist gut, wenn wir morgen nach Moskau wollen, ist es gut, wenn wir nicht so spät ins Bett kommen. Ich lege mir noch einen Tschaikowsky auf und werde dabei seelig dahinschlummern". Renate klopfte mit ihren Händen auf dem Sofa herum und tut so, als würde sie es herrichten. ,, Gute Nacht, mein Lieber, schlafe schön". ,, Du auch!" ruft ihr Berger nach, obwohl sie dicht neben ihm steht. ,, Komme jetzt," sagt sie kichernd wie ein kleines Mädchen, das jemanden einen Streich spielt. Berger macht noch solche Geräusche, als würde er sich in seiner Decke einrollen. ,,Mach bitte das Licht aus". ruft er noch.

Dabei geht er vorsichtig auf Socken hinter Renate her ins Schlafzimmer. Dort schaltete sie gleich den Lautsprecher an sie können nun auch hier Tschaikowsky auf einer Langspielplatte hören und mögliche Abhörer haben es schwerer. Sie ziehen sich aus und krichen ins Bett, ohne zu duschen, sie hat nach dem Bier und Kornkonsum keine Lust mehr dazu. Nun ohne Kleidung erscheint Renate lang und dünn mit zwei kleinen Knopfbrüsten. "BMW" sagte er zu Hause zu solchen Frauen. Renate ist keine Sexbombe mit rundem Po und dicken Titten, nein sie ist eine dünne lange Latte, aber äußerst lieb und nett. Unter der Bettdecke fehlte es ihm dann an nichts. Sie ist auch total rasiert, so fühlte er sich manchmal beim Kindersex. Sie verstand es aber ihn geil zu machen und bald schmolzen sie dahin. Die Müdigkeit war wieder einmal geschichte. Die langen spitzen Knie kommen sowieso an die Seite und konnten ihm nicht mehr weh tun. BMW heißt übrigens "Brett Mit Warze". Erst morgens um 8 Uhr stehen sie wieder auf, nun müssen sie unter die Dusche, sie sind regelrecht zusammengeklebt. Nach dem Frühstück telefonierte Renate mit ihrer Firma. ,,Alles klar, mein Schatz, wir haben das Visa und bekommen ein Auto mit Fahrer. Um 9.30 werden wir abgeholt. Deine Entschädigung von Interflug für die verlorenen Tage". ,, Wenn ich Moskau sehen kann, sind die Tage nicht verloren, sie werden zum Erlebnis mit Dir.,, Punkt 9.30 rollte der Wartburg von Interflug heran. Berger ist es klar, dass der Fahrer von der Stasi oder vom KGB ist. Das ist ihm auch egal, was sollte störend daran sein. Der Fahrer war ein netter Herr so um die Fünfzig, ein Russe.

,, Also KGB", Sie stellen sich vor. ,,Sagen sie einfach
Ivan zu mir". ,, Ich bin Ulli, und Renate kennen wir ja
beide". So startete das trio. Ivan spricht ein sehr gutes
Deutsch. Er erklärt ihnen, daß er Berger erst über den
äußeren Ring um Moskau fahren wird. Damit er einen
Eindruck von der Gesamtgröße der Stadt bekommt.
Erst dann will er zum Kreml und zum roten Platz
fahren. Berger ist damit einverstanden. Das Wetter ist
gut und angenehm, sie haben gute 20 Grad, direkt in
der Sonne bis 27 Grad. Sie haben leichte Kleidung an
und fühlen sich auch so leicht und locker. Ivan ist ein
angenehmer Mann, er erklärte Berger alles während
der Fahrt. Moskau ist wahrlich eine große und schöne
Stadt. Es war bereits Mittag, als sie in das
Stadtzentrum kommen. Natürlich war der rote Platz
der erste Punkt, den Ivan ansteuert. Es ist ein
mächtiger, weiter Platz im Herzen von Moskau. Bei
diesem Wetter ist er voll mit Menschen, die die Wärme
der Sonne suchen. Hier gibt es wegen der Weite nur
wenig Schatten. Schatten, den die Leute heute nicht
wollen. Der Sommer hat fast sein Ende ereicht und
keiner weis wie viele solch schöner Tage sie noch
bekommen werden. Berger hat den Wunsch, sich auf
eine Bank zu setzen und den Menschen zuzusehen. ,,
Weißt du, Ivan, die Gebäude und alle diese
gewaltigen erbauten Dinge sind für mich, um ein Land
kennenzulernen, nur eine wichtige Nebensache. Ich
schaue mir zu gerne die Menschen an, wie sie leben,
wie sie sich bewegen, was sie tun und was sie sagen.
Leider spreche ich kein russisch, um das letztere zu
tun. Zum Glück gibt es Leute wie dich die Deutsch
sprechen".

Berger lehnte sich in die Bank zurück und genießt die Sonne. ,, Was hältst du davon, wenn wir uns etwas zum Essen holen?". ,, Eine sehr gute Idee, besser als durch die überfüllten Lokale zu kriechen. ,,Berger weis aus Berichten, daß die wenigen guten Lokale ständig überfüllt sind und sich Schlangen vor den Türen bilden. ,, Ich gehe mit Renate was zum Futtern und Trinken besorgen, in einer halben Stunde sind wir wieder zurück". ,, Geht nur, habt keine Angst um mich, ich genieße die Zeit ". Er machte es sich so bequem wie möglich auf der Holzbank. Die Bänke sind im Quadrat aufgestellt, ca. drei Meter voneinander entfernt, so das man nicht zu dicht sitzt, aber sich doch gut unterhalten kann. Schnell sind die Bänke um Berger belegt. Weil Renate und auch Ivan ihre Sitze mit ihren Jacken markiert haben blieben diese Plätze frei. Berger betrachtete die vorbeiziehenden Leute. Es sind Geschäftsleute und Angestellte, die sich die Beine vertreten wollen in ihrer Mittagspause, Hausfrauen, die ihre Ruhe nach dem Einkauf oder vor dem Einkauf wollen, Frauen mit Kindern, die ihren Wohnungen entfliehen und alte Leute, die die Wärme und Gesellschaft der Mitmenschen suchen. Er versuchte, diese Menschen einzuordnen, was sie sind, woher sie kommen, warum sie hier sind. Er sieht in Ihre Gesichter, die er in verschiedene Gebiete einordnet. Am einfachsten ist es die mit dem mongolischem Einschlag heraus zu finden. Die Moskauer selber könnten Deutsche wie auch Engländer sein. Sie unterschieden sich kaum. Aber er sieht Gesichter, die er nach Sibirien und noch weiter einordnete.

289

Mit einem Aussehen wie die Eskimos, Chinesen, Tibetaner, Kasachstaner, Armenier. Viel mehr kann er nicht aus einander halten.

Sie sind Heute alle gut gelaunt haben keine Eile und hetzten nicht über den Platz. Sie genießen allesamt die Sonne und das Leben, das sie umgibt. Dazwischen toben vereinzelt Kinder. Die Sonne ist nun hat die Luft so aufgeheizt das Berger sich die leichte Strickjacke auszog. Renate und Ivan unterhalten sich während ihres Einkaufes angeregt. ,,Du hast dich sicherlich gewundert, daß ich Heute selbst gekommen bin". ,,Aber wie, Genosse General, ist der Mann so interessant für den KGB?. Ich konnte nur herausfinden, daß er ein einfacher Kaufmann ist, jemand der viel und gerne reist". ,, Vergiß nicht, daß eure Leute ihn einfangen wollten, ich habe mir sofort den Vorgang besorgt, er lag heute morgen schon auf meinem Tisch. Ich habe mir dann die Bänder nochmals angehört und bin zu der Überzeugung gekommen, daß wir ihm nichts vorspielen sollen. Der weiß schon längst, woher der Wind weht. Ich will ihre Meinung dazu hören, Renate. Ich will nicht mehr von diesem Mann als seine Freundschaft und ihn gelegentlich mit seinem Einverständnis benutzen. So wie es andere bereits machen, der Mann ist clever und unauffällig. Nur so haben wir Nutzen von ihm, nicht mit Methoden der Gewalt. Was der nicht will, will er nicht, und was er gern tut, macht er sehr gut. Genauso machen es Interpol und MI five". ,,Ich denke auch, das dies der beste Weg ist". sagt Renate.

,,Sie nehmen die Getränke und gehen zu ihm, ich hole noch was zu futtern. Ich kenne einen Laden in der Nähe, da bekomme ich Brote gemacht, mit Wurst, Käse und Fleisch. ,, Ivan setzte sich zu Berger und reichte ihm die kleine Wodka Flasche. ,,Einen für den Magen". ,, Berger trinkt eine Daumenbreite und gibt die kleine Flasche wieder zurück. ,, Bitte entschuldige Ulli, dass wir dich vier Tage hier festhielten. Ich bin General Ivan vom KGB. Ich bin sicher, daß du schon weißt, was los ist. Es war zu verlockend für uns, deine Informationen über die Magnoun zu bekommen. Daß wir es auf diese Weise getan haben, mußt du entschuldigen. Wir vom Geheimdienst sind oft zu geheimnissvoll und würden manchmal ohne unseren Krampf besser weiterkommen. Aber man weiß es immer erst hinterher. Wir mussten auch erst einmal sehen, mit wem wir es zu tun haben. Die Berichte aus Nigeria und Togo waren diesbezüglich nicht ganz klar. Was in Ostberlin passiert ist, tut uns leid, wir haben schon eine Beschwerde losgelassen. Sie haben eine unschöne Methode angewandt und zum Glück keinen Erfolg gehabt. Sie wollten uns wieder eine Nasenspitze in der Angelegenheit Magnoun vorraus sein". ,,Die Jungens dort drüben sind krankhaft ehrgeizig",, ,, Ich bin nicht nachtragend," Die hatten ihre Chance und haben sie total versaut. Ich bin niemand, der sich erpressen läßt". ,, Das haben wir durch unsere Art herausgefunden. Ich kann mich nur nochmal für die verlorene Zeit entschuldigen.

Als ich mir die Bandaufnahmen in der Nacht nocheinmal anhörte, war mir klar, daß du uns durchschaut hast. Aber trotzdem bin ich mir sicher, daß du uns die Wahrheit erzählt hast". ,, Was solle ich verschweigen oder lügen, es hätte keinem genutzt und es hat keinem geschadet. Ich selbst bin froh, wenn diese Geschichte nun mit dem Verlust der Maghnoun zu Ende ist". ,, Ulli, ich versichere dir, die Geschichte ist noch nicht zu Ende, wir werden uns in Nigeria wieder sehen. Ich möchte diesmal auch nicht mehr mit meinen Leuten selbständig arbeiten. Ich würde mich der Interpol Arbeit unterordnen. Wir wollen aber immer direkt dabei sein". ,, Das läßt sich einrichten, es ist das, was Gillbert eigentlich schon so lange will. Alle unter einen Hut, damit sie sich nicht gegenseitig behindern. MI five und FBI haben sich schon untergeordnet". ,, Kommt dein Freund Saunders"?. ,, Woher weißt du das?" ,, Wir wären ein schlechter Geheimdienst, wenn wir das nicht wüßten". ,,Das bedeutet, das ich in allen Geheimdienstakten verewigt bin". ,, Nicht in allen, aber in sehr vielen. Wir wissen auch, daß das MI five dir eine Offerte gemacht hat". ,, Die ich niemals annehmen werde, weil ich Geschäftsmann bin und kein Geheimdienstmann". ,, Du wärst einer der Besten Ulli, du hast alles das, was solch ein Mann braucht, wenn er gut werden will". Er reicht Berger die Hand, ,,ich freue mich, daß ich dich persönlich kennengelernt habe. Vor deinem Abflug werden wir uns noch sehen. Ich rechne mit deiner Vermittlung bei Gillbert". ,, Ivan ich bin sicher, daß wir dort offene Türen einrennen".

,, Um so besser, mein Freund, hier sind die Wagenschlüssel, Renate kann selbst fahren, sie kennt Moskau besser als ich. Ich rufe an". ,,Willst du nicht mehr mit uns essen?". ,, Nein, aber ich lade mich für morgen abend mit meiner Frau bei euch zum Essen ein, Bei Dir und Renate. Ich will echte deutsche Küche. Die Mikrofone, übrigens, werden sämtliche entfernt Ich verbürge mich dafür. Aber Renate weiß auch, wie sie sich dessen versichern kann". Er grüßt und verschwindet zwischen den freundlichen Menschen auf dem roten Platz. Als Renate antanzte voll beladen mit Broten, die in Zeitungspapier eingewickelt sind staunte sie das Berger allein ist. ,, Wo ist er?". ,, Er wollte uns nun alleine lassen, hier ist der Autoschlüssel für dich. Er hat die Fronten geklärt, ich denke es ist besser für uns alle und er hat sich für Morgen abend zum Essen eingeladen. Er will original deutsch Essen". ,, Dann weißt du ja, was du zu tun hast." sagte Renate lachend. ..Er hat nicht gesagt, ost- oder westdeutsch". .. Gut, dann kochen wir ein Gemisch". ,, Kein Problem, wir machen Leipziger Allerlei dazu". ,, Das gibt es auch nur im ,,Westen, das habt ihr Leipzig untergeschoben". ,, Sie packt nun die Brote aus und legt sie auf der Bank zurecht. ,, Was machen wir nun mit den vielen Broten?". ,, Kein Problem Berger ruft einige Kinder um Hilfe. Die Brote sind so schnell weg, daß Berger und Renate nur jeweils eines davon ab bekommen. Die Kinder strahlen noch nie haben sie so etwas gegessen. Nur eine spuckt Renates Kaviar Brot aus es war nicht ihr Geschmack.

,,Der schmeckt das Zeug genau so grauselig wie mir``. ,, Die Mutter der Kleinen ist schnell zur Stelle um der Tochter zu helfen. Ihr scheint das Kavier Brot ausgezeichnet zu schmecken. Die Kleine stürzt sich auf das nächste Brot. So ist im Nu alles abgeräumt. Ulli und Renate bleiben hungrig auf der Strecke. ,, Du bist mir ein Organisator, da gebe ich mir soviel Mühe und bekomme nur ein Brot ab". ,, Kann ich wissen, daß hier gerade eine Hungersnot ausgebrochen ist?. Wir haben Heute wenigstens eine gute Tat getan. lass es damit gut sein. Wir kochen uns nachher was Schönes und kaufen gleich für morgen ein." "Ich weiß auch schon, was du kochst". "Ich sage dir, was ich mir wünsche, Nummer eins den Braten, den wir gestern hatten, noch einmal. Zweitens Kohlroladen, Bouletten, Kartoffelsalat, als Nachspeis eine Caramelcreme, danach ein Glas Rotwein oder ein bißchen mehr davon". Berger denkt nach. ,, Die Kohlrouladen und Bouletten machen wir schon Heute, wir machen soviele, daß es für morgen reicht. Gleiches gilt für den Kartoffelsalat und den Braten. Nur daß der Braten Heute noch nicht fertig gemacht wird, er wird nur vorbereitet und angebraten. Kannst du Paprika Schotten auftreiben``. ,, Mal schauen in der Markthalle bestimmt``. ,, Gut fahren wir in die Markthalle, aber nach dem Kremel``. Im übrigen die Caramelcreme, die gibt es auch erst Morgen". ,, Berger es ist schon zwei Uhr dreißig, sagt sie, ab zum Kremel``. ,, Der Kremel ist ein imposantes, beeindruckendes Bauwerk, hier in diesem Haus wurde und wird Weltgeschichte gemacht.

Aber Gemäur sind für Berger etwas wichtiges aber mit Steinen hält er sich nicht lange auf. Er hat den Kremel jetzt gesehen, das genügt Ihm. Um sechs Uhr sind sie dann voll beladen in Renates Wohnung. Sie pacten die Berge von Lebensmitteln in die Küche aus Der Kaufmann war bald vor Freude gestorben, als Berger in Dollar bezahlte. Für den ganze Berg, den sie da gekauft haben, hat er nicht mehr als zwanzig Dollar bezahlen müssen. Renate packt ein Gerät aus dem Schrank aus und geht damit durch die ganze Wohnung, ,, Wir sind wieder sauber mein Lieber. Wir können reden, was wir wollen, tun was wir wollen, wir sind wieder alleine. Berger zieht sich nackt aus und wirft sich eine Schürze über. Sie tut es ihm gleich. So kochen sie in der Küche gemeinsam. Sie brauchen fast zwei Stunden, bis sie alles auf der Reihe haben. Bis alles bruzzelte und schmort und der bunte Kartoffelsalat im Kühlschrank ist. Sie hatten diesen schon mit den frischen Bouletten getestet. Es hat super geschmeckt. Berger hatte Renate noch gezeigt, wie man Mayonaise macht. Zwischendurch hat er sich schon einige Male mit ihren kleinen, mirabellengroßen Brüstchen beschäftigt. Sie sind gerade ein mundvoll, aber voller empfindlicher Nerven. Sie ragen auch so schön an den Schürzenträgern vorbei, er kann nicht daran vorbei gehen ohne die Kirschen in den Mund zu nehmen. Die Frikadellen, die er später isst sind nicht größer. Sie schaut Ulli genau bei der Arbeit zu und machte sich Notizen über die Zubereitung der Speisen.

,, Ich hoffe, daß ich das auch so hin bekomme". ,, Das Würzen ist reines Gefühl und das wichtigste an der Sache". Nach den Bouletten mit Kartoffelsalat gibt es wieder ein schönes Holsten-Bier. Korn mag Ulli Heute nicht mehr trinken. Als sie zur Ruhe kommen will Renate nun auch wissen, wie das Gespräch verlaufen . Auf die Angelegenheit in Ostberlin sprach ihn Renate auch noch an und wollte wissen, was da gelaufen war.Berger erzählte ihr die Kleine-Mädchen-Geschichte. Sie konnte nicht begreifen, wie man etwas so plump durchführen konnte. "Was soll es," sagte Berger, "letztendlich bin ich ja doch auf ein Kind hereingefallen." "Wieso," sagte sie echt entsetzt, "du hast doch mit einem Kind geschlafen?" "Ja," sagte Berger, "gerade gestern erst, aber mit einem extrem langem Kind." Sie lachte: "Ach so, du meinst meine Twiggi-Figur, was soll ich machen, ich weiß, daß ich keine Sexbombe bin." "Gestern warst du aber eine, und was für eine. Es kommt nicht auf die Dicke der Titten an, es kommt auf die ganze Frau an." "Aber wenn die ganze Frau so spindeldürr ist?" "Hast du was vermißt letzte Nacht?" "Nein, danke, ich habe nichts vermißt." "Ich auch nicht, meine Liebe." "Es war sehr schön mit dir, es kommt immer auf die innere Einstellung an und die Menschen, die es mit einander tun und wie sie es tun." Sie lag inzwischen lang ausgestreckt auf dem Sofa. Sie zog ihn zu sich herunter. "Ich möchte diesen Zustand noch einmal erleben." Es war bereits 11 Uhr, als sie gemeinsam unter die Dusche gingen und nun sinnige Musik hörten und sich von ihrer Arbeit erzählten.

Um zwei Uhr morgens gingen sie ins Bett und blieben dari bis zum anderen Mittag. Sie liebten sich und schliefen in Etappen. Sie gingen auch den ganzen Tag nicht mehr aus dem Haus.Renate wollte den letzten Tag genießen und Berger ging es ähnlich. Er kümmerte sich um den Braten und machte nebenbei die Caramelcreme. Musikmäßig sorgte Renate für Abwechslung. Mal Rock n Roll, mal Beethoven, mal Tschaikowski.Der Fernseher wurde abends kurz zu den Nachrichten eingestellt. Als der Herr General Ivan klingelte, hatten sich Renate und Ulli in Schale geworfen.Renate lies beide ein. Sie stellten sich vor, die Frau von General Ivan sprach englisch, so gab es zwischen ihr und Berger keine Sprachprobleme.Die Frau des Generals war das exakte Gegenteil von Renate. Sie war eine echte Sexbombe und sie wußte dies und genoß dies offensichtlich. Aber so einen alten Fahrensmann wie Berger konnte ein dicker Arsch und dicke Titten nicht mehr beeindrucken. Er wußte auch damit um zu gehen. Er unterhielt sich mit ihr vollkommen unbeeindruckt von ihren Portionen. Der General und Renate haben sich zu einem dienstlichem Gespräch zurückgezogen. Die Sexbombe begleitete ihn sogar in die Küche, um zu sehen, was es für schöne Sachen es gibt. Er nimmt nun den Braten aus der Röhre und machte die Sauce. Es ist ein toller Geruch in der Küche. Ihr Busen wogte beim ein- und ausatmen immer wie ein Kellergewölbe beim Erdbeben. Wenn der Beton durch die Bewegung sich wölbte und droht die Decke zu zerreißen.

Nur die Eisenverstrebungen hielten den Beton vom Zerbersten ab. Diese Funktion übernehmen die Korsettstäbe, mit der die Oberweite befestigt halt bekommt. Sie ist eine Russin wie aus dem Bilderbuch.

Berger überlegt, ob diese Brüste auch so fest wie die von Alma sind. Bei solchen Überlegungen hält er seine Frau raus, die ist die schönste von allen. Aber Alma kann er zum Vergleich heran ziehen. Die braucht kein so gewaltiges Korsett. Er ist davon überzeugt das der Reiz dieser Brocken dahin ist wenn das Korsett verschwunden ist. Diese Dame so glaubt er, hat katholische Brüste, Wenn man das Korsett öffnet, fallen sie auf die Knie. Während seine Gedanken um ihre Oberweite kreisen, dickt er die Sauce an. Er gibt ihr mit einem schönen heißen Metall-Löffel etwas von der Sauce zu kosten. Aber sie ist cleverer, als er dachte. Sie hielt nicht die Schnute hin, sondern nimmt ihm den Löffel aus der Hand und pustete erst. Sie ist entzückt vom Geschmack der Sauce. Sie will wissen wie Berger diese gemacht hat.Je mehr die Dame sprach, um so besser war sein Eindruck von ihr. Sie war keine dusselige Sexbombe, sie war eine äusserst intelligente Frau. Seine innere Einstellung änderte sich total. Es war ihm nun egal, wohin die Titten sausen würden, wenn das Korsett geöfnet wurde. Die Dame hat Qualität und stieg in seiner Achtung nach ganz oben auf. Die Frau oder den Mann erkennt man erst, wenn sie den Mund aufmachen. Es hatte sich mal wieder befürwortet, Äußerlichkeiten sind Launen der Natur, Bildung ist erarbeitetes, erlerntes Wissen, erlebtes Wissen.

Hier hatte es Berger ganz klar vor sich: Renate, der BMW, und die Sexbombe haben extrem unterschiedliche Figuren, aber fast den gleichen hohen Bildungsstand. Sie sieht aus wie eine Sexbombe mit allem perfekt ausgestattet und war eher kühl und Renate ist eine Sexbombe ohne Zubehör. Da sich der General intensiv mit Renate unterhält übernimmt Berger automatisch den Service und unterhielt sich fast ausschließlich mit Miriam, der Frau General. Als sie Berger das Du anbietet nimmt er es an. Sie erzählte ihm vom normalen Leben in Rußland und Berger ihr von seinen Reisen durch die Welt. Da der Abend noch lang zu werden schien beschloß sie ihr Kostüm nach Rücksprache mit ihrem Mann, zu ändern. Die Eisenstangen wurden ihr lästig. Als sie aus dem Schlafzimmer herauskommt sieht sie doppelt so gut aus wie zuvor. Sie hat ihr Haar nun offen und einen weiten Russenkassak an. Knallrot und wunderbar mit Goldfäden bestickt. Der Stoff ist so weich, das er regelrecht bei jedem Schritt um ihre Figur fliesst. Er ist erstaunt, wie gut sie darin aussieht. Von wegen katholische Brust. Die stehen in ihrer riesigen vollen Grösse wie große Wassermelonen. Sie reichen bis unter die Arme. Ihr ganzer Körper dazu ist passend geformt. Sie weis es genau, was sie nun in Berger versucht zu entfachen macht Ihn nervös beim kochen. Sie hat ein Feuer entzündet. Aber Berger hat eine enorme Selbstbeherrschung, ausser seinen roten Ohren ist keine veränderte Regung an ihm zu sehen. Seine Hose hat das aufstrebende Wesen noch im Griff.

Der General schaut den beiden belustigt zu. ,, Entschuldigt, daß ich mich Heute Abend mit Renate beschäftige, wir haben einige dienstliche Sachen. Aber Berger hat bereits bemerkt, daß die Generalshände auserdienstliche Wege bei Renate gehen. Er geht nun zum Auto, ,,komm mit mein Freunde Ihr könnt mir tragen helfen". Aus dem Auto holten sie zwei Kartons Krimsekt. Ein für Euch eine für uns. Den einen schleppt er gleich ins Schlafzimmer. Renate sagt, ,, Tschüß" und verschwindet auch im Schlafzimmer. Das war ja eine merkwürdige Geschichte. Sie grinst ihn an, ,,keine Angst, junger Mann, er macht die Kleine nicht kapputt. Du bekommst sie heile wieder. Wir machen das ab und zu. Vielleicht alle zwei oder drei Monate. Renate ist hier völlig allein und hat es nötig und mein Mann braucht mal was anderes als mich". Sie öffnete dabei ihren Kassak komplett. Berger hat noch nicht bemerkt, daß dieser irgendwo zu öffnen ist. Da stand die Sexbombe nun vor ihm. Splitternackt unter dem Kassack. Sie ist eine Pracht, Berger öffnete eine Flasche Sekt um sich zu beschäftigen. Er will nicht so einfach über diesen Berg von Wollust herfallen. Es soll wenn überhaupt Step für Step gehen. Aber in seiner Hose überschlagen sich die Dinge. Dann überschlagen sich die Ereignisse, als die Brüste wie zwei Wellen über ihm zusammenschlagen. Sie ist ganz schön hungrig nach Sex, in jeder Stellung. Berger lernte sehr viel dazu. Sie hat soviel Besonderheiten und Tricks, daß er glaubte, sie ist in allen Freudenhäusern der Welt gewesen.

Sie versteht es, Berger daran zu hindern, daß es bei ihm kommt. Wenn sie es fühle, machte sie geschickt eine Pause und drückte seine Hoden zu. So das er nach dem zweiten Mal durcharbeiten kann, ohne einen Abgang zu haben. So lange, bis sie sich nicht mehr drehen oder bewegen kann. Sie liegt da unbeweglich und unfähig, aufzustehen. Berger steht da mit einem Rohr das zu platzen droht. Er geht unter die eiskalte Dusche, es hilft nicht. Sie reckte sich und schaute auf die Uhr. ,,Oh, ich muß mich duschen und zurecht machen. In einer halben Stunde sind wir wieder weg. ,,Berger zieht sich auch wieder an, er hat einige Mühe, die Hose zu zubekommen. Er schaltete den Fernseher ein und öffnete die zweite Flasche Sekt. Sie kommt wieder ordentlich und frisch aus dem Badezimmer. Sie sitzen da als wenn nicht gewesen wäre. Sie fasst an Bergers prallen Riemen, der noch steht. ,,Tut mir leid, aber nun ist es zu spät". ,,Ich werde es nachher schon hinkriegen. Renate hat noch Reserven". ,, Ivan ist ein reiner Schmusekater. Ich lasse ihn hierher und ich suche mir auch manchmal etwas. So sind wir beide zufrieden. Nur daß er nicht wissen darf, daß ich es auch tue. ,, Hast du noch etwas von dem Braten und dem Kartoffelsalat?". Er hat und sie speisten friedlich zusammen, als die beiden aus dem Schlafzimmer kommen. So, als hätten sie sich drinnen nur unterhalten nur dienstlich. Sie schreien beide nach essen und bekommen die Reste serviert, die aber noch ausreichend sind. Für später hat er noch Frikadellen. Sie trinken noch eine Flasche Sekt, dann will der General nach Hause.

,, ch hole dich morgen um 10 Uhr ab, um 12 geht das Flugzeug, dann haben wir noch etwas Zeit, um uns zu unterhalten. ,, Miriam hängt sich ihre Kleidung übern Arm und fährt in dem Kassak nach Hause. ,, Hoffentlich geht der nicht an der Ampel auf". Denkt Berger als sich Miriam beim Verabschieden vorbeugte. Sie muss sich von Ulli verabschieden. ,, Der ärmste hat sich das Bein verdreht und kann nicht aufstehen," sie geht zu ihm hin und verabschiedete sich artig. Der General tat es ihr nach, ,, tut mir leid, hoffentlich ist es morgen besser." ,, Renate kriegt das schon wieder hin". sagte Miriam laut lachend". So ging die Party zu Ende, es ist gerade erst zwölf Uhr. ,, Was ist mit deinem Bein," fragt Renate, ,,was soll ich wieder hinkriegen". Berger steht auf. ,,Huch", machte sie, wie soll ich den das hin kriegen?". ,, Bist du böse?" ,fragte sie. "Warum." sagte Berger, ,, ich hatte auch meinen Spaß". Sie kann es nicht fassen. Berger musste die Details erzählen und den Abend noch demonstrieren. ,,Wo hat sie das nur alles gelernt?". ,, Der General ist doch nur ein reiner Fummler und denkt er vollbringt damit Wunder. Aber er ist ein ganz lieber Kerl. ,, Ihre letzte Nacht die sie gemeinsam hatten dauerte sehr lange. Sie schafften es gerade so um 10 Uhr, startklar zu sein. Der General bat ihn nun auch ganz offiziell, in der Angelegenheit Maghnoun sein Kontaktmann zu sein. Soweit es in seiner Kraft stand, wollte er Berger alles tun. Sie verabschieden sich freundlich und Berger fliegt nach Peking. Er dachte im Flugzeug lange über die Magnoun nach, sollte der General Recht haben und sollte das Drama weiter gehen?.

Vielleicht war es besser zu bewältigen, wenn sie alle zusammen arbeiteten. Der Flug von Moskau nach Peking ist ein Direktflug. Er schläft als sich die Maschine zum Landeanflug neigte. Erst als die Maschine unsanft aufsetzte wird er wach. Rings um ihn kommt alles in Bewegung. Er sortierte sich vorsichtig und wartete, bis das Geschiebe und Gedränge aufhörte.Fast als Letzter verließ er die Maschine. Er hatte Visa und Paß schon parat in seine Tasche gesteckt.Er wurde direkt am Flugzeugausstieg in Empfang genommen und auf Umwegen aus dem Flughafen geleitet. Er brauchte sich nicht in der endlosen Schlange anstellen. Die Überprüfung der Papiere und des Visas nahm nur kurze Zeit in Anspruch. Die Dame, die ihn abhholte, ging sehr gezielt und resolut vor. Erst im Taxi hatten sie Gelegenheit, sich zu unterhalten."Wir haben sie schon vor vier Tagen erwartet, Herr Berger." "Ich bin auch schon vor vier Tagen abgeflogen, aber in Moskau nicht mehr weiter gekommen." "Das passiert leider sehr oft. Warum fliegen sie nicht mit der Lufthansa?" Bei 5-Tausend DM Preisunterschied überlegt man sich das schon". „Das ist ein Wort, fünftausend DM ist der Unterschied? Mein Lohn für ein Jahr!" sagte die Dame."Sehen sie, deshalb fliege ich hierher mit der Aeroflot. Dabei habe ich vier Tage verloren, das lag aber nicht an der Aeroflot."Berger wurde vor einem riesigem Hotel ausgeladen, er konnte nicht erkennen, wie es heist. Die Dame erledigte noch alle Formalitäten an der Reception.

„Morgen früh um 9 Uhr werden sie abgeholt, ich möchte sie noch bitten, das Hotel nicht zu verlassen wegen des Visas, das gilt nur für das Hotel. Ich wünsche ihnen einen netten Aufenthalt und viel spaß in Peking. Damit war seine Begleitung verschwunden. Man händigte Berger seinen Schlüssel aus. Er fährt dann mit seinem Koffer nach oben. Die Zimmer haben internationaler Standard und sind sehr sauber. Er badete erst einmal und verschläft den gesamten Abend. Erst sein knurrender Magen treibt ihn aus dem Bett. Er streifte durch das Hotel. Er will Chinesische Küche essen, findet aber nichts. Es gab koreanisch und Italienisch. Er entscheidet sich für Koreanisch. Nur wenige Leute scheinen im Hotel zu sein. Das Restaurant ist fast leer. Berger isst und fährt sofort wieder nach oben. Er will die Zeit nutzen und den versäumten Schlaf nachholen. Moskau war doch ein wenig anstrengend gewesen. Dadurch, daß er ständig Alleinreisender ist, wurde er oft das Opfer von verschiedenen Damen. Es war inzwischen auch schon halb elf geworden, da durfte man schon ins Bett gehen. Berger schaltete das Radio ganz leise ein und lässt sich von Musik berieseln. Es hört sich wie ein Beethovenkonzert an, aber genau kann er es nicht bestimmen. Es ist aber angenehme Musik zum Einschlafen. Berger ist neugierig auf die Dinge, die Morgen kommen sollen. Um 9 Uhr wird er pünktlich abgeholt. Es geht in ein beachtliches Büro Gebäude, ca. 24 Stockwerke schätzte Berger. Sie fahren in das letzte, in das 23 Stockwerk. Er wird in einen Sitzungsraum geführt, in dem schon einige Leute versammelt sind.

Ca. die Hälfte der Anwesenden sind Frauen, Ingeneurinnen, wie sich später herausstellt. Nur einer der Männer war Ingenieur. Die anderen sind Kaufleute. Nach kurzer Vorstellung geht es gleich zur Sache. Die Pläne liegen bereits auf dem Tisch. Die Unterhaltung wurde in englisch geführt. ,, Diese Stadt wollen wir in Cairo bauen. Wie ich gehört habe sind sie in Cairo so gut wie zu Hause". ,,Das kann man wohl sagen, ich fühle mich dort sehr wohl. Wie denken sie ,, darüber, werden wir viele Probleme bekommen?". ,, Wenn ihr Projekt klar ist und die Finanzierung steht werden sie kaum Probleme haben. Mit ihren Leuten sicher auch nicht. Lassen sie noch Arbeit für ägyptische Arbeitnehmer übrig. Ich denke, daß sie ihr Partner dort gut unterstützen wird. Wegen der Verpflegung könnte es Probleme geben, das würde ich vorab mit einem kleinen Team in Cairo klären, ansonsten würde ich sagen, ran an den Auftrag."Berger sah sich die Zeichnung an. "Es ist ja ein schönes Projekt, sieht nach einer Siedlung fürs Militär aus." "Ja, das ist es auch, wir haben noch eine zweite in Aussicht in Alexandria." Die Frauen drängten nun zur Tat. "Wir haben hier die erforderlichen Kräne eingezeichnet. Vorgabe vom Bauherrn ist Potain oder Liebherr."Berger notierte sich die Ausladung des Jibs, Die gewünschte Hakenhöhe und wie hoch die Tragkraft sein solle. Dann werden noch zwei Betonanlagen je 50 m3 gewünscht, ein Hydraulikkran 20 to, 10 Truck-Mixer, 1 Betonpumpe. Dies sind die Maschinen, die im Vertrag festgeschrieben sind.

Alles andere dürfen sie vom chinesischen Markt kaufen oder vom lokalen Markt in Cairo. Berger macht sofort ein schnelles Übersichtsangebot und wollte ein spezifiziertes per Telex senden.

Er mußte die Preise nochmals mit den Herstellern abstimmen, er ist diesbezüglich immer auf dem neuesten Stand. Aber sie konnten schon mal vorarbeiten und sich später mit den eventuellen Preisänderungen abstimmen. Mit den Damen ging er nun bei jeder Maschine ins technische Detail. Spät in der Nacht sind sie fertig, gegessen haben sie immer von der Hand. Da es sonst nichts mehr zu essen gibt lädt Berger alle ins Hotel ein. Sie entschieden sich für die Italienische Küche. Obwohl die Koreanische Küche der Chinesischen ähnlich ist, trauen sie dieser nicht. Berger war bei der Wahl der Menüs behilflich, weil sie diese Speisen auch nicht kennen. Die meisten entschieden sich deshalb dafür, eine Pizza zu essen. Berger erklärte auch, daß es nicht möglich ist diese mit Stäbchen zu essen. Der Koch des italienischen Restaurants erklärte sich dazu bereit, zu den Pizzas jeweils eine Schale Reis zu liefern. Dieser kam mit einigem kleinen Zubehör und den Stäbchen aus dem Korean-Restaurant. Die Piza mit Reis und Gemüse schien den Chinesen zu schmecken, sie lassen nichts übrig auf Ihrem Teller. Zwei der Damen wollen Morgen früh nochmal ins Hotel kommen, um die restlichen Fragen zu klären.Sie würden ihn dann auch zum Airport begleiten. Sie verabschiedeten sich sehr höflich und mit vielen Verbeugungen und bedankten sich immer wieder für die Einladung zum Essen.

Am anderen Tag kam die kleine Ingenieurin schon sehr früh. Berger war gerade beim Frühstück, als sie kam. Sie trank noch eine Tasse Kaffee mit und aß noch einen Croison. Sie hatte so etwas auch noch nicht gegessen. Berger zeigte ihr, wie man diesen mit Butter und Marmelade isst. Dann geht es an die Arbeit, sie brauchten fast drei Stunden, bis sie den Fragenkatalog durch gesehen haben den sie zusammengestellt hatten. Berger hatte allergrößte Achtung vor dieser kleinen Ingeneurin. Es war erstaunlich, was für ein Fachwissen sie hatte. Danach zeigte Berger ihr das Hotel, sie war niemals zuvor in solch einem Luxushotel gewesen, wo eine Nacht soviel kostete, wie sie in drei Monaten verdiente. Sie kommt aus dem Staunen nicht mehr heraus. Als er ihr sein Zimmer zeigt kommt es erst zu einem Mißverständnis. Sie dachte Berger will nun etwas von ihr. Dann fand sie es so schön, das sie nicht mehr heraus wollte. Sie liegt auf dem Bett und schaute TV, während Berger sich reisefertig macht. Sie nimmt eine ganz schön aufreizende Haltung ein, so das Berger nicht weis was sie will. Aber er unterlässt alle Versuche sich ihr zu nähern. ,, Ich bin ein anständiges Ferkel", sagte er sich. ,, Wenn sie was will soll sie es mir sagen. Zum Rätselraten hat er keine Zeit und Lust. Er schaute auf die Uhr. Sie hatten auch nur noch eine halbe Stunde. Er setzte sich auf die andere Seite des Betts und schaute mit Fernsehen. Er sieht zu ihr und bemerkt, daß sie ganz gefangen von der Sendung ist.

Daß ihre scharfe Pose ungewollt ist, unbeabsichtigt
ist. Er wartete artig bis der Film zu Ende ist. Sie
bemerkte erst jetzt das er neben ihr auf dem Bett sitzt
sie springt sofort auf. ,,Wir Können fahren, es ist Zeit".
Sie machen sich auf den Weg zum Airport und Berger
anschließend über Moskau und Ostberlin wieder nach
Hause. In Moskau hat er drei Stunden Aufenthalt, wie
er erwartet hat besuchten ihn in dieser Zeit Renate
und General Ivan, um ihn nochmal an sein
Versprechen zu erinnern. Berger verspricht wenn er
zu Hause ist, Sofort Kontakt mit Gillbert aufzunehmen.
Dieser kann sich dann mit General Ivan
kurzschließen. Ivan schreibt ihm seine
Telefonnummer auf. Renate hat Berger noch einen
schönen großen Schinken aus dem Kaukasus
mitgebracht. ,, Wie schön," sagte Ulli, ,, wenn man im
KGB-Computer ist, Es ist gleich familiär." ,, Kommt
darauf an wie man drinnen ist", ergänzt Renate. ,, Wie
bin ich denn da drinnen``. ,, Du läufst unter
,,freischaffende Künstler". ,,Gut zu wissen". Den
Schinken bringt Berger ohne Beanstandung durch alle
Kontrollen. Zu Hause angekommen, erfüllt er sein
Versprechen, das er General Ivan gegeben hat. Er ruft
umgehend Gillbert an. Er findet ihn in seiner Wohnung
in Paris. ,,Das sind ja schöne Neuigkeiten die du da
bringst, jetzt arbeitest du auch noch für den KGB". ,,
Ich bin nur Bote, mein Lieber, und ich glaube, daß
dies eine gute Botschaft für dich ist". ,,Junge, ich freue
mich riesig, daß ich diese Konkurrenz nun auch in
meinem Schiff habe. Was ist aber mit der Stasi?" "Das
mußt du mit General Ivan selber klären".

Berger gibt ihm die Telefonnummer. ,, Da rufe ich morgen früh sofort an, ich melde mich danach wieder bei dir. Was sagt dir denn dein technisches Kaufmannsgefühl, ist die Schoose zu Ende oder geht es erst los?". ,, ich glaube, wenn die Kiste nicht abgesoffen ist bereitet sich jemand oder mehrere vermutlich auf das Finale vor. Ich denke, daß es zum Ende kommen wird. Dieses Scheiß-Schiff hat mich schon wieder vier Tage gekostet. Die haben in Moskau einfach gesagt, daß es keinen Anschlußflug gibt und wollten mich sauber leimen. Aber ich habe den Braten zwar nicht sofort, aber sehr schnell gerochen, dank der Hilfe der Stasi Braut. Wo wir schon bei Braut sind, wie geht es deiner Giraffe in Paris?". ,, Sag nicht immer Giraffe, Ulli, ein bischen besser sieht sie schon aus". ,, Seit wann bist du so empfindlich?" "Ich bin nicht empfindlich, du kennst mich doch. Aber wir haben zwei kleine Giraffen in Produktion, sie ist bereits im dritten Monat und ich will nicht, daß die Kleinen nachher auch so heißen". ,, Ich gratuliere Dir, dann ist bei der ganzen Geisterschiff-Geschichte auch schon was heraus gekommen. Der Geisterjäger hat geheiratet, die längsten Beine der Welt, und auch noch Zeit gehabt, zweifachen Nachwuchs zu zeugen". ,, bevor ich es vergesse, die Königin war hier, ich konnte sie nur mit Mühe daran hindern, ihren König zu besuchen. Ich sage dir die hat ganz Paris verrückt gemacht. Die ist mit ihrem Lieblingsschimpansen angereist. Obwohl ich dafür gesorgt hatte, daß er alle Impfungen und Papiere zum Einreisen mitbekommen hat wollten die Jungs den nicht am Flughafen rein lassen.

309

Was macht dies Biest? Sie macht ihn einfach von der Leine los und lässt ihn laufen. Als wir draußen sind ist der Affe auch draußen.

Es gint einen Riesen Tumult im Flughafen. Die haben den Affen noch gejagt, und gesucht als wir mit ihm bereits zu Hause sind. Ich habe sie gefragt, warum sie den Affen mitgebracht hat, nicht ihren Mann. ,, Der ist dümmer als der Affe, hat sie nur gesagt. ,, Aber das soll er ja auch sein weil sie einen König hat". Berger lacht. ,, Dann muß ich mir ja irgendwann eine Krone kaufen". . Du brauchst keine deine Platte leuchtet genug". ,, Da hast du auch recht, eine Krone genügt". ,, Ulli, du hast was versäumt, wenn wir Einkaufen gingen war der Teufel los. Der Affe ist nicht das schlimmste aber die Königin hat alles verrückt gemacht. Du weißt doch, daß sie perfekt englisch spricht und leidlich französisch. Hier hat sie nicht ein Wort davon benutzt, außer wenn sie mit mir sprach. Ansonsten nur ihre Stammessprache. Sie hat die Verkäufer in den Wahnsinn getrieben. Wie sie gegessen hat, muß ich dir erst nicht erklären. Die Giraffe ist aus zwei Restaurants raus gelaufen, sie hat es nicht mehr ausgehalten.Es wird zu teuer, mein Junge, ich erzähle dir alles, wenn wir uns wiedersehen. Morgen rufe ich dich dann an, wenn ich weiß, was mit dem KGB ist. ,, Es knackte in der Leitung und es war wieder Funkstille. Berger vergaß kurzzeitig wieder die Maghnoun und widmete sich den neuen Baustellen im Hannover-Autobahn-Teilstück, im Flughafen Husum und im Flughafen Hannover.

Den Aufbau der Anlagen machten die Firmen selbst. Die Elektrik und die Inbetriebnahme war dann Sache von Berger. So war es vereinbart. Am Autobahnteilstück Langenhagen standen drei Anlagen in einer Reihe. Eine am Flughafen in Hannover. Er brauchte für jede Anlage ca. 3 Tage bis zur Übergabe der Maschinen. Alles lief problemlos. Er war einen Tag bei der Betonage dabei, um die Anlagen auch unter voller Belastung zu testen. Sie liefen einwandfrei. Für die erste gelungene Teilstück Betonage gab es am Abend ein großes Fest. Es wurde bis 10 Uhr betoniert. Berger, der jeden Abend die siebzig Kilometer nach Hause fährt, verabschiedete sich bereits um 6 Uhr. Er ist absolut sicher das die drei Anlagen in Ordnung sind. Umso mehr erstaunt ist er als man Ihn am anderen Morgen um 8 Uhr das Telefon heiß klingelte. Keine der drei Anlagen wollte anspringen. Beim Einschalten der Mischer sprigen die Sicherungen heraus. Da gibt es nur eine Möglichkeit. Euch wird eine Phase fehlen, wenn dies bei allen drei Mischern das selbe ist". ,, Nein der Elektriker war selbst am Telefon. ,, Ulli, du mußt sofort kommen, alle drei Phasen sind voll da mit 380 Volt. Da ist ein Problem in deinen Anlagen". ,, Daß glaube ich nicht, nicht bei allen drei Anlagen das gleiche Problem zur selben Zeit". ,, Der Bauleiter will, daß du sofort kommst". Ulli hat schon die Schnauze voll von der Autobahnraserei. Was soll's, der Kunde ist König. Eine Stunde später steht er auf der Baustelle. Unterwegs denkt er über alle möglichen Fehlerquellen nach.

Ihm fällt nichts ein, außer daß die Mischer voll mit Beton abgestellt und nicht sauber gemacht worden sind. Aber auch da alle drei, das ist unwahrscheinlich. Bevor er sich umzieht, geht er zum ersten Mischer und schaut hinein. Er fällt bald um, dieser ist voll mit Beton. Der zweite und dritte genauso, es ist unfaßbar, das hat er noch nicht erlebt. Die Maschienenführer stieren ungläubig mit glasigen Augen in die Gegend. Berger kennt nun den Grund, die Augen der Maschinenführer sagen alles. Sie sind noch immer nicht nüchtern und der Elektriker schon lange nicht. Aber der Bauführer auch nicht es muss Gestern noch schlimm gewesen sein. ,, Was ist los mit den Scheißanlagen, da wollen wir richtig anfangen, da gehen alle drei Anlagen nicht``. ;; Die werden auch alle drei Heute nicht mehr gehen". ,, Was? Das kostet Schadensersatz." "Schadensersatz für wen?" fragte Berger neugierig. ,, Kennst du die Firma Berger? Von der wollen wir Schadensersatz". KENNST DU DIE Firma Holzmann deren Leute haben einen Dachschaden. ,,Besorge erst einmal drei Kompressoren und sechs Hämmer und zwei Mann für jede Anlage, um den Beton von Gestern ausstemmen zu lassen". ,, Alle drei?" fragte der Bauführer ungläubig. ,,Ja, alle drei", ,,Oh, mein Gott, womit habe ich solche Maschinisten verdient. Die vertragen keinen Alkohol, ich brauche jetzt einen. Dann erschiess ich den Maschinenmeister, Dieser läuft ihm gerade über den Weg, die Maschinisten haben sich schlauerweise verdrückt. Ein Tag Ausfall ist nicht angenehm, gerade in der Startzeit der Baustelle.

,, Ulli," ruft der Bauführer kannst du dir nicht ein Zimmer in Langenhagen nehmen, damit du immer erreichbar bist". ,, Wer schmeißt meinen Laden zu Hause?". ,, Wenn du in Afrika und Amerika bist, geht es doch auch". ,, Aber irgendwann muß ich ja auch zu Hause sein. Aber ich werde dir für 14 Tage den Gerd herbringen, er ist ein exelenter Elektriker". ,, Deinen Schüttelschrauber, gut gib ihm aber genug Geld für Bier mit, ohne Treibstoff ist der unbrauchbar." ,, Ich bin dabei den Kerl trockenzulegen, Stück für Stück". ,,Glaub mir Ulli, das ist vergebene Liebesmühe, der ist dann, wenn er es schafft, unbauchbar, der taugt dann nur noch, einbetoniert zu werden. Du hast es doch schon einmal erlebt. Die Jungs verkriechen sich danach und verlernen sogar das sprechen, weil die Kehle zu trocken ist. Laß denen ihre Freude, auch wenn sie 10 Jahre eher kapputt gehen. Nach dem Entzug sind sie nur noch lebende Leichen. Bei Gerd geht es doch noch, er besäuft sich nicht sinnlos. Dem wäre so etwas wie meinen Jungs nicht passiert." "OK, Werner, ich bringe Gerd morgen mit, mach ihm ein ordentliches Quartier. 14 Tage las ich ihn dir hier, ich berechne dir dafür eine Pauschale." "Ok, mach, wie du denkst". Berger handhabe dies, wie vorgeschlagen. Es passte ihm ganz gut, weil er für drei Tage zum Flughafen Husum muss, die Anlage dort in Betrieb zu nehmen. Dort oben, weis er ist Anton, ein erstklassieer Maschinist. Morgen ganz früh machte er sich auf den Weg nach Hamburg, in Hamburg hat er noch eine Anlage zu besichtigen. Diese steht am Waltershof-Kai zwischen den Schuppen.

Er machte sich Notizen über die erforderlichen Reparaturen und machte sich auf die Socken nach Husum. Dort trifft er dann gegen Mittag ein. Wie vorausgeagt läuft die Anlage bereits. Er scheckte noch alles und machte einige Feineinstellungen. Am andere Morgen muss er durch das Kasernentor zur Anlage weil die Batselleneinfahrt geschlossen ist. Er muss beim Pförtner der Bundeswehr seinen Ausweis hinterlegen. Am Tage wurde die Kaserneneinfahrt betoniert, so mussten sie noch spät über eine Notausfahrt aus der Kaserne, natürlich ohne Kontrolle, wie sich das für eine ordentliche Armee gehört. Berger ließ sein Fahrzeug auf der Baustelle und fuhr mit Anton zum Landgasthof ,wo sie alle untergebracht sind. Die ganze schwarze Garde war bereits um den großen Ecktisch versammelt und gönnte sich das gute Husumer Bier. Mit jeweils einer Flasche Kümmerling. Einige von diesen Glasbausteinen liegen schon auf dem Tisch. Der Glanz in den Augen spiegelte den Konsum wieder. Für ein dienstliches Gespräch war die Zeit vorüber. zumal es am Tisch Damenbesuch gibt. Drei propere Friesinen sitzen mit am Tisch und scheinen en Mannsleuten zu zeigen, wie man trinkt. ,,Moijn``, ist die allgemeine Begrüßung. Der Wirt schleppt schon wieder ein Tablett Bölkstoff ran, plus Sockenwärmer. Bölkstoff ist das Bier und Sockenwärmer der Kümmerling. Berger wäre ja eigentlich verpflichtet gewesen, den Kümmerling durch Jägermeister zu ersetzen, da er aus der Jägermeisterstadt kommt, aber von denen hat er auch noch nie einen Auftrag bekommen, da brauchte er auch nicht ihr Zeug saufen.

Alles rückt zusammen, damit es Platz für die Neuankömmlinge gibt. ,, Bist du Ulli Berger?" ruft der Wirt von der Theke. ,, Ja, der bin ich", ,, Willst du ein Zimmer mit oder ohne". Berger überlegt kurz, "natürlich mit". ,, OK mit ist notiert". Berger weis nicht ob es mit Dusche oder Toilette oder eines mit Beiden ist. Aber es war ihm für eine Nacht egal. Er konnte Morgen am Tage nach Hause fahren. ,, Du hast doch noch nicht gegessen", fragt Walter. ,, Nein noch nichts Heute, dann bestell dir Bratkartoffeln mit Schinken und Spiegeleiern das ist billig und super". Berger orderte für sich und Anton je eine Portion. Es war tatsächlich eine Riesenladung und schmeckte vorzüglich. Danach zwei schöne Husumer Bier, dann nur noch Kümmerling ohne Bölkstoff. Er wollte ja nicht an Alkoholvergiftung sterben. Der Wirt mußte noch in die Stadt fahren und Kümmerling holen. 140 Pullen haben sie schon auf dem Tisch aufgereiht, für 3 Weiber und 5 Männer eine stolze Summe. Es wurden aber bis zum bitteren Ende gekämpft 240 Flaschen. Das waren im Durchschnitt dreißig Flaschen pro Person plus Bier. Viel zu viel, sie sabelten alle schon lange nur noch dummes Zeug, es kam nichts Gescheites mehr aus ihnen heraus. Ulli hatte Mühe, gerade auf die Toilette zu kommen. Erst einmal in seinem Leben hatte es der Alkohol geschafft, ihn von den Beinen zu hauen, das war mit 17 Jahren beim Schützenfest in Ülsen. Seine Eltern hatten dort eine Gaststätte mit Bäckerei. Beim Königspaarabholen hatte er nach durchzechter Nacht ein ganzes Weinglas voll Korn ausgetrunken.

Er ist noch fast eine Stunde standfest geblieben. Aber während des Marsches ins Dorf machte er einen Abgang ins Erdbeerfeld. Dort fütterten ihn die Mädchen mit Erdbeeren, danach kotzte er sich fast tot. Auf dem Rückweg nach Hause drehte sich alles rund um Ihn. Einmal schlug er lang auf die Landstraße hin und schlug sich Kinn Nase und Stirn auf.Die Mädchen schafften es, ihn durch den Hintereingang unbemerkt von allen ins Bett zu bringen. Das Bett fährt mit ihm eine halbe Stunde lang Karussel; mit Überschlag, Seitwärtsrolle und Achterbahn. Es kostete ihm nicht mehr als den Eimer vollzukotzen. So etwas war ihm nie wieder passiert, zumindest nicht in diesem Ausmaß. Die Abreise seiner ersten Liebe hat er auch ganz schön begossen, Eine kleine Italienerin; es war mit ihr genauso schnell zu Ende wie es angefangen hatte. Es war eine Blitzliebe mit einem Blitzende. Die Eltern hatten die Bahnhofskneipe im Nachbarort, in Neuenhaus. Die Liebe dauerte nur 14 Tage, weil sie zurück nach Italien musste. Sie kam zwar wieder nach fünf Wochen, aber das war für die junge Liebe zu lange, 6 Wochen zu viel. Er stand im vollbesetzten Bus und wußte nicht mehr, wo er aussteigen mußte. Hinterher kam er zu Hause nicht mehr rein. So mußte er durchs Toilettenfenster kriechen. Mit lautem Krachen donnerte er in die Toilette. Aber Besoffene haben tatsächlich einen besonderen Schutzengel. Außer ein paar Ohrfeigen passierte ihm nichts. Dies war tatsächlich das letzte Mal, daß Berger die Kontrolle über sich verloren hat. So wie Heute auch konnte er immer noch gerade gehen und vernünftig sprechen. Er hat inzwischen die innere

Vollmeldung, die ihm sagt wann er aufhören muss. Zwischendurch isst er auch immer gut. Wenn er trinkt. Seine Rechnungen sind meistens durch das Essen sehr hoch, nicht durch die Getränke. Auch Heute gibt es wieder einen Nachschlag. Kartoffelsalat mit Würstchen, nicht einmal, sondern zweimal. Deshalb war er auch der Nüchternste von allen, aber es langte auch. Die anderen hatten auch mindestens 10 Bier mehr. Aber das gibt es bei ihm überhaupt nicht mehr. Entweder Bier, oder Schnaps mit Wasser, niemals Beides zusammen. Berger macht sich auf nach oben. ,, Welche Zimmernummer?" fragte er den Wirt. Dieser reichte ihm den Schlüssel. "Unser bestes, Sir. Nr. 1025, unsere Hochzeitssuite". Alle lachen schallend sie sind mit einmal überhaupt so aufgekratzt so als würden sie auf etwas Lustiges, auf die Pointe warten. ,, Heißt das "10. Etage, Zimmer Nr. 25", oder "25. Etage, Nr. 10"?" "Nein, 102. Etage Nr. 5."Alle lachen doof, weil das Haus nur 3 Etagen hat. Der Suff schien nun alle albern zu machen". Gib den Schlüssel, ich finde 1025 schon, ich bin hundemüde". Er machte sich auf den Weg in seine Suite und schaute auf den Schlüsselanhänge, es ist Nr. 10. Hinter ihm kicherte alles albern, er dreht sich um, er wollte sehen, was es da zu gaffeln gibt. Iris steigt hinter ihm her die Treppe hoch. Sie zieht sich mühsam hinter Berger her, immer schön am Geländer. Will die besoffene Tussie etwa mit auf sein Zimmer? Großes Gelächter setzte ein, als sie Bergers Gesicht sehen. Der Wirt, der ordentlich mitgesoffen hat, platzte heraus. ,, Du wolltest doch das Zimmer mit, mit Tussie. Bestellt ist bestellt".

Alle scheinen sich bis auf Berger königlich zu amüsieren. Berger geht weiter nach oben, er will kein Spielverderber sein. Er hoffte, daß es in dem Zimmer zwei Betten gibt Zmmer Nr. 10 hatte zwei Betten. Berger ist erleichtert als er dies sieht. Während er sich duschte, taucht Iris erst auf. Sie hatte ihre liebe Mühe gehabt nach oben zu kommen. Als Berger ins Zimmer, kommt liegt sie schon halb tot auf einem Bett. Er schließt die Tür ab damit sie nicht noch Besuch von den anderen bekommen. Er rollt die Besoffen die nun garnicht so übel aussieht aufs andere Bett und deckte sie zu. Dann rollt er sich hundemüde in seine Decke und schläft sofort ein. Am anderen Morgen wurde er durch etwas pitschnaßes geweckt. Iris kletterte, so nass wie sie aus der Dusche heraus kam, in sein Bett. ,, Wenn du gedacht hast, du kannst einfach so verschwinden, ohne deine Pflicht zu tun, dann hast du dich geirrt jetzt geht es zur Sache". ,, Da Berger immer nackt schläft und sie auch nackt ins Bett kommt ist es nur eine Sache von wenigen Sekunden bis das Bett die richtigen Schwingungen hat. Hinterher liegen sie noch einige Zeit zusammen. Iris erzählte Berger, daß sie ab und zu mit ihren Freundinnen hierher geht. Nur um Männer aufzureißen. Alle drei Männer fahren zur See und sind immer lange unterwegs. Da haben sie sich mit dem Wirt zusammengetan. ,, Wenn Fremde kommen ruft er uns an. ,, Komm, Ulli, noch einmal!" Sie bringt Ulli wieder in Schwung und sie fuhren noch eine Avus-Runde. Frühstück wird auf dem Zimmer serviert. Es ist ein ausgezeichnetes Frühstück, es fehlte an nichts was für Berger wichtig ist. Iris ist wieder eingeschlafen,

Berger weckte sie zum Frühstück. Danach schläft sie prompt wieder ein. Anton klopfte an die Tür. ,, Ich komme, ich bin fertig". Wenig später fahren sie durch das Loch im Zaun wieder in die Kaserne. Berger kontrollierte noch einmal alles und machte sich dann auf den Heimweg. Inzwischen hat ihn seine Sekretärin angerufen und ihm noch die Rufnummer einer Baustelle in Hamburg Norderstedt gegeben, da möchte er doch auf dem Rückweg vorbei sehen. Die haben einige Probleme mit der Automatik". Dort war die Überaschung groß. Er kenn alle Leute dort, weil die Anlage zuvor in Bad Harzburg gestanden hat, nicht weit von Wolfenbüttel. Nun ist es natürlich nichts mit der Heimfahrt es gab noch eine Nacht auf der Reeperbahn fällig, eine heiße Nacht. Robert, der Maschinenmeister ist schon ein heißer Typ, er kennt alle einschlägigen Lokale, es wurde eine tolle Nacht. Hier trifft er in einer Kneipe alte Bekannte von Telefonbau und Normalzeit wieder. Er hatte zwei Jahre dort umgeschult, das war aber schon 15 Jahre her. Sie schwelgen in alten Erinnerungen. Besonders Manfred konnte sich gut an ihn erinnern. Er hatte wegen Berger mächtig einen auf den Sack bekommen. Sie haben die Redneranlage auf der IGA installiert und Berger hatte nach dem letzten Test den Stecker gezogen. Als dann Heinrich Lübke kam und die Eröffnungsansprache halten wollte brauchte er sehr lange, um sich verständlich zu machen. Bis sie den gezogenen Stecker fanden. Sie konnten sich auch noch alle erinnern, wie Berger sich durchgehungert hat.

Er kaufte sich immer 40 oder 50 Brötchen und verwahrte diese in seinem Spind auf. Eines dieser harten Brötchen hat er immer in der Kitteltasche, wenn er Hunger hatte hat er diese harten Brötchen gegessen. Manfred hatte ihn einmal mit nach Hause genommen. Er wohnte wie Ulli an der Eimsbüttler Straße, hat Familie dort. Er wohnte ganz günstig in einer kleinen Dachwohnung und war im Nebenjob Hausmeister für diesen Block. So konnte er seine Familie über Wasser halten. Er stellte seinen jungen Arbeitskollegen seiner Frau vor, ,, Der Ulli möchte sich mal richtig satt essen, ich habe ihn dazu eingeladen".
,, Wenig später stellte die Frau des Hauses eine große Pfanne mit Bratkartoffeln auf den Tisch, die richtig schön mit Zwiebeln und Speck angebraten und richtig knusperig sind. ,,Fang schon an," sagte Manfred, ,, ich gehe nur mal durch das Treppenhaus, um zu sehen, ob alles in Ordnung ist". Seine Frau brachte noch einen Teller mit Spiegeleiern. Es waren vier Stück. ,, Greif schon mal zu," sagte auch sie". Berger tat dies, es ließ sich niemand von der Familie sehen, so konnte er davon ausgehen, dass er alleine essen sollte. Es schmeckte vorzüglich. Die Bratpfanne war schnell gelehrt und die Spiegeleier aufgegessen. Die Tür geht auf und die Frau des Hauses wollte herein kommen. Es gab nur einen Aufschrei und die Tür fliegt wieder zu. Draußen keifte sie nach ihrem Mann und machte ihn zur Sau``. ,, Was hast du da für ein Ungeheuer mitgebracht, der hat unser Essen aufgegessen. Alle Bratkartoffel und die Spiegeleier, Wolfgang kommt gleich von der Arbeit und hat nichts zu Essen.

Du hast nichts und ich habe nichts," keifte sie.Berger war erstaunt, wieviel Leute noch von der Portion, die nicht mehr da war, essen wollten. Manfred blieb jede Antwort schuldig, hier hatte die Dame die Hose an. Oder es war wirklich nichts mehr im Haus und das Geld alle. Das konnte Berger wieder nicht begreifen, es war erst der 13. Da hatte er sogar noch immer Geld. Bei ihm ging es am 16. bis 17. aus. Er zählte sein Geld, das er in der Tasche hat. Es waren noch stolze 9,- DM. Diesen Monat war er recht gut, er konnte es fast bis zum Ende schaffen. Was nun, er konnte Manfred nicht mit seinem Drachen so sitzen lassen. Jetzt wußte Ulli auch, warum Manfred so hoch oben wohnt. So konnte sein Drachen mal ab und zu ausfliegen. Berger verlässt die Wohnung durch die zweite Tür und holte von einer nahegelegenen Imbisstube Currywurst mit Pommes. Drei Portionen für insgesammt 6.30 DM, blieben ihm noch 2.70.- für den Rest des Monats. Er würde sich schon durchschlagen. Er kam gleichzeitig mit dem Sohn der Familie wieder zurück er stellte dies aber erst fest, als sie gemeinsam aus dem Fahrstuhl auf dieselbe Tür zu gehen. Da stellte er sich gleich vor und erzählte von seinem Missgeschick``. ,, Da bist du gleich los gelaufen und hast eingekauft die Alte sitzt auf dem Geld, sie hält mich und den Alten so knapp, hat aber immer noch irgendwo Reserven. Ich sehe das dann. Hier mal einen neue Tasche, hier mal neue Schuhe, hier mal ein ein neues Kleid, und wenn ich sie dann frage dann hat sie das schon jahrelang. Vater glaubt nicht, wenn ich ihm das sage. Steck du ihm das auch mal bei der Arbeit. Ihm zählt sie sogar die Zigaretten für den Tag ab".

,, Oh, mein Gott", sagte Berger nur, ,, dann geht es ihm ja sehr viel schlechter als mir". Manfred lacht, ,, danach hat Ulli mir jeden Tag so eingeheizt, daß ich eines Tages mit einem riesen Rochus nach Hause gefahren bin und das Schlafzimmer auf den Kopf gestellt habe". ,, Was da alles zu Tage kam, was sie vom Wirtschaftsgeld abgezweigt hat da habe ich nur gestaunt. Mit einem Kleid und einer Stola bin ich zum Geschäft gegangen, wo sie es gekauft hatte. Ich bin bald umgefallen, die zwei Klamotten haben alleine zwei Monatslöhne gekostet. Von dem Tag an habe ich das Geld selbst von der Firma abgeholt und ihr zugeteilt. Ein Jahr später ist sie durchgebrannt, Gott sei Dank. Ich bin bis heute mit meinem Jungen alleine. Es läuft super mit uns. Aber Ulli," sagte er, ,,Den habe ich nie vergeßen, er war mir zum Ausbilden zugeteilt. Wie alt warst du damals?". 17 Jahre, hatte aber schon meine Bäcker- und Konditorlehre abgeschlossen. Ich mußte diesen Beruf erlernen, weil wir zu Hause einen solchen Betrieb hatten. Aber ich wollte immer Elektriker werden". Weil sie alle darauf drängen erzählte er, wie er damals nach Hamburg gekommen ist. ,, Das war ganz einfach, ich habe Telefonbau und Normalzeit angeschrieben, dass ich gern bei ihnen umschulen wollte. Die haben zurückgeschrieben und sich einverstanden erklärt. Da habe ich einfach heimlich meinen Koffer gepackt und bin nach Hamburg gefahren". ,, Komm", sagte Robert, "es ist bereits fünf Uhr, ihr könnt euch morgen noch treffen, ich muß nach Hause, um 9 Uhr müssen wir auf der Baustelle sein. Sie tauschten Telefonnummern aus und versprachen, sich anzurufen.

Eine halbe Stunde später liegt Berger bereits im Bett, aber durch das Erzählte aufgewühlt. In den Erinnerungen läuft noch einmal alles vor seinen Augen ab. In seinen Gedanken setzte er die angefangene Erzählung fort. ,, Nachdem ich in Hamburg angekommen bin hatte ich noch 35,- DM. Damit mußte ich sparsam umgehen. Vom Bahnhof aus bin ich dann gleich zu Telefonbau und Normalzeit gelaufen." Dort war man ganz verwirrt, als er plötzlich da stand. "Ja Herr Berger, wir können sie zwar sofort einstellen, aber haben sie sich einmal Gedanken darüber gemacht, wo sie wohnen wollen? Wir haben über dreißig Leute, die anfangen wollen, aber keine Wohnung bekommen." "Ich habe spätestens übermorgen eine Wohnung." "Gut, junger Mann, wenn sie mir den Mietvertrag bringen, können sie am gleichen Tag noch anfangen." Damit war die Angelegenheit für Berger im guten erledigt, er war sich sicher, daß er eine Wohnung finden würde. Für heute war es zu spät. Er fragte, ob er seinen Koffer bis morgen im Büro lassen konnte.

Das ließ sich einrichten. Berger zieht vom Büro ins Hansa-Viertel, um sich nach einem Zimmer umzusehen. Es war ein Viertel voll mit Nutten, die Preise waren unerschwinglich. Ein Zimmer sollte 260.- DM kosten, er würde gerade 130.- DM im Monat verdienen. Den Abend und die Nacht verbrachte er in diesem Viertel.In der Nacht ab 11Uhr wurde es lebendig.

Die Lichtreklamen springen an und wetteiferten um zahlungskräftige Kunden. Für Lokale, Bars, Fresstuben der übelsten Sorte. Für Berger war dies alles neu und interessant. Er konnte einen Teil von Hamburg gleich auf diese Weise kennen lernen.Gegen 1, 2 Uhr herrschte Hochbetrieb. Berger haute sich in eine Bar, bestellte Coca Cola und beobachtete, was so um ihn geschah. Die Nutten sitzen an den Tischen verteilt und trinken ihre Biere und Schnäpse. Zwischendurch hauten sie mal mit einem Freier ab. Es waren einige dabei, mit denen er auch mal gern weggegangen wäre. Dann wäre er aber sofort pleite gewesen. Das gingenicht. Drei Cola je 1.20 waren gerade noch drin. Mit diesen Getränken mußte er aber die Nacht über auskommen. Gegen vier Uhr morgens setzte sich eine der stabileren Gilde zu ihm. "Hast wohl kein Bett, Kleiner." "Nein, ich suche noch, ich bin erst heute in Hamburg angekommen". "Da wirst du wohl wieder abreisen müssen. Die letzten Zimmer sind für die IGA, die nächste Woche beginnt, drauf gegangen. ch kenne hunderte, die noch ein Zimmer suchen. Heute Nacht kannst du bei mir schlafen, warte bis ich gehe und komme dann unauffällig hinter mir her". Das war doch schon mal etwas, der Einstand war gut in Hamburg. Es wäre doch gelacht, wenn er sich hier nicht durchboxen würde. Berger brauchte nur zwei Cola trinken, weil die Dame bereits aufbrach. Ulli zahlt und folgte ihr in einigem Abstand. Nach einiger Zeit winkte sie ihn zu sich heran. Sie hatte eine Statur, dass doppelte von Berger. Aber nicht fett, sie ist stabil und kräftig gebaut.

324

Sie ging in den nächsten Hauseingang und verschwindet mit Berger gleich in der ersten Wohnung rechts unten. Eine praktische Wohnung für dies Gewerbe. Die Wohnung war sauber und ordentlich. „ Ab unter die Dusche und ab ins Bett, in das da". Sie zeigt auf ein schönes breites Bett. Berger zieht sich aus, duschte sich und haute sich in das ihm angebotene Bett. Er war neugierig was nun kommen sollte, würde sie woanders schlafen oder mit ihm? Sie kam nach dem Duschen genauso nackt zu ihm ins Bett. Gleich auf seine Seite, nicht auf die andere. Mit Frauen war er kein Neuling, er hat schon mit einigen geschlafen. Erst im letzten Jahr hatte er die Affäre mit der Zigeunerin gehabt. Dann war da noch seine Nachhilfelehrerin in der Schule, die ihm gleichfalls Nachhilfe in Sexualkunde gab. „ Wenn ich schon mit dir im Bett liege, will ich wenigstens wissen, wie du heißt, ich bin die Monika". „ Ich bin der Ulli." Sie drückt sich den kleinen Ulli zwischen die Titten". „ Hast du schon mal mit einer Frau geschlafen?". „ Nein, du bist die erste", lügt Ulli. „ Du bist ein braver Junge, die meisten in deinem Alter haben schon Erfahrung, die Jungs mag ich nicht. Na, der Kleine steht ja schon, dann will ich dir mal zeigen, wie das alles funktioniert", Es dauerte fast eine Stunde, bis sie alles probiert haben, alles was sie Ulli zeigen wollte. Es war bereits sechs Uhr, als sie einschlafen. Berger machte sich um 10 Uhr davon. Draußen war es inzwischen angenehm warm. Der Himmel völlig klar. Es war ein toller Start in Hamburg. Diesen Tag vertrödelte er damit, daß er Zimmerangeboten aus der Zeitung nachlief.

Da waren meistens schon zwanzig vor ihm. Er dachte über eine andere Taktik nach: Erst einmal wollte er in die Nähe seiner künftigen Baustelle. Man hatte ihm bereits gesagt, daß er am Unileverhaus anfangen könnte. Das ist in der Nähe der IGA. Er konnte bis zum Dammtor-Bahnhof fahren und den Rest zu Fuß gehen. Er ging ganz zu Fuß dorthin, er wollte seine neue Heimatstadt kennenlernen. Er schlenderte die Innen- und die Außenalster entlang und marschierte dann nach St.Pauli. Bog vorher ab in Richtung IGA-Gelände und sah von weitem bereits den Unilever-Bau.Er wollte ihn nur von weitem sehen. Er besorgte sich eine Karte, er mietete sie nur für zehn Minuten von einem Stand. Er sieht sich die Umgebung an und entschied sich dafür, jenseits von St.Pauli hinter der Bahn mit der Wohnungssuche zu beginen. Die Elmsbütteler Straße würde er als erstes heimsuchen. Er gab die Karte zurück, mit der Bemerkung "ist doch nicht die richtige", dann zog er los Richtung Elmsbütteler Straße. Es waren zu Fuß doch noch fünfzehn Minuten. Aber bis eine halbe Stunde Fußweg würde er gerne zu seinem Arbeitsplatz täglich in Kauf nehmen.Er ging die Eimsbütteler hoch und fragte in jedem Geschäft und an jedem Kiosk oder Zeitungsstand nach einer möglichen Wohngelegenheit. Fast am Ende der Eimsbüttler hatte er Glück. "Ich weiß da etwas, junger Mann. Familie Krause sucht einen Untermieter``. Das ist dort, wo der Sraßenbahnwendeplatz ist. Es ist aber sehr laut. Sie werden sich daran gewöhnen". ,, Recht vielen Dank, ich hoffe, daß ich Erfolg habe".

,, Ich drücke ihnen die Daumen, junger Mann. Berger findet die Familie Krause. Diese sind überascht, als er vor der Tür steht. ,, Von woher wissen sie, daß wir vermieten wollen?". ,, Ich habe unten am Kiosk gefragt, und die Dame sagte mir, daß sie einen Untermieter suchen". ,, Kommen sie herein, wir sind noch nicht darauf vorbereitet, wir haben das aber vor. Bitte sehen sie sich das Zimmer an, noch wohnt meine Tochter in dem Zimmer. Sie kommt in mein Zimmer und meine Mutter wohnt noch bei uns. Mein Mann ist im Ausland auf Montage". Sie zeigt Berger das Zimmer. Nicht groß, aber für ihn würde es reichen. Ein Bett und ein Stuhl mit einem kleinen Tisch würden hineinpassen. ,, Wann wollen sie den einziehen?". ,, Wenn es geht, morgen, ich kann nämlich erst meine Arbeit bei der IGA beginnen, wenn ich ein Zimmer nachweisen kann". ,, Ich rufe gleich meinen Schwager an, wann er mir das Bett bringen kann". Sie telefonierte kurz und kommt wieder zurück. Möchten sie einen Tee oder Kaffee?", ,, Danke ein Kaffee könnte nicht schaden". ,, Morgen früh können wir hier umbauen, da hat mein Schwager Zeit", ,, Dann könnte ich morgen einziehen". ,, Ja, wenn sie morgen Nachmittag kommen, sind wir fertig". Sie goß ihm den Kaffee ein. rührte ihm den Milch und Zucker ein". ,, Was wird das Zimmer kosten?" fragte Berger. "90, - DM im Monat" "Gut," sagte Berger, der bisher ganz andere Preise gehört hatte. Er wagte noch nicht auszurechnen, wie er leben sollte." Jetzt hatte er erst einmal ein zu Hause. Sie schrieb Berger per Hand einen Mietvertrag, damit er was für seine Firma hatte. Dort wollte er am anderen Tag seine Tasche holen und hier einziehen.

,, Recht schönen Dank, Frau Krause. Morgen abend bin ich dann pünktlich um 16 Uhr hier". ,, Wo schlafen sie denn heute Nacht?". ,, Ich schlafe im Büro meiner Firma," log Berger, sie brauchte ja nicht zu wissen, daß er draußen schlafen muss. Er machte sich nun freudestrahlend auf den Weg zu seiner künftigen Baustelle. Erst bedankte er sich noch bei der Dame im Kiosk.Er stellte fest, daß er genau 35 Minuten gegangen war, eine gute Zeit. So war er täglich nicht mehr als eine Stunde und 10 Minuten unterwegs. Die Straßenbahn die auch die ganze Elmbsbütteler hochfährt, hätte es ihm noch verkürzen können auf 30 Minuten. Aber er wollte laufen. Die ganze Nacht verbrachte er auf der Reeperbahn, er sah sich alles an und kannte bald jede Straße und jedes Lokal. Das treiben auf der Reeperbahn ließ die Nachtzeit verfliegen. Für ihn gab es nur interessantes und neues zu sehen.He, Kleiner,"wurde er oft angesprochen, "willst du nicht mal, weißt du überhaupt, wie das geht?" Berger überlegte gegen morgen, ob er sich wieder ein paar Stunden Schlaf bei Monika holen sollte. Aber er konnte nicht wssen, ob sie heute einen Freier mithatte. Er blieb in St. Pauli und ging erst am anderen Morgen zurück ins Büro, nachdem er sich auf einer Toilette von seinem Parkbanknickerchen frisch gemacht hatte. Sein Buchhalter in der Firma konnte es fast nicht glauben, als Berger ihm den Mietvertrag vorlegte. "Wegen dir habe ich jetzt 20 Mark verloren, aber ehrlich, ich habe diese gern verloren. Ich bin froh, daß ich dir den Arbeitsvertrag geben kann. Wir haben im Büro gewettet, wann du wieder abreist, wir machen das immer so, wenn jemand fremd hierher kommt.

Die wenigsten bleiben hier oder können hier bleiben. Dann findest du auch noch eine Wohnung für 90,- DM, einfach super. Berger sagte nicht, wie klein seine Wohnung war. Er mußte ihnen aber noch verraten mit welchem System er an die Wohnung gekommen ist.Wenig später hatte Berger seinen Arbeitsvertrag und einen Zettel für seinen Bauleiter. "Weißt du, wo die Baustelle ist?" fragte Herr Wagner, so hatte er unterschrieben. "Habe ich mir schon alles angesehen, ich habe nur 35 Minuten zu Fuß zur Baustelle." "Sehr gut organisiert", sagte Wagner nur. "Was ist mit Schotter, hast du genug?" " 9 Mark habe ich noch," sagte Berger ehrlich. "Gut, mein Junge, wir haben dir dein Anfangsgehalt etwas rauf gesetzt, du bekommst etwas mehr als die anderen, weil du schon eine abgeschlossene Ausbildung hast. Du bekommst jeden Monat 190.- DM. Ich gebe dir jetzt zweihundert als Vorschuß und ziehe dir jeden Monat 10.- DM ab. Ich weiß, es ist zu wenig zum Leben und zuviel zum Sterben, aber so sind nun mal die Löhne. Nach abgeschlossener Ausbildung bist du viel besser dran. Donnerstags kommst du immer hierher dan gibt es den ganzen Tag theoretischen Unterricht. ,, Berger streicht überglücklich die 200 DM ein und macht sich auf den Weg nach Eimsbüttel. Er konnte nun die Miete im Voraus zahlen und war somit auf Reihe mit seiner Wohnung. Unterwegs isst er an einem Stand eine große Portion Pommes mit Gulasch für 2,50. Das wurde für die nächste Zeit sein Stammessen, es war billig und machte satt. Diese Speise gab es allerdings nur alle drei Tage, ansonsten gab es nur trockene Brötchen. Dieses System bewährte sich sehr gut.

Er verhungerte nicht dabei.Ein Poltern an der Tür reißt ihn aus seinem Traum. ,,Rauß aus den Federn, Ulli, wir müssen zur Anlage!Das Problem an der Anlage hat er schnell im Griff. Das Flachbandkabel, das mit der Verwiegung auf und ab fährt, war verschliessen. Robert besorgte ein neues und Ulli wechselte es aus. ,, Warum machst du nicht hier in Hamburg einen Laden auf?" "Das geht nicht, hier gibt es doch eine Vertretung, denen kann ich nicht dazwischen fummeln. Das würde einen riesen Ärger geben". ,, Die haben doch sowieso keinen gescheiten Monteur hier, du siehst doch, wir rufen dich". ,, Eure Firma ist international und in Deutschland überregional, da gibt es eine Sonderregelung. Da ist der Sitz entscheidend, wo ihr Einkauft, das ist nun mal bei mir. Also obliegt mir auch die Wartung dieser Anlagen. Ich habe jetzt gerade auf einer Großbaustelle in Hannover einen Mann von mir fest untergebracht." "Was war dort los, das hat sich bis hier herumgesprochen. Stimmt es, daß die alle drei Anlagen nicht gereinigt hatten, noch voll Beton am anderen Morgen hatten?" "Ja, die haben dieses Meisterstück vollbracht." Robert schüttelte den Kopf, "die gehörten eigentlich samt Maschinenmeister gefeuert." "Mir hat das keine Ruhe gelassen, wie so etwas passieren konnte, ich habe das zurückverfolgt. Die Schuld liegt mit bei der Baustelle. Diese hat bei jeder Anlage noch einen Meter geordert, um den Fertiger noch einmal nachbessern zu lassen. Das hatte sich aber erledigt. Die Maschinenführer sind, weil es so lange dauerte, zur Kantine gegangen, weil sie auch was vom kalten Bufett haben wollten.

Danach gibt es Bier und Schnaps, die Baustelle holte den Beton nicht. Die Maschinisten hatten der Kolonne Bescheid gesagt, daß sie in der Kantine sind.So ist alles den Bach runter gegangen. Man müßte die ganze Baustelle entlassen. Ein unglückliches Zusammentreffen verschiedener Faktoren. Ich bin sicher, daß es in Zukunft auf dieser Baustelle besser läuft als auf jeder anderen. Einen Tag verloren, aber ein Team gewonnen, das viele Tage aufholen wird." "So kann man es auch sehen, aber es darf nicht passieren." "Das ist wahr, es darf normal nicht passieren." „Ich bin auch schon einmal nach Athen geflogen, weil sie einen einzigen Schalter nicht eingeschaltet hatten, obwohl ich sie telefonisch darauf hingewiesen hatte, daß dies nur der Fehler sein konnte. Nur weil der Schalter sich gelöst hatte und sich aus irgend einem Grund gedreht hatte, wurde mir immer wieder bestätigt, er ist eingeschaltet. Das waren 12.000,- DM für nichts." „Solche Beispiele gibt es genug. Ich als selbständiger Service-Ingeneur stehe dann immer zwischen den Fabriken und den Maschinenmeistern und Anlagenführern. Ich muß immer kluge Lösungen für alle Seiten finden. Hau ich den Maschinenmeister und Anlagenführer in die Pfanne, können die einen Hersteller verückt und arm machen. So muß ich immer gut abwägen, was ich in meine Berichte schreibe. Ich kann aber nur einen Anlagenführer und Maschinenmeister schützen, wenn er ansonsten gut ist und die Maschine beherrscht. In Langenhagen, das hätte auch heruntergespielt werden können, wenn der Elektriker geschaltet hätte.

Der hat die Situation vermasselt, unwissend natürlich. Ich hätte die Sache anders gehandhabt. Ich hätte die Schuld auf den Stromlieferanten geschoben und hätte angeordnet, daß für diesen Tag, wo der Strom nicht in Ordnung ist, die Mischer überholt werden. Schon wär ihnen Schmach und Schande und der Hohn von anderen Baustellen erspart geblieben. Diese Scharrte können die Jungs nun nur auswetzen, wenn sie eine Superleistung bringen. Das wird wiederum die Baustelle nach vorn bringen". ,, Wenn sich die Leute nicht mit dem Arsch drauf setzen." "In dem Fall hätten sie sich ihre Zukunft bei der Firma verbaut, es würde sich alles von alleine regeln. Sie würden nach und nach während der Baustelle ausgewechselt und würden ohne gute weitere Leistungen alle verschwinden". ,, Komm, lass uns auch verschwinden, die Anlage läuft, ich habe einen Bärenhunger nach dem Bier gestern. Ich weiß ein Restaurant in der Nähe, da gibt es gebratene Scholle mit Kartoffelsalat. Danach wissen wir, wie die Anlage läuft, und du kannst wieder nach Hause fahren."Die Scholle mit Kartoffelsalat ist eine Wucht. Berger ist ein Fan von Kartoffelsalat. Dieser war eine ganz neue Art von Salat, wie er es noch nicht kannte. Ein warmer Kartoffelsalat mit gebratenem Speck, er schmeckte sehr gut zur paniert gebratenen Scholle. Dazu ein schönes Jever Bier und die Welt war wieder in Ordnung.Sie machten nur eine knappe Stunde Pause und fuhren zurück zur Anlage. Der Maschinist war zufrieden und Berger fuhr nach einer kurzen Rückfrage zu Hause los.

Es war soweit alles in Ordnung, er konnte direkt nach Hause durchfahren.Berger erkundigte sich in Baltrum, wann Poulsen mit seinem Schiff in Nigeria erwartet würde. Man rechnete mit ca. 1 Woche. Berger sandt ein Fax an den Hafenmeister nach Nigeria, mit besten Grüßen auch an Moses und seine Schwestern.Moses beantwortet die Fragen schon selbst. Wenn die Baltrum in einer Woche da wäre, müßte sie mindestens 14 Tage draußen warten. Vorher könnte er sie nicht in den Hafen holen, ansonsten gäbe es einen Aufstand im Hafen. Er würde aber schon alles organisieren. Die Sonderpapiere, damit er sie vorziehen konnte, schon fertig machen. ,, Wir haben Schiffe hier". schrieb er die bereits 3 Monate auf Löschung warteten". Wie sollte er denen erklären, daß die Baltrum noch vor ihnen in den Hafen durfte? Er brauchte dazu Unterlagen. ,, Ich werde alles regeln, alles Gute, Moses," stand auf dem Telex. Berger ruft Gillbert in Marsaile an. ,, Was ist los, alter Junge, hast du die Maghnoun auf deiner Reise gesehen?". ,, Ich war zwar im Hafen in Hamburg und Husum, aber eine Magnoun habe ich zum Glück nicht gesehen. Die Maghnoun Nummer zwei, die Baltrum, kommt in einer Woche in Nigeria an. Moses hat gerade getelext, daß er zwei Wochen benötigt, um sie in den Hafen zu bringen. Das bedeutet, das ich so in dieser dritten Woche nach Lagos fliegen werde." "Gut, dann plane ich so ähnlich. Übrigens, dein General Ivan war schon bei mir in Paris, wir sind dabei, unsere Ermittlungen abzustimmen. Der KGB hat einige interessante Daten, die wir noch nicht hatten. Manches ist nun für uns klarer, natürlich hatten wir auch Neuigkeiten für den KGB.

333

Ich werde dir alles erzählen, von der Maghnoun gibt es noch keine Spur." "Ich werde für eine Woche Urlaub mit meiner Familie in Holland machen, ich habe das schon so lange versprochen. Ich werde sie nun damit überraschen." "Gut, melde dich, wenn du wieder zurück bist,i ch wünsch dir alles Gute für den Urlaub." "Meine Familie hat das verdient, ich ja nicht ich bin immer auf Reisen". Berger erledigte alle wichtigen Telefonate und informierte seine Geschäftspartner, daß er für eine Woche in Urlaub ging. Er würde aber im Büro seine Telefonnummer in Holland angeben. Er arbeitet alles auf, rief die Baustellen an und informierte seine Leute darüber, daß er eine Woche unterwegs war.Sie waren es ja gewohnt, daß ihr Chef immer auf Achse war. Am Abend lädt er seine Familie zum Essen ein und erzählte so nebenbei. daß sie morgen früh in den Urlaub nach Holland fahren. Sie waren total aus dem Häuschen. Berger kannte die holländische Küste recht gut, er war dort über 1 Jahr mit der Seismos gewesen, hat dort Explorationen gemacht. Er kannte die Küste von Leewarden über Den Helder, Alkmar, Haarlem, Leiden, Bergen am See, bis nach Den Haag. Seinen Kindern hat er oft davon erzählt,s sie sind nun begeistert diese alles zu sehen, den Strand und das Meer. Die Ostsee kannten sie schon, aber die Nordsee ist neu für die Kinder. Noch nie hatten die Kinder in einem Restaurant so schnell die Teller leer gegessen. Barbara war am verücktesten auf den Urlaub, obwohl sie sonst die Ruhigste ist drehte sie regelrecht ab. Ulli, der noch ein Bier trinken will wird von ihr gewaltsam aus dem Lokal gezogen.

„Komm Papa, wir müssen noch die Sachen packen, wir wollen ganz früh losfahren". "Nun mal ruhig, mein Mädchen, ob wir morgen um 10 Uhr oder um elf Uhr in Holland sind, das ist doch egal". ,, Nein, wir müßen früher dort sein, wir müssen noch ein Hotelzimmer suchen, es ist Ferien Zeit." "Da hast du recht, da kommt es auf die Minute an". Berger bringt alle nach Hause zum Packen. "Ich fahre los, volltanken und Ölwechsel machen, Zündkerzen auswechseln usw." "Tank dich bitte nicht so voll, wenn du morgen die weite Strecke fährst, du gehst doch bestimmt noch zu Richard und Christa". ,,Ja, geh ich noch, ihr habt mich ja nach dem Essen nicht einmal mein Bier trinken lassen, bis Ihr fertig mit dem Packen seit, komme ich wieder". Es kam dann so, daß Mieke noch nachgekommen ist, weil er bis zum Ende des Packens noch nicht da war. Sie war nun abgekämpft und hatte auch Appetit auf ein Bier. Morgens um 6 Uhr ging es dann los in den Urlaub. Berger glaubte, die Kinder würden im Auto schlafen. Aber die erste halbe Stunde war mit Platzgerangele ausgefüllt. Einer wollte dies tun, der ander das. Aus diesen internen Dingen hielt er sich immer heraus, es regelte sich von allein besser. Nur wenn er fühlte, daß der Kleine zu sehr benachteiligt wurde, mischte er sich ein. Es war aber selten der Fall, meistens nahmen sie auf den Kleinen mehr Rücksicht. Mieke schlief neben Ihm. Sie waren spät wieder gekommen, sie war noch müde. Er selbst hatte mit Müdigkeit nie Probleme, er stand immer unter Power. Er fuhr oft in einem Stück von Wolfenbüttel nach Wien, Genf und Paris und wieder nach Hause, ohne zu übernachten.

Er hat die Fähigkeit, wenn er müde wurde anzuhalten und in einen Kurztiefschlaf zu fallen. Er erinerte sich an eine Situation, als er bereits drei Tage unterwegs war und aus Wien kam in, München und Nürnberg noch Termine hatte. Kurz hinter Nürnberg überkam ihn dann die Müdigkeit, da gab es bei ihm kein Vertun, sofort auf den nächsten Parkplatz und geschlafen. Diesmal auch so, Wagen abgestellt, Türen verriegelt, Sitz zurückgedreht und sofort eingeschlafen. Diesmal hat er nur noch eine Nebenspur auf dem Parkplatz bekommen. Er wurde wie immer nach 15 bis zwanzig Minuten wach. Er hörte das Rollen auf der Autobahn, blickte nach vorn und glaubte, als er den Laster vor sich sieht er wäre auf der Autobahn eingeschlafen. Er steht mit einem Schlag kerzengerade in der Bremse. Seine Haar an den Armen und die letzten auf dem Kopf haben sich steil aufgerichtet. Es dauerte Sekunden, bis er feststellte, daß er hinter dem LKW schön ordentlich eingeparkt steht. Die Schockwirkung ist so groß, daß er die letzten vierhundert Kilometer nicht mehr müde wird, er war bis zu Hause aufgekratzt und munter. Aber Heute ist auch er in Urlaubßtimmung und singt mit den Kindern ihre Lieder. Bis zur Grenze hatten sie gerade zweieinhalb Stunden zu fahren. Die Abfertigung war zügig, an beiden Seiten wurden sie nur durchgewunken. Zwei Stunden später waren sie in Bergen am See. Direkt an der Strandpromenade bekamen sie sofort zwei Zimmer in einem der großen Hotels.Mieke hatte fast die ganze Fahrt verschlafen.

Sie hatte dabei unbeabsichtigt Berger wach gehalten. Ihre Bluse war beim Räkeln aufgegangen und die Brustteile mit den schönen Desous wurden sichtbar. Dies stachelte während der Fahrt seine Phantasie an, was sie so alles im Urlaub machen konnten. Auch der Buchungs und Entladevorgang im Hotel lässt ihn diese Gedanken nicht mehr verscheuchen. Als Berger dann die drei Kinder während des Auspackens nach unten schickte um zu erkunden, wo es das beste Essen gibt schnallt Mieke immer noch nicht, was ihr bevorsteht. Ihr aufgewühlter Mann ist hungrig wie ein Löwe auf sie. Sie steht so schön gebückt am Bett, daß er nicht umhin kam, seine Hose leise auszuziehen, und ihr dann von hinten zwischen die Beine fährt. Sie ist nur einen kleinen Moment erschrocken, bleibt in der Stellung stehen und Ulli führte ein, nur für einen Moment, dann drehte er sie zu sich und sie küßten sich innig und sie schlafen ausgiebig miteinander, zwischen all den Sachen, die halb ausgepackt auf dem Bett liegen. Für die Kinder gibt es draussen so viel zu entdecken, daß die Eltern etwas Zeit für sich hatten.

Kapitel 10   Zurück in Afrika – Safina Magnoun

Es war ein schöner Urlaubs Einstand für alle. So harmonisch verläuft auch der gesamte Urlaub, sie liebten sich oft und sind sehr glücklich miteinander. Morgens zeigte er seiner Familie einiges von Holland und Nachmittags sind sie lange am Strand.

Er tobte mit den Kindern so viel herum, daß sie jeden Abend müde ins Bett fällt. Abends dann geht er mit seiner Frau aus, mal zum Tanzen, mal sitzen sie nur draußen und schauten übers Meer und sinnierten über ihr Leben. ,,Wie schön wäre es, wenn du immer zu Hause wärst, nicht immer nur die wenigen Wochen, du fehlst mir sehr. Gehst du eigentlich viel fremd, wenn du unterwegs bist?, ich kenne dich doch, du brauchst es doch ständig." ,, Oh, mein Schatz, es ist was anderes, wenn ich mit dir zusammen bin. Ich liebe dich, du siehst gut aus. Ich liebe dich Komplett, jeden Zentimeter, deshalb kann ich auch zu jeder Zeit mit dir schlafen.Ob dreimal oder viermal, es geht nur, wenn man sich liebt, wenn man berauscht ist von der Liebe. Und das bin ich, wenn ich mit dir zusammen bin. Wenn ich draußen bin, bin ich nicht so wie bei Dir. Ich brauche monatelang nichts, ohne daß ich Probleme habe. Das ich zwischendurch mal fremdgehe, darüber brauche ich dich nicht zu belügen. Es ist niemals mehr als ein paar Stunden, nie etwas Ernstes, das uns irgendwie gefährden könnte". ,,Ist schon gut, mein Lieber, aber wenn ich dich dann so erlebe, so aufgelöst in Liebe wie in den letzten Tagen, habe ich Angst, daß ich dich nicht halten kann, wenn du unterwegs bist. Bitte, wenn mal was ernstes unterwegs ist, lasse es mich wissen, tue es nicht heimlich für dich alleine.Sie standen auf und tanzten eng umschlungen zu der leisen, schönen Walzermelodie. Ihr Blick reichte über das weite Meer, das nun vom Mond beleuchtet wurde. Es war Flut, und Wellen bis sieben Meter Höhe rannten gegen das Festland.

Wenn diese Weite ihn nicht immer riefe, das Fremde ihn nicht immer lockten, dazu der Erhalt seiner Firma damit gekoppelt war, wäre er jemals tauglich für ein anderes Leben? Er war immer schon ein unruhiger Geist. Zu lange auf einem Fleck zu stehen ohne Veränderung machte ihn krank. Er zieht Mieke an sich heran und bedankte sich dafür, daßsie ihm dieses Leben ermöglichte. Viele andere Frauen hätten bereits gestreikt und nach Scheidung gerufen. Darüber war er sich vollkommen im Klaren und würde sie ihn eines Tages damit konfrontieren, hätte er dafür Verständnis.Was hatte ihn nur zu solch einem unstetem Leben erzogen, oder war er zu solch einem Leben geboren? Er liebte die Welt und die Weite, das Neue und das Abenteuer, das Neue selber zu erleben.Berger hatte Mieke die Geschichte mit der Sintifrau erzählt; "du bist nun ein Sinti hat der Mann gesagt. ,, Ist er nun tatsächlich ein rastloser Sinti? "Wiederum," sagte Mieke, ,,Ich bin stolz auf dich, wie du das alles schaffst und bewältigst. Du fliegst nach China, Japan, Afrika, Amerika und nichts macht dir Angst. Es macht uns auch wieder Stolz, so einen Vater und Mann zu haben. Versuche mehr hier zu bleiben, ein bißchen mehr." ,, Nein, mein Schatz, ich werde versuchen, euch so oft wie möglich mit zu nehmen." Sie zog ihn zu sich heran und küsst ihn zärtlich. "Komm," sagte sie, ,, ich will ins Bett." Berger zahlte und führte sie nach oben. Sie schauten nochmal nach den Kindern, aber die schliefen wie tot

Sie sammelten Kräfte für den neuen Tag. Mieke und Ulli haben ein zärtliche Liebesnacht, sie waren glücklicher als am ersten Tag ihrer Liebe. Auf dem Rückweg besuchten sie in Alkmaar den Käsemarkt und fahren noch nach Amsterdam. Sie machten Bootsrundfahrten und fahren erst gegen Abend wieder nach Hause, diesmal über Lingen /Ems. Hier hatte Ulli seine erste längere Station in Deutschland nach dem Krieg, hier war er zur Schule gegangen. Seine Schwester war hier verheiratet, er wollte sie noch besuchen. Von Lingen war Ulli mit seinen Eltern nach Ülsen gezogen, hatte dort seine Raudijahre verbracht und ist dann in den Harz gezogen, als er seine Mieke heiratete. Gegen den Willen seiner Eltern, denn er war praktisch schon verheiratet worden mit einer reichen Fabrikantentochter in Holland ohne sein wissen.

Wieder in Afrika
Berger klärte erst einmal alles in Lagos, Sein Schiff würde in wenigen Tagen ankommen und dann in ca. 14 Tagen entladen werden, Dann sind wieder seine LC- bedingungen erfüllt. So kann er mit Gillbert und General Ivan nach Togo fliegen. Mit dem Interpool eigenem Hubschrauber direkt ins Camp. Zu ehren des Königs hat die Königin ein Dorffest angesagt. Ivan staunt nicht schlecht. Mehr als 400 Krieger hat die Königin aufgeboten. Sie tanzen Ihren Kriegstanz jeder spürt da liegt etwas in der Luft. 200 Krieger sind wieder im Dschungel um den Schutz des Dorfes zu gewährleisten. Ivan kommt aus dem Staunen nicht mehr heraus Seine anfängliche Zurückhaltung ist verflogen, nachdem er sieht das Ulli hier ein wirklicher König ist.

Schweigend sehen sie alle den tänzerischen Darbietungen der Krieger zu, die dann noch einmal den König und die Königin in Ihre Mitte rufen. Zum Schluß wurden der König und die Königin auf den Leibern der Krieger vom Platz getragen. Sie sind die Herrscher über 600 bewafnete Krieger plus derjenigen, die noch weiter verstreut durch den Dschungel streichen. Sie trinken mit den Anführern der Krieger, die gute Freunde von Ulli geworden sind, selbstgebraute Getränke die auch stark berauschen können. Die meisten dieser Männer arbeiteten auf der nahen Baustelle, aber sie sind auch gleichfalls Männer des Dschungels und wollten diesen hüten. Berger hat einigen das Führen von schweren Baumaschinen beigebracht. Hat für ein Stromagregat gesorgt, das nun das ganze Dorf versorgte. Er konnte dieses prima mit dem LKW aus Nigeria hierher transportieren, es kostete Berger keinen Pfennig. Rainer, der Bauleiter, hat die Einfuhr übernommen und das Aggregat aufgebaut und einen Tank für Diesel sowie täglich 100 Liter gestiftet. So gab es nun Fernseher, Licht, einen gemeinschaftlichen Kühlschrank, eine kleine Werkstatt und viele andere Dinge. Die Königin verabschiedete sich mit dem König wieder von den Kriegern und ging zurück zum Häuptling, der war wahrlich stolz auf seine Tochter und auch auf seinen Sohn. Er betrachtete Berger als seinen Sohn. Die Königen schickte zu Ivan ein Mädchen, ohne daß Berger etwas sagen musste. Nun wird das Essen gereicht. Um 24.00 Uhr ist das Fest beendet, Ivan bekam sein Quartier zu gewiesen und die Königin zog Berger in den Dschungel.

Sie hat dort ein Baumhaus errichten lassen, nur für sich und den König. Niemals betrat sie es allein, es war sein Haus und niemand anders durfte es betreten.Sie kletterten die Strickleiter nach oben. Berger schaukelte ganz schön hin und her. Als sie oben war, zog sie die Strickleiter ein. Es war unwahrscheinlich, wie im Kino, Berger konnte es nicht glauben. Es war kein Spaß mehr, aus seinem Spiel war bitterer Ernst geworden. So hatte er sich das nicht gedacht. Er hatte geglaubt, wenn sie geheiratet hatte, war der Spuk vorbei. Nun war er ein ungekrönter König. Die Krönung sollte aber noch kommen.Es wurde eine herrliche Nacht im Baum, Berger verwöhnte erst die Königin, bis sie übermüdet einschlief, dann beobachtete er den Dschungel, es war herrlich. Diese Bäume, diese grüne Hölle war ein Edelstein der Welt. Man mußte aufpassen, das er nicht gänzlich zerstört wurde. Es ist der Garten Eden. Er nahm sich vor, beim Erhalt des Dschungels mit allen ihn gegebenen Mitteln zu helfen. Er glaubte schon, daß er einiges bewirken konnte.Am anderen Tag erzählte er der Königin, was er auf dem Herzen hatte. Sie rief die Anführer der Krieger zusammen, die keine Arbeit auf der Baustelle hatten, und machte ihnen anhand des Bildes klar, was der König wollte. Sie erklärte ihnen, wo sie suchen müssen. Sie sollen ihr alle auffäligen Versteckmöglichkeiten melden. Fast zweihundert Krieger schwärmen für diese Aufgabe aus um diese Teil zu suchen. Ivan wird samt seiner Braut zur Baumhütte geführt. ,, Kommt hoch," rief Ulli, "hier oben wird Gefrühstückt, im Hotel Dschungelpalast."

,, Ulli, ich glaube, ich spinne, warum gehst du überhaupt in das Scheiß Europa zurück? Du hast hier ein Paradies und bist ein echter König hier. Wenn du mir das zu Hause erzählt hättest, ich hätte dich einsperren lassen. Aber so, ich bin überwältigt.""Ich könnte dies nicht mal in meiner Familie erzählen, die würden mich zum Arzt schicken. Ich verschweige mein kleines Reich und gönne mir ab und zu einige Wochen Urlaub hier.' ."Aber du paßt hierher, als ich dich gestern tanzen sah, glaubte ich, du bist ein Eingeborener". ,, Das ist nichts anderes als Disko". ,, Wie war deine Dame?" Er schaute zu ihr rüber, ,, sehr gut mein Lieber". ,, Die gehört zu dir, so lange du hier bist." "Gillbert hat die Schwester der Beiden geheiratet, sie hat Beine, die hören überhaupt nicht mehr auf". ,, Das Frühstuck wird unten in den Korb gelegt und die Königin mit ihrer Schwester ziehen ihn hoch". ,, Was ist, hast du schon über das Teil, das wir suchen mit ihr gesprochen?" "Zweihundert unserer Krieger sind schon seit zwei Stunden unterwegs, sie werden uns jeden nur möglichen Platz melden``. Nach dem Frühstück besucht Ulli mit Ivan das Baustellencamp, er stellte Ivan Rainer als alten Freund vor. So war es inzwischen ja auch. Die Maschinen, die Berger geliefert hatte, waren bisher ohne jede Beanstandung. Er hat damit der Baustelle sehr geholfen. Das war nicht sein Verdienst, sondern der der Werkstatt von Bilfinger. Berger würde es gern an die Leute dort weiter geben. Sie fahren mit Rainer raus zur Baustelle, dort ist alles mächtig in Bewegung geraten. ,, Ach, übrigens Danke für das Aufstellen des Aggregates und für die Spritspende".

,, Nicht der Rede wert, Ulli, das halbe Dorf arbeitet bei uns. Übrigens, wie hat dir deine Baumvilla gefallen?, Ich habe sie mir nur von unten anschauen dürfen, aber sie sieht sehr gut aus". ,, So langsam nimmt das alles ernste Formen an, es war bisher nur Spaß". ,, Das war noch nie Spaß, die Kleine hat es von Anfang an todernst gemeint du bist der König hier in diesem Gebiet. Als ich das nach Essen gefaxt habe haben die sich fast totgelacht. Bis ich Ihnen das amtliche Papier gefaxt habe". ,, Was für ein amtliches Papier?" Fragte Berger erstaunt. ,, Du weißt das nicht? mit ihrer Hochzeit bist du als ihr König eingetragen worden, König über das Gebiet, das ihr Vater als Häuptling beherrscht. Das heißt, du bist auch König über zwei weitere kleinere Dörfer und Chef von über 1200 Kriegern. Du kannst meine Baustelle stilllegen, wenn du willst". ,, Oh mein Gott`` ,Berger kann es nicht begreifen, das wollte er nun wirklich nicht. Aber es schien zu spät zur Umkehr zu sein. ,, Berger, bleibe hier, scheiß auf alles in Deutschland, hier ist das wahre Leben". sagt Ivan mit vollem Ernst. Einer der Anführer der Krieger, der leidlich englisch spricht kommt freudestrahlend auf Berger zu und begrüßt diesen und auch Ivan. ,, Ich habe gehört die Krieger suchen nach einem Gerät. Sag mir, wo du es zuletzt gesehen hast". ,, Es war dort im Dschungel, dort wo die Lichtung ist und der Weg abzweigt". ,, Kannst du mich hinführen, wenn dir der Bauleiter frei gibt?". ,, Ist schon gut," sagte Rainer, "ich brauche ihn heute nicht mehr, nehmt ihn mit". Sie schlagen sich zusammen in die Büsche, der Krieger immer vor ihnen her.

Ivan reichte Berger nun die zweite Kanone. ,, Weiß der Teufel. vielleicht brauchst du das Knallrohr doch hier drinnen im Busch. Hier siehst du den Tiger erst, wenn du schon drauf sitzt. Gibt es hier viel Schlangen?", ,, Ich weiß nicht ich habe noch keine gesehen, bis auf meine Königin, und die habe ich hier im Dschungel gefangen, dabei wollten sie mich fangen. Da habe ich sie samt der Krieger ganz schön blamiert. Vielleicht hat sie deswegen einen König aus mir gemacht." Sie haben bald die Lichtung erreicht. ,, Von hier sind sie gekommen und nach dort gegangen". Sie folgen nun dem anderen Pfad. Dieser ist unbequemer weil er nicht so viel benutzt wird. Der Krieger lässt nun seine Machette saussen. Sie lauschten in den dichten Dschungel hinein, die dichten Blätter sind wie eine Schallmauer. Berger hatte schon seine mehrfachen Dschungelerfahrungen, aber Ivan ist das erste Mal in so einem Teufelsgeflecht. Er ist sichtbar nervös. Sie ereichten nun die nächste Lichtung. Berger hat wieder das Gefühl, beobachtet zu werden, sie sind nicht allein. Sie konnten nicht alleine sein, denn die Königin hat 200 Krieger ausgesandt. Aber warum zeigten sie sich nicht? Der Krieger vor Ihnen schien nichts zu bemerken, er ist so sehr damit beschäftigt, den Weg frei zu machen, das er nicht die Augen sieht, die Berger sah. Berger ist auch sehr sensitiv, auch zu Hause fühlte er Dinge, die andere erst spürten, wenn sie sichtbar sind. Er kann Leute die sich hinter seinem Rücken anschlichen spüren. Er hat da eine besondere Begabung oder einen gewissen siebten Sinn.

Berger entsicherte sein Pistole, er versuchte darüber nachzudenken, warum ihn dieser Anführer überhaupt in den Dschungel führt wo er doch weis das über zweihundert Krieger nach dem Teil suchen oder nach einem möglichem Versteck. Er findet keine Antwort, keine vernünftige Erklärung. Entweder weis der Mann tatsächlich wo das Ding ist oder er will sie in eine vorbereitete Falle locken. Warum tauchen die geheimen Gestalten nicht auf, es konnten keine fremden Krieger sein, diese würden sich niemals so weit in das Gebiet der Königin wagen. Trauen die Männer ihrem Anführer nicht, was ist los? Der Pfad wurde immer verschlungener und unwegsamer. Berger stoppt einen moment und lässt Ivan aufschließen. ,, Entsichere deine Pistole, irgend etwas ist faul an der Geschichte hier. Ich bemerke seit längerem Gestalten um uns im Dickicht, ich fühle Gefahr" .Ich habe die Pistole bereits entsichert als ich sah", daß du deine entsichert hast". Ihr Vorläufer stoppt und sieht sich nach ihnen um, sie rückten nun wieder nach. Das Verhalten dieses Mannes irritierte Berger sehr, er sieht auf die Uhr. Es geht auf sechs Uhr zu, in einer Stunde ist es stockdunkel. Da gibt es kein Zurück mehr, es sei denn, der Mond schien ausreichend. In den letzten Tagen war es aber immer sehr bewölkt. Berger konzentrierte sich auf die Umgebung und den Vordermann, Ivan sicherte automatisch nach hinten.10 Minuten will Berger noch dem Mann folgen, keine Minute mehr ohne Erklärung. Er bemerkte schon seit längerem, das sie wieder allein sind. Jetzt erklingt von weitem vorn ein Vogelschrei.

Er bemerkte, wie der Krieger vor ihnen darauf reagierte, er hat darauf gewartet. Etwas weiter vorn meinte Berger eine Lichtung zu erkennen. Er lässt Ivan noch einmal auflaufen, er deutete auf die Lichtung vor ihnen. Ein schöner Ort, um sie umzulegen und ein guter Zeitpunkt, 20 Minuten später würde es stockdunkel werden. So könnten die Mörder schnell entkommen. ,, Kurz vor der Lichtung springen wir rechts ins Unterholz". Ihr Krieger schaut sich schon garnicht mehr nach ihnen um, er ist kurz vor der Lichtung und stoppte nur einen Moment. Als Berger und Ivan nur fünf Meter hinter ihm sind, geht er weiter und wird schneller und schneller, er bemerkte nicht mehr, daß die beiden hinter ihm garnicht mehr auf dem Pfad sind. Da knallte es auch schon, es hat ihren Führer erwischt, den haben sie gleich mitbeseitigt. Aber sie hatten Pech mit den beiden anderen. Sie beharkten wie wild die Lichtung und die Umgebung. Sie ballerten sinnlos ins Grüne.Ivan und Ulli haben instinktiv die richtige Seite gewählt. Sie waren auf der Seite der Lichtung auf der auch die Schützen sind. Sie brauchten einen von den dreien lebend. Sie trennten sich und krichen jeder auf einen der Schützen zu. Die ersten Beiden wollen sie dran glauben lassen, den letzten wollen sie packen. Ivan macht ein Zeichen, daß er den weiter Entfernten will, umlegen will. Berger soll warten, bis er geschossen hat. Berger kricht ganz langsam und vorsichtig, immer tief in Deckung bleibend hinter seinen Mann. Der Kerl sitzt da hinter einem Baumstamm wie auf einem Schießstand. Berger erkennte ihn sofort, es ist der Mann aus Windhook.

Berger viesierte seine Schußhand an in der er ein abgesägtes Gewehr hält, eine Drillingsschrotkanone eine Flinte ist das nicht mehr. Berger hört Ivans Schuß, es gibt keinen Aufschrei der Mann ist auf der Stelle tot. Berger schießt nun genau in die Schusshand seines Mannes aus Windhock, das gibt einen mächtigen Schrei. Ivan ist sicher ärgerlich das er noch nicht den dritten Mann hat. Der dritte ist nun gewarnt aber der weis nicht was los ist. Berger ist sofort bei dem Angeschossenen und nimmt Ihm den Rest seiner Waffen ab. Er führte ein ganzes Waffenlager mit sich herum. Bergers Böllermann hat ein schönes Loch in dessen Hand gerissen. Berger hört wieder Ivans Pistole hüsteln, diese macht ein komisches Geräusch, so als hätte sie Husten. Es ist aber ein tödlicher Husten, ein Keuchhusten, der meistens zum Tode führt. Dem Mann aus Windhook ist das Herz längst in die Hose gerutscht. Er merkte das er der Einzige ist der überlebt hat. Nur weil Berger ihn am Leben lassen musste. Berger reißt ihm sein Hemd vom Leibe, um seine Hand provisorisch zu verbinden. Als Berger das Loch sieht graut es ihm vor seiner eigenen Waffe, das ist keine Pistole mehr, das ist eine kleine Kanone. Ivan kommt durch das Gebüsch gekrochen ,, dass du auch nie auf Papi hören kannst, du solltest ihn umlegen". ,,Das kann ich nicht, Papi, weil ich den Herrn kenne und weil das der Mann ist, der das Ding getragen hat als ich ihn das letzte mal gesehen habe". ,, Wenn das so ist bist du entschuldigt". "Woher kennst du mich," fragte der andere.

348

,, Aus Windhook mein Freund, wir haben dich dort gesucht du bist aber die ganze Zeit hier gewesen". ,, Ja die ganze Zeit war ich hier". ,,Oh, oh," jammerte er los. ,, Oh Berger, du hast eine häßliche, aber wirkungsvolle Kanone." Ivan schaute sich unter dem Tuch die Verwundung an". ,, Der schießt mit der Hand so schnell nicht mehr. Um so ein Loch zu reißen müsste ich das ganze Magazin in die Hand ballern". ,, Ich habe von dieser Ballerei die Schnauze voll, ich schenke dlr meine Kanone". ,, Erst wenn wir hier fertig sind. Frage deinen Typ mal freundlich, wo das Zubehör ist, was wir suchen". Er will erst nicht mit der Sprache raus rücken. ,, Mein Freund du brauchst nichts zu sagen. Aber wenn du uns nicht sofort verätst, wo das Ding ist, blase ich dir noch so ein Loch in die andere Hand, dann in die Kniescheiben und immer so weiter, bis es keinen Flecken mehr an Dir ohne Loch gibt". Er glaubt das Berger ernst machen wird das er ihm mit einem lachen die Kniescheiben wegpusten kann". ,, Nicht weit von hier ist eine kleine Blockhütte, in der ist das Ding". Komm, führe uns hin, ich bin immer dicht hinter dir, eine dumme Bewegung und mein Partner kann durch dich hindurch marschieren". Sie haben gerade die Blockhütte erreicht, als die Sonne total untergeht. Es ist mit einem Schlag stockdunkel. Der Herr aus Windhook kramte Feuer herbei und zündete eine Petroleumlampe an. Dann zieht er zwei Dielen hoch und das kleine Ding kommt zum Vorschein. Berger nimmt es in die Hand es ist genau das Teil, das zum Gerät auf dem Bild paßt. Ivan nimmt es nun und betrachtete es genau.

,,Das scheint es zu sein". ,, Das ist es ganz bestimmt, sagte der Mann aus Windhook". ,, Nun haben sie was sie suchten und wollten nun konnten sie es sich vorstellen. Ivan sagte: "Wir sind von Interpol, mein Herr, sie sind verhaftet". ,, Von Interpol, warum haben sie das nicht früher gesagt?" "Weil wir nicht dumm sind, du hattest doch vor den Anderen, die ihr beschissen habt, mehr Angst als vor Interpol. Du glaubst ,wir müssen uns an die Spielregeln halten, hier draußen nicht, hier machen wir die Spielregeln. Mein Kollege hier hat nur die große Pistole, weil er so schlecht schiessen kann, wenn der auf dich zielt, weißt du nie ob er tatsächlich die Kniescheibe oder den Kopf trifft und schielen tut er auch noch mit seitlicher Verschiebung. Wenn wir auf die Scheibe schiessen, dann schießt er immer auf die Nachbarscheibe. Wegen der Rollbewegung mal auf die linke, dann mal wieder auf die rechte. ,, Es klopft draußen an der Tür der Hütte. "Erwartete der Herr Besuch?". Berger öffnete mit gezogenem Revolver. Draußen steht die Königin. ,, Wir sind leider zu spät gekommen, ich hatte eine solche Angst um dich. Meine Leute haben mir erzählt, was passiert ist. Kirku hat euch in die Falle gelockt. Sie haben geglaubt, daß ihr in die Hütte gebracht werden solltet, so hatten sie noch Zeit, mich zu holen". ,, Sie haben mir gesagt, daß du sie bemerkt hast, du hättest einen besseren Sinn im Dschungel als sie, auch als der nun tote Kirku. Sie waren nur zu zweit und ohne Waffen". Sie ruft Ihre Krieger herbei, diese waren bereits auf dem Dach der Hütte und hinter der Hütte, mehr als 50 Mann versammelten sich um die Hütte. Berger erzählte der Königin die Abläufe, diese gibt sie weiter an die Krieger.

Diese murmelten aufgeregt miteinander. Sie gab den Befehl, die Toten hierher zu bringen. Berger nahm sie nun erst in den Arm und zog sie in die Hütte. Sie sah sich das Gerät an, wegen dem drei Männer gestorben waren. Berger erklärte ihr das Ding und daß es Teil eines anderen komplizierten Gerätes war. "Die drei Männer draußen sind an ihrer Habgier gestorben, wie bereits 160 andere in den letzten 30 Jahren deswegen umgekommen sind. Die Männer hier haben wieder andere, sehr brutale und gemeine Männer betrogen. Sie haben diesen nur das halbe Gerät verkauft. Wieviel habt Ihr für das Gerät bekommen?" "4 Millionen Dollar." "Jetzt wolltet ihr nochmal 3 Millionen Doller ergaunern, denn ihr wußtet, daß sie das ganze Geld und die ganzen Jahre vergeudet hatten, wenn sie dieses Ding nicht besaßen.""Ich vermute nun einfach, daß dieser Rahmen, eingepaßt in die Vorrichtung, die am Schiff ist, erst das Gerät in Funktion setzt. Über Chemische Werte oder Ohm-Werte". ,, Das ist richtig," sagte der Verletzte. Es ist kombiniert und aus diesem Grund nicht nachmachbar". Dieses kleine Teil hat damit den Wert von vielen Milliarden US Dollar. ,, Wir müssen es schleunigst in Sicherheit bringen". sagt Ivan, und von hier weg. Es bringt Tod und Verderben in dieses Volk". ,, Wissen die Leute auf dem Schiff bereits, daß ihnen dieses wesentliche Teil fehlt?". ,, Wir wissen nicht wo das Schiff ist. Diese Leute haben aber einen Verbindungsmann in Swako Pomund. Dem haben wir vor drei Tagen ein Foto und die Nachricht gesandt das sie dieses wichtige Teil für 4 Millionen kaufen können". ,, Vier Millionen", pfeift Berger durch die Zähne,

,, wenn Gauner mit Gaunern dealen", denkt Berger nur. Die Krieger kommen mit den Toten. Ivan durchsuchte sie und legte alles, was sie in den Taschen haben, auf eine Decke. Die Waffen bereiten die Krieger auch darauf aus. Berger schiebt den Gefangenen nach draußen und gibt zweien der Anführer den Befehl, diesen Mann zu bewachen. Berger ging nun mit der Königin zu Ivan und betrachtete die Waffen. Es waren zwei gute Jagdgewehre und drei Pistolen. Berger und Ivan schauten sich nur an, sie hatten wieder die gleichen Gedanken. "Die Waffen," sagte Berger, "sind für unsere Krieger, gib sie den Anführern für die Jagd, die kleine Pistole behältst du für dich, die anderen sind für andere Anführer. Aber nimm sie unter Verschluß und gib sie nur zu besonderen Anlässen heraus" Ivan nickte nur bestätigend dazu. "Manchmal denke ich, Ulli, wir sind Zwillingsbrüder, wie oft erwische ich uns dabei, daß wir die gleichen Gedanken und Ideen haben." ,,Mir war es ehrlich gesagt viel lieber, daß du mitgekommen bist als Ron, deswegen habe ich nichts gesagt, als du gemogelt hast". ,, Danke" sagt Ivan, "das freut mich, ich habe auch einen Narren an dir gefressen." Laß uns die Toten begraben". Berger geht in die Hütte und holte zwei Schaufeln. Den toten Kirku nehmen die Krieger auf einer Bahre mit. ,, Laß die Hütte demontieren und für dein Dorf mitnehmen, wir bauen sie dort wieder auf, sagt Berger. Dann ziehen sie alle davon. Am Ausgang des Dschungels wartete Rainer auf sie. Er fährt Berger und Ivan zum Büro und schickte einen LKW für die Hütte und zwei Zimmerleute.

Die Königin geht mit ihren Leuten zum Dorf sie wollen mit der Witwe des Toten reden. Sie solle nicht erfahren, daß Kirku, der dem Geld erlegen war den König verraten hat". ,, Was war los?" Will Rainer wissen. ,, Für dieses Ding sind wieder 3 Männer gestorben" Berger zeigte Rainer den Rahmen. ,, Was für dieses Ding?". ,, Dieses Ding ist für manche Milliarden Dollar wert. ,, Mensch". sagte Ivan, wir haben Windi vergeßen". ,,Nein er wurde nicht vergessen die Männer bringen ihn zu Fuß zum Camp. Ich wollte ihn nicht bei uns haben". ,,Gut" sagte Ivan nur. Ivan telefonierte vom Camp aus mit seinem Verein in Lome und orderte sie sofort herbei, per Hubschrauber. Er will nichts am Telefon mit ihnen sprechen. Berger denkt darüber nach was passieren kann wenn auf dem Schiff bereits die Nachricht anbekommen ist dasw dieser verflixte Rahmen fehlte und das sie nochmals vier Millionen zahlen sollen für diesen Rahmen. Sie konnten genau wie Berger, Gillbert und Ivan eins und zwei zusammen zählen und würden genau wie diese sofort hierher kommen, aber mit einer Spezialtruppe. Ivan geht noch mal ans Telefon, ,,bringt ausreichend Gewehre mit und Munition mit, und soviel Männer, wie in die Kiste passen". ,, Bricht hier ein Krieg aus", fragte Rainer besorgt. ,, Wir hoffen nicht, es gibt Leute, die bereits 163 Menschen geopfert haben und viel Geld, was wesentlich mehr zählt als die Menschenleben. Sie werden hier einfallen und dieses Scheißding haben wollen". Berger lässt die Königin und die Anführer kommen. Sie erklären ihnen die Situation. ,, Du mußt den Dschungel bewachen lassen.

Wenn diese Männer kommen sollen werden sie durch den Dschungel kommen. Sich nicht per Hubschrauber anmelden. Ich vermute fast, daß sie auf jeden Fall bereits auf dem Weg zumindest nach Lome sind. Stelle die Wachen so auf, dass keiner hindurch schlüpfen kann. Ich hoffe aber, daß wir schneller sein können und diese Bewegung stoppen oder noch ganz aufhalten können". ,, Aber sicher ist sicher. Wenn diese Männer unterwegs sind, werden sie alles niedermachen was sich ihnen in den Weg stellt, ohne Rücksicht auf Verluste. Sie werden im Dorf anfangen, weil sie vermutlich Kenntnis von Kirku haben und über ihn an diese Leute kommen wollen. Euer Dorf ist der schwächste Punkt in der Kette. 1000 deiner Krieger können das Dorf nicht gegen zwanzig dieser Sorte schützen, die auf dem Weg hierher sind. Wir hoffen, daß es nicht so ist, sollten sie aber so denken müssen wir vorbeugen". ,, Tu was du für richtig hältst, Ulli. Ich werde meine Leute einteilen". ,, Sage ihnen, das sie nicht kämpfen sollen nur uns warnen sollen, von wo sie eventuell anrücken. Wir sollten uns auch darauf einrichten, daß sie von zwei Seiten kommen. Das heißt wir müssen den ganzen Raum gezielt überwachen."Rainer holte eine Karte und legte diese auf den Tisch, Berger rief die Königin zurück. "Schau, hier auf die Karte. Ivan ist alter Soldat, er wird uns am besten sagen können, von wo sie anrücken werden." Ivan betrachtete die Karte gründlich und machte einige Markierungen. "Hier, wo ich die Markierungen gemacht habe, sind die gefährdetsten Gebiete. Hier mußt du die Männer besonders postieren. Aber keiner von deinen Leuten darf gesehen werden.

354

,, Rainer machte ein Kopie der Karte und gab diese der Königin. Diese machte sich sofort auf den Weg, ihre Leute entsprechend anzuweisen. Sie waren sich sicher, daß die erfahrenen Krieger es gut organisieren würden. Im Dschungel waren sie die Herren. Man mußte die Männer bereits in Dschungel stoppen. Aber sie konnten genauso gut den Dschungel überfliegen. Sie mußten auf alles vorbereitet sein.Der Hubschrauber des KGB landete. Ivan informierte seine Mäner über die Situation. Sie luden einen Haufen Gewehre aus. Ca. zwanzig Stück die guten Kalaschnikow, Raketenaufsätze, Handgranarten, Maschinenpistolen und mehrere Kisten Munition. "Es kommt noch ein Hubschrauber mit Männern." Nun sah es vor dem Camp schon aus wie ein Bürgerkrieg. Ivan gab seinen Leuten das Gestell, um es so schnell wie möglich den Leuten auf dem Schiff zu übergeben. Gillbert würde schon wissen wie."General Bokura ist auch bei Gillbert. Bitte unterichte sie auch, in welcher Situation wir uns befinden. Sie sollen dafür sorgen, das es hier ruhig bleibt." "OK, Ivan, ich werde alles schnellstens erledigen, notfalls fliege ich selbst nach Lagos." "Tu das, wenn es der schnellste Weg ist." Der Hubschrauber hob leer wieder ab. Fünf Männer, kampferprobte Männer, blieben zurück und ausreichend Waffen. Rainer sah sich die Waffen an, er nahm eine Kalaschnikow in die Hand. "Dies ist die sagenhafte Allzweckwaffe." Ivan erklärte ihm die Waffe und zeigte ihm, wie damit geschossen wurde. "Kannst du deine Dozer her beordern?" "Ja, was hast du vor, Ulli."

,, Schiebe am Dschungel entlang Schutzwälle, ca. 30 Meter vom Dschungel entfernt. Dort können die Leute aus dem Dorf mit einigen Männern in Deckung gehen und das Dorf verteidigen." "Und wenn sie aus der Luft kommen?." "Die werden nicht hier landen können, schau dir die Raketenaufsätze an, aus dem Dschunge heraus schießen wir sie ab. Aber wir müssen mit beidem rechnen." Ivan war mit dem Verteilen der Waffen beschäftigt und mit dem Informieren seiner kleinen Manschaft. Rainer holte die Dozer von der Baustelle und beginnt sofort damit Schutzwälle zu schieben. Sollten sie nicht gebraucht werden, konnten sie wieder planiert werden. So gab es gleich schönes Gartenland für das Dorf. So ließ er gleich das oberste Stück mit Büschen an eine besondere Stelle schieben. Die Dozerführer kapierten sofort.Er zeigte auch der Königin, was er vorhatte. Auf diese Weise wurde ein breiter Streifen guten Ackerlandes geschaffen. Später brauchte dann nur noch das Erdreich vom Wall nachplaniert werden. Rainer war noch so pfiffig und lies mit den Kippern den guten Mutterboden gleich als Wall ankippen. So war er die Erdhaufen los und hier wurden sie gebraucht und später war es ein idealer Boden. Ivan schaute dem Treiben auf der neuen Baustelle nur kopfschüttelnd zu. "Das ist Planung ala Ulli, 10 Sachen in einer verknüpfen. Wie hatte Ron gesagt? "tausendeckendenker"." Ivan wollte schon aufpassen, wenn es zu viele Ecken wurden. Wenn er anfangen würde, Blumen zu pflanzen, würde er eingreifen. So etwas war bei Ulli nicht ausgeschloßen."

Der zweite Hubschrauber kam -nach telefonischer Anmeldung- bereits an. Man wollte nicht, das er abgeschossen wurde. 15 Männer in voller Bewaffnung verließen den Hubschrauber. Nun hatte Ivan schon eine kleine Armee zusammen. Fünf Mann stellte Ivan für die Bewachung der Baustelle ab, diese war so günstig gelegen, daß fünf Mann ausreichen würden. Man ging davon aus, daß man die Baustelle vollkommen in Ruhe lassen würde. Sie wollten sicherlich kein internationales Eingreifen.Sie waren sich auch im Klaren darüber, daß diese Leute hier genaustens Bescheid wußten. Sie hatten sich schon einige Gefechte hier geliefert. Der Franzose und zwei Deutsche wurden in diesem Dschungel ermordet gefunden, gleichfalls drei Eingeborene plus des Waldläufers.Die Königen kam und sagte, daß ihre Späher in Stellung seien. Daß keine Maus mehr ungesehen durch den Dschungel schlüpfen könnte. Sie hatte Ihren Leuten absolutes Verbot erteilt, auf irgend jemanden, außer in Notwehr, zu schießen. "Haben die Männer Gewehre?" "Nein, alle Pfeil und Bogen, die Waffen habe ich nicht ausgegeben." "Gut," sagte Berger."Was du da zwischen dem Dschungel und unseren Dorf machst, ist sehr gut, ich wollte schon anfangen, mit der Hand zu roden. Wir können dort viele Dinge anpflanzen, die wir jetzt kaufen müßen. Was glaubst du, Ulli. wird es zum Kampf kommen?" "Ich hoffe nicht. Wenn sie in Lagos schnell genug sind, kann es verhindert werden."Alarm wurde gegeben, ein Hubschrauber flog an, einer der nicht angemeldet war.

Sie gingen alle in Deckung. Ivans leute waren gute Profis, sie hatten schon die Granaten auf die Gewehre gesteckt und standen hinter den Containern in Deckung, dazu bereit, den Hubschrauber zu zerfetzen.der Hubschrauber landete. Brettermann stieg als erster aus, das FBI und CIA waren gekommen. Berger ging mit Ivan zu ihnen. Sie begrüßten sich herzlich, Berger stellte Ivan vor und seine Mannschaft. ,, Wir hätten euch bald runter geholt, ihr habt euch nicht angemeldet." ,,Wie, mein Junge, euer Telefon geht nicht." Berger und Ulli sehen sich an, war das Zufall oder ging es schon los? Aus dem Hubschraber krabbelten nochmals 8 Mann in Kampfanzügen und voll unter Waffen.Mit einigen Kisten Reserve-Munition aus dem Hubschrauber. Nun hatten sie ausreichend Männer und Waffen.Brettermann und Ivan besprachen nun die Gesamtsituation. Brettermann und Ivan waren zwei alte Soldaten, sie verstanden sich sofort. Mit dem Tausendeckendenker waren sie ein gutes Team. Brettermann war voll zufrieden mit den Vorbereitungen. Sie richteten es so ein, daß Brettermanns Truppe den Schutz der Baustelle übernehmen sollte. Auf diese Weise kamen sie sich nicht ins Gehege. Ivans Truppe war besser ausgerüstet und sollte als Eingreiftruppe im Camp oder in Campnähe bleiben und eventuelle Hubschrauber abwehren. Einen LKW und einen Dozer wollten sie sich als Kampfeinheit zu recht machen, um beweglich zu bleiben.Sie waren nun alle etwas zufriedener. Die Männer sollten ausreichen, um das Dorf und die Baustelle zu beschützen.

Sie untersuchten das Telefon, es war tatsächlich total tot.Ivan suchte sich aus der Armee der Königin nochmals zwanzig Mann aus und ließ sie einen Schnellkursus im Gebrauch der Kalaschnikow machen. Er postierte sie jeweils in Gruppen von fünf Mann mit einem seiner Leute hinter den Wällen ums Dorf. So war schon mal für eine optimale Sicherheit gesorgt. Die Königen postierte ebenfalls ihre Männer im Dschungelrand in den Bäumen mit Pfeil und Bogen, wehe dem, der nun das Dorf angreifen wollte. Alle waren zufrieden, hofften aber darauf, daß es zu keinem Angriff kommen würde.In Lagos war Gillbert am verzweifeln. Er wußte, in welcher Gefahr sich das Dorf und seine Freunde befand. Sie hatten bereits mit den Leuten auf dem Boot Kontakt per Telefon aufgenommen. Er konnte sich nicht zu erkennen geben, er hätte die ganze Aktion gestört. Er meldete sich als Franzose und sagte den Männern, daß er dies Teil in seine Gewalt gebracht habe und es für eine Million hergeben würde. Das Teil befände sich bereits in Lagos und er apellierte daran, alle gewaltsamen Akte in Togo zu stoppen. Dies war ein Teil seiner Bedingungen.Gillbert verabredete sich im Hotel Interconti zu einem Treffen mit einem der führenden Männer, um die Übergabe zu besprechen. "Ich werde selbst kommen," sagte der scheinbare Anführer der Gruppe. "Wenn sie es ehrlich meinen und kein Betrüger sind, bringen sie das fehlende Teil mit." "Gut," sagte Gillbert, "ich bringe das Teil mit." "Ich habe das Geld im Auto, wenn das Teil echt ist, wir werden es auf dem Schiff einpassen, erhalten sie das Geld.

359

Ich bleibe solange, bis ich Antwort habe, bei ihnen im Hotel. Warum liegt ihnen daran, daß wir die Aktion in Togo einstellen und warum sind sie von der Vorderung heruntergegangen?" "Ich gehöre nicht zu den Männern, ich bin eigentlich unbeteiligt und durch Zufall in die Sache gerutscht. Ich bin in dem Dorf verheiratet und liebe diese Leute. Ich will die eine Million für das Dorf, nicht für mich." Diesbezüglich sagte Gillbert die volle Wahrheit. Der andere glaubte ihm. "Gut, wenn sie nicht gelogen haben, sind wir uns einig. Das Teil gegen eine Million Dollar und den Stop der Truppen in Togo." "Was für Truppen?" fragte Gillbert erschrocken. "Was glauben sie denn, wir haben diesen Schlag schon von langer Hand vorbereitet, wir haben über fünfhundert Mann im Einsatz, Autos und Hubschrauber." Gillbert wurde es schwindelig, sie hatten einen Fehler gemacht und die Leute unterschätzt. Er hätte die Armee in Togo einschalten müssen, nun war es zu spät. Wenn er nicht handelte waren Berger und Ivan mit ihrer kleinen Truppe verloren. "Kommen sie sofort, sagte Gillbert, ich erwarte sie an der Rezeption, fragen sie dort nach Giom." "Ich bin schon auf dem Weg, aber gnade Gott ihnen und ihrem Dorf, wenn das Teil nicht paßt. Wir wissen schon seit längerem, daß es fehlt und wir wußten auch, daß es im Dschungel um das Dorf versteckt war." Er legte zum Glück auf und machte sich auf den Weg.Gillbert handelte das erste Mal nach seinem Gefühl, nicht nach seinem Verstand, es standen zuviel Menschenleben auf dem Spiel. Er nahm das einfache Teil von seinem Schreibtisch und deponierte es hinter der Rezeption.

Dann beobachtete er die Auffahrt, ein Wagen nach dem anderen kam heran, spuckte Leute aus und fuhr wieder. Oder nahm Leute mit. Eine große Mercedes Limousine fuhr vor, ein einzelner Herr stieg aus, der Fahrer hielt etwas weiter unten an und wartete. Das mußte der Mann sein. Er ging direkt auf die Rezeption zu und fragte nach Giom. Gillbert sagte zu ihm: "Hier ist Giom." Sie reichten sich kurz die Hand, "wo ist das Ding?" Berger lies es sich vom Portier geben. "Hier mein Herr, hier ist es." Der andere betrachtete das Ding kritisch. "Für dieses Ding wollen sie eine Million Dollar? Normal ist es nicht einmal 50 Dollar Wert." "Normal," sagte Gillbert nur. Der andere ging mit dem Teil nach draußen und winkte einen anderen Wagen heran. Gillbert konnte gelassen stehen bleiben, draußen standen in Türsteheruniform drei FBI-Leute, um ihn daran zu hindern, auf Nimmerwiedersehen zu verschwinden.Ein Fahrzeug fuhr vor und der Mann übergab das Teil dem Fahrer, dieser fuhr sofort mit durchdrehenden Reifen davon. Der Herr kam wieder zurück zu Gillbert, "kommen sie, wir trinken ein Bier, vor einer Stunde werden wiir nicht wissen, ob das Ding paßt. Wenn es passt, holen sie sich den Koffer mit der Million beim Fahrer ab, sie können es dann hier nachzählen, wenn sie wollen." "Wichtiger ist für mich, wie können sie den Angrifff auf das Dorf stoppen?" "Ich weiß wirklich nicht, was in Togo genau geplant ist, aber es wird, wie sie an der Anzahl der Männer sehen, ein große Operation sein." "Wie können wir sie stoppen?" "Sie haben große Angst um ihr Dorf?".

,, Ja, das habe ich." "Das Problem ist, daß von Lome bis hoch zum Dorf alle Telefonverbindungen gekappt sind und der Funk bereits gezielt gestört wird. Diese Auskunft habe ich vor einer Stunde aus Lome bekommen." ,, Das heißt, die Sache ist schon in Bewegung. Kann Lome die Aktion stoppen?" "Wenn ihre Angaben in Ordnung sind, will ich es versuchen, aber ich kann nichts versprechen." In Gillbert drehte sich alles. "Ich muß telefonieren," sagte er. Er machte nur ein Hausgespräch zu seinem Büro. Er gab die Anweisung an seinen Diensthabenden, alle nur möglichen Waffen und Männer, die die Chance hatten, in den nächsten drei Stunden in dem Dorf bei Lome zu sein, dorthin zu dirigieren. Er solle alle Beteiligten sofort von der Notsituation informieren, nach drei Stunden dürfte jede Hilfe zu spät sein.Der Herr schaute Gillbert beim Telefonieren zu, er fühlte, wie aufgewühlt der Franzose war. Wenn das Teil in Ordnung war, würde er alles, was in seiner Macht stand, tun, um das Blutbad zu verhindern. Es wäre ein unnötiges Blutbad und würde ihnen nichts mehr bringen. Er war sowieso gegen solch eine Operation. Aber der Dschungel, sagtenn seine erfahrenen Leute, mache diese Operation erforderlich. Keiner konnte ahnen, das ein Verückter das Ding klaute, um sein Dorf zu retten. Er überlegte, wie er die Aktion stoppen konnte. Er hoffte nun selbst auf schnelle Nachricht vom Hafen. Er war sich nun sicher, daß Giom ihm das richtige Ding gegeben hat. Aber er durfte nur reagieren, wenn die Nachricht "OK" bei ihm war. Er lässt vom Operator bereits eine Linie nach Lome vorbereiten, um keine Zeit zu verlieren.

363

Der Ruf geht immer ins Leere. Er gibt den Auftrag, solange durch zu klingeln, bis er jemanden an der Leitung hat. Er schibt dem Telefonisten 100 Dollar über den Tisch, dafür würde dieser eine Woche lang wählen.Gillbert ist inzwischen in die Telefonzentrale gekommen und hat erkannt, wie ernst es dem Mann ist, sein Versprechen einzulösen. ,, Kein Durchkommen nach Lome, er wird es durchgehend probieren. Wir warten auf den Fahrer." ,,Wenn sie Lome ereicht haben, rufen sie mich sofort" ,, Ja, Sir, ich rufe ununterbrochen, wenn ich sie dran habe, rufe ich sie." Gillbert war so nervös wie selten zuvor, aber er konnte nichts mehr tun. Er ruft noch den Flughafen an, aber keine Chance mehr zu fliegen. ,, Gibt es Charterflüge hier, fragte er den anderen. "Hier gibt es welche", aber bei den Maschinen weiß man nicht, ob sie jemals ankommen. ,, Der sehnlichst erwartete Wagen kommt vorgefahren. ,, Das Ding paßt," ,,ruft der Fahrer frohgelaunt." ,, Bring die Aktentasche aus dem anderen Wagen mit rein." ,, Ich habe eine Idee, wir können nicht telefonieren, nicht telexen, nicht fliegen. Ich habe ein Privatflugzeug hier, können sie fliegen?". ,,Ich kann fliegen, was für eine Maschine?" ,, Eine einmotorige Piper, sehr schöne Maschine. Damit bist du in eineinhalb Stunde bei deinem Dorf. Ich mache dir einen Brief mit der Kopie von meinem Paß. Das zusammen wird reichen, um den Anführer, der auch meine Maschine kennt, zu überzeugen.Wenn er es nicht ganz glaubt, handelt einen Waffenstillstand aus. Er soll mich hier im Hotel anrufen". Gillbert steckte sich die Karte des Hotels ein, den Brief und die Paßportkopie.

,,Giom, wenn du die Maschine kapputt machst, bekomme ich den Koffer mit Inhalt wieder zurück." "Abgemacht," sagte Giom. Der Fahrer bringt ihn zum Flughafen, die Maschine läuft schon warm und war aufgetankt. Die Beziehungen dieses Mannes mußten unwahrscheinlich sein, ohne Kontrolle startete er durch und verschwindet ohne sich beim Tower zu melden. Er fliegt übers offene Meer bis nach Togo und fliegt im Tiefflug übers Meer ins Land hinein, kein Radar kann ihn so orten. So ist er unerkannt ins Land gekommen. Dicht über dem Boden fliegend ist er die fünfhunder Kilometer unterwegs bis in die Nähe der Landesgrenze von Obervolta. Er betete, daß er nicht zu spät kommen würde. ,, Mein Gott, laß die Verrückten warten, bis ich dort bin. Es hat schon genug Tote um das Scheißgold gegeben". Er hätte längst das Schiff beschlagnahmt, aber es hätte nichts genutzt, sie hätten damit erst recht nicht die Attacke aufgehalten, und sie wissen auch nicht, wo sie suchen müssen. Das ist das zweite Geheimnis, das nur die Leute auf dem Schiff kennen. Inzwischen ist rund um das Dorf der Teufel los. Mit einer Armee von fünf verschiedenen Seiten werden sie angegriffen. Ihnen im Dschungel entgegen zu treten ist sinnlos. Die Krieger der Königin haben nur aus dem Hinterhalt Chancen, mit Pfeil und Bogen einzelne Leute anzuschießen. Sie dezimierten die Angreifer mindestens um 50 Mann, bis diese den Rand des Dschungels ereichten und sich dort zur Erstürmung des Dorfes bereit machen. Ivan und Bretterkopf halten die Stellung noch gut. Sie wissen aber nicht wie lange.

Sie suchen Berger, der ist seit Stunden verschwunden. Sollte er doch vor dieser Übermacht getürmt sein?. Nein, sagt sich Ivan, der Hund kocht wieder was aus. Als die erste Angriffswelle, unterstützt mit zwei kleinen Kettenfahrzeugen, anrollt, wissen sie, was Berger zwei Stunden lang gemacht hat. Der Dozer donnerte heran, mit Stahlplatten ringsherum zugebaut. Er schiebt die leichten Kettenfahrzeuge einfach zusammen und stellte diese auf den Kopf, dann raste er in die Angreifer hinein. Die waren noch nie so schnell wieder zurück im Dschungel. So eine Caterpillar D9. gut gepanzert, hat bald die Größe eines alten Tiger Panzers von der Wehrmacht und kann jeden Krieger erschrecken. Berger fährt nach dem Rückzug sofort wieder hinter einen Sandwall. Ivan kommt zu Ihm gelaufen. ,,Du bist doch ein Hund, wusste ich doch, dass der Tauseneckendenker wieder etwas auskocht. Mit Ihren leichten Fahrzeugen kommen sie nicht gegen dich an. ,,Weit hinten landet in ihrem Rücken ein Hubschrauber. Sie schwenken eine weiße Fahne. Berger fährt mit seinem Panzer hin. Es ist Verstärkung vom CIA aus Obervolta. 10 gut bewaffnete Männer. Sie staunten nicht schlecht über den modernen amerikanischen Panzer, mit deutschem Komanndanten und russischem Schützen. Ivan springt von der Mühle und informierte die Männer. Im Schutz des Panzers gehen sie nun zur Verteidigungsanlage und mischen sich unter die tapferen Jungs. Ivan beorderte vier seiner Männer auf den Panzer. ,, Wenn es wieder los geht, bringst du dich in den Rücken der Männer und schneidest ihnen den Rückzug ab."

„ Damit ihr sie alle umlegen könnt, wir sie von vorn und hinten niederknallen können." „ Es ist Krieg, Ulli, wir sind hoffnungslos unterlegen. „ Wir müssen so handeln, sie oder das Dorf, denk daran. Wenn wir sie nicht aufhalten, werden sie das Dorf niedermachen". „ Schon gut." Die Ballerei geht wieder los. Ulli wartete so lange, bis die neue Welle Verückter fast bis zum Sandwall gekommen war, dann raste er in ihren Rücken. Nun wurden sie vom Panzer und vom Wall aus gnadenlos hingemetzelt. Berger drehte sich der Magen um. Aus dem Dschungel wird wütend auf sie geballert. Berger hält die Karre immer in Bewegung. Fährt ganz dicht am Dschungelrand vorbei, um ein schlechtes Ziel zu bieten. Der zweite Angriff wird im Blut der Angreifer erstickt. Sie müssen sich nun eine andere Taktik ausdenken. So kommen sie nicht weiter. Sie sind immerhin noch 400 Mann und den Verteidigern weit überlegen. Es ist ein Wahnsinn, weiter so ins offene Messer zu laufen. Diese Denkpause gibt aber auch den Verteidigern Zeit, ihre Lage zu überdenken. „Sie werden nun versuchen, die anderen Baumaschinen in Ihre Hand zu bekommen, sie werden es uns nachtun wollen". Berger fährt zur Werkstatt, dort sind einige Leute dabei, den Kipper umzubauen. Rainer selbst faßte mit an, sie machten aus dem Kipper einen Kampfwagen. Er ist kurz vor seiner Fertigstellung. „Die Baufahrzeuge habe ich alle hierher beordert, wir schließen die Baustelle, der FBI-Hubschrauber fliegt meine Leute aus. Ihr Deutschen seit wohl alle Soldaten." „Ich bin einer," sagt Rainer, „Hauptmann der Reserve".

,, Mein Gott, dann kann uns nichts mehr passieren,"
sagte Ivan lachend. Die Angreifer taten aber etwas
ganz anderes als erwartet sie graben sich ein und
warten auf ihre schweren Waffen. Sie haben leichte
Kanonen, Panzer und Raketenwerfer im Anmarsch.
Sie hatten Zeit, es war dumm von ihnen, die ersten
Menschen so leichtsinnig zu Opfern. Sie haben aber
nicht mit dieser massiven Gegenwehr gerechnet. Sie
haben mit einer wilden Horde aus dem Dorf
gerechnet. Vor ihnen ist eine gut organisierte und
tapferer Truppe aufgebaut. Denen ist nur mit
schweren Waffen beizukommen. Erst einmal wollen
sie mit dem Raketenwerfer den verückten
Panzerfahrer zur reason bringen. Gillbert hängt in
seiner Piper der Schweiß steht ihm auf der Stirn. Er ist
höchstens noch zwanzig Minuten vom Dorf weg. In
diesem Moment erreicht über die Späher die Männer
die Hiobsbotschaft, daß kleine Panzer und
Raketenwerfer auf dem Wege sind und diese in ca.
einer halben Stunde hier wären. Wenn sie solche
Waffen haben, brauchen wir die Baumaschinen nicht.
Dann ist es um sie und das Dorf ernst bestellt". ,, Ruf
die Königin," sagte Ivan zu Berger, ,, wir müssen das
Dorf evakuieren." ,, Würden deine Leute die LKW's
fahren, um die armen Teufel in Sicherheit zu bringen".
,,Sie werden fahren, sie können sich dabei selbst und
unsere Leute in Sicherheit bringen. Auf Jedem Truck
einer unserer Männer wird sie alle beruhigen und eine
Panik verhindern. Die Königin kommt angelaufen.
Berger erklärte ihr, was kommen würde, daß das Dorf
nicht zu halten sein wird". Breger ist es klar das sie
wenn es Kettenfahrzeuge sind, nur mit kleinem Gerät
durch den Dschungel kommen.

„Die Frauen und Kinder müssen weg von hier, wir haben höchstens noch eine halbe Stunde". Sie versteht nickt und rennt los. Rainer organisierte seine Truppe so, als wäre es eine Armeeeinheit. Kurz und präzise gibt er seine Orders. Innerhalb weniger Minuten fahren 14 LKW's zum Dorf. Die Königin zeichnete sich wieder aus, innerhalb von nur zehn Minuten konnten alle LKWs voll beladen abfahren". „Deine Königin ist ein Wunder," sagt Ivan, noch nie habe ich eine solche Frau gesehen. Sie ist tatsächlich eine Königin, eine Königin des Dschungels". „ Alle Männer sind froh, als die Trucks in Sicherheit rollen. Sie haben nur eine Wahl, sie fahren nach Obervolta. Dort werden sie schon von Militärs empfangen. Eine kleine Einheit haben sich an der Grenze aufgebaut, sie wußten nicht, was dort vor sich geht. Sie werden nun informiert, aber sehen sich nicht in der Lage helfend einzugreifen. Den Flüchtlingen gewären sie Zutritt. Diese sind in Sicherheit. Berger sucht den Hubschrauberpiloten. „Bist du dazu bereit, gegen die Panzer und Raketenwerfer zu fiegen? In dem Moment, wenn sie aus dem Dschungel kommen und noch nicht Rundumsicht haben". „ Berger winkt Ivan heran und erklärte seinen Plan. „ Gute Idee, ich glaube doch, du hast zuviel Kriegsbücher gelesen". „ Ivan winkte sofort vier seiner Leute herbei und sie machen geballte Ladungen fertig. „ Immer sechs Handgranaten in einem Paket". sagt Ivan, das gibt einen schönen Bumms". „ Wenn ihr damit nur die Ketten zerfetzt, ist viel gewonnen". Sie schleppen die Handgranaten zum Hubschrauber, es sind alle die sie haben.

Die Leute in den Löchern vor dem Gschungel die dort in Deckung liegen bekommen ebenfalls geballte Ladungen. Alle setzten sich in Position, verteilten sich im Hubschrauber, um ein Wurffenster zu haben. ,,Hört zu," sagte der Pilot, ,,ich sage, wer und wann er wirft, ich habe die beste Sicht. Ich bin schon in Vietnam geflogen und wieder gekommen. Wir haben nur diesen einen Flug, wir müssen soviel wie möglich erwischen. Ich bin Eure Zielvorrichtung. Der Hubschrauber hebt ab und geht weiter entfernt in Wartestellung und wartet auf das Komando. Da ging es auch schon los, Raketen und kleine Granaten explodierten vor den Wällen. Noch zu kurz gehalten von den Angreifern. Sie steigen auf und fliegen im Schutz des Dschungels. Die Werfer liegen auf der Lauer, bis das erste Fahrzeug sich zeigte. Der Pilot setzte zum Angriff an. Seine Befehle kommen wie aus der Pistole geschossen und werden blitzschnell ausgeführt. Sie sehen alle nicht, was unten passierte. Sie hörten es nur knallen und Dreck und Splitter unter den Hubschrauber schlagen. Durch die Druckwellen wird der Hubschrauber hin und her gerissen. Dann haben sie alle ihre geballten Ladungen geworfen. Der Hubschrauber steigt an und bleibt im Schutz des Dschungels. Dann dreht er in ausreichendem Abstand an den Rand, um die Wirkung ihrer Aktion zu sehen. Ein Freudenschrei von Freddy, dem Piloten zeigte ihnen das sie Erfolg gehabt haben. Ca. 10 Meter weiter im Dschungel gab es nun eine wahnsinnige Explosion. Einer der Raketenwerfer muss samt seiner Raketen in die Luft geflogen sein.

Es gibt einen mächtigen Brand und eine große Lichtung im Dschungel." „Jungs," sagte der Pilot, „ wir haben eine Super Arbeit geleistet, aber nun haben wir nichts mehr, jetzt muß uns ein Wunder weiter helfen. „Das Wunder kam in Form einer kleinen Piper, die sich vorsichtig näherte und mit den Flügeln wackelte. Der Pilot hält ein Megaphon in der Hand. „Ich rufe General Ivan und General Lancaster, bitte, stellt sofort die Kampfhandlungen ein, ich komme im Auftrag von Mister Maxim. Der Krieg ist überflüßig geworden. Ich lande, bitte, stellt das Feuer ein. Ich gehe erst zu General Ivan, dann zu General Lancaster. Die Piper setzte zur Landung an und sämtliches Geballere verstummte mit einem Schlag. Aus dem Flieger kletterte Gillbert. Er maschierte mit einer weißen Fahne erst zu Ivan, er tut so, als wenn sie sich nicht kennen würden und erklärte ihm die Sachlage. Ivan fällt ein Felsen vom Herzen. Dann marschiert Gilbert weiter zu General Lancaster. Er wurde am Dschungelrand abgeholt. General Lancaster sind die vorhandenen Unterlagen und das Flugzeug von Mister Maxim Beweis genug. Er ist froh das er hier wieder abrücken kann, er hatte die Hälfte seiner Leute verloren. Sich einen richtigen blutigen Kopf geholt. Berger sortierte inzwischen mit der Königin alle Verwundeten und Verletzten. Bisher 3 Tote und 15 Verwundete. Wenn nicht Gillbert gekommen wäre, hätte sich das Blatt ab jetzt gewandelt ?. Gillbert hat tatsächlich sein Dorf geretet und auch die anderen tapferen Männer. Ivan und Lancaster treffen sich und regelen alles untereinander, die Toten sollen von den Männern aus dem Dorf begraben werden.

Weit draußen kommen alle in ein Massengrab. Gilbert fliegt mit Ivan am nächsten Tag, genauso wie er gekommen war, zurück nach Lagos. Lancaster ist noch am gleichen Tag mit dem Rest seiner Truppe abgezogen. Gillbert hat Berger noch seinen Koffer übergeben. Er hatte kein Wort über den Inhalt gesagt". ,, Mach was du willst damit, ich habe ihn fürs Dorf gedacht, aber wenn du eine andere Verwendung hast, dann tu es". ,, Das Geld konnte er prima für den Ausbau seiner Fima brauchen, es waren knapp 1,8 Millionen DM. Er öffnete den Koffer und nimmt sich genau 20.000 US $ als Ersatz für die Zeit, die er mit der Magnhoun verloren hat. Den Koffer gibt er der Königin. ,, Bau eine Schule und bring das Dorf mit diesem Geld in Schwung. Ich weiß, daß es bei dir am bestens aufgehoben ist. Deine Leute werden es benötigen". Berger bleibt noch zwei Tage, um das Anlegen des Neuen Feldes zu beobachten und eine Zeichnung für die neueSchule zu machen und ein Geschäft zu planen. Von Rainer kaufte er zwei große Jeeps und einen LKW fürs Dorf, um Waren aus der Stadt zu holen. Rainer baut gegen Bezahlung und unter Abrechnung mit seiner Firma einen Brunnen. Seine Firma lieferte dafür aus Deutschland die Pumpen und Filter. Berger machte sich auf nach Lagos. Die Magnouhn wird drei Tage später, als sie auf offener See war, von zwei U Booten aufgebracht und von Interpol nach Marsaille gebracht. Mit den Investoren wurde ein Agreement getroffen. Sie erhielten eine Entschädigung.

Ob alles vernichtet wurde oder der Schatz nun auf internationaler Ebene gehoben wurde, wurde niemals bekannt gegeben. Berger muss wieder nach Lagos, dort scheint alles in Ordnung zu sein. Ebenholz und Ihr Bruder haben den Hafen im Griff. Bergers zweite Lieferung ist in ca. 14 Tagen dran mit der Entladung. Es ist gerade in Antwerpen ausgelaufen, alles scheint super zu klappen. Die Magnoun ist auch in Lagos noch immer ein Gesprächstema. Aber Berger kann den Namen nicht hören, es wird Ihm schwindelig dabei. Ob jemals alles aufgeklärt werden kann das weis niemand und Berger interessiert es nicht. Nur möchte er nie wieder auf dieses Schiff oder etwas damit zu tun haben. Seine Firma ruft Ihn, es gibt Probleme in der Fertighaus Fabrik. Die Liefertermine könen nicht eingehalten werden und die Bank spinnt. Berger fliegt mit dem nächsten Flieger nach Frankfurt und mit dem Zug nach Hause,noch Wolfenbüttel. Er enspannt sich erst einmal einen Tag, niemand ausser seiner Familie weis das er wieder zu Hause ist. Am nächsten Tag geht Berger zur Bank und spricht mit seinem Berater. Der macht sich Sorgen wegen der Rückzahlung der Kredite und wirkt leicht ärgerlich. Das juckt Berger überhaupt nicht er weis welche Waren Werte er im Betrieb hat. ,, Warten Sie ab herr Schneider wenn unsere Lieferung in Lagos ist, werden alle Konten wieder im Plus sein. Auch hier in der Fabrik haben wir viele fast fertige waren. Ein Ausgleich der Verbindlichkeiten ist dann von allen Seiten gegeben und sicher". ,, Ihr Wort in Gottes Ohren, wir warten noch 4 Wochen".

Spät am Abend bekommt Berger einen Anruf. ,, Hören Sie zu Berger, ich kann da nicht zuschauen, man will Sie platt machen hier in der Bank. Ein Bauunternehmen möchte sich Ihren Betrieb billig unter den Nagel reißen, passen Sie auf". ,, Danke für den Tip, ich hatte von Anfang an den Verdacht. Die Credite liefen alle zu einfach und zu schnell, ich ahnte schon das da noch etwas kommt. Der Bauunternehmer ist zu oft zu neugierig und zu oft in der Halle wenn ich nicht da bin. Berger fährt am nächsten Tag in die Firma und wird gleich wieder geschockt, man feiert wieder Party anstatt zu arbeiten. Berger hat schon gehört das sein neuer Meister krank ist und schon 3 Tage nicht mehr in der Firma war. Seine Manschaft hat wieder einen Rückfall in alte Zeiten. Er kann es nicht fassen und ist ausser sich und so zornig wie noch nie. Alles spinnt im Moment, die Kunden die wollen Ihre Häuser, die Bank das Geld und die Jungs feiern Party. Berger öffnet die Hallentür, greift nach der nächsten Latte und haut sie seinen Leuten wie ein Knüppel aus dem Sack ins Kreuz und sonst wo hin. Die versoffenen Typen laufen davon und berger hinter her. Jeder der nicht schnell genug war bekommt noch einen Hib mit. Sie rennen fast 200 durchs Dorf als Berger nachlässt und in die Halle zurück kehrt. Er schliesst die Hallentür ab und sperrt seine Leute aus. Das telefon klingelt und seine Nachbar Firma ist dran, sein Feuerwehr Mann der Betriebsleiter im Betrieb neben an ist. ,, Das war klasse Berger, die Party geht schon seit 3 Tagen so, seit dein Meister krank ist. Wenn du Zeugen brauchst meine Leute sind für Dich da".

,, Ich danke Dir, werde dein Angebot annehmen, mal sehen was die Blödmänner nun machen werden". Berger schaut sich alle fast fertigen Häuser an die hätten schon ausgeliefert sein müssen. Überall sind nur noch Kleinigkeiten zu machen, 4-5 Tage dann kann alles raus und Bargeld ist wieder da. Nach und nach kommen alle Leute an das Hallentor, kleinlaut und voller Reue. ,, Chef entschuldigun aber dein unser neuer Meister gat uns wie auf dem Kasernenhof drangsaliert, wir mussten einfach einmal auftanken als der Kerl weg war". ,, Doch nicht drei Tage"?. ,, Wir haben immer teilweise gefeiert, nicht ständig". ,, Auch das geht nicht Leute, die Häuser müssen raus, wir sind in Lieferverzug schon mit einigen Häusern seit Tagen. Die Halle steht voll und die Konten sind leer. Ihr wollt doch auch am Monatsende Euer Geld". ,, Chef wir hauen ab sofort rein, in vier Tagen kann alles raus, du kannst schon die Transporte arangieren". So ist es dann auch eingetreten alle wollten alles wieder gutmachen. Die Häuser konnten pünktlich raus und wurden auch von den Kunden abgenommen und bezahlt. Die Konten wurden zum Ärger der Bank wieder ausgeglichen und verzeichneten nach den Löhnen noch ein Guthaben. Aber Berger reagierte, die Halle war zu klein geworden für die neuen Großaufträge, er schaute sich nachetwas anderem um und fand schnell etwas in Salzgitter, keine 10 Km entfernt. Die Halle war sofort bezugsfertig, eine alte Halle von Beton und Monier einem Kunden im Baumaschinen Bereich von Berger. Die Firma zieht zum größten Teil sofort um nach Salzgitter.

Nur die Produktion der kleinen Raumzellen bleibt in Wolfenbüttel. Die Bank war wieder am Telefon und beordert Berger in die Bank. ,, Herr Berger, wir haben für unsere Credite noch keinen generellen Zessionsvertrag gemacht, wir haben da etwas vorbereitet. Bitte schauen sie sich das an". Er schiebt Berger einen Vertrag über den Schreibtisch. Berger liest sich diesen durch und grinst. ,, Ok Herr Lung, ich kann das unterschreiben, aber warum so plötzlich, alle unsere Konten sind ausgeglichen". ,, Wir haben Ihren Kontokorent aufgestockt, das wollten sie doch, wir sind jetzt bei 200.000.- DM da benötigen wir schon die Absicherung". ,, Berger kommt das genau recht, nun kann er alles bestellen für die neuen Grossaufträge in der neuen halle. Auf Vorrat kaufen bringt Ihm einen Großen Vorteil. 25% Einsparung beim Kauf, dagegen 10% Zinsen. eine lohnende Sache. Der größte Vorteil ist das der Zessionsvertrag nur die Fertigung in Wolfenbüttel betrifft. Wenn die Bank tatsächlich eine Schweinerei plant, läuft diese mit dem Käufer ins leere. Berger bestellt und bezahlt das Holz, das Eisen die Fenster die Türen, die Sanitär Sachen, Fliesen und die Dachdecker. Farben Tapeten usw. Er überzieht die Konten genau im Kontokorent Rahmen. Hat aber alle Waren die er benötigt auf Lager. Die ersten Häuser sind bereits 3 Wochen später ausgeliefert und es kommt Geld in die Kasse, wohlwissend auf eine andere Bank zur Absicherung der Löhne. Sollte etwas passieren und die Bank sich mit Ihrem Käufer über sein Unternehmen hermachen, Ihn verraten, da hat er gut vorgebaut. So einfach, mal Bergers Unternehmen so Verfrühstücken das geht nicht mit Uli Berger.

Es kommt wie Berger es geahnt hat, die Bank schreibt Drohbriefe und gibt Ihm 14 Tage Zeit die Konten auszugleichen oder alle Credite zu Kündigen. Auch die langfristigen die über 6-bis 10 Jahre laufen für die technischen Einrichtungen. Obwohl Berger vorgewarnt ist, staunt er über diese Vorgehensweise einer Bank im einvernehmen des Bauunternehmens einer seiner Kunden. Der glaubt das er das Schnäppchen seines Lebens macht mit dem Bänker der die Hand aufhält der dieses Geschäft eingeleitet hat. Berger lässt den Dingen freien Lauf und gleicht die Konten nicht aus, kann dies auch nicht, weil alles in der Ware steckt. Die Bank macht einen Kaufvertrag mit dem neuen Besitzer über den Zesionsvertrag der Waren und Anlagen im Werk Wolfenbüttel. Diese die alleine der Bank als Sicherheit gegeben sind und auch genügt haben. Dazu haben die Bank und der Käufer vergessen, das es für alle Häuser und die Bauweise der Häuser Lizenzen gibt die namentlich auf Berger laufen. Ebenfalls wie der Firmen Name ERCO Ulrich Berger Containerbau. Als der Käufer sein Werk übernimmt fällt er fast in Ohnmacht. Da gab es nicht viel zu übernehmen, es dauerte nicht lange bis sie in Bergers neuem Werk in Salzgitter stehen. Dort läuft wegen der Größe der Hallen jetzt alles wie am Schnürchen. Die Bank und der Käufer kommen nicht aus dem staunen heraus und der Käufer glaubt alles hier gehört nur Ihm. Bergers Anwalt der erschienen ist belehrt Ihnen und den Bänker eines anderen. Nichts gehört der Bank und nicht dem der glaubt er wäre der neue Besitzer der ERCO GMBH.

Er hat alle Verbindlichkeiten bei der Bank übernommen als Kaufpreis für die ERCO GMBH. Die Bank konnte überhaupt nicht die GMBH ohne Bergers Zustimmung verkaufen. Nicht den Namen, lediglich die Sicherheitsübereigneten Anlagen und Hallen auf die hatte der Neue Käufer Zugriff. Die waren die Produktionshallen in Wolfenbüttel. Diese stehen dem Käufer zur Verfügung. Es kommt zu einem gewaltigen Krach zwischen der Bank und dem Käufer einem Wolfenbüttler Bauunternehmer. Der Bauunternehmer verlangt natürlich sein Geld zurück. Er hat nichts ausser einer Halle. Alle Patente für die Häuser sind im privaten Besitz von Engelbert Rausch, ebenfalls die Halle in Salzgitter und alles Material. Es dauert einige Jahre bis alles auseinander gerechnet ist. Ausser Berger ist niemand über diesen vermeintlichen Streich der Bank und des Bauunternehmers zufrieden.

Das öffnete Berger aber sehr früh die Augen darüber was eine Bank eigentlich ist. Dann wenn Berger einen schnellen Kredit benötigte, hing an der Zusage immer eine unnötige Versicherung oder ein Auto der Familienmitglieder einer der entscheidenden Bänker. Die Banken waren schon 1975 auf Betrug den Betrug Ihrer Kunden aus. Es reichte nicht der Verdienst an Zinsen sondern auch das private und Provisionen wurden mit von den Bänkern eingeschoben. Da sich alles im Ausland enorm und schnell entwickelte verkaufte Berger seine Produktion. Es war nicht zu schaffen das unvermögen seiner Mitarbeiter kostete Ihm alle Nerven.

Dieser Betrieb würde einzig und alleine an seinen Mitarbeitern unter gehen. Es gab nur eine Möglichkeit für Berger. Ständig im Betrieb zu bleiben oder zu Verkaufen, Verkaufen war dann die Entscheidung. Berger konnte nicht das Aufgeben was er im Ausland aufgebaut hat. Wobei seine Produktion hier ein Volltreffer war. Zum richtigen Zeitpunkt das richtige Produkt. Er war über 2 Jahre mit Aufträgen eingedeckt und muss schon wieder an eine Erweiterung denken. Aber der nächste Vorfall gab dann den Anstoss es doch zu tun. Ein Bürohaus nach Bremen stand unter Druck, es musste schon vor Tagen geliefert sein. Tagtäglich musste Berger seine Leute antreiben und selbst mit anpacken weil die Arbeit seiner Mitarbeiter erschreckend ist. Er konnte und musste täglich ausflippen, er musste auf die Klempner aufpassen, auf die Maler, auf die Fliesenleger und auf die Tischler. Ob wohl er meister hatte, verstand kaum jemand seine Arbeit ordentlich zu verrichten. Alles das was es da auf dem freien Markt gibt war Schrott. Wenn er einen Handwerker brauchte hat er 3 zur Probe eingestellt. Die 3 musste er meistens wieder nach Hause schicken und wieder von vorn anfangen. Es ist eine schlimme Zeit, der Markt hat die guten Leute abgesaugt, geblieben ist der Müll an Handwerkern. Aber jeder privat mann hat seine Erfahrungen mit den hoch gelobten Deutschen Handwerkern gemacht. Berger musste in dem Bürogebäude für Bremen, selbst mit Hand anlegen. Wenn er da ist geht es immer, da spuren die Leute und können auf einmal ordentlich arbeiten. Der Kunde aus bremen ist wieder am Telefon und Berger Versichert Ihm das die ersten Raumzellen in zwei tagen angeliefert werden.

,, Berger das ist der letzte Termin, ich habe die Fundamentplatte und die Entsorgung schon seit 4 Wochen fertig". ,, Wir sind da mit den ersten Raumzellen 4 Stück, die komplette erste Etage". ,, Na, das ist doch schon etwas, ich hoffe das der Rest auch kommt". Die zweite Etage ist ebenfalls fast fertig, die kommt sofort 4 Tage später wenn die erste Etage montiert ist.

Die Montage geht schnell das es ja nur vier Raumzellen sind – 16. Meter mit

Einer Breite von 4 Metern. Dann haben Sie nach 3 Tagen bereits 256 qm Bürofläche zur Verfügung. Sie können sich sofort einrichten und darin ungestört arbeiten". ,, Das ist das gute an Ihrem System, es ist sofort fertig, also ich gehe davon aus das die ersten Lieferungen wie zugesagt in drei Tagen kommen". ,, Ich habe den Kran und die LKW,s bereits bestellt, wir kommen". Wir kommen war eine heftige Zusage aber nun musste es geschafft werden. Berger steht Tag und Nacht hinter seinen Leuten. Die Raumzellen können verladen werden. Nur die Maler haben es wieder einmal nicht geschafft. Die fuhren in den Raumzellen mit und haben die Restarbeit während der Fahrt erledigt. Sie schaffen diese Auslieferung doch noch insgesammt wie zugesagt aber ohne Bergers Anwesenheit wäre dies niemals gelungen. Also gibt es keine Wahl, nicht mehr ins Ausland oder die Firma aufgeben. Er verkaufte die Firma an seinen Meister und Steuerberater und einen Freund der unbedingt dabei sein wollte. Berger verlor die Firma bald aus den Augen, bis zwei Jahre später der Asse Schacht, der Atommüllschacht anruft.

,, Berger was ist mit deinen Raumzellen loss, wir haben nur Probleme damit, die Dinger sind in stabil". Da Berger so wieso zum Schacht muss wegen einer anderen Anlage im Schacht die er geliefert hat mit der es Probleme gibt sagt er sein kommen umgehend zu. ,, Ok ich komme, muss sowie so nach der Pumpe schauen da stimmt etwas nicht dein Steiger hat angerufen"!. ,, Ok Ulli, ich bin den ganzen Tag hier". ,, Obwohl es Berger nichts mehr anging mit dem Fertighaus macht er sich auf den Weg zum Asse Schacht". Er wirde bereits am Tor erwartet und sollte direkt nach unten zu seiner Schlammpumpe die eignetlich eine Betonpumpe ist aber für den dortigen Zweck super geeignet ist. Der Steiger Steinberg holte Berger dann als erstes an das Bürogebäude. Berger sieht sich die Probleme an, die Böden wackeln und sind nicht stabil, Dort wo Fliesen sind fliegen diese durch die Bewegung davon. Es hat fast ein Jahr gedauert bis die Schäden sichtbar wurden. Berger ahnt sofort was hier los ist. ,, Reist einmal den Fussboden auf 2 Metern auf". ,, Du spinnst, wir können doch nicht den Fussboden aufmachen". ,, Wenn du es nicht machst erfährst du nie was los ist, ich versichere Dir es wird immer schlimmer". ,, Gut, ich rufe meine Tischler das diese den Boden auf 2 qm sauber heraussägen". ,, Was denkst du was wir finden Ulli ?". ,, Ich denke man hat die Verstrebung zu weit auseinander gesetzt, hier wenn ich hier etwas Druck mache schauckelt es. Das dürfte eigentlich unmöglich sein weil hier eine Strebe sein müsste nach der Baubeschreibung".

,, Du hast Recht Junge, schauen wir nach". ,, Genau so war es dann auch, statt wie in der Baubschreibung festgehalten ist nur alle 1.20 Meter eine Strebe. Laut Baubschreibung muss aber alle 80 Zentimeter eine Strebe im Fussboden sein. Das habe ich so gemacht weil ich mir gesagt habe das gerade der Fussboden am meisten belastet wird. Es war keine große Mehrarbeit und keine Große Kosteneinsparung insgesammt. Die bereits auf Bergers Druck umbenannte Firma auf Vogä Bau ist an diesem Sparversuch eingegangen. Es musste die gesamte Konstruktion nachgebessert werden über 3 Etagen. Das hat Bergers alte Firma nicht überlebt. Berger fährt mit dem Steiger Steinberg in den Schacht und geht zu seiner Betonanlage die Sie mit großer Mühe eingebracht haben. Zerschnitten, zerlegt und wieder zusammen gebaut. Berger hat sich gegen diese Aktion gewehrt. Ihm war es ganz sicher das alle diese Fässer von dennen keiner mit Sicherheit weis was wirklich drinnen ist, hier aus dem Berg wieder heraus müssen. Er berger hat geschrieben und gemacht das zuständige Staatsunternehmen hat nicht reagiert vermutlich weil alle Post abgefangen wurde und vernichtet wurde. Die Aufträge verschwanden mit diesen Schreiben ebenfalls für Berger. Aber es war nicht mehr wichtig weil seine Hauptaufgabe in Afrika und Arabien ist. Der Maschinist der Pumpe und der Betonanlage ist auch Untertage und erklärt Berger das Problem.,, Herr Berger, die Rohrleitungen verstopfen immer, wir haben kaum 20 cbm gemischt und gepumpt da sind die Rohre verstopft". Dann mach mal eine Mischung, damit ich mir diese anschauen kann".

,, Ok ich starte. Aus einem Silo läuft Sand in den Mischer und Wasser und ein Bindemittel des Wassers. Berger schaut sich die Mischung an!!. ,, Die Mischung ist an und für sich gut aber leider hat diese keinerlei Schmierung, das material muss sich im Rohr festsetzen wenn du nur eine kleine Pause machst". ,, Ehrlich gesagt ich würde das hier ganz lassen, wie wollt Ihr jemals wieder die Tonenn aus dem Schlamm heraus bekommen. Der wird hart und Ihr müsst die Tonnen heraus hauen. Ihr habt überall so große Hallen, warum stapelt Ihr dies Tonen nicht einfach dort auf". ,, Das tema berger hatten wir schon vor dreio Jahren mit mir und Kolditz dem damaligen Chef. Wir wissen diese Tonnen sind schwach Radioaktiv und kommen niemals hier heraus". Ihr wisst aber genau, dass dieser Berg der Schwachpunkt ist. Der Berg ist an den Rändern völlig instabil, überall läuft das Wasser duch die Ränder des Berges und eines Tages läuft das Wasser auch hier hineien. Der Berg wird sich bewegen und Ihr kommt in grüßte Not mit dem Berg und mit Euren Fässern. Am liebsten möchte ich nichts machen und Euch die Fässer wieder ausbudeln lassen". ,, Berger du siehst Gespenster wo es keine gibt". Dann Komm mal mit, ich zeige Dir wo das Wasser läuft". Mein Freund hat noch neue gebaut in der Nähe des Schachtes, keine 2 KM Luftlinie, ein tolles Haus. Aber überall dort gibt es auch wasser bis zu Eurem schönen Berg hin. Das Wasser kommt, mein lieber. Auch wenn es erst in 20 Jahren hier ist, dann gnade Euch Gott, wie wollt Ihr die Fässer heraus bekommen.

Dann Sind Sie bereits Marrode, es gibt niemanden mehr der Sie herausholen kann. Dann müsste ihr Löcher in den Berg bohren und den Berg total verfüllen mit Beton. Sag mir wenn es so weit ist. Es wird das Größte Geschäft meines Lebens, 30 Mio Qmeter Flüssigen Beton, wenn die Menge reicht. Aber das wird dann die billigste und sicherste Lösung. Dann kann sich der Berg nicht mehr bewegen". ,, Das glaube ich dir sofort das du solch einen Auftrag haben möchtest". ,, Aber was ist nun mit dieser Mischung". ,, Ich schicke dir einen Fachmann in diese Mischung gehört ein Gleitmittel. Zement wäre das betse dann hättest du diese Kammer bereits zu betoniert und keine Sorgen mehr mit dem möglichen Wasser". , Ehrlich berger das würde ich auch gern machen aber dann bekommt niemand mehr die Fässer heraus". ,, denkst du dfas du die Fässer nach 20 Jahren hier wieder heraus bekommst. Wenn dann nur mit dem Presslufthammer. Wie3 willst du das dann machen wenn die Fässer so durcheinander gekippt dort liegen. Du stemmst die Fässer an". ,, Berger hör auf mit deiner Schwarzseherei". ,, Das wird einfach einmal passieren lass uns in 20 Jahren wieder sprechen, dann kostet die Rückversicherung nochmals 30 Milliarden und 30 Millirden für die Ausstattung Asse 1-2 waren für die Katz und das teuerste sinnloseste Unternehmen der Republick. Als auch das gefährlichste Unternehmen, gefährlich für alle Anwohner die möglicherweise in 15 Km Umkreis ausziehen dürfen. Wolfenbüttel könnte es gerade zu überstehen". ,, OK Ulli dein Besuch bei uns hat sich Heute gelohnt.

Schick uns einen Mann das wir die notwendige Schmierung ins Material bekommen. Deinen Leuten von der VOGÄ werden wir Dampf unter den Hintern machen, danke für den Tip". Berger plant mit seiner Familie den Umzug in die Nähe von Koblenz. Er hat es seiner Familie 1986 freigestellt wo sie wohnen möchten. Sie fühlten sich eigentlich recht wohl ion Wolfenbüttel aber die unmittelbare Nähe zur Zonengrenze machte den Kindern die Zukunft schwer. Man hat sich Koblenz ausgesucht und den Umzug auch wahr gemacht. Auch die Nähe zu diesem verflicksten Asse Schacht hat Ihn unruhig gemacht und seinen Entschluß noch zusätzlich bestärkt. Aber eben auch die unmittelbare Nähe der Zonengrenze war der Hauptgrund. Seine Familie sollte dort leben wo es angenehmer ist als in dieser Grenznähe. Für Ihn ist dieser Heute schon Marode Schacht eine tickende Zeitbombe. Dagegen ist Der Erzschacht in Salzgitter und der Salzstock in der Heide noch Gold, aber auch keine Lösung. Berger muss zu einem Termin zu Philipp Holzmann in Frankfurt in die Maschinen technische Geschäftsleitung. Es geht um ein Projekt in Ägypten. Mann weis bei Holmann das Berger in diesem Land zu Hause ist und sie keinen besseren Partner bekommen können als Ulli Berger. Die Gespräche laufen hervorragend, dieser Auftrag dürfte für Philip Holmann überlebenswichtig sein. Es geht um ein projekt finanziert von der Bundesrepublick Deutschland, fast 1 Milliarde stellt die Bundesrepublick für einen Staudammbau bereit am Nil zur Verfügung der aber weltweit ausgeschrieben wird. Berger hat in Ägypten schon einige Projekte gemacht mit dem Deutschen Ingenieurbüro.

Das auch federführend und verantwortlich ist für den Staudamm. Berger war daran beteiligt an der Reinhaltung des Nils, es wurden viele Klärwerke gebaut. Der Nil war aufwärts von Cairo fast am Umkippen die Anlagen von Cairo und Alexandria waren Lebensrettend für den Nil und damit für Ägypten. Nun ist ein Staudamm hinzu gekommen, Berger kennt das Projekt aus dem FF und hat alle Pläne und Zeichnungen. Damit hatte er ein besseres wissen als die Firma Holzmann. Man hat bei Holzmann, dort wo man Berger aus unzähligen Geschäften kennt schnell Handelseinig. Man machte eine Vereinbarung darüber das Berger den entsprechenden Partner aufstellen soll, der bestimmte Arbeiten dort erledigen soll. Insbesondere Hat Berger NIL Elbe mit hineine genommen ein Unternehmen eines bekannten Deutschen in Kairo. Als auch Orascom ein ägyptisches Bauunternehmen, für das dann Nile Elbe im Wasserbau tätig werden soll. Berger macht sich auf nach Kairo und verbringt erst einmal einige Tage in seinem Büro in Maadi und Zamalek, führt alle erforderlichen Gespräche und organisiert alle Maschinen die benötigt werden. Das ist immer sein Anteil an den Bautätigkeiten. Eine kleine Provision aus der Auftragssumme und das wichtigste für Ihn, alle Maschinen und Anlagen müssen vpn Ihm gekauft werden. Hier für den Staudamm war es richtig lohnend. Sehr viele Maschinen wurden benötigt die Berger bereits organisierte. Schnelöl waren Nile Elbe und Orascom mit im Boot, Holzmann stimmte diesen Partnern zu.

Für Holzmann war dies ein wichtiger Auftrag, dieser Auftrag konnte Holmann das überleben garantieren. Holzmann ist über 20 Jahre der beste Kunde von Berger, ein zuverlässiger und guter Partner. Insbesonderem kaufte Berger von Phillp Holzmann fast alle Maschinen von den Welt weit aufgelösten und abgeschlossenen Baustellen. Berger bemerkte längst die Probleme bei Holzmann, schon lange ging er mit keiner Lieferung mehr in Vorlage. Es war ein Zusammmneschluß zwischen Holzmann und Hochtief geplant zum größten europäischen Baukonzern. Aber die Verhandlungen ziehen sich schon seit Jahren erfolglos dahin. Da Hochtief der stärkere Partner war lässt Holzmann die Zügel schleifen um möglichst viel für sich heraus zu holen. Berger bemerkte schon das was da bei Holzmann passierte. Es gibt auf einmal unwahrscheinlich viele Firmen um Holzmann herum die Familienangehörigen gehören von den verschiedenen Vorständen. Diese Firman haben Holzmann dann nach und nach ausgehölt. Wie Termieten ein Haus zum Einsturz bringen können. Im Baugewerbe war insgesamt der Teufellos, lug und Betrug sind an der Tagesordnung. Auch um diesen Staudam Auftrag wird mit allen Bandagen gekämpft. Dreimal musste das Projekt neu ausgeschrieben werden weil immer wieder bei allen Angeboten Betrug im Spiel war. Holzman gibt dann zum dritten mal sein Angebot ab, es hätte bald Berger das Leben gekostet. Weil Berger längst die Preise der Konkurenz kennt über seine alten Beziehungen. Man versuchte Ihn zu verbudelt und zu begraben in Ägypten bei den Pharaonen.

386

Es wäre ein würdiger Platz gewesen mit einem super Ausblick, von dem er aber wenig gehabt hätte. Zum anderen wäre der Platz für Ihn, für Berger nicht angemessen gewesen. Pharaonen alte Gräber interessierten Berger überhaupt nicht, Maschinen sind sein Leben. Er ist im Süden gewesen bei den alten Gräbern und sonst wo sich die Touristen tummeln. Berger nur dort wenn Maschinen dort stehen. Wie jetzt er führt in den Süden um Maschienen abzunehmen die er auf der neuen Staudamm Baustelle einsetzen will. Berger bekommt in Kairo in seiner Villa in Maadi Besuch, die Männer hatten sich angemeldet und kommen von einem englischen Bauunternehmen. Berrger ist neugierig, es geht um das Projekt Staudamm am Nil. Die Männer sind Bauingenieure des Unternehmens, zumindest sagen Sie das. Berger bezweifelt dies weil sie Ihn bedrohen die Unterstützung für Holzmann aufzugeben. Wer Berger aber bedroht hat schon einmal schlechte Karten. Drohumngen ziehen nicht, man erreicht das gegenteil damit. ,, Berger wenn Sie die Unterstützung für Holzmann nicht aufgeben, werden wir dafür Sorge tragen das Sie Ägypten nicht mehr lebend verlassen". ,, Sehr nett meine Herren, mit solchen Gesprächen stehlen sie mir meine Zeit. Bitte machen das Sie das Sie raus kommen,verlassen Sie mein Haus". ,, keine Aufregung Herr Berger, sie sollen auch entsprechend entschädigt werden, wir wissen das nur der Tod umsonst ist und der koste noch das Leben". ,, Ja den Tod haben sie mir gerade angedroht, ich bitte sie nochmals ganz freundlich mein Haus zu verlassen". ,,

Berger es kommt der Tag an dem sie dies bereuhen werden unsere Arme sind sehr lang". „ Die werden noch länger wenn ich Ihnen erst einmal in den Arsch getreten habe wenn Sie nicht sofort verschwinden". Die fahren doch Morgen wieder in den Süden auf die Zukünftige Baustelle, halten Sie die Augen offen". „ Die meine Herren habe ich immer offen in einem Land wie Ägypten, da gibt es nicht nur Ganoven wie Sie. Ich werde Morgen erst einmal Ihre Visitenkarten überprüfen. Wenn diese Echt sind wird Ihre Firma die längste Zeit Ihr Arbeitgeber gewesen sein. Die Männer verschwinden mit Flüchen auf den Lippen und mit finsteren Minen. Berger schaut sich die Karten an, er kann sich nicht vorstellen das eine Firma solche Typen schickt. Es ist so wie Berger es sich gedacht hat, die Firma in England die auch ein Büro in Kairo hat bestreitet das diese Mitarbeiter von Ihnen kommen. Berger ist sich klar jetzt beginnt der Kampf um einen Auftrag in der Höhe von einer Milliarde €.
 Berger bereitet sich auf die Reise vor, er will alleine Reisen, die Strecke ist zu weit und zu gefährlich um diese zu Zweit zu machen. Ere behält diese reise auch für sich nur sein Büro erfährt davon. Er fliegt bis nach Luxor von dort nimmt er einen Leihwagen bis nach Esna. Dort soll der Neue Staudamm entstehen. Seine Leute bereiten bereits das Camp vor. Ein Camp einer italienischen Firma aus Libyien soll dort errichtet werden. Dies läuft bereits im Auftrag der Deutschen Ingenieursfirma. Die ersten Unterkünfte und Büros sollen errichtet werden um einen Anfang zu bekommen. Die ersten Vermessungen laufen schon auf der zukünftigen Baustelle. Manfred Balzer, freut sich sehr als er Berger auf der Baustelel sieht.

388

,, Mensch Ulli, endlich einmal wieder Besuch aus Deutschland, gibt es etwas neues in Sachen Ausschreibung. Hältst du immer noch Holzmann die Stange". Ja, ich hoffe die bekommen den Auftrag, die brauchen diesen ganz notwendig. Der Auftrag könnte Holzmann retten". ,, Das ist eine Schande was da so passiert, dreimal wird der Auftrag schon ausgeschrieben und er kann immer noch nicht vergeben werden?". ,, Vor drei Tagen war eine Truppe Engländer bei mir in Maadi und hat mich ernsthaft bedroht, das ich die Unterstützung für Holzmann einstellen soll". ,, Ulli, hier tauchen fast wöchentlich Neue Leute auf die scheinbar alle bereits den Auftrag haben oder Subunternehmer werden wollen. Dein Freund Baginskie war auch bereits hier und hat sich seine neue Baustelle angesehen". ,, Das hat seine richtigkeit mit Nile Elbe will ich für Holzmann die Wasserarbeiten machen, bernd ist da wirklich Fachmann. Wir kümmern uns bereits um den Dretcher und die anderen Maschinen. Wir immer den Auftrag bekommt den Auftrag wollen wir machen. Denn so viele können das nicht und wir haben die Maschinen im Land. Ich werde mir einen Teil davon bereits ansehen, die stehen am Aswan Staudam. 2 Bogranlagen für Fahlgründungen von der ITAG in Celle und dem Partner Abicon in Cairo. Dazu eine Betonanlage undf Fahrmischer. In Abu Simbel steht ein Dretcher der Suezkanal Firma den sich Arab Contractor ausgeliehen hat mit weiteren großen Dozern". ,, wann willst du weiter fahren?". ,, Ich will schon Morgen los, ich will nur schauen wie weit meine Jungs sind mit den Betonplatten für das Camp".

,, Das läuft ganz ordentlich, ich habe nach deinen Zeichnungen beim einmessen geholfen, da hatten die Jungs einige Probleme". ,, Ich danke Dir manfred, mache das wieder Gut wenn du in Cairo bist". Berger nimmt mit manfred noch die Camp Baustelle ab und ist sehr zufrieden, kann dies sein dank Manfreds Unterstützung. Berger belädt seinen Toyota Offroader mit Diesel und ausreichend Wasser für einige Tage. Dann macht er's ich auf den Weg zum Aswan Staudamm, immer am Nil entlang. Erst in Kom Ombo macht er die erste Rast. Die vielen Hinweise auf Tempel Pyramieden und sonstige Sehenswürdigkeiten beachtet er nicht weil diese Ihn kein bisschen Interessieren. Siond da unterwegs einmal baustellen, dann stoppt er und sieht sich die Sache an. Er hält immer Ausschau nach Maschinen aber nicht nach alten Gemäuern und Steinhaufen. Seine Freunde verstehen dies nicht, aber er schon. Er schaut wenn er direkt vorbeikommt einmal hin, aber das genügt Ulli. Er hat sich aber vorgenommen das er in Aswan den Kalabasha Tempel anschauen will und den Tempel of Isis in Philae. Das liegt ziemlich nahe an seiner Baustelle. Er richtet sich seine Fahrt so ein das er am frühen Morgen auf der Baustelle am Aswan in der Nähe der Staumauer ist. Die Maschinen stehen am Fuss der Mauer. Der Staudam ist in großer Gefahr zu rutschen, er ist im laufe der vielen Jahre im Untergrund ausgehölt. Mann will Bohren und dann mit tiefen Betonfählen die bis in den festen Boden reichen die mauer stützen. Es sind 500 Pfähle vorgesehen ein schöner Auftrag für die Abicon.

Nur hat der Bayrische Geschäftsführer der ITAG –
Abicon das Wetter nicht eingerechnet. Man hat bisher
nicht mehr als 5 Bohrfähle geschafft. Es ist hier unten
Tag täglich glühend heis. Es ist nicht solch ein
angenehmes Wetter wie in Kairo in seinem Büro und
dann noch mit Klimaanlage. Die baumaschinenführer
haben die Flucht ergriffen und haben sich auf den
Weg nach Kairo gemacht. Es ist hier unerträglich,
schon ohne Arbeit hat Ulli große Mühe sich hier zu
bewegen.,, Mein Gott, wie blöde muss man sein um
solch einen Job anzunehmen ohne zu prüfen. Der
ägyptische Mitgeschäftsführer der Abicon hätte das
verhindern müssen. Die Bohranlagen sind wis über
den Triebkopf bereits versandet. Die Betonanlage die
Berger nach Kairo geliefert hat ist nur noch eine
Sanddüne. Er macht Bilder und schaut sich noch die
Fahrmischer an die ebenfals Opfer des Sandes
geworden sind. Diese Maschinen hier heraus zu holen
dürfte der Abicon noch Geld kosten. Die Baustelle
weiter zu betreiben ist Wahnsinn. Sie werden auch
keinen Mitarbeiter finden der jemals wieder in diese
Wüste zurück kehrt. Die maschinen müssen
ausgegraben werden und überholt werden. Bergers
Meinung nach muss er diese alle nach Esna holen,
reinigen, überholen und dann in Esna einsetzten. Will
die Abicon in den Wintermonaten weiter machen
müssen sie neue Maschinen nach Aswan bringen.
Aber auch im Winter sind in dieser unwirklichen
Gegend noch 30 Grad plus. Berger fährt weiter nach
Kalabasha, hat dort noch einige Maschinen die aber in
einer Halle stehen und sicher vor dem Sand
untergebracht sind.

Diese sind noch sehr brauchbar und werden durch fotografiert. Ein Probelauf ist leider nicht möglich, es gibt keinen Strom und kein Benzin. Berger kann seinen Diesel nicht Opfern, er muss onhin noch einmal mit seiner ganzen Manschaft hier her nach Aswan und Kalabasha. Berger schaut sich ganz gegen seine gewohnheiten auch noch den Tempel von Kalabasha an und fährt dann noch hinüber nach Phiale. Dieser Ort interessiert Ihn im besonderen, weil er einiges darüber gelesen hat. Berger ist auch eine seltsame Gruppe von Männern aufgefallen die Ihn schon seltsamer Weise seit Aswan aus einer Entfernung begleiten. Aber immer den notwendigen Abstand halten. Es kann Zufall sein, den hier geistern immer wieder Forscher oder solche die es sein möchten herum. Berger glaubt nicht das es etwas mit Ihm zu tun hat. Aber nach seinem seltsamen Besuch in seinem Haus in Maadi ist er vorsichtig. Er fährt nun hinüber nach Phiale und will dort auch über Nacht bleiben, wollte eigentlich die Nacht im Zelt in der Wüste verbringen. Mal schauen was passiert ob er diesen drei Männern auch in Phiale begegnet. In Phiale sucht Berger sich erst einmal ein Hotel. Er fand sofort ein angenehmes schlichtes Haus das auch sehr preiswert ist. Vor allem kann er sein voll beladenes Fahrzeug sicher unterbringen. Dieses Haus hat sogar eine Telefon Verbindung so das er Kairo anrufen konnte. International war natürlich kein Gespräch möglich, man ist in Kairo froh das er dort heil angekommen ist. An diesem Abend nimmt sich Berger nichts mehr vor.

Die Dunkelheit bricht auch schon sehr früh herein. Er duscht sich ausgibig und geht dann auf die Terrasse des Hotels. Dort sitzen bereits die drei Männer die er bereits seit Heute Morgen in seiner Nähe beobachten konnte. Er setzt sich in eine Ecke von der er die drei im Auge hat, man hat Berger noch nicht bemerkt. Berger bestellt sich Fuhl und Tamia und eine Kanne Tee. Als auch eine Wasserpfeife, natürlich Apfel. Er weis nicht was er von den drei Männern halten soll. Er beschliesst sich bedeckt zu halten und nur zu schauen was es mit diesen Männern auf sich hat. Es sind auf jeden Fall keine Engländer. Aber das hat nicht zu sagen, man wird wenn man etwas gegen Berger im Schilde führt sicher Aufträge erteilt haben. Aber berger glaubt nicht das man wirklich etwas gegen Ihn vorhatte. Aber vorsicht ist die Mutter der Porzelankiste sagt er sich immer. Keine Angst aber immer wachsamsein, das ist seine Devise und hat Ihm oft geholfen. Er nebelt sich nach seinem laeckeren mahl kräftig mit seiner Shisha ein. Durch die Rauchwolke kann er die drei Männer gut beobachten. Sie tuscheln laufend miteinander. Einer der Männer steht ständig auf und scheint etwas zu suchen, vielleicht suchen Sie Berger. ,, Wo ist der blöde deutsche", Hört dann Berger den einen rufen. ,,Sein Auto steht hier und er wohnt auch hier hat man uns gesagt, Zimmer 13. Da habe ich schon geklopft auf dem Zimmer ist er auch nicht". ,, Berger weis jetzt das diese Männer für Ihn da sind oder wegen Ihm. Er bleibt in seiner Deckung und kann wahrscheinlich so noch mehr erfahren. ,, Vielleicht hat der kerl sich schon schlafen gelegt, spätestens Morgen

Früh wird er wieder auftauchen. Die Männer sprechen holländisch und Berger versteht diese Sprache recht gut. Er weis nun das man Holländer damit beauftragt hat Ihn zu Ärgern zu belästigen zu Erpressen oder sonst etwas. Berger hat bereits Bllder von den drei Männern gemacht, mit seiner Mini Camera. Dann wollen wir mal schauen was da Morgen so passieren wird, er wird sich ganz unbefangen geben und geniesst auf jeden Fall noch den heutigen Abend. Von der terasse aus, aus seinem künstlichen Nebel hat er einen wunderbaren Blick auf den Nil. Der vom Mond fast taghell erleuchtet wird. Die vielen kleinen Boote mit Ihren kleinen dreieckigen segeln huschen wie Schmetterlinge über den Nil. Der leichte Wind der aufgekommen ist treibt sie wie Spielzeug hin und her. Eigentlich ein Abend zum verlieben nicht zum grübeln über die Dinge die noch kommen könnten. Die drei Männer sind verschwunden, scheinen nicht in diesem Hotel zu wohnen. Die Nebelmaschinen fangen auf der Terrasse an zu laufen und machen dass sitzen hier noch gemütlicher. Der Wasser Nebel vermischt sich mit dem qualm seiner Sisha. Er trinkt bereits die vierte Wasserpfeife und die dritte Kanne Tee. Es ist was herrliches und unwahrscheinlich entspannendes, die wasserpfeife mit Tee zu geniessen. Der Teeboy kümmert sich auch aufopfernd um die Wasserpfeife und versorgt diese immer mit neuer Glut. Die anderen Gäste die inzwischen auch aufgetaucht sind werfen ebenfalls Ihre Wasserpfeifen an und die ganze Terrasse ist sicher vor Fliegen. Das sit ein herrlicher Nebeneffekt des rauchens.

Obwohl Berger nicht Raucher ist, eine Wasserpfeife
ist immer wieder ein Genuss. Durch das problem das
er ständig Lungenzüge machen muss um den Rauch
durch das Wasser zuziehen wird Ihm auch immer ein
wenig schwindelig. Aber das verwischt sich so nach
15 Minuten Rauchpause. Eigentlich will berger noch
nach Abu Simbel, aber das geht auf dieser reise nicht
mehr. Morgen will er noch den Tempel von Phiale
anschauen. Dieser Musste komplett versetzt werden
nach dem Staudamm Überlauf. Zum Glück brauchte
er nur 150 Meter weiter auf die Insel Agilkia versetzt
werden. Trotzdem war dies ein gewaltiger Kraftakt.
Der isis tempel ist schon etwas ganz besonderes.
Inmitten von Granitfelsen erhebt sich jetzt der Tempel
auf der heiligen Insel. Es ist eine Domäne der Göttin
Isis. Mit Ihren blauen Säulen und Pfeilern verleiht sie
dem Tempel und der ganzen Insel den Eindruck als
wär alles hier eine Phantasiewelt. Dieser Tempel ist
einer der besterhaltensten Tempel der ptolmäischen
Tempel neben Edfu und Dendera. Infolge der ersten
Barriere auf dem ersten Katrarakt 1904 wurde der
Tempel   Überflutet. Erst im nächsten Jahr als die
Schleusen geöffnet wurden   um den Druck der
Nilschwemme zu mildern konnte der Tempel
umgesetzt werden. Morgen will sich Berger diesen
Tempel auf der Insel anschauen. Aber eigentlich ist es
für Ihn nicht mehr als ein gewaltiger Steinhaufen. Aber
wenn er nun einmal hier ist muss er sich das Bauwerk
anschauen. Berger bleibt noch bis spät in die Ncht auf
der Trrasse sitzen und geniesst die nun immer kühler
werdende Abendluft die Ihn nun ganz angenehm
einhüllt.

Der wasserdampf und der Rauch der Shisha verzieht sich und es gibt wieder einen klaren Durchblick. Als letzter steht Berger auf und geht etwas wackelig durch die vielen Wasserpfeifen ins Bett. Er sitzt aber bereits wieder als erster auf der Terrasse und geniesst sein Frühstück so einsam in der Morgenluft. Touristen sind zur Zeit keine hier, es ist einfach zu heiß. Diese ziehen es jetzt vor von Kairo an die Sehenswürdigkeiten zu fliegen. Manche wagen sich auf die Schiffe, aber es macht keinen Spaß, es ist zu Heiß und die Leute verstecken sich unter Deck in den Klimatisierten Räumen. Noch ist eine wunderbare Luft aber in spätestens einer Stunde fängt es mit 30 grad an und bis um 10.00 Uhr sind es unerträglich 45 grad im Schatten. Berger schiebt sein Frühstücksgeschirr zurück und lehnt sich zurück. Der Service Heute Morgen ein wunderschönes Mädchen räumt den Tisch ab und freut sich sehr das Sie mit Beregr in arabisch sprechen kann. Sie ist die Tochter des Hauses. Haben Sie die Männer Gestern noch getroffen, die haben mehrfach nach Ihnen gefragt. ,, Ich habe die drei Männer gesehen, es sind Holländer, mal sehen was Sie von mir wollen. Ich habe das Gefühl nichts gutes". ,, Passen Sie gut auf Herr Berger, ich habe bei den Männern kein gutes Gefühl". Ich kenne die Burschen nicht, habe auch keine Ahnung was Sie vorhaben. Mal schauen was wird. Sie wollen doch Heute in den Tempel auf die Insel, soll mein Bruder mitkommen?". ,, Nein das ist nicht notwendig, ich komme schon zurecht". ,, Wenn Sie meinen?". ,, Ich habe noch etwas anderes, ich komme in ca. 3 Wochen mit 8-10 Männern, wir müssen einige Maschinen bergen die in Aswan eingeweht sind. Können wir hier bei Ihnen übernachten.

Es gefällt mir hier besser als in Aswan und es ist keine Entfernung". ,, Aber sicher können Sie das, rufen Sie eine Wioche vorher an dann reserviere ich Ihnen die Zimmer. In Aswan ist auch ständig hochbetrieb da werden Sie für so viel Leute wenig Glück haben". Na prima, ich gehe zum Kleinen Hafen und las mich auf die Insel bringen". ,, Schön, dann bis später Herr Berger passen Sie auf sich auf". Berger schlendert zum Anleger, es sind keine 200 Meter. Die Sonne sticht schon ganz unangenehm, aber er ist ja schon einiges gewohnt. Der Mann mit dem kleinsten Boot bringt Berger hinüber zur Insel. Auch er freut sich das er's ich mit Berger in seiner Muttersprache unterhalten kann. Hier unten nach Philae kommen nicht viele Leute, Europäer die arabisch sprechen. Auch hier in einer der Touristen Hochburgen kommt es fast nie vor das jemand mit den Einheimischen arabisch spricht. Berger ist bereits das dritte mal in Aswan und Philae. Einige mal war er mit ARABCONTRACTOR und Nile Elbe hier. Niemand wollte am Ende den Auftrag für die ausgeschriebene Summe machen. Abicon und Itag haben dann gegen Bergers Rat zugeschlagen und dabei voll in die Scheiße gegriffen. Berger ist es klar das er für die maschien keinen Pfennig bezahlen würde. Das ausgraben und reinigen würden den Kaufpreis so gerade decken. Sollte man Ihm die Maschinen nicht schencken wäre es zwecklos sich darüber noch gedanken zu machen. Das kleine Boot fährt vorsichtig über den Nil, es hat einen kleinen Aussenborder. Am tage gibt es noch nicht genügend Wind um die Segel zu nutzen.

,, Haben Sie Heute schon leute rüber gebracht". ,,
Nein Sie sind der erste, es fängt hier immer spät an,
die leute sind alle in der nacht lange auf und sitzen am
Nil. Es ist die einzige Zeit in der man hier das Leben
wirklich geniessen kann". Berger hat tasächtlich das
Glück das er alleine um den Tempel gehen kann. Als
er oben auf der ersten Mauer steht sieht er, dass ein
zweites Boot kommt mit 3 Männern. Es sind seine
Holländer. Zumindest hällt Berger Sie für Holländer
weil er Ihre Sprache erkannt hat. Der hautfarbe nach
waren es Männer aus einer holländischen Kollonie?.
Er wollte nun wissen woran er ist und kommt von der
Mauer herunter und geht so das er den Männern
begegnen muss. Der Weg ist schmal und natürlich wie
erwartet machen die Männer keinen Platz für Berger.
Dieser geht dann im letzten Augenblick einen Schritt
zur Seite, so das es nicht zu einem Zusammenstoß
kommt. ,,Na meine Herrn sagt Berger auf holländisch,
Sie haben Heute ein breites Hemd an". Die Männer
fühlen sich ertappt und sind auch erstaund das Berger
sie in holländsisch anspricht. Es war kein reines
holländisch aber ein ostfriesiesches platt, das so
ähnlich ist. Sie müssen sich nicht verstellen meine
Herrn, schickt sie das englische Bauunternehmen
fragt Berger direkt. Er will nun wissen woran er ist, es
soll jetzt hier direkt klären. ,, Ja berger, das ist ja schön
das sie wissen von wem wir kommen, wir können dies
zugeben, denn diese Insel verlassen Sie nicht mehr,
nicht mehr lebend". ,, So Ihr drei traurigen Gestalten,
wie wollt Ihr das machen". ,, Ganz einfach Berger, wir
machen Ihnen einige Löcher in Ihr Hemd und das war
es dann".

,, Dann macht mal, eure Bilder liegen schon bei der Polizei in Aswan, wenn ich mich in drei Stunden nicht melde dann werdet Ihr gesucht. Denn ich bin nun kein nachgemachter Holländer ich habe Euch bereits schon vor drei Tagen bemerkt und Euch längst fotografiert. Eure Leute hätten mich nicht so offen bedrohen dürfen und mich warnen dürfen". ,, Im übrigen habe ich den schwarzen Gürtel gesehen und werde mit Euch Armleutern doch locker fertig". Den Männern steigt die zornesröte ins gesicht, aber hier mussten Sie sich jetzt am Riemen reißen. Der erste Trupp Touristen wird gerade auf die Insel geführt und kommt bereits laut lärmned auf Sie zu. Natürlich Deutsche Touristen, vermutlich von dem Schiff das vorhin in den Hafen gelaufen ist. ,, Berger wir erwischen dich schon und glauben nicht das wir dich zu einem Kampf stellen wir lassen dir keine Chance".
,, Ich weis, Ihr könnt nur anderen in den Rückenschiessen so dämlich wie Ihr ausseht. Gebt acht das Ihr nicht zu den gejagten werdet. Ihr habt Euch doch schon die ganzen Tage wie Idioten benommen. Gestern Abend habt Ihr beinahe neben mir gesessen und nichts bemerkt. Berger geht und schließt sich der Gruppe Touristen an und kann somit auch noch die ganze Geschichte dieses Tempels hören. Die drei Männer sitzen als Berger mit der Gruppe wieder übersetzt am Hafen auf einem Granitblock und grinsen doof hinter Berger her. Natürlich war es nicht möglich Berger hier auf der Insel umzunieten. Da gibt es wesentlich bessere Stellen. Sie wissen das Berger wieder zurück nach Esna muss und auch zurück nach Kairo.

Sie haben noch 1000 Kilometer zeit etwas auszuhecken. Vermutlich haben sie sich schon einen Platz ausgesucht an dem Sie Ihn verschwinden lassen können. Berger selbst sieht überhaupt keinen Sinn darin das Ihn die Engländer umbringen wollen, er kann es nicht glauben und nicht fassen. Aber es geht für so eine manche Firma ums überleben. Dieser Auftrag würde das Überleben von so mancher Firma sichern. Zuzmal das tgeld so sicher ist wie sonst bei kaum einem Auftrag in Ägypten. Das Geld kommt von der Deutschen Regierung. Die Männer müssen natürlich davon ausgehen das Berger auch Beziehungen in diese Regierung hat und mehr Möglichkeiten hat als die englische Firma. Das Berger die Firma Holzmann ganz nach vorn bringen kann. Das sind zwei Riesige Vorteile die Berger den Engländern vorraus hat. Dazu ist Berger ein halber Ägypter, so viele Jahre verbringt dieser schon in Kairo und hat sich hier ein schönes Geschäft aufgebaut. Deswegen hat man die Order herraus gegebne der Kerl muss weg, wie auch immer. Jetzt ist man dabei diese Order auszuführen. Berger geht vom Hafen direkt ins Hotel und telefoniert mit Kairo und teilt auch den Leuten des Ingenieurbüros mit was Ihm hier wiederfährt. Man kann es aber auch hier nur zur Kenntnissnehmen, machen können die Männer aber nichts. Man hat nur eine Ahnung davon wenn etwas passiert, woran es liegt wenn Berger nicht mehr auftauchen soll. Berger geht zum Auto und überprüft seine alte Schrotflinte die er in Beni Haram bekommen hat. Von möglichen Moslembrüdern, genau weis er es nicht.

Eine Waffe mit der er sich die drei vom Leib halten kann, wenn sie Ihm zu nahe kommen. Dann ist er in der lage alle drei aufeinmal zu treffen. Wenn Sie hn aus einer größeren Entfernung umlegen wollen dann hat er keine Chance mit der Kanone. Aber er ist sich sicher das Sie Ihn aus nächster Nähe umlegen werden. Die wollen sehen und müssen sehen wenn er hin ist. Berger legt die Flinte mit dem abgesägten Doppellauf auf den Beifahrersitz und wirft seinen Offroader an. Die 8 Zylinder klingen so ähnlich wie sein Panzer der uralte Chevi Blazer in Cairo. Nur zieht dieser Neue Typ 1000x besser im Spurt davon. Der langhuber benötigt eine ganz lange Zeit bis er das Tempo des Toyota aufnehmen kann. Berger traut sich auch mit dem Chevi nicht mehr auf solche Touren. Zumal er diesmal bis nach Esna geflogen ist und auch wieder so zurückkehren will wenn es Ihm möglich ist. Da gibt es einige Leute die dies verhindern möchten. Berger hat auch überlegt ob er von Aswan aus nach kairo fliegen soll und alles umgehen soll. Aber die Männer werden Ihn auch in Kairo umlegen wollen. Also dann will er es gleich hier ausstehen, seine Chancen sind hier besser. Berger gibt Gas und rollt aus dem Hof auf die Strasse nach Esna. Er fährt fast 20 Kilometer und legt dann eine Pause ein, er will sehen wer Ihm folgt. Er fährt in eine Nebenstrasse und sucht sich dann einen Platz von dem er die Rückliegende Strecke nach Aswan überblicken kann. Er hat aber seine Killer in advaqnce doch unerschätzt, er hat nur seiner Vorsicht zu verdanken das er nicht direkt auf seine Verfolger aufgefahren ist. Er Berger hat vermutet das man Ihn verfolgen würde.

Aber die Männer sind voraus gefahren und hatten die gleiche Idee wie Berger. Diese Strasse hat sich wohl angeboten für Beide Zwecke. Aber es gibt ja auch nicht so viele Nebenstrecken zu dieser Hauptroute. Berger erkennt im letzten Augenblick das Auto was nur ca. 20 Zentimeter hinter dem Felsen herraus ragt. Der Toyota steht auf der Stelle still, vorsichtig legt berger den Rückwärtsgang ein. Der immer ein wenig kratzt und ein unangenehmes Geräusch macht. Berger schafft es nun diesen Gang geräuschlos einzulegen und fährt vorsichtig rückwärts. Bis um die nächste Ecke und parkt das Auto dort, er hat dort einen super Platz. Er stellt einige Büsche davor die er schnell mit seinem Buschmesser das er immer im Auto hat abschnitten hat. ER will sehen wo die Männer sind, möglicher Weise kann er sie nun überliesten und festsetzen. Erschissen würde er sie ganz sicher nur im äussersten Notfall. In Notwehr, das ist der Vorteil der Männer. Die würden Berger gnadenlos umbringen, denn nur so bringt er Ihnen Geld tot. Berger schleicht sich nun um den kleinen Berg von hinten herum. Die Männer müssen auch gerade erst angekommen sein sonst hätten sie schon gewust das er auch hier ist. Ihr Pposten ist sicher gerade auf dem Weg auf seinen Aussichtsposten. Sie sind wieder einmal einen Schritt zu spät für Berger. Poedr man kann sagen Berger hat wieder einmal ein riesiges Stückchen Glück. Er kletter um den berg herum und sieht wenn er herübers chaut auf der anderen Seite der Schlucht den Mann hoch klettern der nach Ihm Ausschau halten soll.

Berger kann es nun ganz vorsichtig angehen, die haben keine Ahnung das er sich schon wieder einen Vorteil verschafft hat. Er klettert wieder nach unten und stösst dabei auf eine tolle Entdeckung ein altes Grab in den Felsen hinein gehauen mit einem kleinen Plateau vor dem Eingang. Einige Felsbrocken liegen davor und einige darüber. Berger geht in die Grabkammer und schaut sich diese an. Die Kammer ist weit reichend und groß und völlig leer. Die Frage ist wie bekommt er die Männer hier hinein. Es knallt auf einmal fürchterlich, ein Schuss pfeift an seinem linken Ohr vorbei. Bald hätte er ein Lock für einen Ring im Ohr gehabt. Er wirft sich hin. Die Dunkelheit ist seine Deckung. Er hat zufohr in einem dünnen Lichtstrahl gestanden. ,, Den habe ich weggeputz, der kommt hier nicht mehr heraus. Komm las uns die Steine dafor rollen zur Sicherheit. Der sitzt da drin wie in einem Knast. Berger kriecht nach vorn an den Grabeingang. Da stehen die beiden Mäner im vollen Licht der Sonne. Berger ist geblendet als er in den Strahl schaut, da kommt er nicht mehr raus. Er greift nach seiner Kanone die er nicht verloren hat bei dem Sturz. Was machen denkt er, er kriecht ganz nahe an den Ausgang und stöhnt leise. So das die Männer es hören müssen. ,, der lebt noch hörst du, wir müssen auf Nummer sicher gehen und Ihn kalt machen. Hol die Lampe aus dem Auto, so gehe ich nicht in die Höhle. Der eine verschwindet und holt eine Taschenlampe und leuchtet in das Grab. ,, Da ist nichts, der Scheißkerl muss in eine der Ecken gekrochen sein. Komm gib mir Deckung wir müssen hinein.

Die Scheinwerfer erhellen das Grab und die Männer sind sich sicher und folgen dem Licht in das Innere. Berger hätte Sie bequem ausknipsen können, mit einem einzigen Schuss. Aber er ist kein Killer. Als die Männer mitten im Grab stehen macht Berger einen Hechtsprung nach draußen und dreht sich sofort um. Hände hoch meine Freunde keine Bewegung ich Schieß Euch mit meiner Flinte in viele kleine Stücke. Anstat zu antworten ballern die Männer gleich los, ein höllen Specktakel beginnt. Ein kleines Erdbeben erschüttert den Felsen. Die Steine die im losen Überhang des Einganges hängen stürzen herab und verschütten den Eingang des Grabes in Sekundenschnelle. Berger hat die größte Mühe selbst dem Steinschlag zu entkommen. Ein riesiger Berg Geröll hat sich vor dem Grabeingang aufgetürmt. Die Beiden Männer sind eingeschlossen für lange Zeit. Mit Ihrer sinnlosen Ballerei im Grab haben sie diese Erschütterung ausgelöst. Es war vermutlich einmal so oder ähnlich geplant bei diesem Grab. Durch das Getöse und das schiessen allarmiert klettert der dritte Mann mit Hochgeschwindigkeit wieder von seinem Posten herunter und wird von Berger und seiner Riesen Kanone empfangen und entwaffnet. Ja mein lieber, großes Pech gehabt. Deine Freunde haben sich selbst lebendig begraben, kannst sie wieder ausbudeln". Berger führt den Mann zu dem verschütteten Grab. Wie sollen wir die da wieder heraus bekommen". ,, Wieso wir, du wirst deine freunde da ausbuddeln, ich fahre nach Kairo". ,, nein das kannst du nicht machen, meine Freunde sind da drinnen und kommen nicht mehr raus".

404

,, Was glaubst du wie egal mir das ist, fang schon mal an zu buddeln, ich hole Hilfe". Berger macht wie gesagt, lässt aber erst alle Luft von allen Reifen der Männer und macht sich auf den Weg nach Kom Ombo. Dort fährt er zur Polizeistation und erklärt die Sachlage und den Weg zum Grab. Man organisiert eine Rettungsaktion während berger bereits wieder auf dem Weg nach Esna ist und von dort mit dem Flugzeug nach Kairo. Von Kairo telefoniert er mit der Polizeistation in Kom Ombo. Man hat die Beiden Männer retten können aber man hat 3 Tage benötigt um sie wieder auszubuddeln. Sie haben es überlebt sind aber einigermassen ramponiert. Berger hat sie nie wieder gesehen, es gab keine direkten Mordanschläge auf Berger. Einmal wurde mitten in der Stadt auf Ihn geschossen und die Kugel steckt noch Heute in der Armaturenbrett Verkleidung als Andenbken an diesen Staudam. Die Firma Holzmann hat trotz aller Mühen und aller probleme um diesen Staudamm den Auftrag nicht bekommen. Weil die Geschäftsleitung zu dämlich war, man gklaubte man würde als Deutsche Unternehmen auf jeden fall den Auftrag bekommen zur Rettung des Unternehmens. Berger hat sogar das niedrigste Angebot der Engländer Holzmann bekannt geben können bei Holzmann. Man lag bei der preisabgabe ganze 100 Mio über dem Preis der Engländer. Auch hier hat die Geschäftsleitung von Holzmann am größen Wahn gelitten und ist unter gegangen. Letzt endlich war es ein segen das diesee verkorkste und betrügerische Vorstand verschwunden ist für immer aus der Bauwelt gelöscht wurde.

Es dauerte nicht lange dann folgte auch die Firma Walterbau mit allen seinen Ablegern. Krachend bricht der ganze Lagen in sich zusammen samt seinem ganzen firmengeflecht. Auch diese Firmen Gruppe die Mitarbeiter haben Berger fürchterlich beschissen. Berger in Kairo so fürchterlich betrogen und seine Konten geplündert. So verschwanden nach und nach wichtige Firmen aus dem Reich von Bergers Kunden. Andere tauchten dafür in Kairo wieder auf. Berger muss sich um das Camp kümmern da in der Nähe von Tobruk steht. Mit der itallienischen Firma der Besitzerin des Camps hat er alles geklärt. Die Leute stehen bereit für die Demontage der Baracken-Wohnungen-Küche-Essäle alles was für 150 Männer notwendig ist. Inclusive Waschküche und ganze Zeilen von Gefriertruhen für Lebensmittel. Ein Bilderbuch Camp das Berger gebaut hat und geliefert hat. Deshalb ist er auch scharft darauf das dieses Camp an die Staudamm Baustelle kommt. Mit seinem Indenieur Mohamed macht er sich auf den weg nach Liebyen. Mohamed benötigt kein Visa aber er Berger braucht ein Visa. Der Geldmensch der Scheik aus Marsa Matruh hat die Beziehungen Ihm in kürzester Zeit ein Visa zu verschaffen. Er hat noch einiges gutzumachen bei Berger der Ihm fast 250.000 USD in Kairo auf abenteuerliche Weise gerettet hat. Sie benötigen mit dem Jeep von Berger gerade 4 Stunden bis nach Marsa Matruh. Da berger noch 2 Tage warten muss, fährt Mohamed mit dem Jeep von berger bereits vor um den Abbau der Barracken zu beaufsichtigen.

Bis nach Tobruck sind es gerade einmal 2 Stunden von Marsa Matruh. Zwei Tage später kommt ein hoher Beamter aus Libyen nach Marsa Matruh und bringt das Visa für Berger. Man klebt dies in Bergers Pass. Am nächsten Morgen fährt er mit einem Libyer den der Hohe Beamte kennt mit Berger nach Libyen. Berger wundert sich das der Jeep nicht die gewohnte Strasse nach Libyen nimmt. ,, Wo fährst du mich hin Mustaffa?". ,, Hast du das gemerkt, sehr gut. Wir nehmen eine Abkürzung, wir sind mindestens eine Stunde früher in Tobruk". ,, Dann kürzt du aber komisch ab". ,, Wiso" ,fragt Mustafe erstaunt zurück. Er wundert sich sehr das Berger hier wissen will wo es lang geht. ,, Wir müssen uns goch an die Küste halten, Tobruck liegt doch direkt an der Küste". ,, Das stimmt, aber wir müssen nur einen kleinen Umweg machen, ich muss noch etwas abgegeben für den Sheik". ,, Warum sagst du das nicht vorher damit ich das einplanen kann". ,, Sorry das sind nur 10 Minuten". ,, . Diese arabischen 10 Minuten kenne ich, das können Stunden werden". ,, Berger sei froh das ich Dich überhaupt mitgenommen habe. Sonst wärst du frühestens Morgen um 10.00 Uhr mit dem Bus nach Tobruck gekommen". Sie sind längst von der hauptstrasse Richtund Tobruck abgebogen und sind auf dem weg in des innere des Landes. Das ist eben nur die Wüste statt Meer und Wasser. ,, Ja, wir fahren die Wüstenstrecke nach Tobruck, dafür habe ich meine Gründe". Berger kommt das ganze komisch vor, zumal er4 wieder die Männer glaubt gesehen zu haben die er erst in der Nähe von Kom Ombo begraben hat.

Das heist diese Männer haben sich selbst begraben. Berger hat sich gedanken darüber gemacht warum Ihn diese Männer noch immer verfolgen sollten Eigentlich müsste es Ihnne gereicht haben. Während Sie durch die Wüste Kurven und Berger schwer an dem Vertrauen in seinen Fahrer verloren hat. Treffen sich in Kairo im marriot Hotel in dem wunderschönen Garten einige Männer der Ingineursgesellschaft und des Baukonzerns Philip Holzmann. ,, was ist nun meine Herren denken Sie das wir den Auftrag bekommen. Es ist Deutsches Geld und Deutsche Überwachung. Da ist es wohl sicher das wir den Auftrag bekommen. Dieser Auftrag kann uns retten unser Partner die Deutsche Bank hat schon zu verstehen gegeben das dieser Auftrag Ihre Meinung noch ändern könnte. Gemeinsam müssten wir dies doch hin bekommen". ,, Leider meine Herren müssen wir uns vertraglich an die Internationalen Ausschreibungsbedingungen halten. Auch die Ägypter haben ein Mitspracherecht. Das war die Bedingung und erschwert nun alles".
Dann bleibt unser möglicher Verdienst bereits bei der Regierung in Kairo hängen". ,, das könnte so passieren wenn wir nicht aufpassen, aber um das zu verhindern sind wir je als die Aufsicht dazwischen geschaltet. Wir müssen jede Massnahme jede finanzielle Bewegung abzeichnen. Nur einen Tisch weiter sitzen Zwei Männer mit langen Ohren und einem Abhörgerät und schneiden das Gespräch am anderen Tisch mit. Die Männer der Firma Holzmann und der Ingenieurs Firma trennen sich bald. Alle sehr unzufrieden mit dem Gespräch.

Nur am Tisch der Lauscher gibt es viel Gesprächsstoff. ,, Es ist nbicht zu Glauben wasdie deutschen da wieder untereinander treiben. Trotz aller Gemeinsamkeiten und der notwendigen Ausschreibung lassen sich die Deutschen in Ihrem Gerechtigkeitswahn wieder völlig von der Rolle bringen. Es wär doch in England klar das eine Deutsche Firma den Auftrag bekommen wird für den wir bezahlen und technisch verantwortlich sind". ,, Na. Wollen wir das nicht bedauern, wir kommen unserem Ziel näher den Auftrag zu bekommen. Wir haben mit unserem ägyptischen Partner aller beste Chancen den Auftrag zu bekommen". ,, Ja, wenn da nicht dieser Irre Berger wäre, der kann als einziger das Ding für Holzmann nach Hause bringen". ,, Gibt es den Kerl noch immer ?". ,, Klar und wie, gerade ist er unterwegs nach Libyen, wegen des Camps. Das ist gesichert das Camp aus Libyen setzt er um nach Esna. Das soll er auch ruhig machen, das kann uns auch helfen". ,, Meinst du er soll das noch zu Ende bringen?". ,, Nein das soll er nicht, er hat es so weit voran getrieben das wir es weiter machen können. Dort weitermachen wo er aufhören muss. Ich gehe davon aus das Morgen sein letzter Tag ist". ,, Warum bist du so sicher?, bis jetzt hat deine Truppe doch immer nur Scheiße gebaut. Denke nur daran das Sie sich selber begraben haben und Berger Sie hat retten lassen müssen". ,, Das war Pech und Glück für Berger". ,, hat der nicht etwas viel Glück in der letzten Zeit, er ist überall schneller als unser ägyptischer Partner".

409

„ Hör mir auf mit denen, du weist doch wie die arbeiten, wenn ja dann wenig". Berger hat überall seinen Finger mit drinnen und hat überall allerbeste ausgesuchte Leute". „ Was hast du da oben in Marsah Matruh vor mit Berger, er ist doch dort bei seinem Freund dem Sheik?". „ Er war dort und glaubt im Augenblick er ist auf dem Weg nach Tobruck". „ Ist er das nicht?". „ er glaubt dies, er denkt er ist mit dem Fahrer des Scheiks unterwegs und vertraut diesem. Wir führen Ihn aber mitten in die Wüste mit einem dicken Paket ägyptischer Pfunde und einem halben Kilo gestrecktem Heroin im Kofferraum". Die ägyptische Polizei wird Ihn verhaften und aus dieser Drogen Nummer kommt er nicht mehr raus. Mindestens 10 Jahre sind ihm sicher, dann wird bereits der Zweite Staudamm angefangen. Den wir dann ebenfalls bauen werden, weil der erste so gut wird und wir dafür schon alles unten haben". „ Na dann warten wir ab was da in der Wüste passiert". „ warum ist es eigentlich so wichtig das der Kerl verschwindet?". „ Der Kerl ist beinahe Ägypter arbeitet aber wie ein Deutscher und hatte die besten Beziehunge hier. Mit seinen Beziehungen und den Fähigkeiten von Nile Elbe kann er uns leicht aus dem Geschäft stossen. Er wird für alles andere Preise aushandeln als wir dazu jemals in der Lage sind". „ Warum kaufen wir dann den Kerl nicht einfach?". „ Das mein lieber haben wir bereits probiert, der ist mit Holzmann verbandelt und mit Hochtief. Diese Beiden lässt er nicht ins Messer laufen. Hochtief hat keine Chance, die betreiben ebenfalls die Preisabgabe mit Ihrem eigenen Büro in Cairo.

Diese Männer agieren völlig Welt fremd, die haben keine Ahnung von dem was Cairo ausmacht. Die haben einige micktige Aufträge am Flughafen und glauben bereits sie haben deshalb gute Karten. Die müssen wir nicht befürchten". ,, Ok, dann las deinen Männer den Weg für uns frei machen!, aber was ist mit dem Manager von Nile Elbe?". ,, Der kommt ohne Berger in dieser sache nicht weiter, ist er's mit Berger bei Holzmann ins Boot genommen worden. Ich war damals noch Ingenieur für Holzmann an einem Staudamm in der Türkey. Ich war bei den Gesprächen dabei in Frankfurt zwischen Nile Elbe, Holzmann und Berger. Berger war der Mann der den Rahmen kannte und alles wusste was Holzmann wissen wollte. Ich war überrascht darüber, wie sicher er dort aufgetreten ist". ,, ich hoffe mein lieber es ist bald vorbei. Ich habe gerade mit Marsah Matruh telefoniert, die Beiden sind bereits auf dem Weg in die Wüste". ,, Dann ist Heute Abend alles erledigt, hoffe ich. Berger, hat ein sehr gutes Richtunbgsgefühl und hatten aus alten Erfahrungen heraus immer ein Messer mit einem eingebautem Kompass bei sich. Er fühlt, dass es hier ausser Wüste nichts gibt. Da bleibt die Kiste bereits stehn und stotter so dahin. Sie steht still und rührt sich nicht mehr. ,, Was ist los Mustaffa du hast doch etwa das tanken vergessen. Berger hört einen Motor hint sich und dreht sich um. Da kommt doch ein Fahrzeug hinter Ihnen her und hält keine zwanzig Meter hinter Ihnen an. Ich frage ob der Benzin hat, schon ist Mustaffa auf dem Weg zum anderen Auto. Mustaffa springt in das Auto und rast mit dem anderen Typen winkend davon.

Da ist Berger in eine tofte Falle geraten, was nun, was kann das hier werden. In windeseile durchsucht Berger das Auto und findet natürlich das komische Pulver und das Geld. Was nun, Ihm ist klar das hier bald Kamelreiter auftauchen und Ihn festnehmen. Er packt blitzschnell das päckchen Mehl und die Geldkiste und macht sich davon. Hinter sich her zieht er einen alten Sack den er ebenfalls im Auto findet. In dem best möglichen Tempo entfernt er sich vom Auto. Den sack hinter sich herziehend um seine Spuren im Sand zu verwischen. Zum Glück sind sie hier in einem Stück fester Wüste, in einer Steinwüste. Als er glaubt weit genug entfernt zu sein buddelt er in Windeseile Geld und das Mehl ein, das auch Drogen sein könnten. Verwischt alle Spuren und ist wieder unterwegs um sich von diesem Ort ebenfalls zu entfernen. Er sucht die kleine Anhöhe auf der einige felsen stehen die Deckung geben und auch zwei mickrige Büsche die Schatten spenden. Zumindesten ein klein wenig, gerade genug um den Tag zu übberleben, ohne in der Sonne zu schmoren. Er packt sein fernglas und sein Messer aus. Kontrolliert erst einmal die Richtung. Nach Marsah Matruh muss er sich genau in die nördliche Richtung bewegen. Hier will er erst einmal abwarten was passieren wird. Weit am Himmel tauchen Kamelreiter auf, Wüstenpolizei die immer durch die Grenzgebiete streifen. Sie kommen scheinbar direkt auf den Spuren des Autos auf dieses zu. Berger kann erkennen das die Männer sehr enttäuscht sind niemanden mehr am Auto zu finden. Sie haben also gewusst was sie dort erwarten würde.

Aber es ist kein Deutscher dort, kein Geld und keine Drogen. Sie kreisen alle in mehreren Reihen bis 300 Meter um das Auto. Es gibt keine weitere Spur, kein Anzeichen dafütr das hier jemand gewesen ist. Wütend ziehen die Männer so ab wie Sie gekommen sind. Berger sieht was er wieder einmal für ein Glück gehabt hat. Man wird eben vorsichtig in diesen Ländern,ohne diese Vorsicht ist man schnell verloren. Er vermutet das diese Reiter sich aufstaffeln und in breiter Front zurück reiten werden um ja jedes Lebenszeichen mitzubekommen. Sollte da doch noch jemand am Auto gewesen sein. Berger ist entkommen und will nun natürlich ebenfalls vorsichtig sein. Er buddelt sich eine kleine Höhle unter einen der Steine um der fürchterlich brennenden Sonne ganz zu entgehen. Jedes Stück seinen Körpers das über den Stein hinaus ragt brennt schnell wie Feuer. Es war sehr gut seinen Idee mit dem eingraben. Laute Geräusche erwecken seine Aufmerksamkeit. Einen Hubschrauber sieht er in weiter Ferne auftauchen. Dieser umkreist das Auto und sucht die ganze Umgebung ab. Fliegt auch mehrmals übers einen kleinen Hügel. Bleibt direkt über Ihm stehen und man sucht mit einem Feldstecher den Hügel ab. Der Pilot macht anstallten zu landen aber sein begleiter winkt ab. Da unten ist niemand, ich glaube nicht das noch jemand in dem Auto war, es gibt keinerlei Spuren. Die Beiden haben uns verarscht, wir werden Sie uns noch einmal vornehmen. Der Hubschrauber dreht ab und verschwindet bald am Himmel. Taucht aber noch zweimal auf und verschwindet wieder.

Berger beschliesst erst in der Nacht wieder zurück nach Marsah Matruh zu wandern. Dies macht er dann mit viel Durst in einem weiten Umweg. Er konnte nur eine kleine Flasche Wasser aus dem Auto retten. Er befeuchtet sich nur seine Lippen mit der Flüssigkeit. Immer wieder beobachtet er mit seinem Feldstecher die Umgebung. Es ist zum Glück eine der wenigen Dunkelen Nächte. Wolken verhindern das der Mond die Wüste zu sehr beleuchten. Es sind die idealen Bedingungen wieder zurück nach Marsah Matruh zu kommen. Berger überlegt , was kann der Sheik und dessen Fahrer mit der Sache zu tun haben. Dem Sheik vertraut Berger 100%, es kann nur der Fahrer gewesen sein den man für Geld zum mitmachen bewegt hat. Bergerb ist trotz des Umweges in 7 Stunden wieder an der Ortsgrenze von Marsah Matruh. Obwohl es erst 6 Uhr Morgens ist, ist auf der Strasse nach Marsah Matruh viel Bewegung. Die Streck nach Libyen wird ständig gut befahren. Es ist noch früh und Berger macht wieder einen großen Bogen in die Stadt hinein. Er hat Glück das die Leute von Halyburton noch im Camp sind. Man kennt Ihn dort und er bekommt eine Dusche und ein kräftiges Frühstück. Er erzählt Ihnne nur von einer Autopanne in der Wüste. Er haut sich eine Stunde hin und ruft dann den Sheik an. Dieser viel aus allen Wolken, kann aber nicht glauben das sein Fahrer Mustaffa daran beteiligt war. Ich mache mich direkt auf zu Mustaffa und komme dann zu Dir ins Camp. Bleibe dort bis sich alles regelt und erklärt für mich". ,, Ist Ok, ich warte auf Dich". Keine Stunde später ist der Sheik bei Berger,

,, Mein Gott Berger du gerätst von einer Scheiße in die andere, was nun. Mein Fahrer Mustaffa, war überhaupt nicht mein Fahrer. Es war auch nicht mein Jeep. Man hat Mustaffa viel Geld gegeben und Ihn nach Alexandria geschickt, angeblich in meinem Auftrag. Was natürlich nicht stimmte, ich war auch auf der polizei Station der dortige Chef ist natürlich wie jeder in Marsah Matruh ein Freund von mir. Aus Kairo aus einer Polizeistation ist die Meldung gekommen das man weis das zwei Mann unterwegs sind nach Libyen mit Geld und Drogen. Das wurde ernst genommen, das Auto hat man gefunden aber niemanden beim Auto, keine Drogen und kein Geld.
Man vermutet das andre Dealer schneller waren als die Polizei und die beiden irgendwo in der Wüste begraben sind und Drogen und Geld bereits in Libyen sind". ,, Na toll, wie komme ich jetzt nach Tobruck ?. Hast du noch immer nicht die Schauze voll Ulli. Willst du nicht wieder einmal nach Hause, ich würde mich keinen Meter mehr hier bewegen". , Komm, Sheik gib mir dein Auto und die Papiere für die Grenze und ich düse los. Zum Glück habe ich alles bei mir". ,, Ok ich lass mich von einem der Leute hier nach Hause bringen, hier ist der Schlüssel. Die Papiere sind alle im Handschuhfach. Ebenfalls mit einer Vollmacht das ich dir den wagen zur Verfügung gestellt habe. Abgestempelt und unterschrieben auch von der Polizei Station". ,, das hast du alles schon erledigt, hast du gewusst das ich weiter will". ,, Klar,. Das war mir klar und mein Freund bei der Polizei hat mir dies geraten damit du keine Probleme an der Grenze hast".

„Das ist prima, ich kläre gleich wer dich nach Hause bringt und fahre dann los". Wenig später rollt Berger in einem dicken aber alten Mercedes in Richtung Grenze. Er hat sich ein Kopftuch umgebunden wie es die ägyptischen Arbeiter tragen und ist kaum in seinem Auto als Europäer zu erkennen. Seine Hautfarbe gleicht längst eher der eines Ägypters als eines Europäers. Es sind noch gut 100 Km bis zur Grenze. Nur Küstenstrasse am Mittelmeer. Links die Wüste in verschiedenen Wüstenansichten. Sand Dünen, Steinwüste. Rechts die Weite des Mittelmeers mit ganz tollen weiten und leeren Stränden. In den Ortschaften hält er besonders die Augen offen, aber er kann nirgends eine Gefahr entdecken. Nicht in Sidi Barranie und auch nicht in der Grenzstadt As Sallum. In Libyen glaubt er sich erst einmal in Sicherheit. An der Grenze beobachtet er alles aufmerksam. Kann nicht verdächtiges entdecken. Die Abfertigung geht sehr zügig von statten. Man schaut nur flüchtig in seine Papiere, sein Auto wird nicht kontrolliert. Dann geht es ein ganzes Stück durch die Wüste und dann wieder ans Meer zurück und ein ganzes Stück am Mittelmeer entlang. Nur ist es hier nicht halb so schön und aufgeräumt wie auf der Ägyptischen Seite. Hier ist das Meer Natur puur, noch kein Europäer hat hier einen Fuss an den Strand gesetzt. Eine halbe Stunde später erscheint kurz vor Tobruck das Hinweisschild für die Baustelle. Berger biegt ab u7nd weis das es jetzt nur noch ca. 12 KM sind. Die temperaturen im mercedes sind angenehm obwohl die Klimaanlage nicht läuft. Berger liebt keine Klimatisierten Autos und auch keine Häuser oder Hotels.

Autos fährt er am liebsten mit allen offenen Fenstern und wenn mögich auch mit noch offenem Dach. Natürlich sehen seine Autos immer entsprechend Wüstenähnlich aus. Man könnte in die Versuchung kommen in den Autos Blumen oder Kartoffeln zu pflanzen. Von weitem sieht er bereits die Beiden Autokrane dier dabei helfen das Camp zu zerlegen. Einer von Bergers Leuten aus deutschland ist dabei und ca. 10 Italiener. Er staunt nicht schlecht, die ersten Drei Holzbaracken sind schon zerlegt und werden gerade auf den Auflieger verladen. Die Jungs der italienschen Firma rufen direkt Ihren Bos an als sie Berger kommen sehen. Dieser erscheint auch keine 5 Minuten später auf der Baustelle. ,, Ja, da staunst du Berger, auch ohne Dich haben wir einiges geschafft. Wir haben dir gesagt wir benötigen für die gesamt Demontage und Verladung nur 10 Tage". ,, Das stimmt mein lieber und so wie ich es hier sehe schaffst Du das". ,, Meine Firma fragt mich was mit dem Geld ist". Das geld ist auf dem bankkonto festhinterlagt und garantiert, es wird erst frei wenn die Autos über die Grenze nach Ägypten fahren". ,, Wie das, Zahlung ist bei demontage Anfang". ,, Nein mein lieber, ja in Europa, hier in Arabien ist immer alles möglich und in Ländern wie Libyen sowieso. Da muss man mit allem rechnen, deshalb Zahlung erst wenn ich alles habe, über der Grenze. Frag dein Büro die gelder und Zahlungen sind gesichert,ich kann diese nicht Stoppen wenn die LKW,s in Ägypten sind. Das wickeln nur die Banken untereinander ab. Bergerb hat gerade ausgesprochen da kommt bereits eine Kollone Autos angerast.

Eingehüllt in einer Riesigen Staubwolcke kommen sie daher. Mit Blaulicht und Rotlicht in allen Farben. Polizei Autos und Militrt Autos. Berger wartet auf das was da kommt. Ein Offizier mit etlichen Sternen auf der Schulter steigt aus. Sofort anhalten mit der Demontage, dieses Camp wird nicht abgebaut es gehört dem Militär. Wer ist hier der Bos brüllt er gleich los und stürmt auf den Italienischen Bauführer los der zaghaft seine Hände hochnimmt. ,, Ich, ich bin hier der Bauleiter". ,, Sie Armleuchter poltert der offizier wieder auf feinstem englisch los. Hier wird nichts demontiert, das hier gehört der Armee". ,, Nein, nein ruft nun der Bauführer, das ist unser Camp und wir verkaufen es gerade an diesen Herrn dort". Er zeigt dabei mit der Rechten Hand auf Berger. ,, Alles was auf dem Boden unserer Demokratie steht gehört dem Staat, damit dem Militär. Ich Befehle Ihnen sofort die Demontage einzustellen. Berger staunt nicht schlecht, er weis 100% das dieses Camp immer noch den Italienern gehört, rein rechtlich. Sie haben sogar die Ausfuhrgenehmigung dafür von der Libyschen Regierung. Aber die Armee und die Polizei haben Ihre eigene Regierung, sind die Regierung. Alle Entscheidungen können sie blitzschnell umstossen. Aber warum gerade sein Camp. Berger schwant nichts gutes, eine Auseinandersetzung mit dem Militär ist wie eine Auseinandersetzung mit der Regierung dieses so Demokratischen Staates. Eines Staates der Terroristen unterstützt, Kriege inziniert und mehr. Aber Berger weis, wenn dieser Mann sagt das gehört dem Militär, dann ist es einfach so. Bis ein Höherrangieger das Gegenteil sagt und das Camp frei gibt.

Berger legt sich erst gar nicht mit dem Proforma General an. „ jetzt weist du warum ein alter Ägypter, nie etwas kauft oder das was er kauft bezahlt bevor er es hat". „jetzt weist du warum Zahlung nach Grenzübergang in allen Verträgen steht". „ Was machen wir Berger", fragt Silvio der Bauleiter. „ Wir haben keine andere Wahl, wir müssen nach Benghazi zur nächsten Bezirksregierung und du schickst ein Fax an deine Firma in Italien, damit diese auch aktiv wird. Sie Stoppen vorerst einmal die Demontage des Camps und fahren in das 120 Kilometer entfernte Benghazi. Unterwegs werden sie mehrfach angehalten weil sie den bezirk für den Ihr Visa gilt verlassen haben. Aber sie konnten immer damit überzeugen das Sie zur Regierung nach Benghazi wollen. „ das ist eine Scheiße", sagt Silvio. Nun fangen wir von vorn an. Ich habe gedacht jetzt haben wir alles erledigt da fällt Ihrgend jemanden etwas neues ein". „Das Silvio, ist in den arabischen Staaten fast überall so. Das gibt mehrere Staaten im Staat, dazu glaubt jeder der eine Unfiform trägt auch etwas im Namen des Staates sagen darf". Im irakk unter Hussein verhaften sich die einzelnen Gruppen gegenseitig und immer geht es um Geld. Ich denke auch hier hat irgend jemand etwas nicht bekommen. Es wurde der Zoll die Ausfuhr Gebühr an die falschen Leute bezahlt oder nicht an alle". „ Da habe ich keine Ahnung, das hat meine Firma aus Mailand gemacht". In Benghazie angekommen klärt sich alles sehr schnell, es war wie befürchtet. Die örtliche Militärverwaltung hat kein Geld abbekommen und das Camp dann einfach blockiert.

Als Sie die Demontage mit bekommen haben. Die Firmen Leitung in Mailand hat dies schnell geklärt. Mit einer Sondergenehmigung durften Ulli und Silvio nun wieder zurück fahren. Sie hätten auch verhaftet werden können und ohne Probleme weg gesperrt werden können. Sie hatten großes Glück bis Benghazi gekommen zu sein, sagte der oberste Stadtrat von Benghazi zu Berger und Silvio. Aber man lobte Ihre Tatkraft und den Mut so durch Libyen zu fahren. Für Berger war das normal, er bewegte sich überall in Arabien so wie er will. Respektiert nur die Ländergrenzen und vor allem die Menschen in diesen Ländern. Auf dem Rückweg werden Sie wieder mehrfach angehalten und nur einmal tatsächlich festgenommen. Man unterstellte Ihnen die mitgeführten bestättigungen der regierung gefälscht zu haben. Denn solche Bestätigungen haben die Kontroleure noch nicht gesehen. Für diese war es eine Visa Verletzung. Ulli und Silvio werden in die nächste verlassene Polizeistation gebracht. Eine Art Autobahnpolizei aus einer Landstrasse, ein typischer Kontrollpunkt der libyschen Polizei. Die überall Ihre Leute kontrolliert, das kennt berger aus den anderen Ländern arabiens. Die eigenen Leute und die Wege des Militärs werden ständig von den Geheimdiensten kontrolliert. Keiner vertraut keinem und Berger weis das es unter der Decke in allen arabischen Staaten gärt. Stark gärt, man will die Freiheit und man will näher an Europa heran rücken. Berger plädiert schon lange dafür das rund um das Mittelmeer eine Handelszone geschaffen werden muss die alle Staaten und Menschen eng an Europa bindet.

420

Eine Sonderzone um das Mittelmeer unter Führung der Türkey. Eine neben EU die alle Zollfreiheiten hat. Es wäre auch die einmalige Möglichkeit die religionen zu einander zu führen und Christentum und den Islam näher zu verbinden. So das jeder die Religion des anderen versteht zu tollerieren und zu akzeptieren. Es ist für Berger eine ganz einfache Angelegenheit wenn es in alle Köpfe eindringt. Wenn niemand die menswchen aufeinander aufhetzen kann. Denn im Grunde wollen die Menschen das alle ausnahmslos. Lediglich die Führer der Religionen arbeiten dagegen. Erst nach zwei Stunden dürfen Ulli und Silvio weiter nach Tobruck fahren. Dort kann dann wie geplant die Demontage des Camps weiter gehen. Berger ist noch bei der Verladung der ersten demontierten Baraken dabei und macht sich dann wieder auf den weg nach Ägypten. Er telefoniert von Tobruck aus noch mit dem Sheik and Mustafa von Haliburton. Es hat sich bei Beiden niemand mehr gemeldet und nach Berger gefragt. Dann ruft er Nach Deutschland zur Firma Holzmann und auch zu Hause an. Bei Holzmann ist man sich sicher das man den Auftrag um jeden Preis bekommt. In wenigen tagen müssen die Angebote zum dritten mal abgegeben werden. Das bedeutet bereits eine Bauverzögerung von 2 Jahren. Zwei jahre in denen die Ingenieursfirma die alles überwacht Kosten hat. Die möglichen Ausführenden Unternehmen Kosten haben aber auch Berger hohe Kosten hat die er erst wieder bekommt wenn die Aufträge sicher sind. Natürlich hat Berger nicht nur die Eisen mit Holzmann im Feuer. Auch die anderen vermutlichen Subunternehmer in Cairo streben eine mögliche Zusammenarbeit mit Berger,

Nile Elbe in diesem Projekt an. Berger will von
Cairo aus, wenn er dort ankommen sollte erst einmal
nach Hause. Er braucht wieder einmal etwas Luft,
braucht Heimat luft. Muss auch dringend mit
Holzmann in Frankfurt das neuerliche Angebot für den
Staudamm besprechen. Berger weis viel mehr als alle
anderen Anbietenden Unternehmungen, er kennt den
Preis der mit Sicherheit ders ein wird der auf der
untersten Linie liegt und trotzdem einen sehr guten
Gewinn verspricht. Er hat alle seine Drähte
eingespannt und benutzt. Nur Holzmann hat es nichts
genutzt, man hat seine Ratschläge in den
Windgeschrieben, völlig in den Wind geschrieben. Am
Enge lag Holzmann mit 100 Mio über dem Preis des
günstigsten Anbieters. Hätten Sie Bergers Rat befolgt
hätten Sie diesen Auftrag gehabt und sehr viel Geld
verdient. Berger hat sich dann mit Nile Elbe um
andere Partnerschaften im Projekt bemüht und diese
bekommen. Aber mit Holzmann, wäre es eben auch
das große Los für Berger und Nile Elbe gewesen.
Dafür hat man Berger nach dem Leben getrachtet. Er
wäre beinahe gestorben für nichts. In England freute
man sich über den Zuschlag und eine Deutsche Firma
wurde dann auch der Haupt Auftragnehmer. So war
auch so ein ganz bisschen vom Geld das die
deutschen Steuerzahler ausgeben wieder zurück
gekehrt nach Deutschland. Da haben die Engländer
mehr Fingespitzen Gefühl. Auch Berger wurde für das
zweite Projekt gleich mit ins Boot genommen. Es ist
sicher einfacher gewesen als Ihn wieder beseitigen zu
wollen.

Für Bergers waren und sind solche Vorgänge für Berger normal. Nur die Zeit kann solche Dinge verändern und ändern. In Cairo enspannt sich Berger erst einmal einige Tage mit seinen Pferden und seinen Frauen. Er lässt sich sein bestes Pferd Amir satteln und reitet für zwei Tage. Mit Packtaschen in die Wüste, Wasser, Lebensmittel und Futter für sein Pferd. Es ist immer ein tolles Erlebnis wenn er so ganz ursprünglich und alleine durch die Wüste zieht. Er hat eine Karte eins alten Wüsten tramps, der sich in der Wüste auskennt wie kein anderer. Da es nicht der erste Ritt in die Wüste ist, macht sich auch niemand Sorgen um Berger. Amir weis sofort das es nun einige Tage in die Freiheit geht. Einige Tage mit seinem Boss alleine in der Wüste, sind auch für Amir immer ein tolles Erlebnis. ,, Mach mir keine Probleme Unterwegs mein lieber, keinen Flug in den Wüstensand". Amir schüttelt heftig seinen wunderbaren Kopf, der auf einme super kräftigen Hals montiert ist. Er ist im ganzen ein Prachtkerl voller Kraft und Ausdauer. Berger freut sich riesig auf den Ritt in die Wüste, nicht sehen und nichts hören, nur er und sein Pferd. Es ist noch sehr früh als Sie aufbrechen in Richtung Sakara. Bergers Pferde stehen In gizeh direkt unterhalb der Pyramieden. So ist er direkt in der Wüste. Zu erst reiten Sie auf den vorderen Hügel. Von Dort haben sie einen gewaltigen Ausblick. Direkt vor Ihnen befinden sich die Pyramieden, gewaltig groß bauen diese sich dort auf. Zur rechten schauen Sie in die Stadt Kairo, die schon fast an die Pyramieden heran gewachsen ist. Er wendet das Pferd und schaut in die gerade aufgehende Sonne.

Es ist der schönste Anblick überhaupt, den man haben kann. Man fühlt sich in 1000 und einer Nacht. Der Himmel leuchete in 10 verschiedenen roten Tönen. Die Sonne drängt durch die Wolken mit aller Kraft. Die Wolcken versuchen die Erde noch von Ihrer Glut zu schützen. Aber die Sonne bleibt wie jeden Tag Sieger. Sie verdrängt die Dunkelheit und alle Wolken. Unter diesem roten Band das die Sonne über den gesamten östlichen Himmel spannt glänzt die lange Schlange des Nils, silbern. Mal hier etwas rötlich und dann wieder kommt das grüne der Palmenwälder durch die sich vor dem Nil entlang strecken. Dahinter die Reihe von Hochhäusern in Richtung Maadi, die direkt an der Kornisch stehen und Maadi zu schützen scheinen. Mit einer kleinen Rechts Drehung schauen sie dann über die Wüste hinweg. In der ferne tauchen die Spitzen der kleinen Pyramieden aus Sakara auf. man kann diese von dem Hügel her gerade so erkennen. Dort mein lieber wollen wir Heute hin, wir wollen nicht zu weit in die Wüste. Etwas Kontakt halten mit der Welt. Drei oder zwei tage sind zu wenig. ,, Ruhig Amir, gleich geht es los". Berhger lenkt Amir langsam vom Hügel herunter obwohl er spürt wie gern Amir losrennen möchte. Sein Körper baut sich unter Berger auf. Er spürt wie sich die Muskeln dieses Burschen spannen. ,, Wenn wir unten sind mein lieber kannst du loslegen und mir zeigen was du drauf hast. Aber hier müssen wir erst herunter. Samir versteht jedes Wort und hält sich zurück ohne das Berger die Zügel straffen muss oder sonst agieren muss. Samir reagiert auf die Sprache von Berger.

Auf die reiterlichen Steuerungen kann er nicht soviel geben denn Amir versteht mehr vom Reiten als sein Bos der auf Ihm drauf hockt. Als sie unten angekommen sind, gibt auch Amir das Zeichen für den Start, für das Morgen rennen. Der Apfelschimmel baut sich auf und gibt Berger das Zeichen das er bereit ist. Berger setzt sich zurecht für das rennen. Al dies kontrolliert Amir perfekt, er fühlt wann Berger bereit ist und richtig sicher sitzt. Dann geht er ab wie eine Rakete, Berger sitzt im Sattel wie angeklebt, ist eins mit seinem Pferd. Er Berger liebt das Westernreiten, reiten nach Western Art. Er leibt überhaupt nicht das englische reiten, das gehopse im Sattel. Der Reiter muss mit dem Pferd eine Einheit bilden. Das Pferd darf nicht spüren das es einen Reiter hat so sehr geht Berger im Western Stil mit seinem Pferd mit und dieses dankt Ihm dies mit einem Wahnsinns Morgen Gallopp. Wenn Amir zu schnell für Bergers Reitkünste wird und einige gewagte Kurven geht steht Berger in den Steigbügeln und lässt sich um alles herum und über alles tragen. „ Gut Amir, wunderbar, komm wieder herunter mit deinem Tempo, es reicht für Heute Morgen. Wir haben noch einen langen Tag. Nur an der Stimme erkennt Amir was sein Bos will. Langsam kommt er wieder herunter und fällt nach einer Zeit wieder in den normalen Schritt. Die Sonne hat gegen die Sie zurückhaltende Wolkenwand gewonnen. Sie hat die Wolke einfach aufgelöst und das Rot das in jeder Variation vorhanden war verschinden lassen. Sie brennt erbarmungslos auf diesen Teil der Erde herunter.

Berger lenkt dann etwas später Amir auf den rand der Wüste zu, etwas abseits noch von den Pyramieden. Dort wird in einer Stunde der teufel los sein, ein Touristenbus nach dem andern wird dann vor den Pyramieden halten. Berger kennt einen schönen kleinen Kanal am Rand der Wüste. Dort befindet sich mitten in einer Palmen Oase ein kleiner See. Diesen See will Berger Heute testen. Heute gibt es keinen Ostwind und der Kalkstaub der Zementwerke und der Rauch aus den unendlich vielen Brennöfen für Ziegelsteine weht Heute nicht herüber. Sie können die kleine Oase Kalk und Hustenfrei geniessen. Wenn der Ostwind bläst dann ist hier eine Nebelwand. Berger ist daran am Arbeiten das die Zementwerke Ihre Anlagen verbessern. Aber das kostet eben sehr viel Geld und scheitert oft daran. Wobei das Geld wieder herein kommen würde weil die Produktivität um mindestens 15% - 25% gesteigert werden könnte mit einer vernünftigen Filter Anlage. Oft gibt es Filteranlagen die mangels Wartung nicht funktionieren. Dort will berger zuerst ansetzen, tut dies bereits. Aber es ist schwer die Manager, die meistens keine Ahnung von Technik haben zu überzeugen. , Ja mein lieber Amir, wenn alle Manger so mitdenken könnten wie du, dann wären wir schon ein ganzes Stück weiter. Berger steigt vom Pferd und sattelt Amir ab. Legt Ihm nur sein einfaches Halfter an und lässt Amir am kleinen Seeufer grasen. Berger legt sich auf den Rücken und geniesst diesen Teil der Welt. Das ist sein Ägypten hier, er träumt davon sich hier einmal im Nil Tal einen kleinen Bauernhof zuzulegen. Auf einem Eselskarren durch die Gegend zu ziehen und mit Amir täglich diese Welt genissen.

Seine Firma in Cairo und Asuyt sollen andere Managen. Gern würde er auch Manal hier haben, Ihre Familie,Ihre Kinder ?. Berger nickt tatsächlich ein. Der Duft der Gräser scheint Ihn zu betäuben. Er kommt wieder in seinen Maschienen, seine Maschinen verfolgen Ihn auch in die Träume. Sein letztes großes Abenteuer in Amerika-Algerien-USA Deutschland taucht wieder auf. der beschiss lauert überall auf dieser Welt. Kein Land ist ausgeschlossen. Berger benötigt dringend Rohrverleger, riesige Pipelayer – Komatsu, Caterpillar müssen es sein. 1x Für ein amerikanisches Unternahmen und für ein russisches Unternehmen, das russische Unternehmen Gasprom. Berger hat alle seine Partner gefragt nach solchen geräten. Von einer Libanesen firma die mit LKW,s handelt bekommt er den entscheidenden Tip. Ein Freund von Ihnen hat Rohrverleger aber diese stehen in Algerien. Berger nimmt sofort Kontakt mit der Firma auf. Trifft diesen dann erstmalig in deutschland weil er in Hannover auch ein Unternehmen hat. Der Unternehmer ist Syrier und ist auf dem weg nach Aachen in ein Krankenhaus. Berger bekommt alle Unterlagen der Maschinen und ist hoch erfreut. Es sibnd 20 Rohrverleger, diese werden benötigt für den Pipeline Bau. Damit werden die Rohrleitungen in die Gräben abgesenkt. Wel diese Leitungen so schwer sind benötigt man solch gewaltige Pipelaye auf Ketten. Die Unterbauten sind meistens die Größten Raupen von CAT oder Komatsu. Diese haben seitliche Ladebäume die die großen Lasten absenken können.

Bei Großen Leitungen stehen manchmal 20 Stück in einer Reihe um die Leitung in den Graben zu heben. Der Syrische Geschäftsmann hat 23 Stück in Algerien und keine Arbeit mehr für diese Maschinen. Kaufpreis für alle ca. 4 Mio USD. Berger fliegt nach Algier um sich die Maschinen anzuschauen. Er benötigt fas 4 Tage um sich alle anzuschauen, dokumnetiert alle. Teste alle Maschinen. Es sieht nach einem gewaltigen Geschäft für Berger aus. An jeder Maschine kann er mindestens 50.000 USD verdienen x 23 1.150.000. USD. Berger ist dann den vorletzten Tag in seinem Hotel und hat den Kauf fest vereinbart im Büro des Syrischen Unternehmens. Berger bietet direkt aus Algier über Internet die Maschinen seinem Kunden in der USA an. Zurück kommt ein erschütterndes Telefax mit Kaufvertrag und Zahlungbelg über 2.5 Mio USD Anzahlung. Alle Maschinen hat sein Kunde bereits vor 4 Monaten gekauft und fast mit 50% bezahlt. Der Kunde warte seit dieser Zeit auf die Verladung. Es hapert angeblich mit der Ausfuhr Genehmigung. Da war der kunde aber reichlich naiv, Geld in Arabien im Voraus zu bezahlen. Berger hat einen Kaufvertrag über alle Maschinen. Zahlung wie immer FOB Algier. Dies bedeutet der Verkäufer bekommt das Geld wenn die Maschinen auf dem Schiff sind. Berger sendet seinen Kaufvertrag direkt nach Texas und der Kunde antwortrt direkt. Er geht international gegen den Verkäufer vor, Berger soll vorerst bei seinem Kaufvertrag bleiben damit wenigstens die Maschinen einigermassen gesichert sind. Sie würden gemeinsam gegen den Verbrecher vorgehen.

Berger verstaut die Unterlagen im Hotel Safe und macht die Tour die er sich vorgenommen hat mit einer Service Kraft aus dem Hotel. Die junge Dame ist die Tochter des Hotel Mangagers und hat zwei eigene Pferde, auch Araber. Sie freut sich darauf einmal Beide bewegen zu können. Berger ahnte nicht das die Lady alle drei bewegen will. Berger ist verärgert weil dieses schöne Geschäft nun doch kein schönes Geschäft mehr ist. Zumindest nicht für seinen amerikanischen Kunden. Aber berger versteht überhaupt nicht wie man Geld für etwas in Arabien im Voraus bezahlen kann, wenn man nicht einmal die Besitzverhältnisse der Maschinen kennt. Berger ist sich nicht einmal sicher sicher ob dem Verkäufer alle Maschinen gehören. Aber wenn die Maschinen dann FOB bezahlt werden ist Berger dieser Umstand egal. Aber was nun, guter Rat ist teuer. Sein Kunde hat sicher Anspruch auf die Hälfte der Maschin die dieser auch bereits bezahlt hat. Man würde Ihm die Maschinen weg pfänden, weil diese schlicht gestohlen sind. Berger muss dies erst aufklären bevor er sich in dieser Sache weiter bewegt. Er macht den Fehler und ruft den Verkäufer an und informiert diesen von der Situation die sich aufgetan hat. Berger hat in jedem Fall Aufklärung verdient. Er will sich nicht auf solch eine windige Sache einlassen. Er ist das chon einiges gewöhnt aus Afrika und Arabien und möchte sich nicht das Genick bei seinen Geschäften brechen. Er verabredet sich mit seinem Verkäufer für Heute Abend zum klärenden gespräch. ,, Herr Berger,. Ich kann Ihnen das alles erklären. Da ist etwas in unserem Konzern schief gelaufen".

Das alles ist natürlich möglich der Verkäufer hat eine Firma in Deutschland, in der Schweiz, Syrien, Abu Dahbi, mal abwarten denkt sich Berger bevor ich mich Aufrege. ,, Er hätte sich besser aufgeregt, dann wäre der Nachmittag anders verlaufen. In Bergers Hotelzimmer sind Einbrecher und haben den Safe geknackt, das ist nicht besonderes in Afrika oder Arabien. Nun hat aber der verkäufer alle Unterlagen die Berger bekommen hat. Der mann weis wie brandgefährlich es für Ihn ist wenn Berger bereits hier zur Polizei geht. Er ist ausländer obwohl geduldeter Araber in Algier. Aber diese Dinge würde man hier nicht decken und er wäre hier schneller ausgewiesen als er denken kann. Der mann hat keine Ahnung davon das berger niemals hier zur Polizei gehen würde ohne bereits das Land verlassen zu haben. Aber Berger selbst hat ja keine Probleme, Ihm liegt daran zu klären wie er alles retten kann. Er das gesamte Geschäft retten kann. Der Einbrecher ist sehr enttäuscht das er nicht alles von berger was er benötigt hat gefunden hat. Berger trägt immer in solchen Ländern den Pass, Geld andere Dokumente bei sich und Kopien der Dokumente in einem Geheimfach im Koffer. Berger ist mit der jungen Dame längst in der Wüste, es ist kurz vor der Dämmerung und die junge Dame erklärt Berger das Sie diesen Teil der Wüste aus dem FF kennt. Der Pferdestall befindet sich auch ausserhalb der Stadt. Der Fahrer des Hotels bringt sie dort hin und verspricht Sie wieder pünktlich abzuholen. Sie machen einen tollen Ausritt und machen dann eine kleine Pause in einer winzigen Oase.

Sie satteln die Pferde ab und Salua, so heist die kleine Dame bereitet eine tolles Mahl auf der Decke aus. Alles arabische Spezialitäten die Berger so gern isst. Gerade hat Berger den ersten Bissen im Mund, da pfeift eine Kugel über Ihn hinweg. Steh auf Deutscher, damit das Mädchen nicht verletzt wird, dass ist ein Überfall. Berger schaut sich um, kann nichts entdecken. Er sieht auf das Mädchen herunter, hat die etwas mit dem Überfall zu tun. Nein denkt er, so wie die jetzt schaut, ist das kaum möglich. Er kann nicht feststellen wo der Sprecher steht.,, Keine Bewegung Deutscher, wir sind direkt hinter dir. Aber hinter Berger ist nicht als Wüste. Er hat schon längst versucht aus den Augenwinkeln etwas zu entdecken. Wo stecken die Kerle, er schaut sich immer die Umgebung an wenn er sich irgendwo niederlässt. Er liebt keine Überaschungen, vor allem nicht solche wie diese. Das Mädchen gint Ihm unauffällig Zeichen und deutet auf eine der Hecken rechts von Ihr. Berger schaut in die Richtung und sieht ebenfalls die leichten Bewegungen hinter der Hecke. ,, Was wollt Ihr von mir, sicher Geld". ,, Ja mein lieber Geld und deine Papiere und dein bisschen Leben. Du hast ein bisschen zuviel herum geschnüffelt hier und in den USA. Du komst nicht mehr lebend aus Algerien heraus". Mit dieser Auskunft ist es Berger klar das auch nicht die kleine Überleben wird. Sie als Zeuge eines Mordes an Ihm einen Ausländer. Berger nimmt alle Sinne zusammen und sieht das sein Pferd fast hinter Ihn getreten ist, zufällig aber im richtigen Augenblick. Berger macht einen Satz nach hinten, greift nach den Zügeln und das Pferd haut erschrocken mit Ihm ab.

Berger greift nach den Steigbügeln und schafft es sich ein wenig hoch zu ziehen. Lässt sich dann sofort fallen als er aufg der Höhe der Hecke ist und das Pferd rast aufgeschreckt davon. ,, Ach du Scheiße ruft der Mann aus der Hecke, jetzt ist der Kerl weg. Berger liegt keine zwei Schritte von Ihm entfernt, ganz dicht auf den Boden gepresst. Der Mann nimmt das Telefon und wählt seinen Kumpel an der irgenwo bei einem Auto steht. ,, Hamdi, hast du das Pferd mit dem Deutschen gesehe". ,, Sag blos du Idiot hast Ihn damit abhauen lassen". ,, Schwing dich in dein Auto und fange Ihn ab, leg Ihn sofort um. Ich war blöde hätte gleich schiessen sollen. Ohne Rücksicht auf das Mädchen das wir ja sowieso umlegen sollen. Aber ich wollte erst noch meinen Spass mit Ihr. Jetzt habe ich diesen ganz gewiss". ,, Las mir was übrig Mohamed, ich habe auch schon lange nicht mehr". ,, Fang erst den dämlichen Deutschen ein, der unserm Boss alles kaputt machen will". Berger hört das Auito davon rasen, mit Vollgas hinter dem wilden Pferd her. Das immer noch in vollem Gallopp durch die Wüste rast. Zum Glück ist es in seiner Panick raus in die Wüste. Berger robt sich ganz vorsichtig den Boden vorsichtig abfühlend nach trockenen Ästen auf die Hecke zu. Der Mann in der Hecke ist überhaupt nicht vorsichtig. Er bricht mit einem Schwung durch die Hecke und steht vor dem Mädchen das Bewegungslos vor Angst dort sitzt. Sie hat gehört was der Mann vor hat und hat mit bekommen das Berger fliehen konnte. ,, Na, kleine, keine Angst, ich will nur ein bisschen Spass, Los zieh dich aus".

Bei den Worten hällt er Ihr die Pistole an den Kopf um seinen Worten Nachdruck zu verleihen. Sie zittert und ist zu nichts in der Lage. Der Mann fummelt an seinen Klamotten und macht sich frei. Dazu muss er die Pistole vom Kopf von Salua nehmen. Der Kerl hat noch nicht in der Hand was er unter seinem Gewand gesucht hat. Da kracht ein Stückbaumstamm auf seine Birne und schickt ihn ins Land des lächelns. Als er aufwacht und sieht das er gefeselt ist, ist keine Spur mehr von einem Lächeln in seinem Gesicht. Der Kopf brummt fürchterlich und er weis was Ihm vermutlich blühen wird nach der Attacke. Aber noch hat er ein winziges Leuten in den Augen. Da gibt es noch seinen Kumpel der wird Ihn heraus holen. Salua liegt in Bergers Armen und weint vor Freude. Sie haben sich aus dieser hässlichen Lage befreit. Sie sucht draussen nach Ihrem Pferd das sich aber zum Glück nicht weit entfernt hat. Dann durchsuchen sie den gefesselten und finden das Handy mit dem der Kerl seinen Partner angerufen hat. Salu ruft Ihren Vater an und unterrichtet Ihn von dem Vorfall. Der Vater ist entsetzt und informiert sofort die Polizei. Bleibt wo Ihr seit, wir kommen sofort, der Vater kennt den Platz den sich seine Tochter ausgesucht hat. Keine 30 Minuten später hören Sie den Hubschrauber landen und die Polizei nimmt den gefesselten mit und die Tochter des Hotelmanagers. Berger kommt mit dem Pferd zurück. Keine Bange berger, den anderen haben wir auch gleich. Ein zweiter Hubschrauber jagt das Auto bereits. Sie haben Ihn entdeckt. Berger räumt alles ordentlich zusammen als er da alleine sitzt. Legt sich einen Moment zurück und denkt darüber nach was da gerade so passiert ist.

433

Ein samtes weiches Pferdemaul unterbricht seine
Gedanken und weckt Ihn auf. Es ist Amir dem wurde
die Wartezeit einfach zu lange. Berger findet sich
wieder an seiner kleinen Oase in Sackara, nicht in
Algier. Er schüttelt sich und schüttelt sich alle
Gedanken ab an dieses Geschäft in Algier. Er hat
noch Kontakt zu Salua, die noch oft an Ihn und das
erlebte denkt. Irgend einmal wird Berger nach Algier
zurückkehren, was mit den Maschinen geworden ist
weis weder sein Kunde noch Berger. Es laufen einige
Verfahren und Haftbefehle gegen den Syrier aber
keiner hat eine Ahnung davon was los ist. Berger will
wenn er zu Hause in Deutschland ist bei dessen
Partner der Ihm den Kontakt vermittelt hat
nachhacken. Berger räumt alle seine sachen
zusammen wie er es gerade in seinem Traum getan
hat. Sattelt sein Pferd und macht sich auf den Weg an
Sackara vorbei in die Wüste. Die Nacht will Berger in
der Wüste erleben. ,, Amir, der noch im wasser Steht
bis zu den Knöcheln ahnt das es nun weiter geht. Er
tankt noch einmal kräftig auf, von dem leckeren
Wasser in der winzigen Oase. Berger ruft sein Pferd
herbei und sattelt es wieder. Er schaut auf seine Uhr,
Amir, wir müssen wieder los. Ab in den warmen Sand,
ausgeruht haben wir uns nun genug. Amir trabt heran,
er ist auch froh das es wieder weiter geht. In
spätestens 2 Stunden wird es dunkel. Da müssen sie
einen guten Rastplatz haben. Von Sackara reitet
Berger wieder westlich in die Sahara hinein. Nach ca
1 Stunde sieht man nichts mehr als Sand.
Sandberge,Sandflächen ohne Ende.

Sie quälen sich auf die höchste Düne hinauf. Berger ist bereits abgestiegen und führt Amir in zik zak Lienien durch den Sand. Ganz oben angekommen haben Sie Ihr Ziel erreicht. Sie stehen dort mit dem schönsten Fernblick der Sahara. Es fängt schon an zu dämmern und Berger sattelt wieder ab. Amir rollt sich im Sand und macht Purzelbäume vor Übermut. Berger bereitet den Lagerplatz vor. Gräbt sich eine Kleine Grube und bereitet das Lagerfeuer vor für den Tee und die Wasserpfeife. Amir lässt er an einer langen Leine und befestigt das Ende an einer langen Leine an einem fetten Hering den er erst einschlagen musste. Alles so weit von seinem Lager entfernt das Amir nicht unverhofft in sein Bett in Bergers Bett fallen kann. Berger packt Futter und Wasser für Amir aus und gibt es diesem, der sich sofort darüber her macht. Dann ist Berger an der Reihe, Feuer wird entzündet und das Wasser mit dem Tee aufgesetzt. Ein Tuch wird ausgebreitet und auf dem das Fladenbrot ausbebreitet. Als der Tee fertig ist Legt Berger das Fladenbrot über das Feuer und stellt den Topf mit Fuhl auf das Feuer. Die Dunkelheit hat Ihn inzwischen eingehüllt, nur der Schein des Feuers leuchtet noch seine kleine Höhle aus. Amir ist heran gekommen und schaut Ulli neugierig zu. ,, Na mein Junge, das ist doch wieder einmal prima, keine Bange es wird gleich schon kühler, dann geht es dir auch besser. Berger hats sich einen kleinen Sitz in seiner flachen Höhle gebaut und kann von hier an sein Essen kommen und kann weit in die Sahara schauen. Das ist immer das schönste an Afrika, seine Wüste. Die Sonne verabschiedet sich weit, weit im Westen mit einem tollen farbenfrohen Schauspiel.

435

Während der Mond schon wieder die Beleuchtung der Sahara übernommen hat. Zum Glück ist es absolut Windstill und kein Staubkorn trübt den Abend und versandet sein Essen. Berger kann alles so geniessen wie er es gewollt hat. Die unendliche fast grausame Ruhe der Sahara. Die ersten Sterne tauchen neben dem Mond auf und umspielen diesen bald fast Millionen fach. Berger wundert sich immer darüber wie viel Sterne es mehr am afrikanischen Himmel gibt. Nach dem essen räumt er alles zusammen und lässt das Feuer ausgehen. Nur die Wasserpfeife gluckert noch bei jedem Zug aus der Pfeife. Das sind die unglaublichen Momente, die nur der nachvollziehen kann der diese selbst erlebt hat. Ganz oben ziehen manchmal wie kleine Punkte einige Flugzeuge vorbei, das einzige zeichen dieser Erde für diese Nacht. Selbst Amir hat sich längst in den Sand gelegt. Möglichst nahe heran an Bergers flache Grube. Hätte Berger ihn nicht angeleint würde er sich mit großer Sicherheit mit in die Grube gelegt haben. Berger legt sich zurück und hat sich mit dem Sand so ein schönes Sitzbett geschaffen. Weit ab sieht er nun in allen Richtungen kleine Lichter. Reitergruppen oder andere Lager oder Hütten von einigen Leuten deren Anwesendheit man am Tage nicht bemerkt. Berger ist immer wieder überrascht darüber wie sehr die Wüste doch lebt. Mit dem letzten Stück knusprigem Fladenbrot wischt er noch seinen Topf Fuhl leer und geniesst die frischen jungen Zwiebeln mit dem Lauch. Dann wirft er wieder seine Shisa an, streckt sich und geniesst nur die Züge aus der Wasserpfeife und verteilt den qualm in der Wüste.

Selbst Fliegen und Mücken gibt es in dieser so schönen Unwirklichkeit nicht mehr. In der Wüste sind immer wieder die Tage und Nächte die nichts in seinen Kopf hinein lassen. Keine Gedanken an die Vergangenheit oder an die Zukunft. Hier beherscht Ulli nur der Raum, das leere und doch so viele. Hier kann er still und friedlich sein, fern von allen Erinnerungen und von Zukunftsgedanken. Er hört das tiefe ruhige Atmen von Amir. Der scheint diese Ruhe hier genauso zu geniessen wie Ulli. Kein Pferd um sich, keine Geräusche aus dem Stall. Keine Geräusche von Autos oder Menschen. Gern würde er näher bei Ulli liegen, aberd as geht aus Sicherheitsgründen nicht. Er Amir hat sich ergeben in die unwirkliche Ruhe der Wüste. Berger fängt an die Sterne zu zählen und schläft irgend wann darüber ein. Die Sonne erst weckt Ihn wieder auf. Sie blinzelt Ihn an, so wie jeden Tag. Darauf ist immer verlass, die Sonne ist in Afrika jeden Tag wieder aufs neue da. Sie geht unter und kommt wieder, wenn sich die Erde wieder richtig gedreht hat. Amir ist auch schon längst aufgesprungen und umrundet das Lager soweit Ihm das seine Leine ermöglicht. Berger packt wieder alles sauber zusammen und vergräbt nach dem deftigen Frühstück allen Müll. Auch Amir hat eine kleine Ladung Mohrrüben bekommen. So eine Reise von 3 Tagen in die Wüste macht eine Menge Dinge notwendig zum Mitnehmen. Als berger in seinem Sattel sitzt schaut er auf den Kompass und lässt Amir wieder die Düne herab steigen. Sie wollen Heute ganz um Sackara herum reiten und dann durch die Palmenwälder wieder zurück nach Gizeh.

437

Kurz vor dem Mittag haben sie dann den Palmengürtel erreicht und lassen sich wieder im Schutz der Palmen im grünen nieder. Erst am späten nachmittag geht es dann weiter, fast immer am Nil entlang. Kurz vor Maadi machen Sie wieder Rast. Amir muss leider wieder angeleint werden, weil hier das Futter so verführerisch ist das Berger Angst hat das Amir sich zu weit davon machen könnte. Amir findet auch an der langen leine unendlich viel gutes zum Futtern. Ganz frisch gewachsen, wenn er vorsichtig ist mit Wurzeln. Er schafft es sogar sich einige Mohrüber aus der Erde zu ziehen. Einige Salatköpfe müssen daran glauben und anderen Grünzeug. Berger macht für den heutigen Abend kein Feuer an. Er möchte alleine bleiben und isst alle seinen leckeren Vorräte kalt. Hier hört man bereits wieder die vielen Tiere die in diesem Pakmengürtel leben, ein auf und ab wogt dahin. Von eitem hört man wieder die Autos oder Esel rufen. Ganz weit vorn sieht er bereits die Lichter der oberen Etagen der Hochhäuser am Nil von Maadi. Sie sind wieder in der verrückten und doch so zauberhaften Stadt. Breits um 5 Uhr Morgens werden Sie geweckt, das auf und av der vielen Autos auf der Kornisch el Nil weckt Berger als auch Amir. Sie Frühstücken gemeinsam und machen sich auf den Weg zurück zum Stall. Sie lassen es ganz langsam angehen und sind gerade in der Mittagszeit im Stall. Dort werden Sie bereits erwartet. Manal ist bereits mit Ihren Kindern dort. Sie kennt die Zeiten von Ulli und seine Gewohnheiten. Sie informiert Ihn über alle Neuigkeiten und gibt Ihm alle e-mails die angekommen sind.

Der Stalljunge holt die anderen beiden Pferde von Berger heraus, damit die Kinder und Manal auch eine Runde reiten können. Jetzt in der Mittagshitze erlaubt Berger Ihnen nur eine kleine Runde. Während berger Amir absattelt und Ihn zur Dusche bringt. Dort wälzt er sich erst einmal ordentlich im Sand und lässt sich dann von Berger mit Hohem Genuss Mit dem Wasserschlauch duschen. Beide haben zwei herrliche Tage hinter sich, die Traumstunden von Ägypten mit einander erlebt. Berger fährt mit Manal und den Kindern ins fel felah, einem ägyptischem Restaurant in der Nähe von den Pyramiden. Dort lassen sie sich unter den schattigen Bäumen an einem Tisch nieder. Berger bestellt tehina und Faldenbrot mit Zwiebeln und Tamea. Die Kinder schütteln sich,,, das du immer Fuhl und Tames essen kannst". ,, Mir meine lieben schmeckt das ausgezeichnet, aber Ihr bekommt das ja fast jeden Tag, da würde es mir auch nicht mehr schmecken. Ihr könnt essen was Ihr wollt, sucht es aus". Natürlich bestellen sie Schnitzel und HähnchenTeile, Berger bestellt Salat und Gemüse dazu. Sie sitzen lange im Garten des Fel felah. Berger nutzt die Gelegenheit die Telexe und Telefaxe zu lesen. Es sind wichtige Dinge dabei. Aus Kuwait, aus dem Oman, aus USA wegen der Rohrverleger. Aus Südafrika und natürlich muss er dringend nach Deutschland. ,, Na Ulli, das sieht aus als musst du bald wieder los". ,, Ja Manal, es gibt viel zu tun leider hier in Ägypten immer weniger. Wir fahren Morgen noch in die Schule von HTMC nach 6th of October. Ich habe noch neue Lehrmittel gebrauchte Bager für die Werkstatt der Schule, die repariert werden müssen.

Die Jungs können daran unter Aufsicht natürlich üben. Die Schule bekommt Geld in die Kasse und ich wieder gute Maschinen, wenn ich Glück habe. Leider sind alle Deutschen Ausbilder nicht mehr da. Die Schule hat schwer nachgelassen, weil kaum noch Geld da ist. Die Kohl Mubarack Vereinbarung ist ausgelaufen". Aber du bist doch dafür eingesprungen, es läuft doch ganz ordentlich". ,, Es geht manal, aber es ist nicht mehr so als die GTZ noch darin steckte. Ich kann nicht immer das sein". ,, Wann wirst du uns wieder verlassen?". ,, Mal schauen, ich denke nächste Woche, so in vier bis fünf Tagen". ,, Ich habe die Angst das Du eines Tages nicht mehr kommst, das ich mit den Kindern hier alleine stehe". ,, Manal, das sind nicht meine Kinder, es sind deine und Ahmeds Kinder. Aber ich habe dir versprochen das ich so lange es geht für Euch sorgen werde, Ahmed habe ich doch erst eine gute Arbeit besorgt. Funktioniert das schon wieder nicht?". ,, Doch, doch das geht ganz gut, aber du weist in Ägypten weis man nie wan was wie lange geht". ,, Da hast du recht, seit Mubarack anfängt seinen Sohn in den Vordergrund zu schieben und sich die Gerüchte halten er will Ihn zu seinem Nachfolger machen da brodelt es im Untergrund. Es ist bereits unangenehmer geworden und die Wut auf Fremde steigt von Monat zu Monat". ,, Spürst du das auch, na klar. Die Überfälle auf den Strassen und die Kriminalität sind höher geworden. Die Trickbetrüger findest du jetzt schon in Maadi. Vor den Hotels, vor den Banken, das war früher unmöglich. Man merkt das man bald Mubarack den gehorsam entziehen wird und Kairo wird brennen, das fühle ich.

Die Luft wird jeden Tag explosiever. Wenn der Blödmann das nur merken würde, aber so wie alle Dispoten setzt er auf die Treue seines Militärs und der Polizei. Die ja auch scheinbar alles im Griff haben. Aber nur scheinbar, denn wenn Kairo auf die Strasse geht bebt Ägypten". Du glaubst das könnte passieren", ,, ich bin mir ganz sicher es wird passieren, Mubarack dreht genauso durch wie es Sadat getan hat. Diese Herrn General glauben dann immer sie sind die Könige. Es gibt keine Könige mehr auf dieser Welt und die letzten Dispoten werden vom Volk weggejagt". ,, Wie soll das gehen Berger, du spinnst, es wäre ja schön, aber es geht nicht". ,, Du wirst es erleben mein Mädchen auch in Kairo wird Mubarack verjagt wenn er nicht zu Verstand kommt". ,, Das wäre der Tag der Erlösung für Ägypten". ,, Ich weis nicht wie das verlaufen würde, es wird lange dauern bis sich das geregelt hat. Das Militär wird eine große Rolle spielen". ,, Denken wir nicht daran, was willst du eigentlich wieder im Irak?". ,, Ich bekomme vermutlich den Auftrag wieder den ich verloren habe als der blöde Busch Vater einmarschiert ist. Ich würde für diesen Auftrag viel Ägypter beschäftigen aus dem Stahlbau Unternehmen. Auch für Ahmed hätte ich eine sehr gute Arbeit dort". ,, Ich habe den Auftrag dort 4 Zementwerke zu überholen, das ist ein Auftrag mit einem Volumen von fast 900 Mio USD". Was ist mit deinen Anteilen in Kuwait?". Denen spüre ich nach in den USA, meine Partner haben nach dem Kuwait Krieg alle Anlagen Maschinen Fahrzeuge entschädigt bekommen. Sie sind mit Ihrer und meiner Entschädigung verschwunden.

Diese Kuwaitis sind liebenswürdig aber auch schlimme Leute, rücksichtslos im Geschäft. Du weist wie ich mich mit Ihnen angelegt habe als sie zu zig tausenden nach Kairo gekommen sind mit den Taschen voller Geld und den Menschen hier das Leben schwer gemacht haben. Während die Amerikaner Ihre Heimat befreien mussten. Wie oft habe ich mich mit den Jungs angelegt. Die saufen in Kairo, feiern in Kairo und machen den Ägyptern das Leben schwer, anstatt dabei zu sein wenn Ihre Heimat befreit wird. Natürlich war ich auch wütend darüber das auch meine Anteile an der Fabrik mit verschwunden sind. Berger versucht seit zwei Jahren ein Visum für Kuwait zu bekommen, man verweigert es Ihm. Dahinter stecken natürlich seine ehemaligen Partner von denen er aus den USA weis das Sie sich dort ein Hotel gekauft haben. Es wird sein nächster Trip sein diese Hotelanlage zu finden. Seine Leute in den USA sind ganz nahe dran. Man weis bereits das eine Anlage in Florida ist und eine Anlage in Californien. Da passt auch das Klima für die Männer aus Kuwait. Berger ist noch einige Tage in Kairo, hat noch verschiedene Meetings und ist noch einmal bei dem Mann der Quasi seine Asphaltanlage gestohlen hat. Berger Riesesn Probleme machte wegen einer versuchten Steuerhinterziehung. Er rückt nicht die Exportpapiere heraus für die Anlage, weil er dann in dem Moment auch den Rest der Anlage bezahlen müsste. Der Spediteur der die Papiere ausgestellt hat ist schon Pleite und verstorben. Berger hat die Anlage in Ägypten fotografiert, die Daten von den Typenschildern fotografiert und diese dem Finanzamt vorgelegt, den Vorfall geschildert.

Es nützt nichts. Herr Berger wir benötigen die Ausfuhr Bescheinigung sonst nichts. Wenn Sie die nicht haben dann tut es uns Leid. Berger tut es auch leid, er fährt wieder einmal ins Büro dieses Unternehmens. Berger will natürlich Beides, sein Geld noch fast 80.000.- DM und seine Papiere. Das Büro von Mahmoud ist immer gut bewacht. Berger ist nicht der einzige der betrogen wurde von Mahmoud. Da steht Tag täglich jemand vor Mahmouds Tür und will sein Geld. Deshalb hat Mahmoud auch bereits einen eigenen Wachdienst. Wachdienste nutzen nichts wenn Berger irgend wo hinein will, nicht dann wenn er stink sauer ist. Der fahrstuhl geht in diesem Bürohaus bewusst nicht in die 4 Etage. Diese Etage gibt es im Fahrstuhl nicht. Berger weis das und fährt in die fünfte Etage. Kommt dann von oben herunter, dort sieht er zwei Männer mit grimmigen Minen, die links und rechts neben der Tür sitzen. Berger war schon öfter hier und die Männer kennen Ihn bereits, haben schon seine schnellen Fäuste zu spüren bekommen. Sie springen auf und wollen sich auf Berger stürzen. Machen es dann aber doch nicht, die Erinnerung an die letzten Veilchen machen die Männer etwas zurückhaltender. .. Ist Mahmoud da", fragt Berger höflich. ,, Nein der ist gerade weggefahren, sie wissen das wir sie nicht ins Büro lassen dürfen". Während die Männer sich mit Berger unterhalten kommen zwei Männer die Treppe herunter und haben die Beiden Wachleute im handumdrehen Würgegriff und fesseln diese auf Ihre Stühle. Seht Ihr es geht auch ohne Aufregung. Berger klingelt nicht sondern Tritt direkt die Tür aus dem Rahmen, diese fliegt mit lautem krachen in den Flur.

Die nächste Tür geht genauso auf und knallt gegen den Schreibtisch von Mahmoud. Der entsetzt dort sitzt und vor Angst fast stirbt. ,, Hi Mahmoud, Heute kommen wir einmal anders daher. Kein palaver vor deiner Tür". Die Beiden Männer aus Uperegypt – Oberägypten, sind eben Saidis- Die Ostfriesen Ägyptens. Sie kommen aus Beni Haram und wurden ebenfalls von Mahmoud fürchterlich beschissen. Die Beiden packen Mahmoud und ziehen Ihn hinter dem schweren Schreibtisch hervor. Mahmoud ist ohne seine Wachleute eine Pflaume, er stirbt fast vor Angst. Berger geht an dessen Schreibtisch und holt erst einmal zwei Pakete Geldscheine hervor. Er schaut sich die pächchen an. Schätzt ca. 10.000 USD und ca. 100.000 LE ägyptische Pfund. Er wirft diese auf den Schreibtisch und untersucht diesen nach seinen Papieren. Findet diese nicht. Mahmoud mach den Safe auf?. .. Das geht nicht ich habe keinen Schlüssel und verschwindet ich habe längst die Polizei alarmiert". Berger haolt zwei kleine braune Stangen mit einer Knetmasse aus der Tasche und klebt diese an die Tür des Tressors. ,, Was machst du da Berger". ,, Siehst du doch ich sprenge deinen Tressor in tausend Stücke". ,, nein, das kannst dfu nicht machen, dort sind wichtige Dokumente. du zerstörst alles". ,, das mein lieber will ich auch, entweder schliesst du jetzt auf oder es rummelt in dieser Etage". ,, Ich schliesse auf, geht weg von meinem Safe". Mahmoud schliesst auf und es regnet USD aus dem Safe. Geschätzt mindestens 200.000 USD. Die beiden Männer aus dem Süden Ägyptens binden Mahmoud auf seinem Stuhl fest.

Man Holt die Beiden Wachmänner auf Ihren Stühlen in das Büro und man verschliesst die Bürotür so gut wie sich diese reparieren lässt. Es dauert ein wenig bis Berger diese erledigt hat. Den Wachleuten zwei arme Schweine denen läufen die Augen über als sie das viele Geld sehen. Mahmoud ist leichenblas. Alles geld aus dem Safe wird gezählt. Die Beiden Männer nehmen sich was Ihnen zusteht, Jeder 30.000.- USD inklusive der Zinsen. Berger sucht nach seinen Ausfuhrpapieren für seine Asphaltanlage und findet Teile davon ganz unten Im Safe. Er schaut sich diese sorgfälltig an, die Papiere sind nicht komplett aber es ist schon einmal ein Anfang. Es wird vermutlich reichen für das Finanzamt. Alle Daten in den Papieren stimmen überein mit den Daten der Anlage die Berger bereits ausführlich fotografiert hat. Die beiden Saidis aus dem Süden schreiben einen Beleg aus den Mahmoud unterschreiben muss, das sie Ihr Geld zurück bekommen haben das Mahmoud Ihnen seit zwei Jahren schuldet. Berger lässt sich 10.000 USD quitieren als Anzahlung auf seine 80.000.- DM. Er bestätigt auch den Erhalt der Papiere die er Berger nun auch freiwillig gegeben hat. Diese sind der Beweis dafür das er Mahmoud Berger ebenfalls über Jahre betrogen hat. Berger reicht aus dem Bündel 100.000 ägyptische Pfund einen kleines Packet an die Beiden Wachmänner. Die nicht fassen können was Ihnen passiert. Sie werden Befreit mit der Auflage sich hier nie wieder sehen zu lassen. Sie haben ein Jahresgehalt und werden verschwinden.

Wir rufen nun die Polizei,macht das Ihr davon kommt.Die Beiden hauen ab und die drei Männer räumen alles übrige wieder in den Safe und Schubladen. Kontrollieren die Fesseln von Mahmoud und rufen die Polizei an. Die Beiden Saidies verlassen das Haus erst als die Polizei eingetroffen ist. Mahmoud erzählt eine wilde Story von einem Überfall und hütet sich die Wahrheit zu erzählen. Berger hat endlich seine Papiere und glaubt er kann damit seine Verurteilung wegen versuchter Steuerhinterziehung rückgängig machen. Die Hälfte der 10.000.- USD lässt er bei Manal und den Rest auf dem Firmen Konto in Kairo.

Den Rest Geld wird er sich nun nach und nach von Mahmoud holen, er hat einige Dokumente mehr mitgenomen die Mahmouds Machenschaften belegen und Ihm Probleme machen werde. Die Sidies tauchen noch im Büro von Berger auf und bedanken sich. Sie wären sonst nie wieder an Ihr Geld gekommen.

Berger macht sich dann am nächsten Tag wieder auf die Heimreise.